历代铜鼓文学文献集成

LIDAI TONGGU WENXUE WENXIAN JICHENG

齐清仙　黄权才◎编著

山西出版传媒集团　山西人民出版社

图书在版编目（CIP）数据

历代铜鼓文学文献集成 / 齐清仙，黄权才编著 . —太原：山西人民出版社，2019.8
　ISBN 978-7-203-10943-3

Ⅰ. ①历… Ⅱ. ①齐… ②黄… Ⅲ. ①铜鼓—文化研究—中国　Ⅳ. ①K875.54

中国版本图书馆CIP数据核字（2019）第146720号

历代铜鼓文学文献集成

编　　著：	齐清仙　黄权才
责任编辑：	魏美荣
复　　审：	赵虹霞
终　　审：	秦继华
装帧设计：	王佳敏
出 版 者：	山西出版传媒集团·山西人民出版社
地　　址：	太原市建设南路21号
邮　　编：	030012
发行营销：	0351-4922220　4955996　4956039　4922127（传真）
天猫官网：	https://sxrmcbs.tmall.com　电话：0351-4922159
E-mail：	sxskcb@163.com　　发行部
	sxskcb@126.com　　总编室
网　　址：	www.sxskcb.com
经 销 者：	山西出版传媒集团·山西人民出版社
承 印 厂：	山西荣博印业有限责任公司
开　　本：	787mm×1092mm　1/16
印　　张：	27
字　　数：	443千字
印　　数：	1-500册
版　　次：	2019年8月　第1版
印　　次：	2019年8月　第1次印刷
书　　号：	ISBN 978-7-203-10943-3
定　　价：	118.00元

如有印装质量问题请与本社联系调换

凡　例

一　历代铜鼓文学文献，立足于文学，旨在将中华人民共和国成立以前，我国历代典籍中有关铜鼓的诗词歌赋等文学文献，汇成一编，为学者的相关研究提供便利。

一　本书的收录范围，以中国古代的铜鼓文献为主。同时收录域外汉学家与僧人的同题同类文学作品。如对越南人黎崱的《獠子铜鼓》、日本人中内惇的《诸葛武侯铜鼓引》、僧人（释）清恒、（释）了惇、（释）成鹫等人的铜鼓诗，并有收录。

一　本书的编排，大体以时间为序，分为唐宋时期、元明时期、清代和近代四大部分。其中因清代的作品繁富，数量众多，故又将其按前后顺序分为康、雍、乾、嘉、道、咸、同、光等八个小部分，以清眉目。

一　我们对历代铜鼓文学文献的整理，以尽量采撷原文献并客观辑录为原则。在每条文献下方均标注有文献出处，对其作者、创作年份、创作背景等有简单笺注，以便查考。

一　本书收录的汉文文献，多录以"铜鼓"为题者，但有些文献，原不以"铜鼓"为题，而以吟咏"铜鼓"为主，今为统一，则拟新题以标记之。如李锴《三器歌》，其中一器专咏铜鼓，我们收录其作时，便为其拟新题为"粤鼓歌"。

一　文字方面，由于原文献多为繁体字书写，为方便读者阅读使用，今一概简化为通行的简体字。但有一些特殊的繁体字不宜简化，在此作统一说明。如表示铜鼓金属特性的字，"鎛""鉛""鑢""鍑"等，或表示其独有声音的字，如"鏦鏦""鼞鼞""鞺鞳"等，如过度简化，恐失其真，故仍录旧字。有的则是古代的一些专有名词，如"鞄人"，指古代制鼓的工匠，出《周礼》；"鹥䴇"，是古书上的一种水禽；"潕"，指古水名，出贵州；"輈"古代指车旁用皮革交错而成的障蔽物；"錞于"，是古代一种铜制的军乐器等，这些情况皆不宜简化，故原样照录。有的是出现在人名中的字，如金鉽的"鉽"、欧阳頠的"頠"等，出于尊重历史的考虑，我们一般也照录旧字，不予简化。还有的如"絪""紬""綅""輶""隤"等，不便简化，照录。

一　标点符号多为整理者所加。

记》中关于铜鼓的材料。而在文学领域，唐宋元明清以来，文人的吟咏唱和更是层出不穷，蔚为大观。如刘禹锡、白居易、李贺、苏轼、梁章钜、曹寅、姚鼐、张之洞等人，都曾创作过大量有关铜鼓的诗词文赋，或以铜鼓为题，或以铜鼓联句，形成了一类独特、专门的文学主题。这些与铜鼓有关的诗文作品对我们了解南方少数民族历史文化，认识边疆文人思想观念，弘扬地方特色文化等，都是极富研究价值的珍贵史料。

本书的编撰目的，即从文学的角度，对历代以来有关铜鼓的诗词文赋作品进行统一的编排与结集，目的在于秉持中华"大文学"观念，将极富南方少数民族特色的铜鼓文化纳入中华文学版图，从一个独特的视角，以展现"中华文化多元一体、同源共生的本质"，通过铜鼓文化，透视"中华各民族文学汇聚、融通的历史过程，再现中华文学的整体风貌。"① 中国自古是统一的多民族国家，边疆少数民族文化属于中华优秀传统文化中不可或缺的一个重要组成部分，少数民族文学亦是中华文学大家庭中的一个重要成员，在构建中华文学理论话语体系中具有不可替代的重要作用。

需要说明的是，现将历代铜鼓文学文献进行结集，尚属文献整理的基础性清理识别阶段。本次整理，我们不对文本一一出注，而是主要针对作者及其创作的时间，诗文中出现的关键人物等信息进行笺注，以为学者提供研究资料与便利，希有益于学界。不过，限于学力，难免有这样那样的疏漏，谨请方家批评指正。

---

① 刘跃进：《中国古典文学研究四十年》，《深圳大学学报》，2019年第1期。

前　言

铜鼓是我国古代南方少数民族极具代表性的图腾式文物，不仅流行于我国两广（广西、广东）、云南、贵州、四川等地区，而且在周边的越南、老挝、柬埔寨等国家也屡有发现，可见其流布区域之广，影响范围之大。在我国史学界，有所谓"北鼎南鼓"之说，意谓在南方地区盛行的铜鼓，与北方的钟鼎彝器一样，不是一般的实用器，而属于家国重器。因为从功能上说，铜鼓不仅仅只是乐器，可敲击以悦耳，同时也是礼器，代表部落酋长或氏族首领的权力，更是神器，用于祭祀与愉神。因此，铜鼓被学者称为"东盟古代文化的共同载体"[①]和研究壮族历史文化的"活化石"[②]，颇具研究价值。

在我国历史文献中，很早就出现了铜鼓的身影，如出现最早的铜鼓形象，是广西左江花山岩画中的铜鼓图（花山岩画文化景观于2016年被列入世界文化遗产名录）。最早的文字记载，见于《后汉书·马援列传》载伏波将军马援"于交趾得骆越铜鼓，乃铸为马式"。从唐朝开始，有关铜鼓的记载逐渐增多。如唐人修撰《晋书》《隋书》《通典》等，其中就有对铜鼓的描述；章怀太子李贤注《后汉书》，曾经引过东晋裴渊《广州

---

① 蒋廷瑜：《铜鼓是东盟古代文化的共同载体》，《广西民族学院学报》（哲学社会科学版），2005年第1期。
② 周仕兴：《壮族历史的"活化石"》，《光明日报》，2017年2月28日第005版。

铜鼓(并序) …………………………………… 方信孺(011)

二、元明时期 …………………………………… (013)

龙尾歌(节录) …………………………………… 袁 桷(013)

夜上乌岩 …………………………………… 范 椁(013)

咏天妃庙马援铜鼓 …………………………………… 王 沂(014)

岭南杂录三十首(之一) …………………………………… 汪广洋(015)

宜山谣(并序,之一) …………………………………… 谢应芳(016)

铜鼓歌(并序) …………………………………… 史 迁(016)

龙州(之一) …………………………………… 解 缙(017)

铜鼓湾 …………………………………… 陈献文(018)

铜鼓行 …………………………………… 顾 清(019)

铜鼓短歌(并序) …………………………………… 张 诩(019)

铜鼓 …………………………………… 苏 浚(020)

谢元弼铜鼓歌(有引) …………………………………… 陈荐夫(021)

铜鼓歌(送欧阳太守之平乐) …………………………………… 曹学佺(021)

波罗铜鼓赋(并序) …………………………………… 黎遂球(022)

波罗铜鼓歌 …………………………………… 罗宾王(024)

铜鼓歌 …………………………………… 方国骅(025)

南海神祠古铜鼓歌 …………………………………… (释)成 鹫(026)

诸葛废鼓(并序) …………………………………… 车以遵(026)

三、清 代 …………………………………… (028)

(一)康熙年间 …………………………………… (028)

金公绚宅观古铜鼓歌 …………………………………… 程可则(028)

代僧宏度发愿募铜鼓偈 …………………………………… 顾景星(029)

南海神庙铜鼓歌(鼓有二,一飞入海) …………………………………… 梁佩兰(030)

目 录

一、唐宋时期 ……………………………………………（001）

马大夫见示浙西王侍御赠答诗因命同作（并序）……… 刘禹锡（001）
夜闻江南人家赛神因题即事（节录）……………… 李嘉祐（002）
犍为城下夜泊闻夷歌 ……………………………… 陈　羽（002）
骠国乐（节录）……………………………………… 白居易（003）
送客春游岭南二十韵（节录）……………………… 白居易（003）
黄家洞 ……………………………………………… 李　贺（004）
游维山新兴寺宿石屏村谢叟家 …………………… 许　浑（005）
送客南归有怀 ……………………………………… 许　浑（005）
河渎神 ……………………………………………… 温庭筠（005）
吴中言怀寄南海二同年 …………………………… 皮日休（006）
菩萨蛮 ……………………………………………… 孙光宪（007）
郡楼闲望书怀 ……………………………………… 刘　兼（007）
题苍梧部（节录）…………………………………… 陈执中（008）
寄桂州张田经略 …………………………………… 陶　弼（008）
送杜横州 …………………………………………… 刘　敞（009）
秋浦会遇（节录）…………………………………… 穆　修（009）
和蔡景繁海州石室（节录）………………………… 苏　轼（010）
和拟古九首（节录）………………………………… 苏　轼（011）

铜鼓歌	戴朱纮	(031)
铜鼓诗(为孙树百给事赋)	王士禛	(032)
铜鼓歌(为树百给事作)	汪懋麟	(033)
铜鼓歌(为孙给谏树百)	田 雯	(034)
铜鼓诗(与孙笠山垣长)	王又旦	(035)
南海神祠铜鼓歌	蓝 涟	(036)
诸葛铜鼓歌	陆奎勋	(037)
诸葛武侯铜鼓歌(为家中丞赋)	朱昆田	(037)
铜鼓歌	曹 寅	(039)
铜鼓歌	赵执信	(040)
诸葛铜鼓(有序)	顾图河	(042)
铜鼓歌(元平命补作四叠前韵)	王 霖	(043)
读灵川楼明府《铜鼓诗》(诗和昌黎东坡韵各一首)	王 霖	(044)
题铜鼓帖	张大受	(045)
有自粤西得马援铜鼓以归会稽余观而赋之	余 峑	(046)
蜀武侯铜鼓歌(谢段晴川作)	胡 浚	(047)
灵潭铜鼓	程 镳	(059)
灵潭铜鼓	程祖沅	(060)
灵潭铜鼓	孟以浩	(060)
铜鼓歌(相传马援所制,为邕古迹,昔于溪谷间得之)	刘元清	(061)
铜鼓歌(用昌黎先生石鼓歌原韵)	王 桎	(062)
铜鼓(在学官,相传诸葛亮所遗)	李嗣芳	(064)
(二)雍正年间		(064)
铜鼓歌	清高宗	(064)
铜鼓行	鲁曾煜	(065)
胡少保祠铜鼓歌	高凤翰	(066)
伏波铜鼓	李茹旻	(067)

伏波铜鼓 …………………………………… 甘汝来（068）

铜鼓歌 ……………………………………… 关　修（069）

武侯铜鼓歌 ………………………………… 程梦星（070）

雷祠铜鼓歌 ………………………………… 张元彪（070）

诸葛铜鼓歌（并序）………………………… 张锡爵（071）

（三）乾隆年间 ………………………………………（072）

铜鼓赋（并序）……………………………… 袁　枚（072）

铜鼓歌（并序）……………………………… 陈一策（075）

铜鼓歌（为陈筱亭先生。讳一策。得是鼓而绘图征题）… 陈　垣（076）

铜鼓 ………………………………………… 王　恕（077）

铜鼓歌为楼山中丞作 ……………………… 许廷鑅（078）

次韵薛尺庵参政《铜鼓》…………………… 万光泰（079）

南海庙铜鼓歌 ……………………………… 陈张翼（080）

铜鼓歌 ……………………………………… 罗天尺（081）

南海神庙铜鼓歌 …………………………… 夏之蓉（081）

铜鼓诗（为秦中御先生作）………………… 顾奎光（083）

汉马伏波将军铜鼓歌（并序）……………… 鲍　汀（084）

铜鼓歌 ……………………………………… 戴文灯（085）

铜鼓歌 ……………………………………… 马曰琯（086）

铜鼓歌 ……………………………………… 马曰璐（087）

集璜川书屋观伏波铜鼓同企晋、吉人、策时、祖锡联句
　一百二十韵（鼓为企晋祖铨官广西利养州时所得）… 王　昶（088）

铜鼓歌（并序）……………………………… 杨　垕（091）

和杨子载《铜鼓歌》即书其先人《招讨公家传》后 …… 张九钺（092）

骆越铜鼓 …………………………………… 张九钺（094）

南海神庙铜鼓歌 …………………………… 吴寿祺（094）

诸葛武侯铜鼓歌（同厉孝廉鹗作）………… 张四科（095）

白马庙铜鼓（旧说诸葛武侯征蛮制用）	王显绪（096）
诸葛铜鼓歌	宗圣垣（097）
诸葛铜鼓歌	闵　华（098）
铜鼓滩行	吴志绾（098）
粤鼓歌（并序）	李　锴（099）
粤鼓歌	陈景元（100）
诸葛铜鼓歌	顾光旭（101）
铜鼓	商　盘（102）
铜鼓歌	商　盘（103）
商太守盘见惠铜鼓赋谢二十韵	汪启淑（104）
铜鼓歌（题曲阜颜氏拓本）	翁方纲（104）
铜鼓歌	李维寅（106）
铜鼓（前平安南时所得，俗呼"伏波鼓"。大人有诗辨之）	李云章（107）
铜鼓歌	吴寿昌（108）
铜鼓歌	邹炳泰（109）
铜鼓诗（为座主邹晓屏先生赋）	吴文照（110）
铜鼓	孙士毅（111）
南海神庙铜鼓歌	德　保（112）
谒南海神庙次德定圃宗伯《铜鼓歌》次韵	陈　寅（113）
铜鼓歌	朱　珪（114）
铜鼓歌（和石翁元韵）	吴　俊（115）
南海神庙伏波铜鼓歌	吴慈鹤（115）
马伏波铜鼓歌（为吴企晋作）	梦　麟（116）
马伏波铜鼓歌（和梦文子夫子）	曹仁虎（118）
铜鼓行（冯鱼山前辈所藏）	李骥元（119）
铜鼓歌	姚　鼐（121）
铜鼓歌	车腾芳（121）

马伏波铜鼓歌 …………………………………… 谢子升(122)

铜鼓歌 ………………………………………………… 张允武(123)

读张丈(允武)诗集中《铜鼓歌》感赋 ………… 李赓芸(125)

南海庙鼓歌 …………………………………………… 洪瑞元(126)

诸葛铜鼓赋(以"五月渡泸深入不毛"为韵) …… 陈嘉谟(127)

诸葛铜鼓赋(以"伏于山谷以为疑兵"为韵) …… 蒋　仁(128)

铜鼓行(有序) ……………………………………… 王斯恬(129)

铜鼓歌 ………………………………………………… 彭廷椿(130)

(四)嘉庆年间 ……………………………………………… (132)

铜鼓诗 ………………………………………………… 舒　位(132)

铜鼓歌(并序) ……………………………………… 邱　璋(133)

铜鼓歌(并序) ……………………………………… 陈　赫(134)

铜鼓一百韵 …………………………………………… 吴　嵩(135)

南海神庙伏波铜鼓歌 ………………………………… 曾　燠(137)

铜鼓歌 ………………………………………………… 彭廷椿(138)

张芥航河帅以所藏诸葛铜鼓送焦山寺有歌诗舲农部代索

　余诗和之 …………………………………………… 曾　燠(139)

铜鼓山赋(贵州观风题) …………………………… 曾　燠(139)

续铜鼓山赋 …………………………………………… 曾　燠(141)

南海庙铜鼓 …………………………………………… 乐　钧(142)

铜鼓歌(简钱裴山学使) …………………………… 谢启昆(143)

铜鼓亭落成诗以纪之四首 …………………………… 谢启昆(144)

太平试竣游郡署之清华居借观王辛甫郡伯所藏铜鼓时郡

　伯以公事赴南宁即以寄怀二首 …………………… 钱　楷(145)

铜鼓(为王辛甫太守赋) …………………………… 钱　楷(146)

舟发南宁辛甫以铜鼓见赠口占简谢二首 …………… 钱　楷(146)

节使院铜鼓歌(和谢中丞原韵) …………………… 钱　楷(147)

铜鼓歌(和谢中丞启昆钱学使楷) ………………… 欧阳辂(148)
粤西使院铜鼓歌(和中丞谢蕴山先生韵) ………… 杨　伦(149)
咏伏波铜鼓(青玉案) ……………………………… 汪端光(150)
诸葛铜鼓歌(用昌黎石鼓歌韵) …………………… 商嘉言(151)
铜鼓斋上梁文 ……………………………………… 凌廷堪(152)
铜鼓歌 ……………………………………………… 赵元睦(153)
南海神庙铜鼓歌 …………………………………… 魏成宪(154)
铜鼓歌 ……………………………………………… 黄　圻(154)
抚署铜鼓歌 ………………………………………… 钟儒刚(155)
龙山寺铜鼓歌 ……………………………………… 陈在谦(156)
诸葛铜鼓 …………………………………………… 赵桂生(157)
铜鼓歌(戏作) ……………………………………… 赵　翼(158)
铜鼓歌(用昌黎《石鼓诗》韵为赵观察赋) ………… 张云璈(159)
铜鼓歌 ……………………………………………… 欧阳厚均(160)
南海神庙铜鼓歌 …………………………………… 李銮宣(161)
五千卷室铜鼓歌(同吴丈榕园李丈金澜作) ……… 马　洵(162)
伏波将军铜鼓歌(为马小眉洵赋同吴丈应和叶溉吟枚)
　………………………………………………… 冯登府(164)
铜鼓歌(岑邑有三铜鼓,一在文庙,二在南渡邓公祠)
　………………………………………………… 黄承吉(166)
铜鼓歌 ……………………………………………… 张　鉴(167)
铜鼓歌(为赵芸酉孝廉作) ………………………… 方履籛(168)
南海神庙铜鼓歌 …………………………………… 何　梅(169)
铜鼓歌(并序) ……………………………………… 宋之睿(169)
诸葛铜鼓歌(为冯心庄茂才作) …………………… 严学淦(170)
铜鼓歌(为商宝意先生赋) ………………………… 吴尊莱(171)
铜鼓亭歌(为梁接山太守赋) ……………………… 高凤台(172)

诸葛武侯铜鼓歌 …………………………………… 沈　燮(173)

铜鼓歌 ………………………………………………… 程含章(174)

铜鼓铸为马式赋(以"得之交趾,事载汉书"为韵) …… 熊士鹏(175)

铜鼓歌 ………………………………………………… 王文诰(177)

铜鼓 …………………………………………………… 陆文杰(178)

铜鼓(并序) …………………………………………… 史善长(179)

诸葛铜鼓歌 …………………………………………… 姚　椿(180)

(五)道光年间 ……………………………………………… (180)

铜鼓歌 ………………………………………………… 叶申万(180)

铜鼓歌(和叶观察元韵) ……………………………… 邓　墉(181)

铜鼓歌(和叶观察元韵) ……………………………… 黄迪光(182)

铜鼓篇 ………………………………………………… 黄安涛(184)

铜鼓篇 ………………………………………………… 黄若济(185)

铜鼓篇 ………………………………………………… 潘　眉(186)

伏波铜鼓 …………………………… 李彦彬　叶敬昌　曾元海(186)

马伏波将军铜鼓歌(在南海神庙) …………………… 谭敬昭(187)

铜鼓歌 ………………………………………………… 尚　镕(188)

武侯庙铜鼓歌 ………………………………………… 黄培芳(189)

复得铜鼓(并序) ……………………………………… 李光庭(190)

铜鼓歌 ………………………………………………… 黄体正(191)

铜鼓歌(并序) ………………………………………… 詹书帷(193)

铜鼓铭(并序) ………………………………………… 董国华(194)

铜鼓 …………………………………………………… 董国华(195)

狄武襄铜鼓歌(为董琴涵观察赋) …………………… 韩　崇(195)

灵妃庙铜鼓 …………………………………………… 彭开勋(196)

南海神庙铜鼓歌(步昌黎石鼓韵) …………………… 崔　弼(197)

铜鼓歌 ………………………………………………… 李宗瀚(198)

铜鼓歌 …………………………………………… 李宗瀛(199)

和梁中丞《铜鼓歌》 ……………………………… 李宗瀛(200)

铜鼓歌(同春湖中丞作) …………………………… 邓显鹤(201)

伏波铜鼓歌 ………………………………………… 滕问海(202)

铜鼓引(及序) ……………………………………… 何曰愈(203)

铜鼓行(鼓为铁珊所赠) …………………………… 查 揆(204)

铜鼓歌(奉酬言皋云先生) ………………………… 王衍梅(205)

铜鼓亭 ……………………………………………… 李彦章(207)

铜鼓歌(鼓出宾州土中,为兰卿太守所得,今置阳明书院)

………………………………………………… 叶绍本(208)

以铜鼓施焦山作诗纪事 …………………………… 张 井(209)

和张芥航河帅送铜鼓焦山歌韵 …………………… 谢学崇(210)

张芥航河帅送铜鼓至焦山并示以诗作此谢之 …… (释)清 恒(212)

张河帅芥航先生过宿山中同杨子坚作 …………… (释)清 恒(213)

和张芥航河督送铜鼓入焦山韵 …………………… 王钦霖(213)

和张河帅送铜鼓焦山歌 …………………………… 俞正燮(214)

芥航同年以所藏铜鼓置焦山寺滕之以诗即步其韵 …… 朱方增(215)

芥航兄以铜鼓送焦山作歌纪之和其韵 …………… 张 澍(217)

芥航兄以所得铜鼓置焦山作歌纪事因志二律 …… 张 澍(218)

铜鼓歌(和张芥航并河帅) ………………………… 吴清鹏(218)

次韵奉和张芥航河帅送铜鼓焦山歌 ……………… 齐彦槐(219)

次韵奉和张芥航河帅送铜鼓焦山歌 ……………… 齐学裘(220)

刘松岚观察以所和张芥航河帅诸葛铜鼓歌见示即效其

体奉酬 ………………………………………… 汤建中(222)

张芥航河帅焦山送铜鼓歌(并寄山僧借庵) ……… 陈文述(223)

铜鼓 ………………………………………………… 陈文述(224)

铜鼓歌(并记) ……………………………………… 章 简(225)

张芥航河帅以铜鼓归焦山作歌纪事次韵报之
（鼓，万廉山太守丈旧物也）·················· 孙义钧(226)
张芥航河帅（井）得汉铜鼓送焦山寺属同作诗 ········· 梁章钜(227)
铜鼓歌 ···································· 梁章钜(228)
和梁中丞《铜鼓歌》 ························ 吕　璜(229)
和梁中丞《铜鼓歌》 ······················ 丁善庆(230)
和梁中丞《铜鼓歌》 ······················ 刘　浔(231)
和梁中丞《铜鼓歌》 ······················ 史佩玱(232)
和梁中丞《铜鼓歌》（一） ·················· 花　杰(233)
和梁中丞《铜鼓歌》（二） ·················· 花　杰(235)
《铜鼓歌》和梁茞林中丞用谢蕴山中丞原韵 ······· 宋其沅(235)
和梁中丞《铜鼓歌》 ······················ 尹佩棻(236)
和梁中丞《铜鼓歌》 ······················ 卞　斌(237)
梁茞林中丞属和《铜鼓诗》即步元韵 ············ 卞士云(239)
和梁中丞《铜鼓歌》 ······················ 喻元准(240)
《铜鼓歌》为梁茞林中丞赋 ··················· 许惇书(241)
和梁中丞《铜鼓歌》 ······················ 黄文瑄(242)
和梁中丞《铜鼓歌》 ······················ 吴　楷(243)
和梁中丞《铜鼓歌》 ······················ 孙　蒙(244)
和梁中丞《铜鼓歌》 ······················ 徐方同(245)
和梁中丞《铜鼓歌》 ······················ 嵩　霖(246)
和梁中丞《铜鼓歌》 ······················ 慈士衡(248)
和梁中丞《铜鼓歌》 ······················ 阮正惠(249)
和梁中丞《铜鼓歌》 ······················ 谢本嵩(250)
和梁中丞《铜鼓歌》 ······················ 孔昭任(251)
和梁中丞《铜鼓歌》 ······················ 王基浩(252)
和梁中丞《铜鼓歌》 ······················ 陈肇波(253)

和梁中丞《铜鼓歌》	…………………………………	游长龄(254)
和梁中丞《铜鼓歌》	…………………………………	张　鼎(255)
和梁中丞《铜鼓歌》	…………………………………	汪　淳(256)
和梁中丞《铜鼓歌》	…………………………………	余应松(257)
和梁中丞《铜鼓歌》	…………………………………	江应澄(258)
和梁中丞《铜鼓歌》	…………………………………	方遹修(259)
和梁中丞《铜鼓歌》	…………………………………	徐　澜(260)
和梁中丞《铜鼓歌》	…………………………………	陈　标(261)
和梁中丞《铜鼓歌》	…………………………………	黄　暄(262)
和梁中丞《铜鼓歌》	…………………………………	薄承砚(263)
和梁中丞《铜鼓歌》	…………………………………	何寿昌(264)
和梁中丞《铜鼓歌》	…………………………………	李鸿仪(265)
和梁中丞《铜鼓歌》	…………………………………	林庆祐(266)
和家大人《铜鼓歌》	…………………………………	梁映辰(267)
和梁中丞《铜鼓歌》	…………………………………	黄文卣(268)
和梁中丞《铜鼓歌》	…………………………………	黄文中(269)
和梁中丞《铜鼓歌》	…………………………………	顾　涛(270)
和梁中丞《铜鼓歌》	…………………………………	朱　琦(271)
和梁中丞《铜鼓歌》	…………………………………	李光瀛(272)
和梁中丞《铜鼓歌》	…………………………………	陈　鑅(273)
和梁中丞《铜鼓歌》	…………………………………	陈应元(275)
和梁中丞《铜鼓歌》	…………………………………	石耀庭(276)
和梁中丞《铜鼓歌》	…………………………………	邓开运(277)
和梁中丞《铜鼓歌》	…………………………………	唐作砺(278)
和梁中丞《铜鼓歌》	…………………………………	梁士超(279)
和梁中丞《铜鼓歌》	…………………………………	王　拯(280)
铜鼓歌(有序)	…………………………………	钱守璞(281)

道光戊戌仲春巡阅至桂林苾林中丞见惠铜鼓一枚并示
　《铜鼓联吟集》依韵志谢 ……………………………… 邓廷桢（282）
铜鼓歌（为巙筠前辈作）………………………………… 祁寯藻（284）
铜鼓歌 ……………………………………………………… 张维屏（284）
铜鼓诗（并序）…………………………………………… 方东树（286）
两粤制府铜鼓歌 …………………………………………… 丁　杰（287）
邓巙筠尚书铜鼓铭（有序）……………………………… 梁廷楠（288）
铜鼓歌 ……………………………………………………… 梁廷楠（290）
伏波将军铜鼓歌 …………………………………………… 夏之盛（291）
诸葛铜鼓歌（为蒋渭川作）……………………………… 黄道让（291）
铜鼓歌 ……………………………………………………… 苏宗经（294）
南越铜鼓歌 ………………………………………………… 潘　恕（295）
诸葛武侯铜鼓歌 …………………………………………… 吕玉璜（296）
南海神祠大小铜鼓歌 ……………………………………… 吕玉璜（297）
铜鼓诗 ……………………………………………………… 于克襄（298）
铜鼓遗珍 …………………………………………………… 李熙龄（298）
铜鼓遗珍 …………………………………………………… 杨应聘（299）
铜鼓歌 ……………………………………………………… 彭昱尧（300）
芥航河帅游焦山欲以诸葛铜鼓镇山门 …………………… 张祥河（301）
六月四日集同人为范文穆公寿悬像四铜鼓斋赋诗纪事
　忆在桂林高会于风洞之福庭此又一时也又余旧藏淮
　海像是日另置一席 ……………………………………… 张祥河（302）
以伏波铜鼓送焦山媵之以诗先是阮芸苔相国张芥航
　河帅前后以定陶鼎诸葛铜鼓安寺中 …………………… 张祥河（303）
张诗舲方伯以伏波铜鼓送焦山寺中作诗纪事依韵和之
　……………………………………………………………… 孔宪彝（303）
张诗舲方伯以伏波铜鼓寄置山中并媵以诗即用其韵和之
　………………………………………………………（释）了　禅（304）

和张芥航河帅送铜鼓焦山歌韵 …………………… 朱为弼(305)

周既庭丈邀同人消寒咏诸葛铜鼓 ………………… 沈丙莹(306)

雷祖庙铜鼓歌 ……………………………………… 杨晃岱(307)

伏波铜鼓歌 ………………………………………… 蔡　琳(308)

铜鼓歌 ……………………………………………… 刘汝新(309)

铜鼓歌(赠王容谷) ………………………………… 夏　仪(310)

铜鼓(用昌黎石鼓歌韵) …………………………… 李中培(311)

铜鼓 ………………………………………………… 黎国光(312)

铜鼓 ………………………………………………… 梁国琛(313)

南海神庙伏波铜鼓歌 ……………………………… 江之纪(314)

诸葛武侯铜鼓歌 …………………………………… 汤成彦(314)

铜鼓 ………………………………………………… 吴　渢(315)

丞相祠堂考铜鼓 …………………………………… 刘肇堂(316)

铜鼓滩 ……………………………………………… 刘肇堂(317)

铜鼓 ………………………………………………… 谭　莹(317)

(六)咸丰年间 …………………………………………… (318)

南海神庙闻铜鼓 …………………………………… 凌湘蘅(318)

满庭芳·诸葛铜鼓 ………………………………… 王承志(319)

铜鼓歌(淮人浚河,掘得之,置山阳县盐河北城隍庙) … 丁　晏(319)

开泰县署铜鼓歌(并序) …………………………… 黎兆勋(320)

古铜鼓歌(呈吴橘生观察同年其泰即送移节江宁) …… 冯　询(321)

铜鼓歌(为莫书农广文作) ………………………… 文星瑞(322)

铜鼓歌(为莫书农广文作次文树臣太守韵) ……… 黎耀宗(324)

铜鼓歌(有序) ……………………………………… 黎耀宗(325)

铜鼓歌 ……………………………………………… 张之洞(327)

南海神祠铜鼓歌 …………………………………… 梁伯显(329)

诸葛武侯铜鼓歌 …………………………………… 周　升(330)

铜鼓歌(为梁平仲同年赋即用原韵) ……………… 王景贤(331)

铜鼓歌 …………………………………… 张怀溥(332)
铜鼓歌(为饶愚谷作) …………………… 郭　铨(333)
诸葛铜鼓歌 ……………………………… 蒋庆第(334)
镇雅宫观诸葛铜鼓 ………………… 黄梧阳　王晨曜(335)
(七)同治年间 …………………………………………(335)
诸葛铜鼓歌 ……………………………… 陈元恒(335)
铜鼓歌 …………………………………… 何绍基(336)
诸葛铜鼓歌 ……………………………… 魏燮均(337)
马伏波铜鼓(并序) ……………………… 方浚颐(338)
酬王虎如明府《铜鼓行》首章仍依明府用庆观察与赵司马
　《夜饮湖光楼》原韵 …………………… 魏　笃(340)
又再酬王明府《铜鼓行》次章仍依赵司马约用昌黎先生
　《石鼓歌》原韵 ………………………… 魏　笃(341)
又再酬王明府三叠《铜鼓行》仍依明府原作用东坡先生
　《石鼓歌》原韵 ………………………… 魏　笃(342)
鄂生廉访以征苗所得铜鼓远贻山中作歌壮之 ……… 王柏心(343)
铜鼓(七言长律,同用八庚,三十韵,广一百韵) ……… 叶官桃(345)
铜鼓(七言长律,同用八庚,三十韵。加骈体) ……… 叶官桃(347)
铜鼓(七言长律,同用八庚,三十韵) ……………… 叶官桃(349)
铜鼓(七言长律,同用八庚,三十韵。有序) ……… 叶官桃(350)
铜鼓(七言长律,同用八庚,三十韵) ……………… 叶官桃(352)
南越铜鼓歌(七古,有序) ………………………… 叶官桃(352)
南越铜鼓歌(七古) ……………………………… 叶官桃(353)
时园中诸葛铜鼓歌 ……………………………… 余　昭(354)
胡梅林少保铜鼓歌 ……………………………… 汪士铎(355)
启宇上舍以所获铜鼓见示索诗书此以应 ………… 苏时学(356)
铜鼓赋(并序) ………………………………… 龙绍讷(356)
南海神庙铜鼓歌 ………………………………… 洪景琦(359)

（八）光绪年间 …………………………………………（359）
　　题宗氏铜鼓斋并记 ………………………………… 杨沂孙（359）
　　诸葛武侯铜鼓引 …………………………………（日本）中内惇（361）
　　铜鼓钗歌（并序）………………………………… 王诒寿（361）
　　诸葛铜鼓歌 ………………………………………… 郝植恭（362）
　　铜鼓（在东粤之地，武侯征南蛮所铸焉）………… 冯锡龄（363）
　　踹鼓行（并序）……………………………………… 易顺鼎（364）
　　端午日以铜鼓新荷馈子缜学使并缀二绝 ………… 廷　桂（365）
　　诸葛铜鼓赋（以"诸葛铜鼓名沿伏波"为韵）…… 张镜堂（365）
　　诸葛铜鼓赋（以"诸葛铜鼓名沿伏波"为韵）…… 陈　芬（367）
　　铜鼓歌 ……………………………………………… 彭传祖（368）
　　铜鼓诗 ……………………………………………… 朱毓崧（369）
　　诸葛铜鼓 …………………………………………… 练珍廷（370）
　　伏波铜鼓歌 ………………………………………… 刘敦元（371）
　　诸葛铜鼓（五首）…………………………………… 谢　兰（372）
　　伏波将军铜鼓诗题赠连穆轩、撷芗昆季 ………… 沈宝森（373）
　　铜鼓诗（并记）……………………………………… 程秉钊（374）
　　铜鼓摩挲金石偕（并记）…………………………… 金武祥（375）
　　南海庙铜鼓歌 ……………………………………… 王之春（377）
　　诸葛铜鼓 …………………………………………… 高　梅（378）
　　铜鼓歌 ……………………………………………… 严以盛（378）
　　雷祖祠铜鼓歌 ……………………………………… 李晋熙（379）
　　铜鼓赋（以"诸葛大名垂宇宙"为韵）…………… 黄焕中（380）
　　南海神庙铜鼓歌（用昌黎石鼓歌韵）……………… 余肇湘（382）
　　和祝平《四铜鼓斋咏伏波铜鼓追和张温和公以铜鼓送
　　　焦山》诗韵 ………………………………………… 杨葆光（383）
　　铜鼓亭（并序）……………………………………… 蒙泉镜（384）
　　南海神庙铜鼓赋 …………………………………… 傅维森（384）

铜鼓歌 …………………………………… 司炳燧（386）
诸葛铜鼓歌 ………………………………… 刘名誉（387）
咏诸葛铜鼓联句限韵 ……………………… 陈夔龙（389）
铜鼓 ………………………………………… 沈泽蘅（390）
铜鼓歌 ……………………………………… 徐　樾（391）
题刘聚卿晋义熙铜鼓拓本鼓在焦山有义熙及虞庙刻
　　文此本为僧六舟所拓以阮文达题语重也 …… 范当世（392）
诸葛铜鼓歌 ………………………………… 林思进（393）

四、近代 ……………………………………………（394）

铜鼓歌 ……………………………………… 曾鸿燊（394）
赛鼓词 ……………………………………… 曾昌霆（395）
南海神庙铜鼓歌（并序） ………………… 梁士贤（396）
文昌宫铜鼓歌 ……………………………… 吴钟善（398）
乙丑春课士于明伦学社以滇图书馆铜鼓歌命题鼓有
　　地支十二字兼铸十二属他鼓所无向湖先生作长歌
　　见示依韵答之 ………………………… 袁嘉谷（399）
《张温和焦山三捨图》用元韵题 ………… 金兆蕃（400）
黄钟乐·己卯铜鼓 ………………………… 黄咏雩（401）
伏波铜鼓 …………………………………… 廖　藻（402）

附录：铜鼓诗句节录 ………………………………（403）
　　后记 ……………………………………………（409）

一、唐宋时期

马大夫见示浙西王侍御赠答诗因命同作（并序）
刘禹锡

大夫荣践旧府，又历交趾、桂林，南人歌之，列在风什。王侍御公易一别岁余，寄词末篇以代札。

忆逐羊车凡几时，今来旧府统成师。象筵照室会词客，铜鼓临轩舞海夷。百越酋豪称故吏，十洲风景助新诗。秣陵从事何年别，一见琼章如素期。

【作者简介】

刘禹锡（772—842），字梦得，河南洛阳人。唐贞元九年（793年）进士，历任朗州司马、连州刺史、夔州刺史、和州刺史、主客郎中、礼部郎中、苏州刺史等职。

【注释】

①本诗录自《刘禹锡集》卷35《杂诗》（上海人民出版社，1975年版）。②马大夫：即马总。马总官至节度使。唐元和五年（810）任安南都护，元和八年改桂管观察使，十二月迁岭南节度使。

夜闻江南人家赛神因题即事（节录）

李嘉祐

南方淫祀古风俗，楚妪解唱迎神曲。锵锵铜鼓芦叶深，寂寂琼筵江水绿。雨过风清洲渚闲，椒浆醉尽迎神还。帝女凌空下湘岸，番君隔浦向尧山。

【作者简介】

李嘉祐（719—781），字从一，河北赵州（今河北省赵县）人，唐天宝七年（748）进士，历官秘书省正字、监察御史。

犍为城下夜泊闻夷歌

陈 羽

犍为城下羊䍧路，空冢滩西贾客舟。此夜可怜江上月，夷歌铜鼓不胜愁！

【作者简介】

陈羽（生卒年不详），江东人，唐贞元八年（792）进士，仕途不通达，仅任卫佐之职。与韩愈有交谊。

【注释】

①犍为城：即今四川省犍为县。

骠 国 乐（节录）
白居易

骠国乐，骠国乐，出自大海西南角。雍羌之子舒难陀，来献南音奉正朔。德宗立仗御紫庭，鞉鼗不塞为尔听。玉螺一吹椎髻耸，铜鼓千击文身踊。珠缨炫转星宿摇，花鬘斗薮龙蛇动。

【作者简介】
白居易（772—846），字乐天，号香山居士，唐代著名文学家。

【注释】
①本诗录自《乐府诗集》卷98《新乐府辞》（中华书局，2017年版）。②本诗作于唐贞元十七年（801）。③原题后有"欲王化之先迩后远也（贞元十七年来献之）"。④骠国：佛教古国（220—832）名，故址在今缅甸伊洛瓦底江下游。⑤骠国乐，据宋代陈旸《乐书》所载"小铜鼓：唐乐图所传，天竺部用之。盖以革冒其一面，形如腰鼓，面广二尺。与身连，遍有虫鱼草之状。击之响亮，不下鸣鼍。唐贞元中，骠国进乐，亦有是鼓"。见贞元中骠国曾进献乐，其中有铜鼓，系小铜鼓。

送客春游岭南二十韵（节录）
白居易

土民稀白首，洞主尽黄巾。战舰犹惊浪，戎车未息尘（时黄家贼方动）。红旗围卉服，紫绶裹文身。面苦桄榔袅，酱酸橄榄新。牙樯迎海舶，铜鼓赛江神。不冻贪泉暖，无霜毒草春。

【注释】

①原题后有"因序岭南方物以谕之,并拟微之送崔二十二之作",系和元稹《送崔侍御之岭南二十韵》诗。②黄家贼,见本页"黄家洞"条。③面:以桄榔粉做的面食。

黄 家 洞

李 贺

雀步蹙沙声促促,四尺角弓青石镞。黑幡三点铜鼓鸣,高作猿啼摇箭箙。彩巾缠跽幅半斜,溪头簇队映葛花。山潭晚雾吟白鼍,竹蛇飞蠹射金沙。闲驱竹马缓归家,官军自杀容州槎。

【作者简介】

李贺(790—816),字长吉。生于福昌(今河南宜阳)昌谷,后世称李昌谷。李贺在长安当过三年奉礼郎的小官,唐元和八年(813)因病辞官,病逝于昌谷,年仅 27 岁。

【注释】

①录自《李贺诗集》卷 2。②黄家洞:应为"黄家峒",即唐朝西原州黄橙峒(在今广西左右江一带)。黄橙峒人先后有黄朝曜、黄少卿等领导的武装反抗唐王朝的斗争。后者于唐贞元十年(794)五月领导西原人民暴动,进攻邕管(治所在今南宁市)。李贺此诗主要是揭露、嘲讽地方长官没有能够保境安民,反而在无力镇压暴动的情况下杀百姓以邀战功。官军成了反面,而黄家峒成了正面,他们轻盈灵活,出入自如,进退从容。诗句写他们的装束、装备,如黑旗、铜鼓、彩巾等,是重要的民族史料。

游维山新兴寺宿石屏村谢叟家

许 浑

晚过石屏村,村长日渐曛。僧归下岭见,人语隔溪闻。谷响寒耕雪,山明夜烧云。家家扣铜鼓,欲赛鲁将军(村有鲁肃庙)。

【作者简介】

许浑(约791—约858),字用晦,润州丹阳(今江苏省丹阳市)人。唐太和六年(832)进士,历任当涂、太平令,监察御史,润州司马,睦、郢二州刺史。

【注释】

①鲁肃庙:《元和郡县志》仅记宿迁县(今江苏宿迁市)之鲁肃庙:"鲁肃庙在县东南一里。肃,临淮人。后人为之立庙。"②维山,一作樵山,一作谯山。③时卢肇为歙州刺史,有《新兴寺碑》。

送客南归有怀

许 浑

绿水暖青苹,湘潭万里春。瓦尊迎海客,铜鼓赛江神。避雨松枫岸,看云杨柳津。长安一杯酒,座上有归人。

河渎神

温庭筠

铜鼓赛神来,满庭幡盖徘徊。水村江浦过风雷,楚山如画烟开。

离别橹声空萧索，玉容惆怅妆薄。青麦燕飞落落，卷帘愁对珠阁。

【作者简介】

温庭筠（约812—约866），本名岐，艺名庭筠，字飞卿，山西祁县人，晚唐著名词人。

【注释】

①录自《花间集》卷1。②河渎神：唐教坊曲名，后用为词牌。③以词写铜鼓，此系首见。

吴中言怀寄南海二同年

皮日休

曲水分飞岁已赊，东南为客各天涯。退公只傍苏劳竹，移宴多随末利花。铜鼓夜敲溪上月，布帆晴照海边霞。三年谩被鲈鱼累，不得横经侍绛纱。

【作者简介】

皮日休（约838—约883），字逸少，后字袭美，襄阳竟陵（今湖北天门）人。唐咸通八年（867）进士，历官著作佐郎、太常博士、毗陵副使等。

【注释】

①录自《皮日休诗集》。②吴中言怀：在吴中怀念。陆龟蒙有《奉和袭美吴中言怀寄南海二同年》诗。③末利花：即茉莉花。

菩萨蛮

孙光宪

木棉花映丛祠小,越禽声里春光晓。铜鼓与蛮歌,南人祈赛多。客帆风正急,茜袖偎樯立。极浦几回头?烟波无限愁。

【作者简介】

孙光宪(901—968),字孟文,号葆光子。陵州贵平(今四川仁寿东北)人。历仕后唐、南平国、宋朝。在南平国官至荆南节度副使、检校秘书少监兼御史大夫。

郡楼闲望书怀

刘 兼

郡城楼阁绕江滨,风物清秋入望频。铜鼓祭龙云塞庙,芦花飘市雪粘人。莲披净沼群香散,鹭点寒烟玉片新。归去杜陵池馆在,且将朝服拂埃尘。

【作者简介】

刘兼(生卒年不详),长安(今陕西西安)人。由五代入宋,尝任荣州刺史。宋太祖开宝六、七年预修《旧五代史》,开宝七年(974)任盐铁判官。

【注释】

①录自《全唐诗》卷766。②郡楼:荣州城楼。荣州治所在今四川荣县西。

题苍梧部（节录）
陈执中

铜鼓声浮翻霹雳，桄榔林静露真珠。溪平花槛饶桃李，疆压莺歌尽鹧鸪。

【作者简介】

陈执中（生卒年不详），字昭誉，宋真宗咸平年间（998—1003）知梧州。《粤西文载》卷62："陈执中，南昌人，咸平中知梧州，陶民岂弟，喜佳山水，公余登眺已而。上《复古要道》三篇，真宗异而召之。"

【注释】

①本诗作于梧州。

寄桂州张田经略
陶弼

犀甲银盔铜鼓兵，周旋五十五屯营。据鞍病闷心无力，横槊微吟尚有情。

【作者简介】

陶弼（1015—1078），字商翁，永州祁阳（今属湖南）人。宋庆历中（1045年前后）从杨畋军讨湖南瑶，以军功补衡州司户参军，调桂州阳朔县主簿，迁为阳朔令，又摄兴安令。后历知宾、容、钦、邕、鼎、辰、顺诸州，两知邕州，颇多善政。

【注释】

①张田（生卒年不详），字公载，澶渊（今河南濮阳）人，治平三年至熙宁元年（1066—1068）知桂州兼广西经略使。著有《广西会要》二卷。

送杜横州
刘 敞

小郡横山外，居民半岛夷。路偏逢客少，地湿见秋迟。铜鼓侵城角，蛮旌接使麾。平生闻义勇，好祭伏波祠。

【作者简介】

刘敞（1019—1068），字原父，一作原甫，临江新喻荻斜（今属江西樟树市）。宋庆历六年（1046）与弟刘攽同科进士，官至集贤院学士。

【注释】

①杜横州：即杜杞（1005—1050），字伟长，常州府无锡（今属江苏）人，杜镐之孙。宋仁宗宝元年间（1038—1039）知横州，庆历四年（1044）为广南西路转运按察使兼安抚使。②伏波祠：在今横县郁江乌蛮滩畔，系全国重点文物保护单位。③明代郑定《伏波祠怀古》："铜鼓苔生秋雨后，石墙花落夕阳边。"清末曾鸿燊《过乌蛮滩谒伏波马将军祠》："铜鼓声中古庙凉，山河依旧树苍苍。"均指此。

秋浦会遇（节录）
穆 修

岂烦怀鲁汶，并说忘岐豳。兹共追随日，时逢物景春。杂花明浦屿，细草染郊畛。绣羽来穿柳,妆鬟去采苹。画船江泛泛,铜鼓野囂囂。

【作者简介】

穆修(979—1032),字伯长,著名文学家。郓州汶阳(今属山东汶上)人,后居蔡州(今河南汝阳)。

【注释】

①本诗作于安徽池州。秋浦:池州,别名贵池、秋浦。②会遇:据诗序所记,大中祥符五年海陵郡司理参军穆修被贬池州,稍后张木也被贬于此地。同是天下沦落人,两人因此有交谊。

和蔡景繁海州石室(节录)

苏 轼

独临断岸呼出日,红波碧巘相吞吐。径寻我语觅余声,拄杖彭铿叩铜鼓。

【作者简介】

苏轼(1037—1101),字子瞻,号东坡居士。著名文学家。

【注释】

①蔡景繁:蔡承禧(1035—1084),字景繁,江西临川人,宋嘉祐二年(1057)与父蔡元导同登进士。《全宋诗》仅录其诗一首及一诗句,石室诗失传。元丰五年(1082)正月蔡承禧为淮南转运副使,次年被贬居于黄州的苏轼和其诗。②海州石室:在今山东临朐县朐山东北。

和拟古九首（节录）

苏　轼

牺牲菌鸡卜，我当一访之。铜鼓壶卢笙，歌此送迎诗。

【注释】

①此作为宋绍圣四年（1097）苏轼在儋州（今海南儋州市）写的《和拟古九首》之五，系拜谒冼夫人庙时所作。

铜鼓（并序）

方信孺

南海东西庙皆有之。东庙者径至五尺五寸，高有其半，俗谓洪圣王旧物。蔡如松作《怀古诗》尝辨之云："铜鼓之说，出于《隋书·南夷传》：夷人酋长好铸铜鼓，有事击鼓，人尽集。女子首饰尽戴银钗，取钗击鼓。"蔡之说止于此，殊不知虞喜《志林》已载："建武二十四年，南郡男子献铜鼓，有铭。"又《后汉书》："马援好骑射，善别名马。征交趾，得骆越铜鼓，乃铸为马式以进。"则知铜鼓在后汉光武时已为希得，所以有南郡之献，非止见于隋时也。今庙中之鼓，自唐以来有之，《番禺县志》已载其制度。凡春秋享祀，必杂众乐击之以侑神。又府之武库亦有其二。其一，盖唐僖宗朝，郑绩镇番禺日，高州太守林蔼所献。初因乡小儿见鸣蛙之怪，遂得于蛮酋大冢中，事见《岭表异录》。在唐时既能怪，则至今不知其几百年物矣。鼓形如腰鼓，而一头有面，制作精巧，所谓铭志，终无有也。只周遭多铸蛤蟆，两两相对，不知其何意。

石鼓嵯峨尚有文，旧题铜鼓更无人。宝钗寂寞蛮花老，空和楚歌迎送神。

【作者简介】

方信孺（1177—1223），字孚若，兴化军（今莆田）人。嘉定六年至九年（1213—1216）提点广西刑狱，在桂林题刻，留存颇多。

【注释】

①录自《全宋诗》第55册。②蔡如松，字劲节，龙溪（今福建漳州）人。宋乾道五年（1169）特奏名进士，曾任肇庆府四会县知县、新兴推官。其《怀古诗》已佚。《全宋诗》《全宋文》录其诗文数篇。

二、元明时期

龙尾歌（节录）
袁 桷

诸葛丞相韦郡王，村村列祠堂。瓢笙铜鼓群巫舞，牛殽儿狼藉羞琼浆。

【作者简介】

袁桷（1266—1327），字伯长，号清容居士。庆元鄞县（今属浙江）人。年青时担任丽泽书院山长，后入仕途，官至侍讲学士。

【注释】

①录自袁桷《清容居士集》（《四库全书》本）卷8。②原题注"送文子方著作调官云南"。文矩（？—1323），字子方，湖南长沙人，历任荆州湖北道宣慰司照磨兼承发架阁、秘书监校书郎、著作郎、翰林修撰兼国史院编修官、太常礼仪院判官。③《清容居士集》卷15《送濯伯玉之官云南》另有诗云："官船乘驿稳，铜鼓报衙高。"

夜上乌岩
范 椁

扁舟夜傍乌岩宿，然火上岩寻古祠。老巫辍睡启神户，牵幌请官窥汉仪。汉家将军利于鹘，征行往往皆良奇。当时光武皇帝圣，举以善驭皆周知。将军再出定穷粤，忠义耿耿光精垂。不然夷祀已千载，何尚至今歌舞之。高悬铜鼓五兽缺，以手摩拂增深悲。蜈蚣宵行蛛网结，不识欵书何岁时。庭中蕉叶照石面，猛虎出谷灵风吹。泽鱼导从吏扶掖，欲留颇复惧深危。登临有客动必戒，况此星露景倭迟。独立苍茫问横浦，明日江山劳梦思。

【作者简介】

范梈（1272—1330），字亨父，一字德机，人称文白先生，清江（今江西樟树）人。官至福建闽海道知事。元延祐三年（1316）至合浦任海南海北道廉访司照磨。崇祯《廉州府志·名宦志》：范梈"擢海南海北道廉访司照磨，以延祐三年秋至郡，巡历遐僻，不惮风波瘴疠，所至兴学教民，雪理冤滞甚众。"

【注释】

①录自《范德机诗集》（《四库全书》本）卷4。②乌岩：即乌蛮滩岩的简称。③横浦：今横县。江浦，横州的代称。

咏天妃庙马援铜鼓

王　沂

南海天妃庙，今存马援铜。大音犹战鼓，余韵或疑钟。世骇流传旧，人推铸冶工。蟾蜍圆顶列，翡翠绣文重。蹲踞环旁峙，周围体下空。响令群队进，降见百蛮从。一代经营意，千年战伐功。金汤全汉域，铜柱界尧封。零落香烟里，凄凉异代中。海祠难独立，神物会当逢。

【作者简介】

王沂（生卒年不详），字师鲁（一作思鲁），真定（今河北正定）人。

元延祐二年（1315）进士。历任临淮县尹、嵩州同知；至顺间为翰林编修，后历国子博士、翰林待制，官至礼部尚书。

【注释】

①录自《伊滨集》（《四库全书》本）卷10。②南海天妃庙：所指当系后来的天南海县天后宫（今广州市南沙天后宫）。主神元代称天妃，明洪武初加"昭孝纯正灵应孚济圣妃"称号，清初尊为"天后"。历来春秋祭祀。③天妃庙铜鼓：叶盛《水东日记》卷16："或曰：二广铜鼓皆马伏波时作。南海天妃庙旧亦有之。"

岭南杂录三十首（之一）
汪广洋

村团社日喜晴和，铜鼓齐敲唱海歌。都道一年生计足，五收蚕茧两收禾。

【作者简介】

汪广洋（？—1379），生年待考，字朝宗，江苏高邮人。元末进士，入明朝为官，洪武五年（1372）任广东行省参政。后官至丞相。有《凤池吟稿》传世。

【注释】

①录自《凤池吟稿》（《四库全书》本）卷10。②本诗作于洪武五年任广东行省参政期间。

宜山谣（并序，之一）
谢应芳

广东南丹诸州，民獠杂居，素称难治。洪武初，朝命设官置司安抚之。山东尹明善实在僚选，凡所司，事无不为，为无不达。莅官再期多善政。后四年，有客自广西来者，传其事甚详，余乃摘其大者，作《宜山谣》七篇。

苗猺地连交趾，咸籍为民，且为除凶号，人悦之，作椎结舞。

椎结舞，击铜鼓，浅蛮生蛮皆按堵。卖刀买鉏犁，衔恩人鸟语。犷俗驯，恶名去，岂弟君子吾父母。

【作者简介】

谢应芳（1295—1392），字子兰，号龟巢，常州武进（今属江苏）人。元末明初学者，著有《辨惑编》《龟巢稿》等。

【注释】

①录自《龟巢稿》（《四库全书》本）卷4。②本诗作于洪武初年。

铜鼓歌（并序）
史 迁

予奉命之广东廉州，暇日谒孔圣庙。东南有梓潼帝君殿，悬铜鼓，款制花纹特异。云是汉伏波将军马援征交趾时所铸也。又，铜柱当州南二百余里分茅岭上。因赋此，以纪其事云。

梓潼古祠俨且崇，殿有铜鼓悬其中。错落交封土苍碧，斓斑乱蚀丹砂红。上圆镜面未磨拭，下垂洞彻连中空。高余二尺阔复倍，铁索互纽当垣墉。粉墙丹柱烟雾合，髣像落日垂鸿蒙。试为摩挲认奇古，爪甲惨淡生寒风。遂令考击辨音响，大声振荡惊顽蒙。万丈追蠡复何有，汾阴鼎鼎谁能穷。云是伏波汉家将，奉辞伐叛开奇功。聚铜铸此百面许，曾役壮士驱神工。长驱大击耀威武，钧天动地如雷同。坐收交趾入掌握，象群杂沓来大东。龙争虎战千载后，万类销铄如蒿蓬。余鼓散漫亦已失，独有此物留遗踪。嗟予飘然一老翁，承恩至自天王宫。清晨来谒素王殿，伛偻再拜明其衷。海云初飘荔子雨，鹧鸪啼上茨萝丛。分茅岭头日色薄，铜柱突兀摩苍空。事严迹异两奇绝，真使后世称人雄。周宣石鼓谁解赋，怅望韩公与苏公。

【作者简介】

史迁（生卒年不详），字良臣，号清斋，金坛（今江苏金坛）人。元末隐居，以教授为生。明洪武初，为蒲城令，升忻州守，后改廉州。著有《青金集》。

【注释】

①录自《青金集》（《北京图书馆古籍珍本丛刊》本）卷2。②诗中所记明初廉州（治所在今合浦县）铜鼓，悬挂在文昌殿（梓潼帝君殿）。铜鼓较大，"高余二尺阔复倍"，鼓面直径一米多，属较大的铜鼓。

龙州（之一）

解 缙

波罗蜜树满城堙，铜鼓声喧夜赛神。黄帽葛衣墟市客，青裙锦带冶游人。

【作者简介】

解缙（1369—1415），字大绅，一字缙绅，号春雨、喜易，江西吉水人，洪武二十一年（1388）进士，官至右春坊大学士，参预机务。有"明朝第一才子"之称，曾任《文献大成》（后姚广孝领衔扩充为《永乐大典》）的总纂修官。永乐五年（1407）二月，被外放为广西布政司右参议，次年四月，又改任交趾布政司右参议。光绪《宁明州志》说解缙在宁明时，"与土府黄广成讲学论文，始兴文教。迄今明江文庙附祀名宦，以公为首"。

【注释】

①录自《文毅集》（《四库全书》本）卷6。②龙州：在广西边陲，与安南国（今越南）接壤，自古以来两地由龙州水口关往来，此道成为重要的通道。明末邝露《赤雅》说："粤西入安南有三路"，一路经镇南关，一路经龙州，另一路则是走今宁明县爱店镇关口。③《文毅集》卷5《交趾即事》"可怜新息犹遗庙，铜鼓荒凉草棘中"。亦提铜鼓事。

铜 鼓 湾

陈献文

水绕湾头铜鼓东，昔年谁此寄行踪？青山绿水江天小，鱼跃鸢飞眼界同。薏苡何须来谤口，云台还好像元功。我来矍铄翁如在，对景兴思目远峰。

【作者简介】

陈献文（生卒年不详），弘治十七年（1504）举人，郁林人，曾任上虞县知县。

【注释】

①录自《粤西诗载》(《四库全书》本)卷16。②道光《博白县志·艺文志》录陈献文《灵潭铜鼓》,诗文与此有较大差异。

铜鼓行

顾 清

楼船行,铜鼓鸣,和以横笛间丁宁。空江深夜天宇澄,稀声要眇杂铿竑。隐如仙乐度青冥,贵人中坐憺无营。流星捷报前几程,征丁索馈百里惊。儿童喜闻铜鼓音,不知铜鼓伤予心。

【作者简介】

顾清(1460—1528),字士廉,号东江,华亭(在今上海市松江区)人。弘治五年(1492)进士,官至南京礼部尚书。著有《松江府志》《傍秋亭杂记》《东江家藏集》。

【注释】

①录自《东江家藏集》(《四库全书》本)卷10《北游稿》。②此诗乃正德二年(1507)作者任应天府考试官期间在南京游乐时作。

铜鼓短歌(并序)

张 诩

按裴氏《广记》云:"俚獠铸铜为鼓,面阔五尺余。"今南海庙、天妃庙皆有之。

铜鼓之形如朴满,铜鼓之声响春雷。旧闻俚獠铸为此,蛤蟆十二栖周回。又闻小儿见蛙怪,蛮酋荒冢中悲啼。阴风昼雨作光怪,乘涛鼓浪天昏迷。镇海将军闻之怒,叱令小鬼为护持。海不扬波在今日,坐见万国来航梯。

【作者简介】

张诩(生卒年不详),字廷实,广东番禺人。宋成化十年(1474)举人,二十年(1484)进士,历户部主事,南通政参议等职。有《东所先生集》《南海杂咏》传世。

【注释】

①录自《南海杂咏》(广东人民出版社,2010年版)卷10。此书著者自序于成化十三年(1477)二月。

铜 鼓

苏 濬

莫辨雌雄色,犹闻风雨声。年年春草绿,何处伏波营。

【作者简介】

苏濬(生卒年不详),字君禹,福建晋江人,明万历五年(1577)进士,十九年(1591)任广西按察副使,二十五年修《广西通志》(今存)。著有《周易冥冥篇》《易经儿说》,皆入《四库全书》存目。

【注释】

①此诗录自《粤西诗载》(《四库全书》本)卷21。

谢元弼铜鼓歌（有引）
陈荐夫

元弼祖令贺县。溪涨，得铜鼓。每作桔槔声，屠狗血厌之，乃止。今藏于家。

蛤蚜嘶风苏合雨，峒猺范金金作鼓。数声挝破蛮天青，千岁铜山落为土。细花蔓月蟾蜍泣，鬼母衅烟腥血碧。扶风胡贾捌草根，蛮语啾啾露华湿。神罴昼出陆海崩，蛮丁昇走沙溪城。鹊苍流红叫云死，桔槔戛戛秋无声。翡翠含珠光照发，苍藓一团波底滑。黄尘不动粤兵寒，卧冷商飚满楼月。

【作者简介】

陈荐夫（生卒年不详），名藻，又作帮藻，以字行，又字幼孺。侯官（今福建闽侯县）人，明万历二十二年（1594）举人。以诗名，为"闽中七子"之一，著有《水明楼集》传世。《水明楼集》卷12有《铜鼓记》。

【注释】

①录自《水明楼集》（《四库全书存目丛书》本）卷2。②谢元弼，未详其名讳。陈荐夫与元弼有交谊，有《月满楼歌为谢元弼赋》《谢元弼铜鼓歌（有引）》。元弼祖父谢榘（一作渠），福建闽清人，嘉靖三十五年（1556）贺县（治所在今广西贺州市贺街镇）知县。③满楼月：《水明楼集》卷2另有《月满楼歌为谢元弼赋》。

铜鼓歌（送欧阳太守之平乐）
曹学佺

君不闻，始安之郡郡最古，石为洞兮茅为宇，大会城中设铜鼓。伐坎坎兮纷无数，声嘈嘈兮日未午，相对挽臂傞傞舞。问之何为接官府？欧阳使君是吾父，下车善政如流雨，召其所好去所苦。蛮徭蜂屯与蚁聚，推诚各置于肺腑，自今以往皆安堵。七十二峰称有主，临泛漓江与荔浦。从容谈笑惟挥麈，使君用文不用武。

【作者简介】

曹学佺（1574—1646），字能始，号石仓居士。明代藏书家、文学家（"闽中十子"之首）。福建福州府侯官县（今属福州市）人。万历二十三年（1595）进士，天启年间任广西左参议，著有《广西名胜志》。

【注释】

①录自《石仓诗稿·金陵初稿》（《四库禁毁书丛刊》本）。②此诗作于万历二十八年（1600）。③欧阳太守：欧阳东凤。金鉷《广西通志》卷68："欧阳东凤，字千仞，潜江人，万历二十八年迁平乐知府。抚谕生猺，白监司择俊秀者入学，猺渐知礼义。税使横行，力折之。以才调知常州。"④曹学佺送人至广西为官的作品中，另有"铜鼓"名句："竹鸡群里登峨岭，铜鼓声中出阆溪"（《送陈民部出守思州》）。陈民部，当系陈益谟。陈益谟，浙江仁和人，万历七年（1579）举人，三十三年（1605）任上思州知州。

波罗铜鼓赋（并序）

黎遂球

波罗庙有一铜鼓，面缀两蛙，云是马伏波将军所铸。向埋地中，其处每闻蛙声，因掘地得之，蛙形尚存其一，供奉鼓于庙，时鸣以祀祝融。曾有谋移去者，辄缘断绚绝，重不得致，仍归之庙。咸谓有神凭之，予为之赋，以俟后之博物君子焉。

若夫汾阴宝鼎，甘泉露盘，霄壤峙镇，洪范团攒，仙人作声，山子遥叹。铎不妄启，钟有肇端。咸托物以相感，信灵异之攸蹯。未若六齐气竭，五金色漂，椒图拟象，围廓若鲰，舞闻如凫，覆蹲为鼕，魍魉匪怪，朱鹭如歆。见怒蛙之可式，部鼓吹而兼操；疑擎掌之有杯，方铸柱而歇镳。既铭功以压蛮，遂奋袍而和箫，尔乃鸢飞同站，马革各埋，骨蚀毒流而含劫灰。声追蠡而乐，尚钟衅血而鎛。泥如印之弄刓兮缺钮，譬齿之浮落兮留龅。孰辨丰狱之气，如居孔壁之隈；忆矍铄之待用，宁跃冶以明才。既郁郁而见日，遂轰轰以应雷。于是湏泞天吴之谷，震詟冯夷之宫。海神闻号而舞旗，阿香整驾以鞭龙，鲛人裂绡而泪珠，鳌怪翘足而嗥风。羌修灵之德胜，合钟簴于祝融。在四渎之祀典，岂三洲之游踪。爰有继组以趋分，珪虔事玉册，垂重金。书载赐波彝，胡拜而慑，景光螺文摩灭而留赑屃，惟宝色之注，焕时伐动而懔嵬。是故其荐信也，则霾曀潜消，叆叇荡清，纤阿案辔，翔阳奋轮，目穷南极之枢，耳听桃都之鸣。沉沉忽忽兮如见，澄澄冥冥兮如聆。若三通以启阏，肃百族而俯承，蜩像闻而褫魄，长鼍为之应声。其荐诬也，则阴晦惨浊，訇訇啅哗，大舆撼而若折，倚盖屑而倾斜。日涕浪以喷雨，云绞风如飞蛇；喧嚣靡宁，霹雳交加。慎尔幽独，骇此急挝，所以列同飞廉、翁仲之次。年视元凤、永平尤长，奏乐似咸阳之库，祭天胜休屠之王，彼遥徙而劫夺，兹维神之可当。从舁载而曷举，相璘瑞之辉煌，专八音以振响，更万祼而益彰。共识马氏之元勋，宜勒宣王之文章。爰有志士转坤，明王濬川，弓挽扶桑，剑倚长天，既扫氛埃，遂靖蛮烟，海波不扬。重译争先，姑须在陈，指南并传，归质黄耇，有道万年。爰作颂曰：

海帝维炎，厥器陶庚，匪革而鼓，亦锽亦鍧。栖神伏猛，将军攸成。爰从渎祀，以永祥祯。日浴中夜，星转八纮。鞺鞳铿锵，维神之听。澄尔风波，圣人中兴。

【作者简介】

黎遂球（1602—1646），番禺人，字美周，天启七年（1627）举人。

著有《莲须阁集》《莲须阁文钞》传世,《周易爻物当名》,录入《四库全书》存目。黎遂球另有《南海神祠碑记》。

【注释】

①录自《莲须阁集》(《四库禁毁丛刊·集部183册》本)卷1。有所校订。以赋写铜鼓,此系首见。

波罗铜鼓歌

罗宾王

铜鼓何年来交趾,荒土怒埋蛙欲起。一朝移至玉波宫,神物安安得所止。扶胥日夕风去来,十二鼍鼉走不去。五溪之水今已春,铜柱年年尘复尘。烟消麟阁人谁在,铜驼几度生荆榛。铜鼓悬,薏苡冤,铜鼓不解娱明珠,千载毋为将军冤!

【作者简介】

罗宾王(生卒年不详),字季作,明末清初番禺人。同治《番禺县志》卷42列传:"罗宾王,字季作,万历乙卯举人,官南昌同知。告归,与里人曾起莘、黎遂球、梁朝钟、陈学伫,博罗韩宗騋,俱以高才好谈当世……"曾积极参与反清复明活动,失败而亡。

【注释】

①原载崔弼《波罗外纪》,此转录自《南海神庙文献汇辑》(广州出版社,2008年版)。

铜 鼓 歌

方国骅

辛丑二月驾黄龙，抚摩河伯鞭驱风。朝发夕至见铜鼓，铜鼓簇县神上宫。初见殊形胆若怯，攲翼古异心推崇。传自马援伐蛮方，得此交趾夷甸中。刻列星辰及牛女，魑魅魍魉无能逢。丹翠金石杂其状，恍惚太上鬼斧工。更凿龟螭踞其背，一阴一阳立雌雄。父老相传国初时，击之声震千里洪。水旱灾祲告海若，伐鼓鼓响神来宗。至于正统北狩年，萧养作逆据大东。僭王改号侮诸夏，欲取两鼓归贼中。百神奋怒不肯与，贼窃其一归艨艟。风雨雷电海水黑，此鼓跃入溟濛空。以后击雌雄辄应，离别凄惨难为容。迩来好事铸其匹，巨细新故岂等同？近闻儋耳之间山崩裂，流沙激出铜鼓公。体制尺寸恰相类，民欲归神贪天功。相君有力夺异贝，袭诸记室深房栊。俗人耳食未尽信，怀古感慨思其踪。昌黎石鼓子瞻和，前后两歌歌鏦鏦。方生歌此分鼎足，不负神天魂梦通。

【作者简介】

方国骅（？—1671），字楚卿，一字骑田，番禺人。明末清初诗人。南明隆武元年（1645）举人。后来在清代隐居授徒，世称"学守先生"。著有《学守堂集》。

【注释】

①录自屈大均《广东文选》（《北京图书馆古籍珍本丛刊》本）卷31。②此诗作于清顺治十八年（1661）辛丑。③国初：指明朝初年。著者不接受清朝的年号，仍然以明朝士民自居。故此列方国骅及其子释成鹫于明代。

南海神祠古铜鼓歌

（释）成 鹫

范铜作鼓叶律吕，牯牛下拜鼍起舞。问渠拜舞何所为？自幸有皮无足取。范成悬在海王祠，一雄一雌相耳语。我本山中矿石精，无端跃入大火聚。欧生倒置古规模，不我为钟却为鼓。大叩逢逢小咽咽，随声答响聊尔汝。何时飞入水晶宫，潮音作风雷作雨。回看白牯与玄鼍，皮之不存毛焉附！

【作者简介】

（释）成鹫（1637—1722），又名光鹫，字迹删，号东樵山人。方国骅之子，出家前名觊恺，字麟趾。主持澳门普济寺、肇庆庆云寺、广州大通寺，终于大通。与陶环、何绛等南明抗清志士为生死之交。与屈大均、梁佩兰酬唱，粤中士人多从教游。先后著有《咸陟堂前后集》《梦忆》等。

【注释】

①本诗录自《咸陟堂诗集》（《四库禁毁书丛刊》本）卷5。

诸葛废鼓（并序）

车以遵

暇与饶景玉、夏镜止言之，郡司马公因取观，叹其废而无用，然亦赏其古也。村中偶赋，兼识感云。

声灵诸葛称铜鼓，历数十年方出土。当年考击人不无，公也天威莫敢侮。昭陵旧属零陵都，湘水中分兴霸渡。此中掌记识其故，城南相公树帜处。应知此物自不乏，偶向天都友人说。因缘赏鉴独同心，难与洪炉金火别。人言废质宜陶冶，不知惜意犹胜舍（时人施以铸佛像）。不见庙前古柏参天三十围，勿剪勿伐告来者。此鼓无声尚有神，秦庭未遇告急人。髯公超逸嗟绝伦，使君顾盼座上陈。嗟尔老叟用意真，周宣石鼓难问字，哑钟虽废可全身。

【作者简介】

车以遵（生卒年不详），字孝则，一字孝思，号劭人，世称劭园先生。邵阳（今湖南省邵阳市）人，明万历八年（1580）进士车大任之子。生活在明末清初，终身不仕，以诗名于时。所著《声香阁草》《高霞堂正续集》《贝叶集》等（多散佚），《资江耆旧集》卷9录存诗88首。

【注释】

①录自《湖湘文库·邵阳车氏一家集》第226页。②饶景玉：饶璨，字景玉，别号石瘒。歙县人，工诗，善画。

三、清 代

（一）康熙年间

金公绚宅观古铜鼓歌

程可则

主人好古有奇尚，铜鼓石琴两相向。琴声泠然高出云，鼓色斑斑莽难状。革形金面三尺余，土花剥蚀光扶疏。中藏太极仅盈寸，六十四卦纷荧如。琉璃线刻鸳鸯起，波涛影立蛟龙死。摩挲蝌蚪有双头，仿佛熊罴无两耳。不知鼓制始何代，或曰诸獠与交趾。蛮乡此物以为俗，铸成置酒邀邻曲。豪家子弟金银钗，醉击华堂声陆续。汉时老将伏波军，改作骅骝献紫宸。至尊含笑亲叹赏，诏置宣德称廷珍。一自沧田变今古，天下瑰奇复谁睹？银筝玳甲总飞尘，玉马铜驼亦黄土。此鼓独闒闒，倚君花槛边。小扣已令鬼神伏，大扣将使鼍宫蛟室夜半争皇然。鼓兮鼓兮，我欲以砗磲为悬、珊瑚作簴，仍学马援贡天子，大声逢逢震边鄙。雕题象寄测海水，渔阳之鼙永不起！

【作者简介】

程可则（1624—1673），字周量，一号湟榛、石臒。广东南海人，顺治九年（1652）会试第一，以磨勘，停殿试归。后应阁试，授内阁撰文中书，迁户部主事，擢兵部郎中。康熙十二年（1673）为桂林知府。工诗文，为"岭南七子"之一。又与宋琬、施闰章等称"海内八家"。有《海日堂集》传世。

【注释】

①录自《海日堂集》(《清代诗文集汇编》本)卷2。②魏宪《百名家诗选》卷33录此诗,题为"铜鼓歌金公绚宅作",诗文略有异。③金公绚:即金光(1609—1676),字公绚,浙江义乌人,任平南王尚可喜的幕客近三十年,主要活动在广东。传记见《清史列传·忠义传》。④"豪家子弟金银钗,醉击华堂声陆续"句下自注:《晋书》:诸獠并铸铜鼓,为鼓初成,悬庭中,置酒招同类。有富豪子弟来者,执金银钗扣鼓,扣竟遗主人,名"纳鼓钗"。又,"至尊含笑亲叹赏,诏置宣德称廷珍"句下自注:《汉书》:伏波征交趾,得骆越铜鼓,改铸马式上之。诏置宣德殿门。

代僧宏度发愿募铜鼓偈

顾景星

我佛大慈悲,救度诸苦厄。如何大雄殿,朝暮捶死革,檀桐作犍椎。如来昔说法,诸天作臂叱。钟鼓非凡质。闻昔欧阳颀,远作岭南客,铜鼓献梁朝,声与革无别。我愿诸伽蓝,铸作此功德。胶角塑慈容,于理亦当绝。佛生至涅槃,未尝著缯帛。念是蚕命故,何况大觔骼。鬐漆本至坚,煎熬匪膏血。佛言诸众生,虽死有余业。蟹胥蛏蛤酱,入齿痛喈喈。人耳鬼神耳,听之不可得。天耳与佛耳,哀号不胜聒。十八伽蓝神,皆从声闻入。美音及遍视,除此不净洁。是名无垢地,敢告诸菩萨。

【作者简介】

顾景星(1621—1687),字赤方,号黄公。蕲州(今属湖北蕲春)人。明末清初文学家、藏书家。著有《白茅堂集》《白茅堂词》《读史集论》《顾氏列传》《南渡来耕集》《阮籍咏怀诗注》《李贺诗注》等。

【注释】

①本诗录自《白茅堂集》卷44（《清代诗文集汇编》本）。②其《艳歌何尝行》亦载有关铜鼓的诗句："罗番铜鼓悬两楹，妖姬起和春莺声。"

南海神庙铜鼓歌（鼓有二，一飞入海）

梁佩兰

龙宫一夜蛟鼍舞，南海庙巫扣铜鼓。南海庙神广利王，割据四海南海方。铜鼓置在王庙左，庄严鼓悬四小锁。大巫一扣潮水平，小巫一扣江水清。二月望日王生日，鼓声掌人拜出入。相传鼓是汉伏波，平蛮得自蛮犀驮。至今鼓身满龟钮，龟形剥烂似苍狗。铜气蚀尽不觉腥，鼓皮凹凸生古青。周围五尺背与面，年月制造字不见。更传此鼓原雌雄，男律女吕音和同。鬼神痛哭泄造化，哀诉雷公撤河下。独留一鼓歆庙前，撞破世代千余年。当今皇帝新即位，遣官祀王用王礼。王灵震叠摇灵幡，彤云赤日生祀坛。铜鼓无人忽声起，鼓沈鼓响塞天地。须臾祀毕官欲回，动著铜鼓惊龙媒。四时海激吼风雨，重恐铜鼓又飞去。

【作者简介】

梁佩兰（1629—1705），字芝五，号药亭，广东南海人。顺治十四年（1657）中举人，康熙二十七年（1688），年近六十方中进士，授翰林院庶吉士。未一年，乞假归，结社南湖，诗酒自酬。与屈大均、陈恭尹合称"岭南三大家"。著有《六莹堂前后集》等。康熙六年（1667）六月，康熙帝正式亲政，八月十七日派遣都察院右副都御史董笃行致祭于南海之神。此诗作于此时。

【注释】

①录自《六莹堂集》（中山大学出版社，1992年版）卷3。《四库全书

存目丛书》集部亦载此诗。②其《赠谢可南》亦云:"士女银钗扣铜鼓,井里酒帘设芳甸。"

铜 鼓 歌
戴朱纮

蛮溪雾毒苍虬舞,土人架阁悬铜鼓。问是当时谁所留,尽说传从汉武侯。武侯天威靖蛮落,日畴岁垦桑麻蒻。四时儿女吹芦笙,椎牛酹酒欢相噱。往年蛇豕盘丰墺,深山亦有戈铤到。安得仍如诸葛公,茅檐鼓腹来和风。嗟尔猺民勿复惊,当今临御真圣明。赫兴禁旅歼狂惑,金齿投戈六诏平。复简文武似吉甫,建节炎荒问疾苦。安攘大计追前武,尔猺熙皞应重睹。春秋赛社击铜鼓,何用腰刀藏毒弩?□□□□□□□,年年但种山前土。

【作者简介】

戴朱纮(生卒年不详),原名戴朱絃,康熙时改名朱纮,马平(今柳州市)人。顺治十七年(1660)以"戴朱絃"登举人榜,康熙三年(1664)则以"戴朱纮"登进士榜。后任武城知县。

【注释】

①录自乾隆二十九年修,民国二十一年铅字重印本《柳州县志》卷之十《艺文·诗》。②原缺7字,今以空缺号补。③六诏平:当指康熙时平吴三桂之乱。

铜鼓诗（为孙树百给事赋）

王士祯

征蛮壁垒没寒烟，谁遣錞于异代传？丞相天威播南诏，中原王业起西川。洛阳金马题门日，渭水铜人别汉年。回首兴亡已陈迹，岑牟一笑晚风偏。

【作者简介】

王士祯（1634—1711），原名王士禛，字子真，一字贻上，号阮亭，又号渔洋山人，世称王渔洋。清顺治十四年（1657）进士，官至刑部尚书。著作有《带经堂全集》（包括《渔洋诗话》《池北偶谈》《香祖笔记》等）。

【注释】

①录自《带经堂集》（《续修四库全书》本）卷38《癸亥稿》。②此诗作于康熙二十二年（1683）。③孙树百：即孙蕙（1648—1686），字树百，号泰岩，一号笠山，山东淄川人。顺治十八年（1661）进士，官至户科给事中。王士祯、汪懋麟辑录其存诗为《笠山诗选》5卷。④王士祯的其他铜鼓诗句。《汉嘉竹枝五首》："竹公溪口水茫茫，溪上人家赛竹王。铜鼓蛮歌争上日，竹林深处拜三郎。"按：三郎，即竹三郎，竹王祠主神。《送门人李伯含郎中出守都匀六韵》："铜鼓祠诸葛，芦笙赛竹王。"⑤吴重憙《论诗绝句》评王渔洋诗："少日才华铜鼓诗，骚坛宿将亦降旗。"⑥缪庭桂《竹公溪》："竹公溪畔竹郎祠，曾记渔洋咏竹枝。铜鼓蛮歌今不见，远山一角望峨眉。"

铜鼓歌（为树百给事作）

汪懋麟

铜山夜鸣飒风雨，钟镛四应疑虓虎。金铁精灵带兵气，巧匠烹煎作军鼓。鼓声坎坎如鸣鼍，虫鱼镂错花叶多。龙师惨淡直千镒，骠国不得夸玉螺（贞元中，骠国进乐，有玉螺、铜鼓）。制本鐏于世所宝，祀鬼禳灾集夷獠。铮鏦绝域雄夜郎，腾踔蛮溪逆天讨。叛服有类鸟兽群，九丝劳动楼船军。南交越嶲实蠢蠢，瘴烟毒雾徒纷纷。古鼎跃水何年至，竟作闲斋金石器。回忆番人绛帕时，奋臂双挝不儿戏。龚州刺史空咨嗟，鱼悬佛寺生土花（咸通末，张直方刺龚州，修城掘得铜鼓，载至襄汉，舍延寿庆院）。番禺大帅枉收拾，神入野田为怒蛙（僖宗时，郑续镇番禺，有牧儿闻田中蛤鸣，捕之，蛤入蛮塚，遂得铜鼓。鼓上有蛙蝇状，因献，续悬武库中）。何幸黄门作知己，古色摩挲碧于水。料量尺寸两握腰，辨识花文四垂耳。或称此鼓由文渊，主人意思殊不然。工金工木妙诸葛，考之纪载多流传。书生异同且高阁，吾欲当筵作杯杓。不然短衿秃袖招花奴，扬桴三弄非豪粗。

【作者简介】

汪懋麟（1640—1688），字季角，号蛟门，江苏江都（今扬州）人。康熙六年（1667）进士，授内阁中书，后以刑部主事入史馆充纂修官，与修《明史》。著有《百尺梧桐阁集》26卷传世。

【注释】

①录自《百尺梧桐阁遗稿》（《四库全书存目丛书》本）卷5。②此歌作于康熙二十二年（1683）。③《淮海英灵集·甲集》卷2亦录之，文字偶有差异。

铜鼓歌（为孙给谏树百）

田 雯

夔牛一响蚩尤空，密须答腊声逄逄。春官蒯桴载周礼，旄檀来自于阗东。花奴羯鼓未足数，汝阳绢帽插槿红。谁打细腰骑屋栋，宛丘坎坎陈国风。可笑阿瞒置鼓吏，渔阳裸体挝三通。轩颉冰斯变蝌蚪，其马既同车既攻。好古既少昌黎子，作歌须遣东坡翁。黄门何处得此鼓，纤腰广首冒以铜。雷门灵鼍不合格，雕镂琐碎烦神工。识者云是诸葛制，渡泸五月真英雄。木牛流马未存一，偏遗兹物音冬冬。伏波铜鼓铸南郡，亦曾有此将无同。是否真赝不用辨，无妨我辈头冬烘。万仞芙蓉缚书屋，但使捆载悬当中。我摘铜丸扣蜀木，声闻百里和黄钟。叹息博物张华死，考征僻事方朔穷。

【作者简介】

田雯（1635—1704），字纶霞，一字紫纶，山东德州人。康熙三年（1664）进士，二十七年（1688）任贵州巡抚。丁忧起补刑部右侍郎，调户部左侍郎。

【注释】

①录自《古欢堂集》（《四库全书》本）卷6。②田雯《黔书》卷1"苗俗"中有："醉鼓诸葛之铜，酾金赛社（诸葛铜鼓，蛮人宝之）。"③田雯其他诗文中有关铜鼓的片段。《送冯敬南之任梧州》："韶濩遗响击铜鼓"。《送李公旋之任普安》："村挝铜鼓百蛮乡"。《孙文恭公祠碑记》："武乡侯渡泸之役大有功于黔，贵筑铜鼓山为诸葛贮甲处，陈迹犹存。"

铜鼓诗（与孙笠山垣长）

王又旦

快剑割线水，径尺生寒漪。蔼蔼几席间，郁郁盘蛟螭。军鼓起何年，錞于有遗规。花文虽剥落，仿佛辨工倕。制作本武乡，光彩发火维。昂价易千锊，流传来九丝。百闻愿一见，使我舒肝脾。岂知按图牒，竟如合分支。是时日在柳，炎官行朱曦。一击簸玄云，檐角风飔飔。意气忽腾越，如冲飚疾驰。谁能卧茅檐，还复执其雌？征蛮忆汉年，深入南天陲。从容御巾扇，谈笑轻凶危。五溪何毒淫，百鸟惨不窥。瘴烟迷大荒，曛雾罗四垂。此物与刁斗，提携杂军麾。大星堕西南，零落将何之？沉埋都市中，无由见瑰奇。黄门雅好古，座列鼎与彝。购之娱耳目，不肯违饘酏。类从感昔言，物性固有宜。猿鹤与虫沙，异域甘相随。玩好岂所愿，宁归帐下儿。志士无功老，弃掷良如斯。太息且抛却，吾欲焚栖椎（《志》称铜鼓用栖木椎之，声极圆润）。

【作者简介】

王又旦（1646—1697），字幼华，别号黄湄，陕西郃阳县（今称合阳县）人。顺治十五年（1658）进士，官至户科给事中。康熙二十三年（1684）四月为广东乡试正考官。在京师时，与王士禛交善，有"两王先生"之称。王士禛所选定其诗为《黄湄诗选》并为之作序（另有顾景星、汪懋麟、姜宸英、陆嘉淑序）。

【注释】

①录自《黄湄诗选》（《清代诗文集汇编》本）卷8《掖垣集》。②孙笠山：即孙蕙（见上注释）。王又旦与孙蕙同为户科给事中，而尊之为"垣长"。

南海神祠铜鼓歌

蓝 涟

石鼓出仗桐木鸣，铜鼓钗叩铮铮声。俚獠铸以取燕乐，南蛮部领行专征。大小丈尺式不一，约略中洞肩彭亨。伏波南征收骆越，销作金马飞天庭。余者散置南海郡，移佐赤帝朝群灵。此鼓面阔径四尺，两傍四钮垂鼻形。雷文突起渍翡翠，土花凹蚀堆朱樱。有时日照玛瑙碧，天阴雨滴葡萄青。大是世久铜质变，颜色故尔随阴晴。南唐郡人有献者，款识斑驳余勒铭。不如此鼓说有异，雌雄飞一沉沧溟。龙拏电掣匿不起，月黑雨急声相应。我来数次拭尘土，儿童瓦砾敲交争。始知世间一切物，吏不趋奉人敢轻。汉家铜仙泣辞汉，周庙宝鼎传遭倾。尔鼓奚能备一用，水除蝌蟒山夭精。利物远不敌楛矢，大响乌得齐钟镗。尔鼓赋性实鲁钝，但能历世工逢迎。盗贼海上出白昼，沿边圻堠劳戍兵。尔鼓曷不显灵异，屹立天地辜盛明。

【作者简介】

蓝涟（生卒年不详），字采饮，一字公漪。福建闽县人，大致生活于康熙年间，未谋功名。工书画，精篆刻，亦擅诗文，与吴伟业、毛奇龄、陈恭尹、梁佩兰友善，年八十余卒。有《采饮集》。查慎行《敬业堂诗集》之《粤游诗集》，有多篇与蓝涟交游之作。

【注释】

①录自《国朝全闽诗录初集》（嘉庆五年刊本）卷6。②此诗别出新意，谴责铜鼓不能显灵异而惊退海上的盗贼。

诸葛铜鼓歌

陆奎勋

石门陡绝乌江奔,武乡庙貌空山存。花苗罗鬼詟心魂,隆隆铜鼓阴雨闻。真旷主人老好事,万钱购得神物至。土花绣碧燐血殷,桐鱼发声思志义。面径三尺口微弇,形模仿佛峤南记。伏波镕铜作马式,纷纷耳食讹为铸(《马援传》:得骆越铜,鼓铸为马式)。吾闻损益连弩凿天机,木牛流马橄鬼输。镇蛮小术乌足骇,出师二表光六虚。留侯邺侯犹却步,莫枉雷门持布鼓。不见矜功狄武襄,断碑雷击仆道左。

【作者简介】

陆奎勋(1663—1738),字聚缑,号陆堂,又号坡星,浙江平湖人。康熙六十年(1721)进士,由庶吉士授编修、入史馆,纂修《明史》。少有清才,年十二即能诗。与全祖望有交集,《鲒崎亭集》外编有《答陆聚缑编修论三藩纪事帖子》。著有《陆堂诗集》《陆堂文集》《陆堂诗学》《陆堂易学》等传世。

【注释】

①录自《陆堂诗集》(《清代诗文集汇编》本)卷1。②本诗约作于康熙二十年至二十六年间。③真旷主人:陆洽源,字嗣开,号活山,浙江平湖人。顺治拔贡,康熙六年(1667)在汶川任知县,归后筑真旷楼,建茂修书屋。著有《绛雪斋稿》。

诸葛武侯铜鼓歌(为家中丞赋)

朱昆田

建兴三年春三月,丞相奉命扬王廷。白旄黄钺左右列,曲茎孔盖高亭亭。羽葆鼓吹各一部，前后导拥将皇灵。更有虎贲士六十，军装剑佩声玲玎（裴松之《三国志》注：诏赐亮金铁钺一具，曲盖一，前后羽葆、鼓吹各一部，虎贲六十人）。群蛮梗化常事耳，遣将亦足征殊庭。何为重烦元老出，注燨无异输沧溟。若曹若孙均汉贼，曷不告庙行天刑？岂知纯臣有长算，根本之地须先宁。国家尽无南顾虑，乃可北出施雷霆。况此四郡最雄富，巉窦赕缞堆蛮坰。欲令输诚出供亿，能不整旅摇旍铃？丞相仍服儒者服，纶巾羽扇升轻轺。遂于五月渡泸水，黄茅瘴雨弥营岭。初时群蛮尚桀骜，纷纷屯聚秋田螟。狼猰乌浒率异类，狰狑犵狫偕獠狫。吞蛇啖虺齿牙黑，跨犀骑象容颜赪。深林密箐窜伏易，往来跳掷追飞猩。篾篛削竹染毒草，镔铁蘸刃磨霜硎。设奇制胜赖丞相，鞭挟六甲驱六丁。从来王佐有神授，此术出自阴符经。豪渠指顾就束缚，麋奔鹿骇狼颠瞑。擒之纵之如是七，输诚归命无稽停。群蛮擎跽献方物，背负铜鼓行伶俜。比之于钟制短缩，方之于磬音碚泠。华人共诧目未睹，非錞非铎非叮咛（钲也，出《晋语》）。粤稽史册始东汉，伏波镕写神驹形。西南诸夷最宝此，战伐祭祀争撞玎。当其冶铜铸初就，设食召客烹禽猩。钩藤之酒满缸贮，男女杂逻群獠狑。项珠圆碾海蠃壳，头髻乱插山鸡翎。黄金白银钗股重，持以扣鼓倾鬟听。留遗主人不将去，顷刻掊拾盈畚舲（筥也）。树阴恣饮各半醉，呶哇款猥歌呤呤，筒拍长腰响鞺鞳，葫芦短颈吹珑玲（筒拍鼓、葫芦笙，皆蛮人乐器。葫，音泊）。其声悉赴此鼓节，一酣累日何曾醒。自从罗拜献大汉，牛车牵载辞钩町。丞相制作极天巧，行军甑釜搏新型。坎离水火一以济，不用炊煮师饱馀。埋藏往往鬼呵护，此鼓独立千余龄。何时流传入南粤，辇致幕府青荧荧。中丞于今文武特，碧幢红旓临丹冥。劳心镇抚已四载，至诚直可通圆霙。七十二风应候至，三十六雨随时零。生黎鸢岐胥向化，马人蛋户从使令。乃于暇时出此鼓，八扇尽拓红窗棂。紫梨四旁斫作架，碧绵九股挼为绖。高斋挝击韵吰鞳，亭午日射光眬呤。摩挲两手拊其质，良久绝不闻铜腥。我闻古器厚者赝，似此坚薄难摹侀。厥高四尺径三尺，一一穿剥蜗蜒蛏。天然尽作腊茶色，色分子午殊嫇娙。其余诸色咸逊此，砂斑翠绿苔花青。鼓心如日圆且滑，炎焰四散轮毪艳。蛮书诞怪了难读，笔墨茫昧徒留铭。云雷泉纹逐层绕，大小碎乳排萍星。又闻赫连昔曾铸，涂金饰以蚩廉魂。欧阳颀亦屡贡献，绍兴秘阁谁其聆。未若此鼓号诸葛，汤盘孔鼎同流馨。器即不佳人可重，何况神采飞熢熢。作诗浑忘气力弱，三钱软笔挥蚓蛉。

【作者简介】

朱昆田（1652—1699），字文盎，号西峻，清代秀水（今浙江嘉兴）人。太学生，朱彝尊之子。著有《笛渔小稿》《三体撼韵》等。

【注释】

①录自《笛渔小稿》（咸丰五年刊本）卷6。②家中丞：朱弘祚（1630—1700），字徽荫、厚庵，山东高唐人。康熙二十六年（1687）十月获任命为广东巡抚，三十一年十二月获任命为闽浙总督。著有《清忠堂抚粤奏疏》14卷传世。③康熙二十七年朱弘祚任广东巡抚，"劳心镇抚已四载"，由此推知，朱昆田诗作于三十年（1691）。④行军甑釜：王志湉《题文文山先生铜茶炉》之二诗句"武乡铜鼓日摩挲"原注："余祖得诸葛铜鼓三，相传系武侯军中，悬于泉落之处，兼金鼓之声，可为疑兵，又可仰以为釜。其巧制，非常人所能。"（嘉庆二十三年刊本《璚珝山房诗稿》卷5）

铜鼓歌

曹 寅

雅州铜鼓鸟羽青，四蟾蜍纽镂虺形。岂堪悬注肆考击，或疑烹饪充蛮廷。又云丞相渡泸时，铸以张军留模型。前贤遗迹不可测，语患怪诞多离经。物非适用贵取意，居常磨洗来寒厅。纳水三斛副是腹，爬梳腻垢光而荧。毫芒差若列支纪，圜转直可窥盘星。刑天独舞猛志在，一于腐朽求精灵。豪华徒夸子父鼎，赏鉴何重哥窑瓶。阶除蔓菁吐紫雪，吾方灌溉开瞳町（鼓面若仪器，四纽峙立，疑可测验水土，以待知者）。

【作者简介】

曹寅（1658—1712），字子清，号荔轩，又号楝亭，直隶丰润（今属河北）人。康熙二十九年（1690）任苏州织造，二年后改任江宁织造，二十年后并兼巡视两淮盐漕监察御史。

【注释】

①录自《楝亭诗钞》（《续修四库全书》本）卷2。②此歌作于康熙三十四年（1695）。③雅州：治所在今四川雅安市。

铜 鼓 歌

赵执信

黄门之家藏铜鼓，传自诸葛征南方。形质犹存古初意，肤理自发青碧光。斑驳有似对彝鼎，负虡真类悬橐囊。侧列八卦断续起，细看花鸟参差翔。蟾蜍水兽各殊状，爪牙尾鬣森然张。绳穿四耳樀木击，大声水面闻彭彭。当时龙起南阳卧，震动天地如子房。三分筹策指顾定，手挥汉日提天纲。益州割据非得已，偏安两立无时忘。托孤以后蛮獠乱，当车奋臂多螳螂。渡泸五月冒烟瘴，禽纵无异驱群羊。天威遂使南人服，不毛之地通梯航。尔日铸此何处用，输铜鼓冶烦工商。将谓钲鼓变新制，军声直挟风与霜。或是异域五金利，销兵铸器追秦皇。不然功成用作乐，琴瑟钟磬同铿锵。抑将永留镇反侧，闻声惕息怀天王。前人有作各深远，后世耳目徒荒唐。如何神物不自爱，甘被弃置居蛮荒。淫祠祭赛时考击，椎牛置酒为欢庆。酋长收藏三四面，即得竟内称豪强。术士附会为诡说，鼓一失去蛮当亡。晋唐以来二千载，沉埋销毁谁能防？此面独完入都市，市人争得知其详。度计尺寸较厚薄，铜斤论价犹嫌昂。黄门好古适相值，万钱买得什袭藏。一时巨手制篇咏，高调与鼓争煌煌。我读韩苏石鼓诗，推原周代搜岐阳。中兴耆耈天所与，从臣才艺人之良。卧龙借使生此际，仲甫召虎难抗行。炎德已烬时不造，流星遂坠天西芒。遗物空存有此鼓，遭时亦晚堪悲伤。昌黎眉山久沦丧，眼前作者谁颉颃？陋儒托借成口实，六丁何不下取将？应为近人去古远，举动往往随颠僵。腥铜涩铁皆竞进，大器视若扬秕糠。留此时时发声响，惊豁眯目开痴肠。吁嗟黄门好秘惜，无以得意轻播扬。至宝已为人所识，恐有耳食思夺攘。天晴日皎我辈至，请君始出陈高堂。

【作者简介】

赵执信（1662—1744），字伸符，号秋谷。山东益都人。康熙十八年（1677）进士。改翰林院庶吉士，散馆授编修。官至右春坊右赞善。康熙二十八年（1689），于佟皇后丧服期间，在友人洪昇处观《长生殿》，被劾革职，因而退出官场。曾与冯廷櫆唱和，其中以铜鼓诗著名，阮元称他们为"二妙"。赵执信《因园集》卷12：德州冯廷櫆大木，亦乡同年也，壬戌榜进士，明年授中书。诗才清拔，恒与余唱和，并以诸葛铜鼓诗得名，阮翁称曰"二妙"。

【注释】

①录自《广陵诗事》（《丛书集成新编》本）卷5。阮元于诗前序言："扬人多为《铜鼓歌》，明《刘显传》载'诸葛铜鼓'事。鼓为王勤中所藏。赵秋谷诗盛传于时，题曰'诸葛铜鼓'。独汪蛟门主伏波而不言诸葛。蛟门为渔洋门下士，秋谷始为渔洋所称引，继乃反攻渔洋，并及蛟门《浯溪碑诗》事，抵之于地。自为《谈龙录》，云'蛟门效吾《诸葛铜鼓诗》作歌'云云。其实，秋谷《诸葛铜鼓歌》，集中不载。乾隆丁未，曲阜桂未谷（馥）从颜运生（崇槼）家录出，洋洋四十韵，器嚣不已。盖秋谷手书以贻颜考功（光敏）者。秋谷序《冯大木舍人诗》云：'此诗因经阮翁所赏，故反弃之。'元谓此说不然。考铜鼓本造于黔粤猺獞部落，盖猺

獐之富者造此鼓,遇警则敲,以聚种类耳。伏波想亦得之于征蛮时,非自造也。事详载《隋书》。秋谷不读书,空疏多舛,故暮年自订诗集时删之不载。盖自知其舛,惧有反稽之者。蛟门主伏波而不言诸葛,此其考证精核,宜为秋谷所妒矣。(秋谷曾窃取《阎百诗语》寓书渔洋,以攻《三昧集》。然百诗之学,秋谷岂能窥其崖岸哉?)"

诸葛铜鼓(有序)

顾图河

王勤中高士酒半出铜鼓,索诗,盖武侯军阵间物。按《峤南琐记》:"伏波将军铸铜鼓,深三尺许,面径三尺五寸,旁围渐缩,如腰形。腹微展,稍弇其口,如竹焙箸。"与王君所藏正合。此鼓似属文渊,不应属诸葛。考《援传》:援"善别名马","得越骆铜鼓,铸为马式"。则文渊方销鼓为马,未尝铸鼓,明矣。《注》云:狸獠铜鼓"面阔丈余",又甚与此鼓不类。《峤南琐记》之冒以伏波,非也。今粤中有铜鼓山、铜鼓潭、铜鼓濑,皆诸葛埋鼓以服蛮獠处。

武侯未筑祁山垒,先出偏师渡泸水。人言孟获不足擒,股掌玩之徒戏耳。岂知北伐用南夷,正欲中原扫仇耻。僰人筦马供鞭驱,罗鬼乌蛮皆效死。至今铜鼓散山谷,峝户流传尚夸侈。精铜其质革其音,想见援枹兵四起。鸟蛇龙虎倏离合,戎机万变人难拟。曾传八阵有遗碛,更说旗台余故址。此鼓千年尚宛存,血战消磨土花紫。君不闻定军山下阴雨中,山鸣雷动声隆隆(武侯葬定军山,至今天阴尚闻鼓声)。埋鼓镇蛮功未毕,反旗走敌恨无穷。

【作者简介】

顾图河(1655—1706),字书宣。江苏江都人,康熙三十三年(1694)

进士,授翰林院编修。入馆数月,即乞假归乡。著有《雄雉斋选集》传世。

【注释】

①此诗录自《雄雉斋选集》(《四库全书存目丛书》本)卷3。②王勤中:王武(1632—1690),字勤中,号忘庵,吴县人,王鏊六世孙,工诗,尤长于画。③阮元《广陵诗事》卷5:"顾书宣太史于秋谷为馆中后辈,其作《铜鼓歌》虽从秋谷误称为诸葛物,而诗叙辨证极为精审。"④《清诗别裁集》卷17录此诗,沈德潜评:"议论正大,写铜鼓处,亦有声有色。"

铜鼓歌（元平命补作四叠前韵）

王 霖

铜柱峰颓青乍歇,铜船入海洪波没。忽传铜鼓过雷门,邀我走观脚不袜。忆昔扶风矍铄翁,伏枥羞为马恋秣。垂老据鞍入蛮瘴,不愁巨蟒与毒蝎。幺麽二女何足道,誓斩鲸鲵面北阙。爰椎铜山铸铜鼓,散作刁斗给士卒。至今丰隆满岩谷,十十五五难具核。谁何携一归向越,席包毡裹劳撑捋。劝君慎勿轻考击,南交久已靖妖孽。灵物倘为英爽凭,时有精灵俨朝谒。无因致之恐不祥,毋乃阴受神降罚。我歌此鼓重叹息,男儿富贵直飘忽。鼎彝不铭新息功,一生空负将军钺。成言已验裹马革,谗人犹哄营兔窟。君不见云台图画中兴臣,不为伏波为簪笏。

【注释】

①录自《弇山诗钞》(《清代诗文集汇编》本)卷6。②作于康熙五十八年(1719)。③前韵:指此诗之前的《大风元平招余及鹤舟登陶然亭复过封园看松用陈其年〈九日黑龙潭登高〉韵》。④元平:余峰,字元平

（详见下）。⑤裹马革：马革裹尸，《后汉书·马援传》载马援语："男儿要当死于边野，以马革裹尸还葬耳"。

读灵川楼明府《铜鼓诗》（诗和昌黎东坡韵各一首）

王 霖

新诗传出万夫雄，字字车攻与马同。岂独韩苏走腕下，遥知兵甲满胸中。

朝廷正赖无双士，幕府初闻第一功。小试灵川擒贼手，更烦谈笑缚西戎。

【作者简介】

王霖（1679—1754），字雨丰，一字雨枫，号弇山。浙江山阴人。康熙四十四年（1705）举人。四十八年授内阁中书。乾隆元年（1736）应博学鸿词之召。乾隆四年（1739）任直隶南宫县知县，有善政。后退职家居，系"越中前七子"之一。著有《弇山诗钞》传世。

【注释】

①录自王霖《弇山诗钞》（《清代诗文集汇编》本）卷6。②作于康熙五十九年（1720）。③楼明府：楼俨（1669—1745），字敬思，号西浦，浙江义乌人。康熙五十五年为灵川知县，后官至提刑按察使致仕。著述有《四声二十八调考略》《白云词谱考略》《词韵入声考略》《吴江沈氏宫谱》《群雅集》《洗砚斋集》《蓑笠轩仅存稿》等。其所撰铜鼓诗，《陈鹏年集》中《楼敬思以粤西灵川令奉檄募乡勇削平逆獞诸蛮帖服以荐擢粤东理瑶同知赴京引见因读其军中小稿赋赠一首并题其册》诗句"铜鼓诗歌老更雄"原注"著有《铜鼓歌》三十首"。

题铜鼓帖

张大受

范一斋贻铜鼓于王箬林编修，箬林摹钟太傅五表，报之林舍人，题"铜鼓帖"三字于卷端，汪中允跋后。

学书学剑意仿佛，文采要得英雄气。伏波武侯平百蛮，铜鼓喧天海波沸。千年载赠良常翁，双杖摩挲果致毅。吮毫磨墨起作书，五表力模钟太尉。行间秀发凌风云，笔下光芒灿经纬。古来将相何多能，举腕不惜精神费。此翁才格殊不凡，超唐轶晋书希魏。二南章句六钧弓（九华山人句），道兼文武宁无谓。鸣钲万里足横行，草檄便博封侯贵。舍人标题中允跋，宝物流传不可既。巧偷豪夺须提防，变化通灵亦可畏。玉装金裹镇河山，压伏鱼龙走猩狒。

【作者简介】

张大受（1660—1723），字日容，号匠门，江苏嘉定（今属上海市）人。康熙四十八年（1709）进士，官翰林院检讨。著有《匠门书屋文集》。

【注释】

①录自《匠门书屋文集》（哈佛燕京图书馆藏本）卷8，《清代诗文集汇编》第205册亦载此诗。②范一斋：名讳事迹待考。王澍《竹云题跋》卷4："《杨景度书神仙起居法》八行真迹，在范一斋总制家，乃其先大司马公所遗。囊余在京，于林笏斋出以示余。"③王箬林：王澍（1668—1743），字若霖，又字箬林，号虚舟，亦自署二泉寓客，别号竹云，江苏金坛人。康熙五十一年（1712）进士，入翰林院为庶吉士，官至吏部员外郎。以书法著名。著有《禹贡谱》《大学困学录》《淳化秘阁法帖考正》《竹云题跋》等。④林舍人：林麟焻，字石来，福建莆田人，康熙九年（1670）进士，官至贵州提学佥事。康熙二十三年以中书舍人为副使出使

著有《玉岩诗集》。⑤汪中允：汪士鋐（1658—1723），字文升，号若若，后号退谷、秋泉，江苏长洲（今苏州）人，康熙三十六年（1697）进士，官至右中允。以书法著名。著述有《瘗鹤铭考》《长安宫殿考》《三秦纪闻》《玉堂掌故》《近光集》《秋泉居士集》等。

有自粤西得马援铜鼓以归会稽余观而赋之

余 峥

土花半落青花分，铜质尽化金精存。于菟列坐环相望，鹧鸪斜犯斑犹浑。上为月晕水旋痕，中作连钱络索纹。丰面啬腰存遗法，军容士气谁与论？一叩始如鹅鹳鸣，远如殷雷走江濆。雨点急时神蕴出，鎕铪铿鎕百舍匀。曩者炎方饶乌卤，革音瘖缓不利陈。乃为声金震海上，谁其作者伏波云。范铸当涧清溪液，发扬欲夺猺人魂。侧貳二女壹不聪，恃勇负固几绝伦。越裳白雉久莫至，雕题朱鸢合为氛。致讨遂用钲人伐，宣威远过横海军。献馘倏见南交破，传柠可召万里屯。鼓作金止良有以，外攘内宁嘉乃勤。岂惟销锋朝百粤，亦使洛钟奠中原。祝融接踵贡琼树，盘瓠绣面罗象群。当时神力制遐陬，千载瑰器识奇勋。铜柱既矗云汉表，铜船或与波涛沦。久留此鼓淹山泽，湍水相应时噫喑。寻声启土潜光发，好事载之过雷门。文木裁架整以暇，云石氄轩清无尘。生今希觏汉代物，对此直与鼎彝尊。泥伏不鸣几阅世，藏器忽见会有因。偶然款识虽漫灭，终焉怀想縈纷纭。是惟干城须及壮，要使鼠豕必永奔。灵路第可供宗庙，足橛岂在沿夏殷。从来文告致荒服，宁无赫声震海滨。下观唐宋宽远略，安得将率皆伟人。吾邦自昔有雷鼓，声传京洛起五云。试为先后一考击，未知洪响孰远闻。

【作者简介】

余峥（生卒年不详），字元平，号高妙，浙江山阴人，雍正初举博学鸿词，后落籍天津。曾为查礼水西庄宾客，乾隆二年（1737），查礼有诗《雨后同刘紫仙余元平汪西颢余犀若过水西庄看荷分赋得暑字》。余峥卒后，其子捧《清风草堂诗钞》请查礼作序，乾隆十一年（1746）查作序。

【注释】
①录自《清风草堂诗钞》（《清代诗文集汇编》本）卷1。

蜀武侯铜鼓歌（谢段晴川作）

胡浚

伏波铜鼓汉始闻，南海庙设瘢雷纹。（《南越记》：夹江濒海饶湿，革鼓多痹缓不鸣，伏波始制铜为之，稍埤，缩腹下杀。《后汉书》：马援建武中拜伏波将军，击交趾、征武陵溪蛮，封新息侯。《广东旧语》：南海庙有铜鼓大小各一，大者径五尺，小者杀五之一。其内有镌云"汉伏波将军所制"，乃是阳识。其为汉物无疑也。又雷州雷庙铜鼓，其文作"人"字，其绦作雷纹斜方。）

蜀侯遗辒制更巧，渡泸液炭威蛮军。（《蜀志》诸葛亮本传：先主即位，策亮为丞相。永安病笃，属亮以后事。建兴元年，封武乡侯。三年，亮率众南征，其秋悉平。诸葛亮《前出师表》：五月渡泸，深入不毛。又，《后出师表》：自臣到汉中，賨叟青羌，散骑武骑，此皆数十年内所纠合四方之精锐。汉《地理志》：泸维水出牂牁郡句町县。王隐《蜀记》：诸葛亮南征，今尚有所遗铜鼓弩矢。《益州记》：泸水暑月旧不行，故武侯以夏渡为艰。）

华阳旧国具载记，千秋古物夸灵珍。（《华阳国志》：武侯南征所铸铜鼓，至今牂牁、越巂奉以为宝，或就藏于庙祀处。又，潭中县有铜鼓山，武侯散埋铜鼓以厌蛮獠，后往往有得于是山者。《隋书·经籍志》：《华阳国志》，常璩撰。）

变铙未拟狎朱鹭,埒榈久已超玄麟。(唐《乐志》:凡军鼓之制有三,一曰铜鼓,二曰战鼓,三曰铙鼓。《律书·乐图》:铙,军乐也。《谭苑醍醐》:朱鹭曲,汉初有朱鹭之瑞,故以饰鼓。又,朱鹭,名鼓曲也。《律书·乐图》:榈鼓长三尺,隋大驾用之。其原起于战阵。唐《乐书》:大鼓之曲,十五曲,第二曰玄麟它固。)

生平癖嗜苦未见,但闻土蚀蛮酋坟。(《广东旧语》:南海庙中铜鼓,唐时高州太守林霭得之于蛮酋大塚。)

戊岁萍生始先甲,故人远寄洱海滨。(《汲冢周书》:谷雨之日,萍始生。《易·蛊卦象》:先甲三日,后甲三日。《一统志》:云南西洱海,在大理府城东,古叶榆河也,自邓川合点苍山之十八川而汇,形如人耳。周三百里。)

白藤细拆启毡裹,眼惊三尺高轮囷。(唐李贺诗:白藤织箱如梵荚。韩《石鼓诗》:毡包席裹立可致。《广东通志》:万州土官于多辉溪中得一铜鼓,长三尺而阔五尺,若今之杖鼓然。《史·天官书》:萧瑟轮囷。《说文》:轮囷:屈曲盘戾貌。)

砂痣朱殷露尸闪,黛花翠绿生氤氲。(《广东旧语》:茂名溪水暴涨,涌出铜鼓,通体作细篆文,有朱砂积翠蜗蚀之孔十余。木华《海赋》:蜩象暂晓而闪尸。《绍兴古迹志》:翠壶,剡丁自荒墟得之,藓花黛绿。《雷州祠祝志》:雷庙有铜鼓,翠绿彻骨。有一钱丹,午后乘阴气,苍润欲滴。前象褐色稍淡,蚀处有蜗篆。《易·系辞》:天地氤氲。)

鹧斑鸲泪渍重叠,浅深百变随朝昏。(《广东旧语》:南海庙中铜鼓,其一小者色纯绿,作鹧鸪斑。《砚谱》:端石有鸲鹆,眼黯淡,不分明者曰泪眼。李义山诗:报章重叠杳难分。)

赤膜隐约化已尽,莹光独有金精存。(《广东通志》:凡为铜鼓,红铜为上,黄铜次之。王褒《祀金马颂》:敬移金精神马。《金精山记》:吴王芮凿山,迎张丽英,女忽在半空曰:我金星之精,帝命治此山。)

次摩凹凸相范式,腹连空洞圜脐唇。(《铜鼓记》:南海庙中有铜鼓,中空无底,釦垂四悬,腰束而脐隐起。今铜鼓制皆小圆脐突起,隆面而浅唇。《世说》：周顗指腹曰：此中空洞无物。）

洗聪协四宛提耳，秉窍得二方如身。（《书·舜典》：明四目，达四聪。《南越志》：铜鼓旁有两耳。《诗·抑》：言提其耳。《礼·运》：地秉阴窍于山川。《周礼》：九窍谓阳窍七，阴窍二。《左传》：亥有二首六身。下二如身，是其日数也。）

彪奇波诡耀突兀，韦穿惝恍瞠书魂。（《韩子》：黎丘有奇鬼，善效人。扬雄《甘泉赋》：于是大厦，云谲波诡。李贺诗：雨冷香魂吊书客。）

粤稽欢动始土瓦，足楹鼛楝乃祀宾。（《乐记》：鼓鼙之声欢，欢以立动，动进众。《文献通考》：土鼓之制霆，窟土而为之。《礼·运》曰：蒉桴而土鼓。周官迎暑迎寒，一于击土鼓。《周官》：壶涿氏除水虫，以炮土之鼓。郑《注》：瓦，鼓也。《礼·明堂位》：夏后氏足鼓。《注》：少昊氏冒革为鼓，夏后氏加四足焉。陈氏《乐书》：殷楹鼓者，仪礼大射，建鼓在阼阶西南，鼓则其所建楹也。《周礼》郑《注》：雷鼗，降天神之乐，八面；灵鼗，降地祇之乐，六面；路鼗，降人鬼之乐，四面。《文献通考》：鼓以节之，鼗以兆之。《周官·小师》：乐事鼓楝。《说文》：音孕，鼗也。）

至从司马隶军乐，鼖鼛侯执鼙旅陈（《周礼》：大司马掌建邦国之九法，中春教振旅，主执路鼓。《通志》：铙鼓，军乐也。《广东旧语》：范铜为鼓，皆属军乐。陈氏《乐书》：鼓之大者谓鼖。周官鼓人以鼖鼓鼓军事，仲春振旅，诸侯执鼖鼓。鼖，大鼓也。《通考》：鼛，鼓者所鼓也。司马五鼓，旅师执鼛。鼛，鼓之尤小者也。）

龙交蠹后警楚子，黑哮盖下摹轩辕。（唐《乐志》：交龙鼓，以交龙为笋簴，下有趺，中悬鼓。《通志》：严警鼓，十二面，左右行列各六面，在蠹后。昔楚厉王有警鼓，与百姓为戒，既饮酒而击，民大惊。《云笈七签》：黄帝出师涿鹿绝辔之野，以楣鼓为警卫。其曲有十，第八曰熊罴哮吼。《开元礼仪》：楣鼓者，小鼓也。上有盖。尝先作之以引大鼓，楝与金钲相应。《史·五帝本纪》：黄帝者，少典之子，姓公孙，名曰轩辕。）

杖三面六数各定，若兹创见总不伦。（《通考》：三杖鼓，咸通中有王文举,好用三杖打撩,万不失一。民间尤尚此乐。其器有三等六面。《诗·车辚》注:国人创,见面夸美之也。)

腰奎顶肉喻无族,鸡娄差似承缶盆。(丹元子《奎宿步天歌》:腰细头尖破鞋形,一十六星绕鞋生。《观无量寿佛经》:大势至菩萨顶有肉髻。《通考》:鸡娄鼓,其形如瓮,腰有环。首尾所击之处,平可数寸。陈氏《乐书》:鼓盘,古之缶,制形如覆盘,缶类也。)

就中刻镂更精绝,斜方纤细连钱匀。(《广东旧语》:南海庙中铜鼓,其一小者,斜方纤丽,隐若八卦。岁二月十三,祝融生日,击之铿訇,若雷神器也。又,雷庙铜鼓作连钱文,旁纹"人"字如莞簟,皆声闻十余里。)

金蟆坐处隐羲画,俨示八阵包风云。(《雷州志》:英灵冈庙有二铜鼓,式如镛,在左者面边蟆六,右者蟆五,其旁皆有两耳。每耳又分而二之。《绍兴古迹志》:宋剡丁于破塚得八角石砚,外宵羲画,内凿禹海。《史·三皇本纪》:大昊庖牺氏始画八卦。杜《武侯庙》诗:功盖三分国,名成八阵图。《崇文书目》:诸葛亮《八阵图》一卷。又见下"鸟蛇"注。《周礼》:大司马以八阵制兵,天地风云为正,龙虎鸟蛇为奇)。

其余左右复何有,砲车镠轇戈幢纷。(王充《论衡》:今之画雷车者,中作力士,外为连鼓之形。扬雄《羽猎赋》:纵横镠轇。)

女尸臂挛操鲑俎,马衔尾掉从螭鼋。(《山海经》:女丑之尸在丈夫北,女祭、女戚在奇肱北,居两水间。戚操鱼狿,祭操俎。陆绥《海赋图》:马衔马首一角而龙形。《九歌》:驾两龙兮骖螭,乘白鼋兮逐文鱼。)

当时厌胜或有属,但恨祚邈如胚浑。(《舆地志》:晋太元中,谢辅为会稽守,掘厅柱下,深入八尺,得古铜罂,可容数斗,题作"越王"字,甚分明,辅以为范蠡厌胜之术,遂埋之。《路史》:蜀之为国,上至蚕丛,年祚深邈。白居易《圣节颂》:权舆胚浑,玄黄未分。)

想当鸠材恣百炼,阿香击橐翳洒尘。(刘琨《答卢长史诗》:何意百炼钢,化为绕指柔。《越绝书》:区冶子之铸此也,雨师洒道,风伯清尘,太乙装炭,雷公击橐。《楚辞·九歌》:使冻雨兮洒尘。《白帖》:雷神名阿香，雨师名屏翳。）

凭将尽瘁答三顾，万灵统鉴侯忠纯。（《前出师表》：先帝不以臣卑鄙，猥自枉三顾臣于草庐之中。又，《后出师表》：臣鞠躬尽力，死而后已。《蜀志》本传：先主诣谅，凡三往乃见。《汉·郊祀志》：黄帝接万灵明廷。《前出师表》：侍中侍郎郭攸之、费祎、董允等，此皆良实，志虑忠纯。）

缅维躬耕佐创业，志平汉贼雄并吞。（《前出师表》：先帝创业未半而中道崩殂。又：臣本布衣，躬耕南阳。《后出师表》：先帝虑汉贼不两立。《蜀志》：诸葛亮出祁山，两郡应时降。围天水，拔冀城，贼虏姜维驱略数千人还蜀，蜀人皆贺亮，亮独愀然。于是知有吞魏之志，非徒拓境而已。）

嚆矢北出预内顾，不毛深入驱虎贲。（《庄子·在宥》：焉知曾史之下为桀跖嚆矢也。陈寿《上诸葛氏集目录》：南征第三，北出第四。《蜀志》本传：南中诸郡皆反，亮率众南征。既平，乃治戎讲武，以俟大举。不毛，见"渡泸"注。裴松之《蜀志》注：亮南征赐金鈇钺，具曲盖一，前后羽葆鼓吹各一，虎贲六十人。）

叶榆既已神七纵，褒斜讵肯安三分。（《水经注》：叶榆县，故滇池叶榆国也。县之东有叶榆泽。《晋汉春秋》：诸葛亮至南中，所在战捷。有孟获者，为夷汉众所并服，募生致之，使观于营阵间，问之曰：此军何如？获曰：向者不知虚实，今蒙赐观看，营阵若只如此，即定易胜耳。亮笑纵，使更实战。七纵七擒，而亮犹遣获。获止不去，曰：公天威也，南人不复反矣。遂至滇池。南中平。《十三州志》：褒谷在褒成县，直达凤县。斜谷在郿县，直达渭南。《一统志》：斜谷关在郿县西南三十里，谷之南口曰褒，北口曰斜。即蜀汉诸葛亮出师处。《纲目》：建兴十三年春，诸葛亮率大众由斜谷出。《后汉·献帝纪》：天下自此三分矣。《前出师表》：今天下三分，益州疲敝。）

尔时僰道正丛险，蜻蛉箐毒町豾屯。（《史·西南夷传》：发巴蜀卒治道，自僰道直指牂柯江。《风俗记》：僰道县，本僰人居之夷中最仁，有仁道。《一统志》：云南呈贡县，古僰人所居。《水经》：淹水东南至蜻蛉县。

《注》：县有蜻蛉川，故名。《一统志》：蜻蛉河，源出三窠山，合流至姚安府，入金沙江。《十道志》：云南律高县有盘町山。朱褒之反李恢，追至盘江者也。）

瘴湿革音痹不起，别挥如意颁钲人。（《蛮司合志》：云南蛮多瘴湿，皮鼓声缓湿不振，诸蛮率用铜鼓。又，互见上"伏波"注。陈氏《乐书》：革去，故为器而群音首焉。《北史》：唐永为北地大守，坚阵把角如意，指挥处分，未尝败北。《一统志》：铜鼓，或云诸葛亮征蛮钲也。《诗·采芑》：钲人伐鼓，陈师鞠旅。）

一通作气再倍勇，褒閟授首获鼠奔。（《左传》：曹刿曰：夫战，勇气也。一鼓作气，再而衰，三而竭。《通鉴》：益州耆帅雍闿杀太守正昂，使郡人孟获诱扇诸夷，牂牁太守朱褒、越巂夷王高定皆叛、应闿。建兴三年，亮由越巂入斩雍闿、高定，四郡皆平。即其渠帅而用之，悉收其俊杰，孟获等以为属官。《峋嵝碑铭》：鼠舞永奔。）

至今爨赕偏祠刻，曲翻贺粟炰鸡豚。（《蛮司合志》：云南蛮居黑水之表者曰僰人，里者曰爨人。湾甸名细赕，芒市名大枯赕、小枯赕。《一统志》：云南通海县东南有诸葛山，昔南征驻兵于此，有祠。金齿司城南二十里有武侯庙，亮擒孟获，屯兵于此，民立祠祀之，至今土人称诸葛遗民，因名诸葛村。定远县西有诸葛亮营，基址尚存。宜良县南小石岭因立营，名诸葛峒。又有亮石刻碑文，曰碑即仆，蛮为汉奴。夷畏誓，常以石支拄。唐《律书·乐图》：大鼓十五曲，十二曰贺粟胡真。韩诗：愿为同社人，春秋宴鸡豚。）

上攻脱令终遂志，载常何有曹与孙。（《孙子》：攻心为上。《通鉴》：诸葛亮讨雍闿，马谡送之曰：用兵之道，攻心为上，攻城为下，公但服其心而已。亮纳其言。《通志》：吴与越战，载常建鼓。《帝王世系谱》：魏武帝名操，姓曹氏；吴大帝名权，姓孙氏。）

始知骆越任先我，亮生自与为积薪。（《广东旧语》：马伏波征交趾，始铸铜为鼓，名为骆越之鼓。《三国·吴志》：周瑜曰"既生瑜，何又生亮"。《汉·汲黯传》：陛下用人如积薪耳，后来者居上。）

伊古巧艺自般始，矢垂布区管则钧。（赵岐《孟子注》：公输子名般，鲁之巧人也。《四书人物考》：鲁班为母作木人为御，机关一发，其车遂行。又为木鸢，令之自飞。《书·顾命》：兑之戈、和之弓、垂之竹矢，在东房。《注》：垂舜时共工竹矢，制作精巧，中法度，故历代传宝之。《越绝书》：楚王使风胡见区冶子，使作铁剑。凿茨山，取铁英作剑三枚，一曰龙渊，二曰太阿，三曰工布。《白帖》：马钧性至巧，能作律管，又制桔槔。）

鹿皮缓削众亦罕，炉旋卧褥阁转输。（《西京杂记》：长安巧工丁缓作卧褥、香炉，本出房风。其法绝，缓更为之。机环运四周，而炉体常安，可置之被褥。《高士传》：岑山顶有泉，人不能到。鹿皮翁有巧思，作转轮悬阁梯道四间上其巅。）

第皆小道世莫济，有物不能无所因（《论语》：虽小道，必有可观者焉。《孟子》：故有物，必有则）。

惟侯擅智迈前后，木驱犊特流駬駽（《纲目》：建兴十二年，丞相亮复出祁山，以木牛运。二十年，悉大众出斜谷，以流马运。周兴嗣《千字文》：驴骡犊特。《诗·鲁颂》：有骊有駬）。

划车图蕝枕弩甑，历历变化超玄旻。（《蜀·诸葛亮传》：亮性长于巧思，损益连弩、木牛流马，皆出其意。推演兵法，作八阵图，咸得其要云。《寰宇记》：永安鱼腹江上有诸葛亮八阵图，聚石为蕝，水涨不没。《皇明小说》：有人得一古枕，夜卧闻枕中起更发雷，如是五更不爽其节，鸡鸣三唱，亦皆如之。有识者曰此诸葛鸡鸣枕也。《魏氏春秋》：诸葛亮损益连弩，谓之元戎，以铁为矢，矢长八寸，一弩十矢俱发。《丹铅录》：平谷县民耕得一釜，以凉水沃之，则自沸，炊饭即熟。釜下有"诸葛行锅"字。乡民以为中有宝物，乃碎之，其釜复层中有"水火"二字。信夫孔明之才，真后世之神禹、周公也。世所传划车弩、鸡鸣枕不一而已。《易·系辞》：拟议以成其变化。）

得兹良冶更一绝，黑水犹带瀖旗痕。（《礼·学记》：良冶之子，必先为裘。《书·传》：黑水，一名泸水，即今金沙江是也。《蛮司合志》：云南湾甸有水，不可涉，有黑泉如黰漆，涨时飞鸟过之辄堕。)

寸丹呕著耿不灭，怠令知愧儒者振（《魏书》：亮据武功五丈原，呕血。一夕，烧营遁。裴松之《注》：亮在五丈原，胜负之形未可测量，而云呕血，因亮自亡而夸大也。孔明之略，岂为仲达呕血乎！《诗·柏舟》：耿耿不寐。《国策》：豫让曰：吾以愧为臣子而二心者。《孟子》：顽夫廉，儒夫有立志）。

貂襜玉案更何道，缄札胜拜丹铅银。（张衡《四愁诗》：美人赠我貂襜褕，何以报之明月珠；美人赠我锦绣段，何以报之青玉案。李义山诗：玉珰缄札何由致。《汉·地理志》：滇律高县盘町山出铅银。《通鉴》：四郡既平，亮收其金银、丹漆、耕牛、战马，以给军国之用。）

昨晨茅堂好风日，杏花白烂开晴春。（杜诗：背郭堂成荫白茅。李诗：今朝风日好。《四民月令》：二月杏花白，可耕浅土白沙之田。）

雌雄就便考鼖响，阶前扫地铺文茵。（《广东旧语》：铜鼓亦无雌雄，但先炼为雄，后炼为雌。每鼓成，必延铜鼓师以药物淬脐及四旁，不过数十余锤，而雄声宏以亮，雌声清而长。《诗·采芑》：伐鼓渊渊。《宋史》：孟珙扫地焚香。《诗·小戎》：文茵畅毂。）

摘丸弄桴一再伐，厓轰绝似雷其殷。（《汉·史丹传》：天子自临槛上，隤铜丸摘鼓，声中严鼓之节。而定陶王亦能之。《说郛》：羯鼓，桴用铜铁。嗣曹王皋为荆南节度，客怀二桴见之。捧而叹曰：此至宝，必开元中供御桴也。讯之，果得于高力士。唐《律书·乐图》：楫鼓十曲，九曰石荡崖，十曰波荡壑。《诗·召南》：殷其雷，在山南之阳。）

皮蒙水覆更宏远，依稀震可敦淮濆。（《广东旧语》：茂名溪中出铜鼓，其声镗镗，或以革掩底，或积水瓮中盖而击之，声闻十余里。《诗·常武》：铺敦淮濆，仍执丑虏。）

制蛟向讶沉铁颡，平猺亦志刓藤根。（《韶州府志》：忠惠公祠中有铁鼓一面，微损，击之有声。先时江中有蛟为害，公以铁为鼓及船，使役人乘之，一日夜往来五羊，得蛟斩之。《广东旧语》：万历间剿灭大藤峡贼，以大藤为三鼓颡，颡围一丈三四尺，黑润若角沉然。一置广州都司堂，一置肇庆府门，一置梧州总兵府。其声逢逢数十里。）

何如拟圣传大器，径从吾越嗤谯门。（盛弘之《荆州记》：阳山县有豫章木，可二丈，号圣木，秦人伐为鼓颡。颡成，忽奔逸至桂阳，因名圣鼓城。《广州别志》：诸洞蛮以铜鼓为大器，铛为小器。《文献通考》：昔吴王夫差启蛇门，以厌越。越人为雷门以攘之，击大鼓于雷门之下，而蛇门闻焉。《汉书注》：会稽雷门有大鼓，击之声闻洛阳。）

天威如霆事虽远，竦动如见髳髳民。（《诗·常武》：如雷如霆，徐方震惊。《书·牧誓》：庸蜀羌髳微卢彭濮人。《注》：髳微在巴蜀。《一统志》：云南定远县唐改髳州。）

访埋胜瞻玄武鼎，哗鸣讵齿黄池錞。（虞荔《鼎录》：诸葛亮于玄武郡金山作二鼎，一大一小，埋之。并无文。时亮行军，见此山势似有王气，故镇之。《国语》：吴王夫差起师北征，以会晋公午于黄池。吴晋争长未成，边遽乃至。以越乱告，吴王昏，乃戒令士秣马。昧明，王乃抱枹亲就，鸣钟鼓、丁宁、錞于振铎，勇怯尽应，三军皆哗。晋师大骇，不出。《周礼》：千人之长执錞。）

宫声漫局应周坎，精意具识坚秦坤。（陈氏《乐书》：鼓，其卦则坎，其方则北，其时则冬，其风广莫，其律黄钟，其声一。《乐书》：黄钟为宫。《周易》：文王后天八卦图，坎居正正北。欧阳詹《栈道铭》：蜀之艮，秦之坤，连高夹深，九州之险也。）

欧图赵录任瑰谲，异美孰敢卑逾尊。（《续文献通考》：欧阳修《金石录》四十卷，赵明诚《金石录》五十四卷。裴松之《蜀志注》：亮之异美，诚所愿闻。《孟子》：将使卑逾尊。）

或云峒夷夙尚此，都老迓晏桄榔村。（《晋书》：诸僚并铸铜鼓，以高大为贵。初成，于庭中置酒召客，富豪子女则以金银为大钗，执以扣鼓，因遗主人，名纳鼓钗。攻杀时则声其鼓，至者如云。所铸惟豪强称最，号为都老鼓。《水经注》：汉兴应县溪山中多生桄榔，树出麫，爨人资以自给。《魏王花木志》：桄榔出兴古国，树高七八丈，其大者出麫，有万斛。）

椎牲酾酒聚老少，坎坎习赛磨嵯神。（唐丁仙芝诗：城头坎坎夜击鼓。

《宋史》：永顺夷疾病，击铜鼓以祀神。《蛮司合志》：苗种自长沙沅辰以南与氐羌混杂，每岁时挝铜鼓召亲串，俗信鬼，祀竹王祠及磨嵯山神庙。《一统志》：磨嵯山在沅江府城南二十里。）

谢畬荣赉并牛马，英冈烂碣先颇綱。（《旧唐·西南蛮传》：谢蛮在黔州西数百里，土宜五谷，不以牛耕，但为畬田，有功老者牛马、铜鼓赏之。《广东旧语》：英灵冈雷庙有铜鼓，以享雷神视其碑，从天宁寺英山掘而得者，昔伏波征交趾，欧阳馞守广州，皆以铜鼓进御。其南海庙中铜鼓，唐时高州太守林霭得之以献节度便郑綱，以献于庙中者。）

九丝蛮昔第高下，直哆千只售肥犉。（《蛮司合志》：九丝蛮阿大被擒，见铜鼓，泣跪而拜曰：是鼓有神。凡鼓剥蚀而声硿硿者上鼓也，可易牛千头）。

岭搜潭出多莫计，长眉岂独施能颦。（《广东旧语》：灵山有铜鼓岭。阴雨，岭上作铜鼓声。万州亦有铜鼓岭，皆以掘得铜鼓而名。又，博白县北有铜鼓潭，向有二鼓没其中，弘治乙未得其一，以献两广制府；正德乙亥，又得其一，以献县。《庄子》：师金曰：西施病心而矉，其里之丑人见而美之，亦捧心而矉。富人见之，闭门不出；贫人见之，携妻子而去之。彼但知美矉，而不知矉之所以美。）

我闻斯语三太息，自来什袭需灵甄。（贾谊《治安策》：可为长太息者六。《乐记》：一唱而三叹。《后汉·光武本纪》：灵贶叠甄。）

孔庭石砚召公卣，厥惟慕德香浓薰。（戴延之《西征记》：孔子庙中有平时所用石砚。《诗·江汉》：釐尔圭瓒，秬鬯一卣。《注》：卣，尊也。此序赐召公策命之词，言锡尔圭瓒、秬鬯，使之以祀其先祖。李义山诗：浓薰班马香。）

芦帘板庋总落寞，岂乏卫笮韩城樽。（《荀子》：局室芦帘，可以养神。《礼·内则》注：阁以板为之，庋食物也。谢灵运诗：心迹双落寞。韦端符《卫公故物记》：佩笔一、火镜二、大觿一、小觿一、笮囊二、椰杯一，盖常佩于玉带环者。《金石录》：周介《韩城鼎铭》：坚久吉金，用作宝樽。鼎用康戤，绥怀远邦。）

百朋志喜安所谓,要钦王佐怀纶巾。(《诗·菁莪》:既见君子,锡我百朋。苏《喜雨亭记》:亭以雨名,志喜也。潘氏《纲目总论》:孔明有王佐之才,而当奸雄僭窃之际。《北堂书钞》:诸葛孔明葛巾羽扇,指挥三军。苏《赤壁怀古》词:羽扇纶巾,谈笑处,樯橹灰飞烟灭。)

　　出师一表尚垂涕,斑璘况复经手扪。(《文选》有诸葛孔明《前出师表》《后出师表》。《蜀志》本传:建兴五年,率诸军北伐,驻汉中。临发上疏。《魏晋春秋》:亮闻魏兵东下,关中虚弱。十一月,又上疏。《历朝文评》:有人读诸葛《出师表》而不堕泪者,其人必不忠。《两京赋》:璧马犀之斑璘。)

　　廿年负樵业铅椠,乐封管牧非我群。(《汉·朱买臣传》:尝又薪卖樵以给,尝担束薪行且读书。扬雄《答刘子骏书》:归即以铅摘次之于椠。《蜀志》本传:亮身长八尺,每自比于管仲、乐毅,时人未之许也。惟博陵崔州平、颍川徐庶元直与亮友善,谓为信然。《史·乐毅传》:燕昭王悉起兵,使乐毅为上将军以伐齐,破之济西。昭王亲至济上劳军,封乐毅于昌国,号为昌国君。又,《管仲传赞》:吾读管氏《牧民》《山高》《乘马》《轻重》《九府》,详哉!其言之也。)

　　哨壶仪方箓薛奏,异酱才愧羁滇君。(《礼·投壶》:投壶之礼,主人请曰:某有枉矢哨壶,请以乐宾。又:主党鼓,半鲁鼓,半薛鼓,取半以下为投壶礼。及尽,用为射礼。《史记》:西南夷君长以什数,夜郎最大。其西靡莫之属以什数,滇最大。唐蒙风指晓南越,南越食蒙蜀枸酱。唐蒙上书,从筰关入,乃以为犍、夜郎。《蜀志》本传:十四年八月,亮疾病,卒于军。及军退,宣王案行营垒处所,曰:天下奇才也)。

　　棘扉半掩古栎静,刬随社鼓邀南邻。(《指月录》:黄檗至京洛行乞,吟漆钵声,有一妪出棘扉间,曰:太无厌生。笑而掩扉。《庄子》:庄子之齐,至于曲辕,见社栎树,其大蔽牛。陆放翁诗:棠梨花开社酒浓,南村北村鼓鼕鼕。杜诗:走觅南邻爱酒伴。)

　　布衣均此圣世独,敢希龙卧标丘樊。(《蜀志》本传:先主屯新野,徐庶谓先主曰:诸葛孔明者,卧龙也。将军岂愿见之乎。)

不如抱膝吟梁父，种桑且觅青林墩。（《魏略》：诸葛亮在荆州，与颍川石广元、徐元直、孟公威俱游学，每晨夜从容，常抱膝长啸，而谓三人曰：卿三人仕进可至刺史郡守也。三人问其所至，亮但笑而不言。《蜀志》本传：亮躬耕南阳，好为《梁父吟》。盛弘之《荆州记》：邓城西七里，有独乐山，诸葛亮登此，作《梁父吟》。《纲目》：初，亮自表后主曰：成都有桑八百株、薄田十五顷，子弟衣食有余饶。至于臣在外任，随身悉仰于官，不别治生以长尺寸，若臣死之日，不使内有余帛、外有赢财，以负陛下。及卒，如其所言。《嘉禾百味考》：嘉兴县东七里有顾节墩，顾野王曾于此修《舆地志》，又名青林墩。）

网罗石室萃四部，蛤灰泥墙瀹礬芸。（《史记·自序》：迁为太史令，紬史记、金匮、石室之书。又：网罗天下散佚旧闻、王迹所兴，原始察终。《旧唐·经籍志》：开元时甲乙丙丁四部书，各为一部，置知书官八人掌之。《本草纲目》：蚌，其壳可为粉，湖沔人皆印成锭市之，谓之蚌粉，亦曰蛤粉。古人谓之蜃灰，以饰墙壁、墓圹，如今用石灰也。《群芳谱》：礬花，一名七里香，又名芸香，可辟书蠹。）

圆花小床专特位，留镇曝蠹辉斯文。（庾信诗：圆花钉鼓床。《通考》：乡饮酒礼，选有德者，特设一位，不齿于乡。《穆天子传》：甲戌，天子蠹书于羽陵。《注》：暴去其书之蠹也。《论语》：天之未丧斯文也。）

沔山沉阒慰遐望，痛扫一切昙毛员。（《水经注》：沔阳城南对定军山。诸葛亮之死，遗令葬于其山。因即其地势，不起坟陇。深松茂柏，莫知茔墓所令。山东名高平，是亮宿营处，有亮庙。亮死毙，百姓野祭。习隆表谓：宜近其墓所立庙，沔阳断其私谥，斯庙盖所启置也。《蜀志》本传：亮遗命葬汉中定军山，因山为坟。景耀六年春，诏为亮立庙于沔阳。《文献通考》：都昙鼓，扶南天竺之器，状似腰鼓而小，以小槌击之；毛员鼓，其制类昙而大，亦扶南天竺之器也。）

采严何工牧何烈，还当与子仍细论。（《史·佞幸传》：文帝赐邓通蜀严道铜山，得自铸钱者。《括地志》：雅州荣经县北三里，有铜山，即邓通赐铜山铸钱者。邑荣经，即严道。《诸葛氏集目录》：右二十四篇，开府作牧第一。《蜀志》本传：建兴元年，封亮开府治焉，领益州牧。事无巨细，咸次于亮。杜《怀李白》诗：何时一尊酒，重与细论文。）

白虹透壁贯牛斗，宝气勿误猜昆仑。（《唐类函》：石蕴玉则气如白虹，精神见于山川也。《外史》：淮南，汉之宗室也，读书三壁，气如贯虹。《唐类函》：张华与雷焕登楼中，夜见紫气贯于牛斗。焕曰：宝剑气也。《天文秘诀》：南斗牵牛，星纪之次，吴越之分也。《穆天子传》：帝曰：穆满，示女春山之瑶。诏女昆仑舍四平泉七十，乃至于昆仑之丘，以观春山之瑶。赐语晦，天子受命。南向再拜。己未，天子乃披图视典，用观天于之瑶器。）

【作者简介】

胡浚（生卒年不详），字希张，号竹岩，浙江会稽人。康熙五十九年（1720）举人。乾隆时，举博学鸿词。知淯川县，以事落职。著有《绿萝山庄全集》传世。

【注释】

①录自《绿萝山庄诗集》（乾隆二十一年刊本）卷1，《清代诗文集汇编》第243册亦载此诗。因自注繁多，按句分段。②段晴川：段曦，字晴川，云南安宁人。康熙三十六年（1697）进士，康熙四十一年至四十五年任广西灵山县知县。雍正四年（1726）七月以河南道御史为河南乡试正考官，胡浚为之作《送段晴川侍御典试还朝序》。段曦著有《浴日诗集》（已佚）。

灵潭铜鼓

程 镳

南流不尽大江声，铜鼓浮沉待月明。自泛汀沙看鹭序，寒知午夜报鼍更。黑幡三点随风落（唐李贺《黄家洞》诗："黑幡三点铜鼓鸣"），乌鹊孤飞匝树惊。一自洗兵鱼海后，顿销金甲伏波营。

【作者简介】

程镳（生卒年不详），字瀛鹤，号介鸣，浙江仁和人，康熙二十三年（1684）举人，四十六年（1707）任博白县知县，任职八年，纂修《博白县志》。

【注释】

①道光《博白县志·艺文志》录程镳诗，还有孟以浩、程祖沆、陈献文《灵潭铜鼓》诗。"灵潭铜鼓"属于白州八景之一，程镳为八景赋诗，并收入志书中。陈献文诗已列于明代。

灵潭铜鼓
程祖沆

一湾曲水绕山渠，铜鼓填填月上初。今日我来凭吊处，沧桑多半是蓬庐。

【作者简介】

程祖沆（生卒年不详），生平事迹未详，原题作者"西湖程祖沆太初月波"，推知其为西湖人，字太初，号月波。

灵潭铜鼓
孟以浩

铜羽风回木鹬还，浪花催散碧于天。半轮初挂孤村月，一缕斜明远树烟。细响不惊雷兽骨，冷光难掬老蟆涎。扁舟载酒闲栖泊，簌簌菰蒲刺钓船。

【作者简介】

孟以浩（生卒年不详），生平事迹未详。原题作者"会稽孟以浩嗣宗"，推知其为会稽人，字嗣宗。

【注释】

①此诗亦见于金𨱄《广西通志》卷126。

铜鼓歌（相传马援所制，为邕古迹，昔于溪谷间得之）
刘元清

君不见，邕城城北山下土，农人扶犁耕春雨。磅硍礚礚牛却惊，浅劚深锹露铜鼓。几人觊觎置空庭，谁谓深藏不肯语，一朝物色博购归，拂拭沙泥纹尚微。儿童戏击吼如鼍，摩挲余得日依依。陶冶形模出鬼斧，周回法式随天机。南北东西位蟾蜍，左右四耳分轮廓，面平腰袅肱其脚，天然翡翠成斑驳。吁嗟乎，宇内车书同一轨，神州赤县端歌吹。越裳航海静无波，匈奴不敢南下窥。铜鼓，铜鼓，胡为乎出哉？讵非郁勃文章事，幽闷欲向玉京帝里售深意。由来奇器神钦羡，簪笏人家敢轻慢，贮之金屋起长虹，南宫月黑生雷电。

【作者简介】

刘元清（生卒年不详），南宁府宣化县（今南宁市）人，康熙三十八年（1699）举人，雍正五年（1727）任陕西白河县知县。在南宁地方志中留下多篇诗作。

【注释】

①录自道光《南宁府志》卷54。又,《古迹·铜鼓》条下云:"城北山下,农人犁田得之土中。相传汉伏波将军马援制。形如坐墩而空其下,满腹皆苍纹细花,极工致,四角有小蟾蜍,悬其旁耳,击之声极清越。今失。又,城隍庙后寝有小铜鼓,形制相同,其文若古鸟篆而不能辨,戊子兵燹后亦无存。"

铜鼓歌（用昌黎先生石鼓歌原韵）

王 柽

昌黎夫子咏石鼓,学步试作石鼓歌。苍蝇鸣向蚯蚓窍,小巫其奈大巫何！案古狸獠有都老,互争雄长寻干戈。蛮俗最尚惟铜鼓,匠心巧运工雕磨（《宋史》:蛮俗号有鼓者为都老）。凡遇吉凶宾嘉礼,一一移向中庭罗。椎牛酾酒召同类,蜂拥而至势嵯峨。大钗小钗相叩击,蛮女所好宁非阿（《后汉书》注:《广州记》:猺铸铜为鼓,垂之于庭,置酒招同类,子女以金银为大钗,执以叩鼓,叩毕,留遗主人）。藏鼓多者推峒长,何必勇似萧摩诃。此风流传自晋宋,至今尚尔无差讹。出土一鼓千牛易,边角完好分蛙蜗（《涌幢小品》:蛮中铜鼓,有剥蚀而声响者为上上,易牛千头；次者七八百头。藏二三面者,即为寨主。又《粤东新语》:永乐间多辉溪中得到一铜鼓,沿边作科斗。又《桂海虞衡志》:四角有小蟾蜍者最古）。战阵用之配铙镯,一通骇骇声鸣鼍。遍刻虫鱼棹尾鼉,间缀草花交枝柯（《岭表录异》:铜鼓,其身遍有花草虫鱼之状）。两人舁行以手拊,跳越山谷疾如梭（《桂林虞衡志》:两人舁行,以手拊之）。种出盘瓠性好噬,天生剽捷行委蛇。白马三姑虔祷祀,欲肆荼毒凭神娥（蛮人劫杀,必祷于白马三姑而后行）。南天革鼓多痹缓,范铜一任雨滂沱。宫呼商应清且越,节乐竟不殊云和。镗鞳声彻扶胥岸,赛神行军不同科（《粤东新语》:岁二月十三,祝融生日,粤人击之以乐神,其声镗铪铿訇若雷,闻于扶胥江岸)。金钱络索如腰束,面围尺许宁须多(《粤东新语》:其制中空无底,束腰,通体作络索连钱纹)。当年创铸者谁子,却若荆棘埋铜驼。古器从来神灵守,几向铜鼓滩头过,底来善泅力探取,得自潭底争砊磋。佥云武侯南征造,或说制从马伏波。画如秋月镂镂巧,中空底缺无偏颇。叔父官粤几五载,止获二鼓余无他。古色璀璨的长物,尝鉴讵肯徒婥婀。十三圈上青红晕,乍见一日三摩挲(《粤东新语》:英灵冈铜鼓,面有十三圈晕)。汉曾铸马宋入贡,往事枨触劳吟哦。且喜此日蛮烟靖,不传出地飞双鹅。蛮姑点蜡花印布(《溪蛮丛笑》云:溪峒取鼓纹,以蜡刻板印布,入靛缸渍染,名点蜡幔),深箐谁嗟弃甲那。抚绥全仗封疆吏,岭表今亦崇孔轲。鼓与官声同不朽,从兹溪峒皆关河。圣人欲作中和乐,早献司胄休蹉跎。

【作者简介】

王椐(生卒年不详),字雨师,一字圣木,号缄斋,康熙三十八年(1699)举人,官内阁中书。著有《粤游草》《松籁草》《百余集》(刘统勋辑)。王椐出生于山东诸城官宦大家,祖父王钺(1623—1703),中进士后官至山西巡抚;父亲王沛思,中进士后入翰林院,为庶吉士、编修,与修《明史》;三叔王沛憻,字汝存,一字汝有,号念庵,官至吏部右侍郎。康熙五十七年(1718)三月由贵州按察使调任广西布政使,雍正元年(1723)九月为太常寺卿。王椐诗句"叔父官粤几五载",指康熙六十年底,王沛憻任广西布政使近五年。

【注释】

①本诗录自《国朝山左诗钞》(乾隆刊本)卷46,今藏哈佛燕京图书馆。

铜鼓（在学宫，相传诸葛亮所遗）

李嗣芳

何殊金奏出宫悬，想见隆中定蜀年。两汉山河原不改，八蛮风教一声宣。奎文九曲丹书现，银瓮三朝碧镂鲜。从此钦江钟鼓振，鸿亭飞跃有鱼鸢。

【作者简介】

李嗣芳（生卒年不详），钦州人，雍正元年（1723）拔贡生。

【注释】

①道光《钦州志》卷12"艺文志"录此诗。卷11"古迹"记此铜鼓云："钦州学宫有铜鼓一，径二尺五寸，高一尺五寸，中空无底，纽垂四悬，腰束而脐隆起，旁有两耳，边际有六蛤蟆，通体作络索回锦连纹，纤丽细致，备极工巧。询其由，乃于嘉庆六年土人于石滩村掘得之，以为奇异，因呈于州，遂舁而藏之学宫，以垂久远。"②雍正元年《钦州志》卷13亦录此诗。

（二）雍正年间

铜 鼓 歌

清高宗

雍正庚戌秋九月，广西抚臣金鉷进铜鼓一，云民间垦田所得，名诸葛鼓。相传诸葛亮以鼓镇蛮云。因歌以纪之。

赤帝失御火不燔，冠以苴履翻坤乾。靖王后裔英且贤，慨然奋义振中原。南阳之薮卧龙蟠，下车三顾意何虔。龙飞云路见在田，君臣相得鱼水欢。东使吴会骋辨言，八十万众成灰烟。西入益州奠本根，鼎足峙立固且完。永安宫里龙髯攀，调和宫府整而闲。命师南指定獞顽，七擒七纵服诸蛮。铸铜成鼓永镇㺎，风雨侵蚀年复年。数易时代陵谷迁，下巢蚯蚓邻黄泉。照临无复资魄渊，濡润还沾雨露偏。崇鼎贯鼎增斓斑，独于厚地全其天。由来奇物终播宣，一朝光气腾荒阡。施厥畚锸瓦砾翻，有声鞺鞳非丝弦。宛然铜鼓形不刓，洗剔苔藓光泽鲜。惊看老幼何喧阗，大吏表进九重前。为陈檀案撒包毡，聚观群下充庭轩。试加击伐声哼哼，大鹏搏风长鲸喷。上有四蛤狰狞蹲，旁有双耳绶色缊。龟文虬篆隐隐存，覆之黄缣加束纯。方今舜目辟四门，两间并献贞符繁。不夸宝鼎出河汾，讵数剑气冲斗躔。我闻置鼓召谏臣，访察民隐牧元元，此应其兆无乃然。坐见说议日联翩，镛钟大叩张宫县。

【作者简介】

清高宗，即乾隆皇帝爱新觉罗·弘历（1711—1799）。其时未即帝位，还不是"高宗"。

【注释】

①录自《四库全书》本《御制乐善堂全集定本》卷14。②雍正庚戌，雍正八年（1730）。

铜 鼓 行

鲁曾煜

四座且勿喧，听歌铜鼓行。铜鼓沉深渊，近发五羊城。铜鼓何王器？传云汉东京，昔者马新息，以节交趾兵。制非夏后足，亦异殷人楹。丰面古五尺，其规中月盈。巨腰环四耳，壮夫可扛擎。一一谛视之，欻然发光晶。色或鸭头绿，又或鱼尾赪。象既受剥蚀，纹亦断纵横。因持寸筳叩，其响细铮铮。主人前致辞，当刻木作鲸。击之震百里，深恐聋聩惊。余闻为宛舌，讵敢呶呶争。谁辨铜盎赝，谁审服匿名？今皇至神圣，尚有有苗征。蜂屯而蚁聚，扑灭烦经营。铜鼓尔异物，何为久不鸣？一鸣虽小重，不鸣虽大轻。而当欤干羽，我当请长缨。光武昔有言，有志事竟成。吁嗟，我与尔磊磊同不平！

【作者简介】

鲁曾煜（生卒年不详），字启人，号秋塍，会稽人。清康熙六十年（1721）进士，官庶吉士。后以祖父年高而归养。雍正八年（1730）二月广东布政使王士俊向皇帝奏请派以辞职在家的同榜进士鲁曾煜来广州，总辑《广东通志》，获得批准。鲁因奉命赴广州，完成使命。有《秋塍文钞》《秋塍三州诗钞》传世。

【注释】

①本诗录自《秋塍三州诗钞》（《四库全书存目丛书》本）卷4。

胡少保祠铜鼓歌

高凤翰

蛮烟鼓重声不起，伏波奇创铜鼓始。金英搜尽海山精，铸焰吹云射天紫。当时提桴震南天，倭奴无数声中死。流传人代阅沧桑，胡少保祠忽见此。摩挲古绣色斑斓，犹闻酋鬼啼倭子。归来僧寺赋狂歌，如吊铜驼荆棘里。呜呼，少保平倭功最多，千秋名不让伏波。怪来侘傺英雄泪，薏苡同悲可奈何！

【作者简介】

高凤翰（1683—1749），又名翰，字西园，山东胶州人。科第不得意，雍正五年（1727）举孝友端方，官至徽州绩溪知县。性豪迈不羁，精艺术，系"扬州八怪"之一，画山水花鸟俱工。著有《南阜山人诗集类稿》传世。

【注释】

①录自《高凤翰全集》（北京大学出版社，2014年版）。②作于雍正九年（1731），是年高凤翰署绩溪县令。③胡少保祠：在今绩溪龙川村，祀抗倭民族英雄胡宗宪。胡宗宪（1512—1565），字汝贞，号梅林。绩溪人，嘉靖十七年（1538）进士。明王世贞《弇山堂别集》卷5："胡宗宪以御史御倭，进佥都御史，遂进兵部侍郎、总督，累加至少保，太子太保、兵部尚书兼都察院左都御史。"

伏波铜鼓

李茹旻

吾闻伏波舟载骆越两铜鼓，飞鸣跃入八桂之江湍，后人遂以铜鼓名其滩。风雨时时闻有鼓鼙之声江中欢。明季渔人网絓不能举，呼集众力高拥出之于狂澜。是日白石山人斫地亦得一，不敢匿，两鼓同日不期而会，献之官。其一稍窳，观风楼上贮。其一置泽宫夫子庙。轮廓肉好制作工致而坚完。繄此千数百年化去之神物，倏而复合，夫岂无故仍团栾？必有真宰相呵护，兵火百劫，使之不得相摧残。我行经此，重是古器思一见，摩挲斑斓剥蚀之痕瘢。夫何失去所在，依然无处堪查盘？当时夜半大力者负之趋走如飞翰，不然谁何等之郁林石，载归吴下矜诩为奇观。吁嗟！远物异物非所宝，不贪为宝无祸干。君不见，张雷宝剑不为用，干将镆铘终飞入水，化作蛟龙蟠。

【作者简介】

李茹旻（1659—1734），一名茹闵，字覆如，号鹭洲，江西临川人。康熙四十一年（1702）举人，五十二年（1713）进士，授武英殿纂修，分修《鸟兽虫鱼志》，考核精详，并任定稿之职。后任内廷教习，内阁中书，知制诰。六十一年冬，母卒，归。雍正二年夏四月，李绂为广西巡抚，纂修《广西通志》，请李茹旻与其事，并聘为桂林宣成书院主讲。有《李鹭洲诗集》20卷《文集》10卷传世。

【注释】

①《李鹭洲诗集》（《四库全书存目丛书》本）卷16《桂江草》辑录两篇《伏波铜鼓》，一为乐府，一为七言古体。后者与甘汝来相同，今归入甘汝来。李茹旻《二水楼诗集》卷12录《伏波铜鼓》，题下有"代字"，当系代甘汝来作。

伏波铜鼓

甘汝来

骆越古器夸铜鼓，冶铸工绝胜雕组。伏波所遗制尤精，闻今存者犹四五。壶城神祠亦得一，古光古声足摩拊。我初至郡谒神明，瞻拜已毕顾庭庑。望古遥集寻遗踪，子虚乌有复何睹。外史荒唐良可嗤，按图索亦等胶柱。兑戈和弓随劫灰，夏鼎商彝化焦土。有形必敝固其常，区区奇技何须数。不朽惟应铜柱标，万古千秋兀撑拄。

【作者简介】

甘汝来（1684—1739），字耕道，号逊斋，江西奉新人。康熙五十二年（1713）进士。任太平知府、广西巡抚，官至兵部、吏部尚书，加太子少保。卒谥庄恪。纂修《太平府志》50卷，著有《甘庄恪集》16卷，皆传世。

【注释】

①录自甘汝来《太平府志》卷42。此诗又见甘汝来《甘庄恪公全集》。《四库全书存目丛书》本《李鹭洲诗集》亦录此诗，题名下有"代"字，当非李作。②甘汝来于雍正元年（1723）十二月到任太平府，次年作此诗。

铜鼓歌

关　修

矍铄将军领南征，舟载铜鼓漓江行。瞥然腾跃入江水，蛟宫龙窟相纵横。农民获一献大府，丹砂翡翠辉榕城。鼓脐隆起鼓腰束，旁悬垂纽寒绿轻。蝌蚪模糊四腔晕，蟾蜍蹲踞三脚擎。世间神异不寡偶，浔江波浪掀天鸣。渔人奋力举之起，隐隐复闻骈闐声。剜苔剔藓露其面，安置妥贴无欹倾。鬼神呵护不敢击，潮出潮入交送迎。昔时楼船驱浪泊，营开阛阓戟戈明。交趾雕题遵汉约，牂牁辕门吐轰铿。立柱骙弓惮越骆，宾从徒御扬威名。今皇八纮妖氛静，铙铎暗彼百里惊。文舞羽干格荒甸，乐奏来勺听和平。此物空教庋高阁，云花翠葆尘填盈。揎袖攘臂试拂拭，银钗一扣天地清。

【作者简介】

关修（生卒年不详），字梅生，临桂（今桂林市）人，道光年间监生。《三管英灵集》卷49录其诗3首。

【注释】

①录自《三管英灵集》卷49。②诗作于金鉽得铜鼓时。

武侯铜鼓歌

程梦星

铜鼓之制始骆越，伏波毁铸为名骢。武侯渡泸镇遐服，亦常铸此威南中。降自前明大盘岭，刘显一战夸奇功。得鼓九十有三具，争诧重器何无穷。传闻冶金初铸日，罗酋来贺乌蛮从。男妇拥髻高鬅鬆，车载酥酪牵犝羫。竹筒腰长葫芦短，银钗击和声铮鏦。从兹征战暨报赛，山崖悬撞召集通。又闻获此过三二，便可南面称豪雄。无何搜罗入中国，以此竟卜蛮运终。吁嗟武侯握胜算，祁山六出多遗踪。木牛流马器尚在，千年埋没荒烟丛。讵有区区鼓数十，乃关运会论吉凶！即令耳目作近玩，当时镕范殊精工。雷纹剥蚀土花碧，云泉荡漾金膏红。置之筼簹覆以锦，金钟大镛将无同。我来摩挲长太息，以杖叩之犹逢逢。

【作者简介】

程梦星（1678—1747），字午桥，安徽歙县人。侨居江都。弱冠即有诗名，清康熙五十一年（1712）进士，授编修。后寓扬州，为诗坛领袖数十年。著有《今有堂集》。

【注释】

①录自《今有堂集·就简集》（《四库全书存目丛书补编》本）。
②犝：无角的小牛；羫：无角的小羊。

雷祠铜鼓歌

张元彪

擎雷之山天南横，英榜西旋争抗衡。一梁飞架白石院，龙堂贝阙高峥嵘。维神秉德一居震，篆文隐约瑞手印。石卵破胎矜怪诞，九身犬动传疑信。我来趋拜三殿下，神其为我开聋哑。左右悬之三铜鼓，陶铸古错钦大雅。阔面束腰异形制，朱碧斑驳堆龙鲊。数蛙旁踞俨相向，腹中迥起如跃冶。其一剥落疑虫蚀，龟折瓦裂怪莫测。其一中宫一中商，宫商迭奏鸣凤凰。何必蛮女梦金钗，一指伐之声镗镗。须臾砰訇震天鼓，同声相应启雷部。阿香推车挥电鞭，驾苍龙兮骖白虎。风伯摇帜逞跳梁，雨师建节飞跂扈。跂行喙息颇知觉，九首天吴走伛偻。轰烈八纮连九垓，试帝舜兮变尼父。我闻石鼓镌宣王，荐诸太庙重芬芳。韩公苏公酷嗜古，前歌后歌争轩昂。我为铜鼓三太息，惜汝埋没居南荒。

【作者简介】

张元彪（生卒年不详），字肇炳，号虎文，浙江永嘉人。雍正七年（1729）拔贡，廷试第一，雍正十年为海康（今属广东省湛江市）知县。在任九年，有善政，入嘉庆《海康县志·名宦志》。著有《家鉴》《松涛阁诗集》等。

【注释】

①录自民国《海康县续志》卷42。②《续志》录张元彪诗后记："此木板书在白院雷祖祠内，高五尺二寸许，广三尺一寸，上有'雷祠铜鼓歌'横额，正书，大二寸六分。歌亦正书，大一寸七分。"

诸葛铜鼓歌（并序）

张锡爵

王虚舟吏部尝裹其所临帖，易得诸葛武侯铜鼓，客至辄以夸示之，一时文士俱为赋诗，余亦继作。

良常山人时键户，钟王北面书谁伍。客来宴坐每传夸，诸葛武侯旧铜鼓。声宏韵远光自韬，质净形完制何古。当轩奋袖手亲挝，飒飒灵风想神武。疾雷破山魑魅逃，天地低昂色为怃。众宾裣衽寂无声，山人一笑还轩舞。自言易得时价值良难数，奕奕万银钩卷畀始无迕。徘徊三叹桊几傍，使我望古沾衣裳。君臣鱼水济时杰，此鼓岂不关兴亡！阵云初开震斜谷，边月欲堕轰陈仓。祁山渭水声荡漾，鸟蛇龙虎从空翔。一击火井焰，再击南人降，三击丕胆裂，四击邰毙懿走僵。神物有灵天有限，故都难返心悲伤。五丈原头大星落，阴平冈外奴狼狈。堂堂父子殉绵竹，阵图回首荒烟荒。此时此鼓何处避，声死不起天昏黄。流传阅世几千载，乃今始得山人藏。山人得之惊且喜，一饭摩挲再三起。爱惜宁论斩蛇剑，郑重将埒孔圣履。神物欲出会有由，何不携之献天子。方今有道四海清，苗疆荡扫王庭徙。此鼓还应佐太平，折冲御侮功堪纪。渊渊声和被九州，万国长宁净氛浑。何为寂寂伴书萤，穷年终闭闲窗里。夜乘雾雨吼空阶，晓吐光芒动闾里。吁嗟乎！人生有愿每蹉跎，精灵所寄物不磨。我口虽有非悬河，鼓兮鼓兮奈汝何！

【作者简介】

张锡爵（1692—1773），字担伯，号中岩，晚年自号钝闲诗老，江苏嘉定（今属上海）人。寄居吴江，补吴江县生员，科举不顺利，无缘仕途。工诗善画，有《吾友于斋诗钞》传世。

【注释】

①录自《吾友于斋诗钞》（乾隆初刊本）卷5。②王虚舟、良常山人：王澍（1668—1743），见张大受《题铜鼓贴》注释。

（三）乾隆年间

铜鼓赋（并序）

袁　枚

盖闻宝以德兴，玉磬收之建武；物因人至，龙泉现自张华。况夫鸡娄名文，密须神器，虽陶镕于丹冶，已藏迹于青洪。铜鼓者，汉伏波征交趾之所获，而武侯擒孟获之所遗也。然而代远年湮，星移物换，商山宛在，谁能复听鸣钟？泗水依然，不复再擎古鼎。此皆神灵呵护，必待传人。而亦德政熏蒸，始邀瑞物。大中丞德山先生，三江沐德，百粤铭仁。福云随银瓮俱青，甘雨共金船并紫。于是耕夫前获，渔父复收。一则进之阙前，聿昭祥化；一则留之纛下，用肃军门。目览手披，丹砂璀璨。心移神注，紫霭辉煌。因思雀篆鸡碑，久费书生，探访何幸。《聊苍》《洞历》，忽为文士观瞻。不揣浅疏，谨为之赋云：

当夫月华炫羽，霓彩飞旌。采赤金于蜀垒，求铜精于灌城。仿《尔雅》鼗麻之制，依《周官》錞晋之名。于是蒲牢独造，金镯扬声。光分雷琥，气并沉明。军鱼丽而齐击，随龙膝而偕鸣。协始兴之圣鼓，叶罗浮之神钲。天吴为之震荡，木怪为之群惊。陶镕于三十六炉，蛟龙捧炭，威扬于千八百岛，金铁皆兵。尔乃九乳灼然，水沉千纪，历唐宋以常湮，含盈虚而不滓。岁远则蟏蛸生苔，年深则蛟鼍滑体。星魂月魄，久藏羊馆之珠；凤卣鸾仪，似擘麻姑之指。汾阴献瑞，岂劳钩鈒以才浮。浔水呈祥，未听瑟琶而亦起。其状则体如坐墩，面同博局。葱岭点砂，琅环切玉。腹自脐以内空，腰较首而微束。势跃跃于嶔岑，纹彬彬于沉绿。旧纽拖襟，蜍蟾瞪目。或褰绉而成削，或霜皴而雪剥。八面七星之迹，应知九敲三挝之技不复。金沙澄碧，想见南郡之铭铜。诃耨渊亭，仿佛雷门之石鹄。其色则丹螺献甲，鳌背成峰；花似绣而若缋，纹已直而犹纵。远而望之，若朱云裯襗于宝鼎；近而察之，若绿羽璘�于万重。金琐珊枝，真夺雨工之巧；碧文圆顶，似劳织女之缝。翠生波而欲滴，玉结乳以为容。副墨抱珠于纆锦，白象削字于芙蓉。其声则鞺鞳为音，砰訇作韵。霜降钟鸣，雷出地奋。汉宫击瓦而屋尘皆飞，秦铎驱山而草木悉震。发清机于地籁，依稀仙阁高鸣。振元气于鲸鱼，恍若钧天可近。未取木于临平，已闻声于邺郡。于是盛以桱架，置之军府，共鸾书翠轴以齐留。俪龙篆蚬，旌以为辅，楼车鼓铎，惊双鹭之蛇门。碧玉浮金，考籥章于毛土。彼夫穆清遗车于黎野，祖龙失玉于青城。宝玺不传于吴井，玉杯伪设于汉廷，岂若兹之，浔江安获，粤圃镌铭。既不窊而不樕，亦全貌而全形。大学鼓中，昌黎未韵。龙荒石外，山海无经。固与玉牒金泥共纪珍奇于天府，直勒商盘周鼎，永为明德之香馨。

【作者简介】

袁枚（1716—1798），钱塘（今浙江杭州）人，字子才，号简斋，晚年自号仓山居士、随园主人、随园老人。著名文学家。乾隆元年丙辰（1736），袁枚投奔在广西巡抚金鉷幕中任职的叔父袁鸿，得到金鉷赏识，留住3个月。雍正八年金鉷从浔州得两铜鼓，一进献朝廷，一置于桂林八桂堂中，让袁枚赋诗纪其事。袁枚《随园诗话》卷10载此事："余丙辰到广西，蒙金抚军荐入都，今五十年矣，因访亲家汪太守，故重至焉。吴树堂中丞垣引余至署周历旧游。余席间称金公任藩司时作官厅对联云：'坐此似同舟，宜情彼此关休戚；须臾参大府，公事何妨共酌商？'用意深厚，有名臣风味。公因诵其乡人徐公士林作臬司题庭柱云：'看阶前草绿苔青，无非生意；听墙外鹃啼雀噪，恐有冤魂。'真仁人之言。树堂见和一律，有'洞箫声重三千玉，铜鼓词传五十春'之句，所云《铜鼓》者，丙辰余试鸿博赋题也，金公刻入省志艺文类中，今五十载矣，重得披览，恍若前生。"袁枚之赋，极富文采，为时人及后人赞赏，乃至后来无人再敢写铜鼓赋。金鉷修《广西通志》，载录袁枚此赋为清朝第一。《随园诗话补遗》卷4云："番人最重铜鼓，即剥蚀而声硁硁者，可易牛千头。相传为诸葛亮征蛮所铸，不知《后汉书·马援传》已载之矣。余丙辰至粤，金中丞得鼓二面，命余作赋，大加称赏，即命刻广西志书中。甲辰岁，余重游桂林，阅省志艺文一门，国朝首载此赋。且惊且感，题一绝云：'五十年前《铜鼓赋》，自家披览自家怜。不图漓水《崇文目》，竟冠熙朝第一篇。'"

【注释】

①录自《铜鼓联吟集》卷首。

铜鼓歌（并序）

陈一策

世皆知伏波有铜鼓，不知卧龙亦有铜鼓。盖伏波鼓身围七尺有奇，面径二尺一寸许，高与径埒，其体甚大，载在《广西通志》可考。而《益都谈资》记："诸葛铜鼓，面广一尺七寸，高一尺八寸，边有四水兽，腰束下空，旁有四耳，花纹甚细。色如瓜皮，重廿余斤。乃孔明擒孟获时所制，一名錞于鼓。"又，《一统志》云："铜鼓山在广西柳州府融县，旧传孔明散埋铜鼓，以压獠人。后有得于是山者，故名。"以余所见，适来粤西，闻为土人掘得，而体状色泽更与錞于鼓同，殆即诸葛鼓也。摩挲考击，心赏神移，遂为之歌。

早岁读汉书，掩卷三叹息。惆怅马伏波，铜鼓铸马式。及今得见之，对此乐何极。此鼓希世珍，相传来蜀国。尝经卧龙手，用压獠人域。鞠躬誓尽瘁，艰难讨蛮贼。人世几沧桑，此鼓遂难觅。讵意融县间，村夫偶掘得。鬼物为呵护，浩劫暗藏匿。显晦固有时，年深忽再觏。苔绣与土花，交侵不能蚀。光怪纷陆离，苍翠流古色。上有螺纹旋，下有蝉翼饰。四耳环其腰，四兽蹲其侧。高广皆尺余，毫发穷镂刻。独无甲乙年，名字亦不勒。清浊有殊音，轻重随考击。枹止响犹腾，灵鼍安足敌。远移入闽疆，俗眼谁辨识。我生最好奇，摩挲仍拂拭。快睹不知疲，往往忘朝昃。聊作铜鼓歌，千年想所历。约略纪见闻，管窥而蠡测。君不见昔日韩昌黎，曾歌石鼓称奇特，犹云李杜亡，自愧薄才力。我今视古人，得不更惭弄毫墨。呜呼，得不更惭弄毫墨！

【作者简介】

陈一策（生卒年不详），字尔忱，号筠亭，福建晋江人。科场不顺，康熙三十二年（1693）始中副贡，授闽清教谕。乾隆元年（1736）以贡生荐举博学鸿词。著有《香雪斋集》《翠屏山人诗文全集》。

【注释】

①录自陈棨仁《闽中金石略·考证》（《石刻史料新编》本）卷5"铜鼓图"条下。考证云："其所见者，殆即文昌庙中物。"言陈一策所咏铜鼓，系晋江文昌庙所藏，而诗序言称系在粤西所见铜鼓。②陈泗东《幸园笔耕录》中《镇雅宫铜鼓歌》引陈棨仁《桐西旧话》："乾隆中，邑人得铜鼓二于粤西。陈征士一策诗序称为筠亭主人所得，名则莫能详也。二鼓大小不侔，小者高广皆尺余，大者高尺余、广二尺余。今其大者移置文昌庙中。余数摩挲考击，且拓其图藏之。小者不可复见，然尝见陈征士所绘之图并诸歌咏，其花纹形体，与大者迥异。则文昌庙所藏，非陈征士当日所咏者矣。"陈泗东按语："镇雅宫在玉犀巷，原祀文昌帝君"，"铜鼓早经归市文管会收藏，今尚存。"

铜 鼓 歌

为陈筠亭先生。讳一策。得是鼓而绘图征题

陈　垣

补过堂前花草香，补过堂下多缥缃。中有奇器腾宝光，蛮州铜鼓藏一双。四小蟾蜍蹲其面，四小耳环贯其旁。雕镂花纹穷微细，篆刻卦画分阴阳。上宽下广腰中束，瓜皮古色何苍苍。摩挲叩击发长喟，指刑论古畴能详。或云制自马伏波，汉书可据非荒唐。南海神庙尚留一，规制大小殊相仿。或云制自我乡侯，留压獠人埋山冈。考图按器略仿佛，南征未到西粤疆。大抵东都西蜀事，千载之后难忆量。何况囊中多新铸，十千价值相焜煌。奇器自是堪宝惜，真伪无用苦低昂。登堂捶鼓倾千觞，放歌怀古神扬扬。一击如见铜柱外，据鞍矍铄蹂炎方。再击如见渡泸水，指挥三军缚蛮王。当今车书大一统，八蛮不敢逞披猖。书生抱膝坐无事，日挥千兔秃毫芒。试向夜深望牛斗，应有红光紫气万丈长。

【作者简介】

陈垣（生卒年不详），号椰亭，雍正十年（1732）举人。福建南安县人。

【注释】

①录自《丰州集稿》（南安县志编纂委员会，1992年）第76页。②补过堂：据诗意，当系陈一策堂号。陈一策获得一对铜鼓，藏于此。

铜 鼓

王 恕

范铜为鼓靖蛮烟，汉将声灵万古传。岂有伶伦调律吕，亦生音响应星躔。殷雷自逐寒潮上，裂石还惊夜雨悬。浮海出渊非一日，于今几见太平年。

【作者简介】

王恕（1681—1742），字中安，号楼山，铜梁县安居乡（今重庆市铜梁县安居镇）人。康熙六十年（1721）进士，乾隆元年（1736）五月任广东按察使、四年八月广东布政使、五年五月署福建巡抚。六年九月实授福建巡抚。著有《楼山诗集》传世。

【注释】

①录自《楼山诗集》（光绪十九年刊本）卷5。②诗作于乾隆四年己未（1739）。

铜鼓歌为楼山中丞作

许廷鑅

我来羊城己未冬，始见铜鼓薇堂东。围径三尺腰似束，面平无底虚其中。文为络索间水瀿，雷回有字光熊熊。千年神物几时出，土花微蚀含青红。人传惊滩石罅露光怪，太守舁以祀祝融。或云乘风浮海一朝至，应潮而响分雌雄。吾闻冬夏冒鼓马牛别，是兽奚取铜山铜。南中地脉苦卑湿，革濡而缓无逢逢。金声激越应天鼓，蛮人胆破销兵戎。司徒鼓人掌六鼓，朱鹭鼓吹皆军容。汉家事远伏波老，至今荒外流雄风。骆越所遗此其一，扣之其音铿鞳而噌吰。时方遣腊击土鼓，雾潦郁蒸剧夏五。苍蝇触扇蚊成雷，汗流喘喝浃短裋。金行西方属秋令，能敛骄阳散烦暑。披襟挝鼓引凉飚，竟日摩挲怀欲吐。狂歌既醉发商声，海天夜半来风雨。

【作者简介】

许廷鑅（1675—1760），字子逊，号竹素。江苏长洲人。康熙五十九年（1720）举人。雍正六年（1728）任福建武平知县。离职后先后执教于潮州韩山书院、三山鳌峰书院、江阴澄江书院、太仓娄东书院。有《竹素园诗钞》8卷存世。

【注释】

①录自《竹素园诗钞》（《清代诗文集汇编》本）卷7。②诗作于乾隆四年己未（1739）冬。③楼山中丞：王恕。

次韵薛尺庵参政 《铜鼓》

万光泰

吉金最古首山鼎，后数三代兼秦权。骆越铜鼓汉时出，铸成马式百体全。伏波北逝余鼓剩，文奇制诡穷推研。盘瓠裔孙百牛购，比重铁券盟言坚。胡卢笙圆竹笛短，都贝神怪花楼偏。浴日亭前制尤古，蛤蟆水族缘其边。旁州别县亦间出，似铸九府流刀钱。远随钟声应洛下，近挟剑气干斗躔。泗溪掘土往往得，荒畬圻壂荒蒲搴。千椎既寂翡翠活，五胜未蚀丹砂鲜。土人好事恣傅会，海潭岭嶂虚名悬（新宁县东有铜鼓海，博白县北有铜鼓潭，灵山县东南有铜鼓岭，程乡县东南有铜鼓嶂，高要县西南、文昌县东皆有铜鼓山）。异事更说韩襄毅，手除瘴雾清腥涎。秋月千营会组甲，春雷百面轰雕筵。乐经鼓鼙思将帅，令吾怀古钦高贤。岭东薛公治韶石，五经作笥边腹便。考古不屑尚功下，正乐欲溯夔仲前。诗成若响应千里，嗟予客此空经年。波罗江高隔惊浪，广利庙远违长天。水经圣鼓迹更近，故道尚亦迷流传（圣鼓道在阳山）。不量材薄复赋此，卧想跃冶飞炎烟。谁人牛铎遇神解，举世瓦釜方喧阗。笑持鲁鼓继薛鼓，韶峰此夜应鸣弦（韶州有鸣弦峰）。

【作者简介】

万光泰（1712—1750），字循初，号柘坡居士。浙江秀水人。乾隆元年（1736）举人。著有《柘坡居士集》《遂初堂类音辨》《汉音存正》《转注绪言》等。

【注释】

①录自《柘坡居士集》卷7（《四库全书存目丛书》本）。②本诗作于乾隆九年（1744）。③薛尺庵：薛韫（1687—1767），字叔芳，号尺庵，陕西雒南（今陕西洛南）人。雍正八年（1730）进士，入翰林院，历任检讨、编修，改御史。乾隆元年（1736）五月为广西乡试副考官，乾隆三年

任广南韶道道员。

南海神庙铜鼓歌

陈张翼

铜鼓铜鼓来何时，祝融庙中称神奇。我来摩挲少所见，周谘轶事深长思。南蛮都老有铜鼓，大叩小叩掷钗股。又道炎蒸败鼓皮，以金代革鼓无蛊。吾闻诸葛鼓堂堂，骆越之鼓声其镗。伏波将军亦为尔，更与铜柱传戎行。吁嗟，鼓人铸象物，遗使如雷全蠖屈。如何奇怪吐光芒，神物沉沉从土出。异哉百越多伏迁，岭头村外溪滩边。雷庙罗城供铜鼓，只兹南海犹喧传。传言节度与太守，掘地移来必有偶。翻云雄伏雌能飞，狮子洋中各牝牡。平生好古难辨讹，不求甚解何其多。望远已得见所见，铜鼓铜鼓夫如何。或揭之薮发之覆，陆离璀璨幽光皴。乃识当年百炼金，金埋青绿添苍秀。我为凝神看子细，往复低徊叹工致。径一口三尺五强，股围相称高相例。中空无底脐突腹，两耳帖息一腰束。鹧鸪斑点沦涟纹，圆撒连钱交络索。更有卦画不可朽，阴阳摩荡无剥落。俨如两部陈波罗，大小伯仲堪同和。翡翠交飞精互发，何年失去金虾蟆。只今三月春光好，共筏䙰褷接缥缈。南汪儿女得神欢，敲击铜鼓群相宝。大声铿鍧又阗鞳，真气发起震天表。山鸣谷应胜鼍逢，呼潮赓响连三岛。潜蛟起舞蜃楼倾，牛鬼蛇神惊一扫。霞车轰动云旗翻，祥光下临辉晶晶。清风江上浴日亭，铜鼓年年声未了。自惭汲古绠不长，如过雷门情悄悄。

【作者简介】

陈张翼（生卒年不详），字楚望，浙江仁和县人。举人出身，乾隆年间任陆丰县、长宁县、河源知县，后署理肇庆府德庆州知州。纂修《南海县志》《河源县志》，著《东园诗存》《耒业堂遗稿》传世。

【注释】

①录自乾隆《南海县志》卷20。

铜 鼓 歌
罗天尺

铜鼓鼘鼘唱粤歌,一波争奈一波何。巍峨铜柱高千古,掩却前头路伏波。

【作者简介】

罗天尺(1686—1766),字履元,一字履先,号石湖,广东顺德(今属佛山市)人。乾隆元年(1736)举人。著有《瘿晕山房诗删》《五山志林》传世。

【注释】

①录自《瘿晕山房诗删》(乾隆二十五年刻三十一年增修本)卷12。
②同卷有《广州竹枝词》:"海神二月鼓鼘鼘,若木花开古庙东。侬在扶桑看日出,郎来何地得相从。"

南海神庙铜鼓歌
夏之蓉

天荒地怪藉镇控,雕甍矗起朱海涯。光气荧荧薄牛女,雄文旧有韩公碑。洪炉煮山山液流,何年截取痴龙皮。周彝汉鼎色斑驳,四面仿佛盘云螭。大声硔硔百里惊,林木震动山石欹。小声韸韸亦殊绝,辟易牛马皆奔驰。珊瑚之树十丈长,灵椎斫削烦冯夷。丰隆失势掩面走,自讶霹雳同儿啼。忆昔盘瓠嬗遗孽，麛屯鹿走漫山溪。蚕雏亦复善跳跃，手挟剑戟凌空飞。蚌蛤往往成空胎，巨鳌磔蜩缘町畦。况有飓母类痁疟，煦然作意施雄威。海水倒立如华峰，顽云黝黑向下垂。气色盲晦百怪出，乌兔怖骇迷东西。天吴腾踔势狰狞，巨鲸千里来扬鬐。铜鼓一击阴翳除，铜鼓再击云和怡。清光散落金蛇流，朱毂环转行睢睢。金幢玉节列前后，赤虬伸缩骖长霓。笙璈旧谱传钧天，玉瑟绯纮湘中丝。珩璜互击鸣璁珑，空中隐隐瞻星瑾。传闻炎帝有神孙，诞英仍在姜水湄。朱鸟七宿实降祥，命圭载锡分南离。抗表上朝兜率宫，翠帱斜覆今来归。此时燔燎正初合，樏角霭霭蟠香酾。左列脯醢右馂馀，淮渑倒注黄流弛。巫觋进退容婆娑，堂下呫呀纷弦吹。海波不扬海神伏，自此怵惕愁鞭笞。蛟鳄遁走厉气藏，鱼虾出水相遨嬉。神灯隐现双桅端，岛屿蹴踏波纹微。柁师僵卧呼不起，玩弄溟渤如沤池。奇赆异宝传双翼，璆铁顿积同山齐。市中估榷何喧呶，重梱累囊无穷期。卷发碧眼传西人，衣服异制言侏离。鼓腹同作康衢游，醉后胡舞常僛僛。圣朝大乐振东序，上坿韶濩追遗徽。鼖鼓应鼓均在悬，细响亦列鞉与鞞。岂意错出钟镛间，律应无射声更奇。铙吹已谱马上曲，此妙欲使伦夔知。

【作者简介】

夏之蓉（1697—1784），字芙裳，号醴谷，江苏高邮人。雍正十一年（1733）进士，乾隆元年（1736），通过博学鸿词科考试，授为翰林院检讨。九年五月为福建乡试正考官，同年十二月提督广东广韶学政，十二年十月为湖南学政，十七年六月退休。著有《半舫斋编年诗》《半舫斋古文》传世。

【注释】

①录自《半舫斋编年诗》（《四库未收书辑刊》本）卷7。②乾隆十年（1745）任广韶学政时作。③诗中言及欧洲人在广州。

铜鼓诗（为秦中御先生作）
顾奎光

周官鼓人辨六鼓，韗人揉木冒以皮。革声逢逢金声镗，其制略仿镈于为。骆越铜鼓绝精巧，始见炎汉中兴时。伏波南征服交趾，镕为铜马作矩规。鼓成悬者广庭卜，马人密户来睢盱。抽金银钗竞扣击，纳之都老称酋司。厥声如雷震百里，用以集众顷刻咸奔驰。流传百越中，宝若虞璇商盘彝。波罗江上海神庙，左右簴业绳四维。中列二鼓制最钜，黎苗祷赛春秋祠。铜拍长腰笙短颈，歌舞赴节无参差。屡经兵燹不消毁，或埋壑谷藏沙泥。灵物岁久有精气，道旁蛤吠行人疑。神林鬼塚敢爱宝，钩致以出形模奇。史书杂说岂我欺，淮海作吏亲致之。淮海廉清畏人知，惟有嗜奇好古同渴饥。唐碑晋帖满箧笥，辨析正伪穷毫厘。旁罗金石古罍洗，鬵盂簠医鼎鬲鬴。去年牵丝令粤西，德化已服西南夷。岭表百宝多贝玑，输賨贡赕罗象犀。处脂膏地不自肥，村民得鼓献方物。汉宝迄今识者稀，一见惊喜给厚直。毡包席裹载以归，旁人比之郁林石。橐装如此宁非痴，观者摩挲细谛视。约量高下及径围，蜂腰旁杀置环纽。坚薄未有纤毫亏，千年苔痕土花碧。砂红翠绿纷陆离，蛤蟆累负大小十。彭亨右向形之而，中心圆轮出勾角。缘边缭绕疑云螭，泉纹雷篆妙刻画，玲珑细密萦蚕丝。弹指发声韵鞺鞳，夔牢怖吼惊嚘咿。黄钟大镛合为一，灵鼍喑哑旂檀低。太原有鼓号诸葛，摹硎与此聊依稀（南里王氏有诸葛鼓，昔曾见之）。器惟求旧昔有语，近制拿薄多瑕疵。莫言今铜不如古，人心亦足征淳漓。鬼物拏诃护硕果，子孙永宝价不訾。世家何事过橛竖，图书法物自逾籯金遗。笑我触热来襐襫，甘嘲讥。安得庐陵文章眉山诗，濡笔纪述追昌黎。

【作者简介】

顾奎光（1719—1765），字星五，号双溪，江苏无锡人。乾隆十年（1745）进士。历任泸溪、桑植知县，乾隆二十九年十二月卒于官。著述有《双溪诗集》《春秋随笔》《泸溪县志》《桑植县志》《元诗选》《金诗选》等。

【注释】

①录自顾光旭《梁溪诗钞》（嘉庆元年刊本）卷39。②秦甸（1692—1760），字中御，号毅庵，金匮县（今属无锡市）人，雍正五年（1727）进士，历官刑部督捕司主事。任齐东县令，乾隆十六年（1751）怀集县令。"去年牵丝令粤西"当指任怀集县令（怀集县当时属于广西，今属广东）。

汉马伏波将军铜鼓歌（并序）

鲍　汀

《逸史》云：马伏波征交趾，获越骆二铜鼓。舟经八桂，一鼓跃入水。天启戊午，浔江渔人网得之，同日白石山农亦得其一。二鼓复出。今抚署厅之右，一鼓岿然独存。其一鼓，无可考。显晦莫测，感而为之歌。

何年焰冶镕青铜，名鼓非鼓钟非钟，无当类取玉卮义，贯索不借金铉功。花纹回互杂琐碎，古绣斑驳填青红。蛤蟆贴伏四角立，发声岂必蒲牢同。我闻此鼓历千载，变幻出没无定踪。伏波载之自越骆，一舟两鼓随归篷。忽然风雨激雷电，天地晦昧波飞空。将军袖手军吏怖，对面倏忽腾蛟龙。洵知神物有先见，明珠薏苡多朦胧。此物若入益猜谤，顷刻销毁遭庸工。时移事往精气见，宝光夜烛冯夸宫。渔人得之白官吏，役夫辇致悬堂中。白石山边并时出，延津剑气交相融。此鼓耽耽镇幕府，白石所出旋飘蓬。得毋有大力者负之走，或亦置非其处仍潜踪。我抚此鼓三叹息，当时此地犹鸿濛。将军挥戈奠百粤，礼俗乃与中华通。此功不泯鼓不灭，耿耿元气生长虹。君不见高高铜柱插天汉，行人犹话矍铄翁。金寒石泐数有终，此鼓与柱垂无穷。

【作者简介】

鲍汀（生卒年不详），字南行，号若洲，金匮县（今属无锡市）人，书画家，著有《读画山房遗稿》。

【注释】

①录自顾光旭《梁溪诗钞》（嘉庆元年刊本）卷45。

铜 鼓 歌
戴文灯

春风招我城南隅，平生爱古情不渝。忽从僧院见铜鼓，宝气腾踔光模糊。土花晕碧蜗蚀篆，以指画肚烦追摹。斗纹连钱错水草，剜中缩项提壶卢。又如系腰击杖鼓，圆脐凹凸阴阳殊。金虾蟆跳乾鹊噪，淋漓元气神明扶。发声一听凤凰叫，奋响复见蛟龙躯。流传未识几何代，人言潜跃曾江湖。吾闻周官鼓人职，四金六鼓申镈于。后来伏波下扬越，威棱远詟麓泠姝。插天铜柱限中外，旦旦信誓蛮獠乎。范金作鼓镇郡县，压束小丑如囚俘。岁时腰腊群奔趋，高张四筵红氍毹。前者唱于后唱喁，云鬟堕髻垂罗襦。金银钗脚斜插鬓，拔以击鼓声呜呜。交人闻之心胆落，此语自昔良非诬。怪今蜗角蛮攻触（时闻交南内讧方炽），神物无乃徒虚拘。呜呼，日南十三郡，龙编嬴陲皆名都。宋之开宝明宣德，失手一弃成逃逋。请缨谁裂终军繻，楼船下濑何时无？诛夷枭獍复版籍，五管风静消鸣枹。归来更献铜马式，大哉无外恢皇图。

【作者简介】

戴文灯（1712—1766），字经农，一字欧亭，号鲍斋，浙江归安（今湖州）人。乾隆二十二年（1757）进士，后官礼部员外郎。乾隆初，以孝廉随父游粤，与平湖人梧州知府陆纶多所倡和。有《静退斋集》《甜雪词》。陆纶于乾隆十二年作《〈甜雪词〉序》谓："吴兴戴欧亭孝廉定省来粤，自富春渚而涉章江，下湘衡，过全永，历数千里。当其维舟览古，拨烛兴怀，力大思雄，所作长句，一伸纸或不下千言。而又束其豪横轶出之辞，时而范诸偷声减字、比调协律之内。"

【注释】

①录自《静退斋集》（《四库未收书辑刊》本）卷3。②本诗作于乾隆十一年丙寅（1746）。

铜 鼓 歌
马曰琯

溪峒夷獠风俗讹，从古薄伐凭干戈。武侯忠义贯日月，驱蛮亦似驱么麽。至今遗迹留桂海，铜鼓其一埋藏多。上如坐墩空其内，细花两面无偏颇。线圈十道同月晕，文环旁列疑蜂窠。当年铸此耀威势，渊渊振动惊山河。后人掘得每郑重，一鼓市值百镒过。吾家伏波征交趾，曾闻改铸此鼓式马驼。骆越赛神亦屡用，彭铿叩撞兼夷歌。不知是一还有二，但爱朱碧斑剥缠斗蝌。同人手拍复杖击，一日何啻三摩挲。吁嗟！此鼓去今千百载，舁行万里供吟哦。旌旗行队若相望，寒色秋风战薜萝。

【作者简介】

马曰琯（1687—1755），字秋玉，号嶰谷，祖籍安徽祁门。出身维扬（今扬州市区）盐商之家，藏书宏富。与弟马曰璐同有诗名，人称"扬州二马"。

【注释】

①录自马曰琯《沙河逸老小稿》（《丛书集成新编》本）卷3。②本

作于乾隆十一年（1746）。

铜 鼓 歌
马曰璐

　　铜鼓铜鼓来何方？声价欲较千牛昂。萧晨有客开凉堂，偶然得睹瞠目眙。疑盘疑钲疑釜铛，非秦非汉非夏商。其径不啻尺半强，细纹十道罗中央。云雷乳粟分微茫，凹腰叠耳苔花苍。生砂活翠堆两旁，摩挲尽日腾晶光。以杖试击音镗镗，蛮烟瘴雨凝棬腔。蛤鸣或自高州乡，不然进献由南康。客曰否否自獠藏，罗施鬼国斯惟臧。当年桂阳本要荒，武侯镇服军威扬。冶铜铸鼓施用良，百酋效顺安箐篁。惜哉汉运不复昌，中原囊括志未偿。出师未遂星堕芒，谁与虎视兼龙骧，械巧仅得留边疆。呜呼陵谷几沧桑，只有此鼓无兴亡。南天万里道路长，不径而走神扶将。秋穷气肃天苍凉，临风凭吊愁诗肠。

【作者简介】

马曰璐（约1701—1761年后），字佩兮，号半槎。马曰琯的胞弟。

【注释】

①录自马曰璐《南斋集》（《丛书集成新编》本）卷3。②作于乾隆十一年（1746）。

集璜川书屋观伏波铜鼓同企晋、吉人、策时、祖锡联句一百二十韵

鼓为企晋祖铨官广西利养州时所得

王昶

阳曦射高堂（德甫），宝气肆腾跃。古色侔尊彝（吉人），流芒动帘幙。熊熊诧云欹（策时），煜煜怪雷爔。岩昏饕餮蹲（企晋），月黑蜿蜒走。苍疑木鬖髿（德甫），黝类火爇樵。礌礌同形模（吉人），米黍协尺度。彭亨豕腹宽（策时），倔强豹股博。绿碎瓜皮皱（企晋），黄披楮叶皵。回文结雕尻（德甫），断迹豁龈腭。蝌蚪周四腔（策时），虾蟆欹三脚。列象天山均（企晋），分位雷风薄。腰如已甋圆（德甫），面比辰鉴廓。低陋絷马镈（吉人），窄哂栖凤铎。完质无瓜离（策时），韬光仍浑噩。审器知金镕（企晋），辨音异皮鞟。揎袖发铿钧（德甫），援枹恣磅礴。狞飙荡穿崖（策时），急瀑赴巨壑。轰天走之而（企晋），殷地骇不若。云垂林熊嗥（德甫），石裂谷虎愕。同铙镯钟镛（吉人），殊笙笆管籥。歌风想其铿（策时），肆雅征或咢。稽典心萦纡（企晋），辨物手扪摸。剡沙显晶莹（德甫），剔藓露璀错。流传东都时（吉人），采拾南夷略。瘴海波滔淫（策时），蛮陬山崒岸。贪吏失抚绥（企晋），犷俗善劫掠。伏莽逾狌狢（德甫），投林过猿玃。荒箐蒙幽邃（吉人），强弩逞矫矰。猺獞荟狐群（策时），鬓髻炽妖雪。赤伏方中兴（企晋），炎精又增灼。玺书集貔貅（德甫），羽檄翦鲸鳄。健妇空跳梁（吉人），老翁尚矍铄。下濑陈雄师（策时），伏波拜新爵。誓众发楼船（企晋），连屯趋浪泊。毒雾看堕鸢（琴德），盘涡讶浮蚴。险披荆榛丛（吉人），勇淬霜雪锷。营开阁戟明（策时），阵动珊弓拓。尘飞扬旗麾（企晋），血模糊刀斫。孽种揃雏将（德甫），屠夫窜诗索。弢弓震天纲（吉人），立柱表地络。雕题来粤人（策时），崩角受汉约。舁曳呈辕门（企晋），焜煌照铃阁。蟠猊紫绣蒙（德甫），翔鹭流苏绰。宾从争摩挲（吉人），徒御互踔

踊。上将思骅骝（策时），良工付毁烁。骏尾宛萧捎（企晋），骄蹄像逴
跞。金门献种种（德甫），玉墀罗各各。功应冠寇岑（吉人），威已殚越
骆。胡然谣逐兴（策时），几致汤沐削。讼冤谁慨慷（企晋），藁葬终寂
寞。奇勋贻至今（德甫），剩物抚犹昨。体非鲍氏攻（吉人），制想獠奴
作。都老夸多藏（策时），俚人笑群搏。芦笙迭参差（企晋），椰酒共斟
酌。雉翎竖丫叉（德甫），赢壳挂璎珞。六幅拖花裙（吉人），一緉腾草
屩。蹋臂凌长溪（策时），招手度危筰。破屋蔽榕阴（企晋），短墙络藤
格。绵李实翁丛（德甫），扁桃花妠嫋。赛社巫叮咛（吉人），留欢客酬
酢。箬裹堆生盐（策时），瓦盆贮干酪。罗列兼禽猩（企晋），熏炙到鼠
鼩。杂饮态壶罂（德甫），谰言笑唔哰。脱钗扣渊渊（吉人），踏歌行跕
跕。倾耳聆敲铿（策时），攘腕任挥绰。节促交铮鏦（企晋），声圆屏硠
硞。听隐隐辚辚（德甫），视索索矍矍。僻陋良足嗤（吉人），骈阗亦云
乐。谈论考始终（策时），收藏见矩镬。表座映尊罍（企晋），宿悬继馨
镈。置傍青玉案（德甫），袭用紫罽橐。旧玩供掀揄（吉人），新诗递咀
嚼。拂拭耽近好（策时），苍茫兴远托。今皇恢八纮（企晋），覃化遍六
漠。入侍纷梯航（德甫），献宝聚河洛。阴羽陈麒麟（吉人），火珠上鸠
鹊。边堠销朝烽（策时），严城断宵柝。方看重译朝（企晋），讵意小丑
恶。枭据前王庭（德甫），蚁聚左贤幕。舐舑蝮蛇张（吉人），鐕剌蜂虿
蠚。圣武赫斯怒（策时），帝命求其瘼。侧席思范韩（企晋），筑坛遣卫
霍。攻同吉日诹（德甫），挞伐凶门凿。神符甲乙占（吉人），士鲜癸庚
诺。虎帐夜椎牛（策时），龙沙晨表貉。杀气缠蚩尤（企晋），邪氛扫格
泽。三千驱水犀（德甫），百万溃风鹤。丧胆诸部降（吉人），系颈元凶
缚。惴惴就斧砧（策时），欣欣免鼎镬。铙曲传数章（企晋），戎衣欣一
著。洗兵鱼海阴（德甫），振旅狼居垩。罢六道挽输（吉人），安四郊耕
获。酬庸珪瓒璋（策时），荐庙臐膮臛。敷文舞羽干（企晋），视学奏萧
勺。灵鼍四簴悬（琴德），华鲸九乳擽。瘴彼百里惊，照兹万物郭。冠带
罔弗同（祖锡），赆琛讵烦却。我侪乐淳熙（吉人），是器足扬搉。翠葆
靡铜腥（策时），云花绝尘堁。神夔吼不闻（企晋），隐蛤彩尚敓。年深

建武存（琴德），代古真元㑅。纽断非渊沦，痕斑想泥凿。骠国逊轮困（祖锡），象州谢碌硌。砐硪压宝轮（吉人），硼硍撼绮槵。授受阅弓袠（策时），显晦等龙蠖。毡包武溪滨（祖锡），网罩璜川舲。高轩辱宠灵，健笔起衰弱。击钵喧雷鸣（企晋），续貂愧萤爝（余后至，故云）。狂挥貀鼦毫，渴把鸲鹩杓。子石磨白蕉（祖锡），哥窑插红萼。拥炉芋火煨（吉人），汲井茶枪瀹。秃巾头髇髻（策时），解带步跫躩。捃摭穷冥搜，摹画资众谑。擘笺侍史劳（祖锡），秉烛奚童俗。壁空风飕飀（德甫），帘冻冰洛泽。潜鳞蛰蛟虬（吉人），厉翮振雕鹗。角残乌咿呀（策时），漏尽鸡膈膊。矫首视长庚（企晋），荧荧烛虚霩（德甫）。

【作者简介】

此诗系集体创作，至于署名，王昶《春融堂集》署名王昶，而王昶《湖海诗传》卷18所录署名朱方蔼，吴泰来《砚山堂集》卷6则署名吴泰来。此诗起句及末句皆出于王昶，而诗中注记"余后至"，后来参加的则是凌祖锡，诗中有"余"，则系最后的整理者。

①王昶（1724—1806），字琴德、德甫，号述庵，又号兰泉。青浦（今属上海市）人。乾隆十九年（1754）进士，官至刑部右侍郎。著作宏富，传世之作甚多。著有《使楚从谭》《征缅纪闻》《春融堂诗文集》《春融堂杂记八种》。辑有《明词综》《国朝词综》《湖海诗传》《湖海文传》等。

②吴泰来（1730—1788），字企晋，号竹屿，长洲（今江苏苏州）人。其文学为一时所称道，与王昶、王鸣盛、钱大昕等称"吴中七子"。著有《净名轩集》《砚山堂集》传世。

③朱方蔼（生卒年不详），字吉人，号春桥，浙江桐乡人，朱彝尊族孙、沈德潜弟子，善诗歌，工画艺。有《红桥载酒集》《春桥诗选》《小长芦渔唱》等。

④张熙纯（1725—1767），字策时，一字少华，号敬亭，江苏上海（今上海）人。文学家，著有《华海堂集》《昙华阁词》传世。

⑤凌应曾（生卒年不详），字祖锡，号叔子，上海人。乾隆二十一年（1756）以选贡中举人，官贵池县教谕，加翰林院待诏衔。其所注释《唐诗观澜集》24卷，今存。

【注释】

①录自《春融堂集》（光绪十八年补修嘉庆十二年塾南书舍刊本）卷6。②璜川书屋系长洲著名藏书家吴铨的书斋，后传至其孙吴泰来。鼓为企晋祖铨官广西养利州时所得。5人于乾隆二十年（1755）某日雅集于璜川书屋，联句作此诗。③吴铨，字客斋，清休宁（今属安徽）人。康熙四十八年（1709）知全州，五十年任养利州知州（治所在今广西大新县），雍正中为吉安知府。归田后以藏书、读书自怡。藏秘籍甚富，多宋元善本。其书屋曰"璜川"。

铜鼓歌（并序）

杨垕

鼓在韶州署中，舅氏酒次论事，出以示垕，云"昔征泸所得"。盖武侯战鼓也。

浮云暗暗蔽白日，汉家陵阙生黄棘。丞相祠前树影高，泸河一望蛮烟黑。江边战骨半为土，蛮客年年祭铜鼓。蛮客祭鼓鼓有神，往往精灵致风雨。鼓声鼕鼕开瘴云，危岩下谷蛟鼍鸣。苔花牛血半红紫，古寨无人山鬼惊。龙旗如烟绕山路，白刃开边烧陇树。千年待得汉将来，依旧移向中原去。中原日月悬高天，哀尔神物终弃捐。九京不作祢衡死，渔阳绝调当谁传？当时汉家九鼎折，蜀山万里愁云白。天下奇才半死生，秋风指尽英雄发。大星西落子桓笑，铜鼓无声换陵庙。白帝城中啼夜猿，至今水绕瞿唐道。瞿唐之水千尺波，往者不尽来者多。我今为作铜鼓歌，铜鼓铜鼓奈尔何!

【作者简介】

杨垕（1735—1766），字子载，号耻夫，原为四川天全州人，祖父与父亲世袭天全宣慰使，雍正朝改土归流，迁南昌县，遂为南昌人。乾隆十八年（1753）拔贡生。《清史稿》卷485《文苑列传》之蒋士铨传附：蒋士铨"少时与武宁汪轫、南昌杨垕为昆弟交，出入必偕，财物与共。轫，字鱼亭，优贡生。垕，字子载，举人，本天全六番招讨宣慰使孙，雍正初，改土归流，安置江西，遂为南昌人。"蒋士铨《忠雅堂诗集·喻义斋少作稿》有《怀杨子载（垕）》诗，其二称杨垕"不解求延誉，诗传铜鼓声。才人能失意，京国竟知名。"杨垕诗中涉及其家族先人的事迹，见下条注释。

【注释】

①录自《耻夫诗钞》（《丛书集成续编》本）卷下。②舅氏：杨垕的舅父，姓侯，字玉书。杨垕有《抵韶州三首》，序记："时舅氏侯公玉书任韶州游击"；又有《贺舅氏迁官甘州》，诗注"时垕辞归，舅亦西去。"

和杨子载《铜鼓歌》即书其先人《招讨公家传》后

张九钺

天全招讨之从孙，酒酣击剑章江门。手持先传歌铜鼓，歌声尽裂牛斗昏。西垆兹鼓二千载，韶阳中徙绝不闻。蚕丛茫茫不可望，使君回首伤心魂。武侯昔征越巂过天全，碉楼百里铜鼓连，番栖为桴鬼，衅血郁以平，羌之水，声渊渊。大者无当如钟欹，蹄犍䗪易千牛疲。三十六乳相错缀，黄白下覆云离离。次者亦可牛八百，黄金缺灭包爪皮。耳环猊趺植绣杖，花蛤对戏双人骑。又有一鼓如坐墩，文团八卦兽啮枝。古来深意存制作，厌獠传徼远束缚。地中将军鸣一声，九溪六诏皆礼乐。前明之季言官雄，庙堂伐鼓相詈攻。封疆事坏苞桢出，前有应龙后献忠，是时招讨痛一哭，椎牛祭鼓惊南蒙。成都朱生阆州郑，各拊一鼓争突冲。四十八男黄头毛，综冈短刃衂贼胸。手提其头掷贼手，贼不敢受还骇走。夫人亦骑宝马出，怒摇錞于发天吼，大呼陷阵黄虎喉，孕堕马折立骂狗。楼船无援汉旗靡，骨作青衣江中水，鼓破国亡家亦失，蛮袍破碎卧荆杞。呜乎！铜鼓何年亦飘零，猺风蜒雨悲冥冥。曾闻移洞虎夜攫，此鼓宁独无精灵。祁山渭水一腔血，地老天荒各萧瑟。鲸鼍不复返故墟，土花岁岁指西碧。南海神人扪赤镶，魋结彝官罢吹篥。何须庾信赋江南，空学客儿述祖德。忠臣有后古如此，子其放眼歌且止，西垆落日洪都紫，鼓兮哀乐交相倚。当縶羌王之颈致麾幢，或革谕蜀之文走边鄙。使此鼓光星斗熊熊起，捧卷作歌望吾子。

【作者简介】

张九钺（1721—1803），字度西，号紫岘、陶园，世称"陶园诗老"。湖南湘潭人。乾隆二十七年（1762）举人，历任江西南丰、峡江、南昌，广东始兴、保昌、海阳等知县。后归里，主昭潭书院。

【注释】

①录自张九钺《紫岘山人诗集》（《续修四库全书》本）卷4《豫章初集》。②此诗作于乾隆十一年（1746）。③其先人：杨垔家族先人的事迹。可参考蒋士铨《忠雅堂诗集·喻义斋少作稿》中的《赠杨丈铎仲》《天全宣慰使歌为杨公翙清赋》。杨自唐，四川天全人，字翙清，世为碉门土司，明代为天全六番招讨宣尉使。入清，诏许自唐袭职。雍正初（1723）改土归流，家族安置于江西南昌。杨自唐卒于迁徙途中。二子：大业、振业。大业，善诗文；振业，字铎仲，以征泸功，任都司。今江西有许多天全土司杨氏的后人。④"从孙"，疑有误。杨垔是"天全招讨"长子杨大业的儿子。

骆越铜鼓

张九钺

鼓在南海庙中，汉伏波将军铸以镇蛮者，号"骆越鼓"。有二，皆唐节度使郑絪得之蛮中，以献神。其雌者飞入海中，今一鼓稍杀十之四。乃浔州太守从潮中获之以献者。

一鼓蠹菌苍龙皮，天精郁怒蟾蜍骑，波纹交织云离离。一鼓八卦隐螭起，土花蛙蚀翠不死，摩挲欲滴化香水。吾闻伏波将军制此骆越鼓，星辰焱焱光怪吐千牛。八百都老皆气沮，夜深往往致雷雨。侬智高，不得藏。曾一本，不敢攫。高山嵯峨海磅礴，长虹缠乳鼍啮索。谁移踞此殿之脚，海王手打二千年。雌者飞去雄铿然，天吴渊客走不眠。径扣浔州赤镶出，置之殿右交新鲜，施以扭锁络连钱。上有珠函宝册之灿烂，下有坤维地轴之钩联。海王开宴衔火鸦，宝灯摇摇荔子花。长风一扫万壑白，满堂肃听金钗挝。鼓初鸣兮扶胥口，大虎腾骧小虎走。鼓再震兮狮子洋，马人番长仆且僵。日南拂菻皆宫商，文鲸应潮海水翔。海水翔，鼓未息，请神将此鼓，为我天子悬西域。不用椎牛衅血快一击，尽扫金川雪岭归边册。鼓兮，远扬皇威亿载无终极。

【注释】

①录自《紫岘山人诗集》（《续修四库全书》本）卷12《羊城访古诗》。②作于乾隆三十六年（1771）。

南海神庙铜鼓歌

吴寿祺

波罗庙中二铜鼓，东西室悬形模奇。一鼓面身各五尺，边四小锁索贯垂。中脐隐起似月满，外圜微缺同蟾亏（铜鼓大者边微毁）。一鼓形杀五之一，色与前鼓争陆离。班班点点鹇鸹绿，蜿蜓迹凸蝌斗蚑。二月南海王生日，大巫小巫援枹槌。一击龙宫蛟螭伏，再击雷府风霆随鏦锵。鞺鞳两相应，光怪可壮神之仪。冒无冬至死马革，响胜东海生鼍皮。大者传是伏波瘗，小者传是铜滩移（浔州有铜鼓滩）。千年以上不可迹，是耶非耶存其辞。若云伏波铜马铸所剩，今无铜马更何有于铜鼓为？若云铜鼓滩中虾蟆响，金蟆盗去何以其声宏亮长如斯？是知二说未足信。款识无有谁能窥？或者造自冬官鞞人手，不则还问广州锤公师。□□□□□□，□□□□□□□。我来谛观不忍去，爱同罗浮石鼓两手摩挲之。

【作者简介】

吴寿祺（生卒年不详），浙江仁和人，乾隆十七年（1752）举人。同乡原河南按察使沈廷芳至广州主讲粤秀书院，从之。沈修《广州府志》，吴任分纂官。

【注释】

①录自沈廷芳《广州府志》卷50（清乾隆二十四年刻本）。②原缺14个字。

诸葛武侯铜鼓歌（同厉孝廉鹗作）

张四科

精铜巧铸尺半高，腹剀面夷腰微凹。云雷百匝花纹交，非铎非镯非钲铙。是曰铜鼓出溪峒，伐之铿鍧如鸣鼜。形完毋烦鞞人鞔，声巨讵必桐鱼敲。汉家丞相平不毛，天人擒纵一手操。当时作此厌丑虏，或云入贡从犷猺。丞相宿谙五胜法，要使金伏炎精熇。应留此物镇南土，与铜柱并铭勋劳。可惜形制失载记，遂尔千载传闻淆。吾闻伏波将军作马式，骆越旧器皆镕销。又闻赫连所铸围一丈，以配大夏龙雀刀。存亡无据尘劫消，较此奚止争厘毫。况复黔山苍苍濑滔滔，往往名以铜鼓标，定为忠武所遗信不饶。五溪蛮夷最重此，得之能易千蹄牢。纳鼓钗长獠女叩，醉舞胡旋歌哇咬。芦笙合奏峒神乐，用祈丰岁齐肥硗。百年以来蛮运绝，流转还上越客舠。买归高斋佐清玩，悬以画簾贯以絛。手持双杖不敢下，安得拊击同陶匏，免使古物竟受雷门嘲。

【作者简介】

张四科（生卒年不详），字嘉士，号渔川。陕西临潼人，寓居江都（今扬州）。曾官候补员外郎，有《响山词》《宝闲堂集》。

【注释】

①录自《宝闲堂集》（《四库全书禁毁书丛刊》本）卷1。《清代诗文集汇编》第331册亦载。②作于乾隆十七年（1752）。③厉孝廉：即厉鹗。厉鹗有《张渔川春草堂雅集同赋盆梅》诗，未见其铜鼓诗。

白马庙铜鼓（旧说诸葛武侯征蛮制用）

王显绪

易地重看意觉欣，革名金质武侯军。错参钟鼎峰峦色，断续尊彝鸟兽纹。漫说监书垂柱石，还从刁斗想风云。指弹回忆韶童日，酷爱摩挲到夕曛。

【作者简介】

王显绪（1717—?），字维彰，号芝岩，又号闰轩，山东福山县人。乾隆元年（1736）进士，乾隆十六年十月为贵州乡试副考官，二十七年任云南广南府知府。官至安徽布政使（护理巡抚）。著有存诗《莲城集》《燕山小草》各1卷（合编为《王布政集》），有《王显绪奏稿》传世。

【注释】

①录自《王布政集·莲城集》卷2（《清代诗文集汇编》本）。②本诗作于乾隆二十八年（1763）。

诸葛铜鼓歌

宗圣垣

青铜渍血蚀肥土，团花斑驳绿垂乳。两旁提耳击有声，传是诸葛征蛮鼓。当时铸合木火功，母土子水配乾午。龟蛇夔虎森侈张，千里辊霆促行部。渡泸五月草未春，铁环藤甲排嶙峋。蛮人不识金作革，四山响应如有神。鱼丽阵压沙龙塞，烈风夜助焱炎队。降旗一片出乌罗，百峒鬖髿鼓前拜。十姓五姓甘鞭驰，僰人笮马随披离。郁律为开北征路，殷辚却领南方夷。中原洪吼恣鏖战，隆隆叠震祁山面。街亭一夕折黄龙，从此轰雷杂云变。金商转肃摇玉垒，平沙万幕寂如水。大将星移五丈原，寒日昏冥鼓声死。铜精入地霜草枯，紫泥三尺融锟铻。定军山前山月白，忠气未散犹援枹。由来此鼓英灵聚，绝异钟镛备乐府。历劫不坏垂千年，好事图形入博古。莫作人间玩好看，中有愁魂泣阴雨。

【作者简介】

宗圣垣（1736—1815），字芥藩，号芥帆，浙江会稽人。乾隆三十九年（1774）举人，曾任文昌（今海南省）知县，历任广、惠、潮、雷、琼五郡同知，权罗定、德庆等州，皆在广东。

【注释】

①录自《九曲山房诗钞》（《清代诗文集汇编》本）卷1。②约作于乾隆二十八年癸未（1763）。②《九曲山房诗钞·偶然吟》："垂杨影里打铜鼓，绿烟遮断跨湖桥。"

诸葛铜鼓歌

闵 华

铜鼓斑斓发奇绚，细碎雷文圈一面。物肖蟾蜍蹲四角，花似葡萄垂两瓣。传闻是器始骆越，伏波曾镕式名骥。胡为系以诸葛名，想见南征麾羽扇。种人服化不复反，仿制将毋从俗便。其俗峒户各君长，跳踯空岛伏深箐（岛字音凫，见范成大《桂海虞衡志》）。以之功用颇不一，攻斗炊烹兼祭荐。有时合乐走徭獠，吹叶葫芦声一片。緂衣戏面鸱尾刀，鼻饮陶杯杂酋眷。媚娘绣颊珥双环，花练郎当扣钗遍。群蛮得此便称豪，遗事尤详刘显传（明《刘显传》附载诸葛铜鼓事）。可知一物感人多，不在区区苦争战。

【作者简介】

闵华（1697—1755），字玉井，号廉风，一号莲峰，江苏江都人。与厉鹗、汪士慎、马曰璐等名士有交谊。

【注释】

①录自《澄秋阁二集》（《四库未收书辑刊》本）卷1。②种人：或作"仲人""狆人""狆家"，系中国西南地区布依族（包括云南省境内壮族）的旧称。明代田汝成《炎徼纪闻》卷4：狆家"俗尚铜鼓，中空无底，时时击以为娱。土人或掘地得鼓，即祷张言诸葛武侯所藏者，富家争购，即百牛不惜也"。

铜鼓滩行

吴志绾

浔阳烟雨春江发，冲涌滩头势勃窣。舟人云此名铜鼓，击棹掀柂间毫发。昔侯伏波征交趾，铸两鼓分警西粤。博局其面坐墩形，束腰虚腹蟾纽凸。军门一震蛮夷服，物换星移已灭没。讵拟神灵早呵护，蠵壳绿沉苔藓滑。忽然风浪涨江中，电闪雷轰双飞越。献之庙堂彰瑞应，到今波若钲人伐。我闻此语动咨嗟，声教远敷压月蜡。猺獞喁化狼烟静，桴鼓不鸣无猖獗。久安保泰徼无虞，荒徼寳琛贡魏阙。

【作者简介】

吴志绾（1719—？），字懋紫，号枢亭，福建连江县人，清乾隆十三年（1748）进士，二十七年知桂平县，三十三年（1768）与教谕黄国显等修成《桂平县资治图志》4卷。

【注释】

①本诗录自《桂平县资治图志》卷4。

粤鼓歌（并序）

李锴

广州波罗江上南海神庙有铜鼓二，大者面五尺，脐隐起，高州林霭得之峒户，以献节度使郑絪。絪置诸庙。小者杀大者五之一，从浔州滩涌出者。每岁二月上壬，土人击以乐神。民有疾祷于庙，亦击之。三川百粤亦皆有鼓。相传鼓初成时悬于庭，宰牲置酒，子女繁会，出金银钗扣之，纳诸主者，目曰都老。有仇怨相攻，则鸣鼓集众。蜀鼓直牛千，苗民得之，雄视一方。蛮俗如此而制铜为鼓，则莫知其所由来。考之《南齐书》，广汉什邡人段祚以錞于献始兴王鉴，高三尺六寸六分，围三尺四寸。圆如筩，色黑如漆，甚薄，上有铜马，以绳系马，去地尺余，灌之以水，又以器盛水于下，以芒当心跪注，錞于以手振芒，则其声如雷。今鼓制与錞于等而来自粤。盖蛮仿錞于为之。或以为伏波平交，诸葛渡泸皆制鼓，是殆不然。伏波毁鼓为马，非铸鼓也。

群蛮蠢蠢天不遗，跂行喙息南交垂。动物有生即有受，蜂虿顺性皆良知。古之王者大无外，有汉始拓西南夷。夷德反复服叛数，用牛马视唯羁縻。五溪毒淫骆越悍，新息虎节尝行师。雷霆震惊百蛮奢，爰得铜鼓声天威。范之为马马龙立，余鼓千载犹灵奇。继其事者丞相亮，德音荡涤宣泸微。荒陬穷徼靡不振，夔三千里安足多（《黄帝内传》：帝伐蚩尤，玄女为帝制夔牛鼓，一震五百里，连震三千里）。王诛罢物不尽物，二轨实与天同规。迄今蛮种遂孳育，远物若鼓时凭之。深腔洞底面纸薄，四兽蹲伏如盘螭。海鱼天马重隐起，宝网细界金蚕丝。斑淹丹碧古色湛，玄冰疑结灵鼍皮。吾闻土蚀金则哑，试一弹指轰惊雷。夫谁呵护乃至此，无乃魍魉无支祁。呜呼！鼓兮鼓兮，汝在兹摩挲，我则有所思。

【作者简介】

李锴（1686—1755），字眉山，一字铁君，号蝶巢，又号鹰青，自署襄平（今辽宁辽阳）人。家世贵盛，一门高官。锴妻子筑室盘山鹰青峰下，潜心经史，耽于吟咏，罕入城市。

【注释】

①录自李锴《含中集》（《丛书集成续编》本）卷5。②原题《三器歌》下之《粤鼓》，今拟新题。

粤鼓歌

陈景元

广州波罗江上南海神庙有铜鼓二。大者面五尺，小者杀大者五之一。每岁二月上壬，土人击以乐神。民有疾，祷于庙，亦击之。三川百粤亦皆有鼓。相传，鼓初成时悬于庭，宰牲置酒，子女繁会，出金银钗叩之。纳主者目曰都老。仇怨相攻击，则鸣鼓集众。蜀鼓直牛千，苗民得之，雄视一方，蛮俗如此。此鼓高三尺六寸六分，围三尺四寸，圆如筒，黑如漆，声如雷。考《南齐书》，汉时物也。

　　天有代运物有时，昔人制器今置之。晋世而还圭币罢，越人不睹冠裳仪。蠢尔苗蛮铸铜鼓，镂身刻骨相效奇。边傍凸处锦纹烂，卧蚕细藻环蛟螭。回互纵横不可理，翠镂金丝光陆离。面有四兽蹲四陲，如鱼若马争躨跜。高下三尺六寸奇，周匝而测亦等齐。悬诸笋虡有时击，震雷激越飞金椎。子规声裂败叶走，猿猱窜伏枯藤垂。粤僮蜀苗得此物，熊踞虎视西南夷。有汉以来王泽远，九溪八蛮归中逵。昔日千年不易得，今者但为儿女嬉。斑烂古色空自知，易时易地无所为。

【作者简介】

　　陈景元（生卒年不详），字石间，汉军镶红旗人。以诗著名，与戴亨、长海合称"辽东三老"。著有《石间诗集》1卷（原附录于李锴《睫巢集》之后）。

【注释】

①录自铁保《熙朝雅颂集》第1095页（辽宁大学出版社，1992年版）。②此诗系《和李眉山三汉器歌》之一，原题"粤鼓"，今题新拟。③李眉山，即李锴。

诸葛铜鼓歌

顾光旭

　　尺有七寸铜鼓圆，束腰空腹四耳穿，状四水兽走四边。丞相出师破蛮烟，楢木为杵声渊渊。声渊渊，击铜鼓。铜鼓鸣，蛮酋怒。朝闻铜鼓黑水南，暮闻铜鼓五溪浒。人间岂有真天神，鼓声动地不知所，遂至滇池入其阻。诸蛮听鼓苦复苦，苦复苦，丞相武攻尔蛮心。复蛮土，俘尔蛮酋释蛮房。吾陈吾师整吾旅，整吾旅，挂铜鼓。铜鼓鸣，蛮酋舞，朝椎牛，夜烹羖。南人誓不反，铜鼓悬终古。幽岩绝壑处处鸣，掣电奔雷走风雨。不知铜鼓复几许？至今往往出深山，一鼓犹能靖百蛮。

【作者简介】

顾光旭（1731—1797），字华阳，号晴沙，别号华阳山人，江苏无锡人。乾隆十七年（1752）进士。曾任谏官，后出为宁夏（今银川）知府、四川按察使、甘肃甘凉道。晚年教席道南书院。

【注释】

①录自顾光旭《响泉集》卷4（《续修四库全书》本）。②此诗于乾隆二十五年（1760）在北京作。③《响泉集》中其他铜鼓诗句：《相岭行》"黄昏山鬼泣金沙，白日蛮丁震铜鼓。铜鼓四震金沙鸣，岭色照耀回橚枪。"《清明日瓦寺道中》"边人上墓击铜鼓，蛮女负薪闻暮筇。"

铜　鼓

商　盘

伏波征蛮立蛮府，大冶镕金成战鼓。烟销雨蚀几千年，神物凄凉落荒土。当时制器厥义昭，一击填然振军旅。我探遗迹到丛祠，日暮阴房窜苍鼠。不及岐阳十鼓存，登诸国学陈廊庑。无象无声返太初，此意深微我独取。圣朝威德被遐方，大地河山归玉斧。犹闻鼓鼙思将帅，屡见苗猺格干羽。铜鼓还随彝鼎藏，对此摩挲好怀古。

【作者简介】

商盘（1701—1767），字苍雨，号宝意，会稽（今浙江绍兴）人。雍正八年（1730）进士，以知县用，奉旨改翰林院庶吉士，授编修，充八旗馆、国史馆纂修。后以养亲乞外补。乾隆二十年（1755）春知郁林州、十二月知太平府、二十一年秋知庆远府、二十五年知镇安府。有《质园诗集》传世，集中有两篇专咏铜鼓，另有涉及铜鼓诗句，如卷27《壶关》："石尊滑腻多柔态，铜鼓和平得雅音。"《贡亭》："玉环自昔携玄圃，铜鼓于今叩宝钗。"

【注释】

①录自《质园诗集》（《清代诗文集汇编》本）卷27。此诗系《古迹四咏》之四。②商盘在广西所得铜鼓，后归连氏枕湖楼收藏（见后沈宝森《铜鼓歌》）。

铜 鼓 歌
商 盘

灵鼍瑟缩潜海中，洪炉夜煅庄山铜。鞞人改造钲人伐，鷟鷟作气成战功。浓云如墨覆炎土，耕夫掘地得铜鼓。其高一尺圆五围，四耳在旁身有乳。南方负固昔未平，文渊武乡劳远征。自汉流传非近代，填然一震诸蛮惊。岭表喁喁都向化，多年横海楼船罢。此鼓深藏久不鸣，猺猺考击因婚嫁。壶关前岁歌铜柱，定州铜船亦曾赋。二物何尝亲见之，异哉此鼓无心遇。手摩朱绿云雷纹，密须答腊安足云。听音按节思将帅，柔远宁边休出军。

【注释】

①录自《质园诗集》（《清代诗文集汇编》本）卷32。②壶关：在广西太平府（今崇左市）。太平府因左江三面环绕，有"壶城"之称。

商太守盘见惠铜鼓赋谢二十韵

汪启淑

镇安太守归于越,息影读礼稽山阿。夤钦大雅邂逅值,祇谒不拒抠衣过。接谈该博恣淘渚,尔教述作悬江河。赠我铜鼓百朋锡,不嫌拿陋俾作歌。心忙笔弱迟报答,陈庭一日三摩挲。曾闻是物著诸葛,原始乃知由伏波。想当随刊征徼则,骆越郡县弭淆吪。跕鸢堕水冒毒热,功成铜柱标巍峨。南荒草木易朽腐,制鼓镕冶精铜磨。书缠佶曲俨云篆,钉排圆晕环星娥。茶褐朱翠色样揭,规合划度平不颇。猺獞獠猺繁种类,猫獟生熟联夷倭。行军宴会须撞击,系以彩索双肩驼。愤持奋跳醉屡舞,镗鎝声应灵江鼍。花鬘女饰男卉服,赴远糒糗同行锅。一器留遗阅千载,土花剥蚀光华多。际今盛治讫无外,攸同万国休干戈。鲸鲵伛僾貗虎伏,百灵职贡遵程科。此鼓聊比郁林石,携归搜讨资吟哦。何当拜惠试考扣,音协击攘赓翔和。

【作者简介】

汪启淑(1728—1799),字慎义,号秀峰、切庵、悔堂、秀峰山人、退斋居士,安徽歙县人,乾隆时以捐资入仕,任职郎中。著有《切庵诗存》《初庵集古印存》《飞鸿堂印谱》《飞鸿堂印人传》等。

【注释】

①录自《国朝诗正声集》卷1。有所校订。②商太守盘:即商盘。

铜鼓歌(题曲阜颜氏拓本)

翁方纲

桂君昔拓颜氏鼓,宋生今示秋谷诗。秋谷诗盖观鼓作,我赋拓本嗟已迟。手量面径一尺四，珊纹十匝缭绕之。雷回络索乳交晕，庚庚细理砂画锥。一十二辰作阳识，俨如汉监神卫施。或云伏波或诸葛，前后皆说东京遗。传闻伏波定交趾，骆越声震西南夷。厥初盖以铜易革，调和燥湿均参差。缀以鼍形面八角，逮乎诸葛西蜀为。渡泸而后制滋广，三川百粤沿其规。诸獠诸峒以次铸，度以大小随高卑。张庭置酒集子女，金钗扣应都老期。宫商呼吸和子母，丹黄药淬分雄雌。含风吟啸出蜗篆，午阴风雨来渺弥。昔我十登南海庙，殿庭緷索东西垂。东者最大西次小，郑纲献自春州驰。铜鼓滩边出者一，鹧鸪斑象羲爻蛇。声闻江口二十里，扶胥黄木天风吹。仲春之祀侑神乐，百灵秘怪环委随。壶芦笙与竹笛和，节歌冼庙东坡词。高凉神祠亦有此，溪水夜半云雷离。竹垞朱老昔缩图，四金六鼓辨礼仪。往还经过屡稽考，手扪星宿森离彝。文曰伏波将军铸，马援时字焉得窥。又闻渔洋有手记，相传款识如鼎皮。假如腹镌果堪拓，吾定凹凸穷毫厘。踟蹰廊下每忘去，何暇细绘虾蟆莅。异哉渔洋竟沿误，暑月累我汗濯漓。以冠粤东金石籍，视此奚啻千倍欺。徒然寸尺志面腹，并未摹拓来装治。十夫指视无一字，图经好事乃我奇。两汉之文考所释，洪娄欧赵皆吾师。十年箧中审古器，磊磊大小千百厎。乐圃此鼓获何岁，想近孔壁锵金丝。独无鼓铭著于录，曲阜尺但摹虑疑。我题欲作科斗篆，配尔古绿苔花奇。诸老同时定详说，鲁薛弟子辞何时。空窗月堕大圆镜，波文海藻穿涟漪。茫然发我南岭梦，海潮声定推篷攀追。作诗以寄颜与桂，那敢秋谷相

【作者简介】

　　翁方纲（1733—1818），字正三，一字忠叙，号覃溪，晚号苏斋。顺天大兴（今属北京市）人。乾隆十七年（1752）进士，官至内阁大学士。著有《两汉石记》《粤东金石略》《汉石经残字考》《石州诗话》《复初斋诗集》《复初斋文集》等。乾隆二十九年（1764）七月提督广东学政，三十六年（1771）十一月离任。期间到合浦、钦州，赏识学生冯敏昌。《复初斋诗集》卷4《铜马篇示冯生》："我来岭西访铜柱，怀古一赋铜马篇。

摩挲铜鼓况已屡,有若手量铜马然。忆昔伏波下交趾,骆越鼓正鸣阗阗。"

【注释】

①录自《复初斋诗集》(《续修四库全书》本)卷28。②桂君:桂馥,字未谷(详后简介)。③秋谷诗:即赵执信的《铜鼓歌》。④前注释赵执信的《铜鼓歌》,引阮元记述:"乾隆丁未,曲阜桂未谷(馥)从颜运生(崇槼)家录出。"据此推知,翁方纲作此诗当系在乾隆五十二年(1787)。⑤阮元《小沧浪笔谈》卷2:"赵秋谷与冯大木以同赋铜鼓诗得名,今集中皆不载。《饴山文集》云:'此诗因经阮翁所赏,故反弃之。'桂未谷从颜运生家录得原稿,盖秋谷手书贻颜考功(光敏)者。余别为之说,并录其诗于《广陵诗事》中。近见翁学士《题秋谷诗后》,兼主伏波、诸葛,可谓善圆其说。"

铜 鼓 歌

李维寅

著雍涒滩月过午,我官宣化获铜鼓。村人百指舁升堂,宝气腾腾笼一府。为言耕耨万山中,夜半风霆啸荒圃。一锄忽落一蛙跳,蛙鳖飞空锄缺腐。坤维震荡云根颓,万线霞光出深土。神物乍见惊牛羊,公裘同献陈樽俎。传观愧比厓还珠,欲扪先愁指画肚。虚中刓下微束腰,径二尺强高尺许。规平镜面突麝脐,十二蟾蛛余六五。水沙剥蚀体渐轻,乾坤陶铸年几所。血斑历落捘蜥蜴,翠薛㷀斓碎鹦鹉。上文云云下雷回,雕刻龙蛇杂亚斧。羌无篆籀识岁月,谁凭色相辨今古。我闻苗民守重器,犵鸟獞花都老主。婚丧盟会置酒羊,庭前敲折金钗股。流传礼器讹兵器,纪代标名无乃鲁。大曰伏波小诸葛,凿空何异周庭瞽。伏波马式传骆越,不闻铸鼓配铜柱。诸葛行军未到粤,败鼓宁遗鱼腹浦。纷纷记载辞无根,灵鼍一吼喑不语。昔日金公抚西粤,曾向节楼树崇虡。三过孰晓镯铙节。五声无当滕薛谱。莫教师旅率征人，差堪琴瑟迓田祖。弗鼓弗考我心戒，大鸣小鸣劲气沮。笑谢村农宝什袭。醉咏诗歌狂搏拊。韩潮苏海不可作，伐鼓渊渊人起舞。

【作者简介】

李维寅（生卒年不详），字春旭，号钦伯，直隶大兴（今属北京市大兴区）人。乾隆三十九年（1774）举人，五十一年任宣化县知县。历官龙州同知。有《廉余诗集》。

【注释】

①录自《国朝畿辅诗传》卷46。②作于著雍涒滩年，戊申年，此为乾隆五十三年（1788）。

铜鼓（前平安南时所得，俗呼"伏波鼓"。大人有诗辨之）

李云章

公昔受降宅南交，铜鼓掘出迁龙桥。悬庭十年未敢击，援枹千里西征苗。红水江头血战苦，瘴烟压鼓瘴不骄。铜鼓一声众声应，士气坌涌如风涛。晴雷下天逐荧惑，山谷响震乾坤摇。贼兵胆落掩耳窜，万马立听蛮鼍号。公时抚民独留后，从容军令新旌旄。帐前挝鼓飨牛酒，降酋聋聩犹惊逃。归来欢声竞箛角，宴客雅奏排金铙。摩挲众手叹奇物，面径五尺三尺高。古灰沁骨绣丹碧，麝脐丑凸蟾蜍跳。疑篆疑籀不可读，蛇龙纠结纹周遭。俗书误称伏波制，枝辞无据公所嘲。得骆越鼓铸铜马，岂闻范铜比薋蘩。蛮夷作乐供祭赛，金银大钗都老操。有时鸣鼓聚谋乱，今日戡乱归贤豪。郁林佛刹伴龙象，桂林节廨陪蝉貂。无用之宝等废弃，雄音咽塞何人敲。此鼓虽微得所用，千年古器宁镕销。我欲提携献军府，笼铜不数金花腰。一鼓秦关扫余孽，再鼓荆楚清氛妖。功成挚致太常部，两阶干羽赓箫韶。

【作者简介】

李云章（生卒年不详），字子文，号寿君，大兴人，维寅子。嘉庆二十三年（1818）举人，任抚宁县教谕，有《咫闻斋诗集》。乾隆年间随父亲在广西生活，有《马退山歌》《留别南宁诸友》《李少鹤丈自军营病剧北归诗以送之》等诗（见《畿辅诗传》）。

【注释】

①录自《国朝畿辅诗传》卷57。②此诗作于李维寅离开西隆州之后。《陌刀》诗前有记："大人自西隆归，有宝刀、骏马、旧铜鼓，命云章各赋以诗。"

铜 鼓 歌

吴寿昌

黔阳行省两铜鼓（藩库所贮），暇日请观手摩抈。旁高四寸面参倍，人代流传闻时古。惨绿黝然斑点砂，视南海庙形无差。擎置空床试十棒，隆隆响作雷公车。千秋遗器凭人说，或夸新息或诸葛。壶头尚隔且兰城，当在丞相渡泸炎汉末。蛮人宝此逾琳璆，一鼓不惜牛百头。箐林峒户购剥蚀，雄踞彼方称巨酋。彼方挏法真殊众，长截圆筒内空洞，取筒侧鼓以背承，五里十里宏音送（挏法：一人以手侧鼓，一人用寻丈长竹，空其中，近承鼓背，俾声从筒递出。其闻甚远）。去年我在古州山寨过，黑苗连缀如蜂窝，忽闻前村鸣鼓最高处，顷刻楼下奔走肩相摩。古云兵闻鼓进金则止，不革而铜竟何理？錞釪铙镯制莫符，博物纷纷徒意揣。君不见九译荡平罗鬼除，鼓鼙不动人安居。尽收六诏官铜入圜府，铸作子母青蚨流通泉布如。

【作者简介】

吴寿昌（生卒年不详），字泰交，号蓉塘。山阴（今浙江绍兴）人。乾隆三十年（1765），南巡召试浙江诸生钦取一等4人，其中有吴寿昌。后来吴寿昌任文渊阁校理翰林院侍讲，参与《四库全书》的修纂。四十八年五月获任命为广西乡试正考官，五十一年九月获任命为贵州学政。其后退休回乡。有《虚白斋存稿》传世。

【注释】

①录自《虚白斋存稿》（乾隆五十五年刊本）之《细吟集》下卷。
②据首句，本诗当于乾隆五十三年（1788）作于贵州。

铜 鼓 歌

邹炳泰

蛮风卷林蛮水恶，竹箐丛中鼓声迮。非鞞非钲振溪谷，颓云夜堕铜山却。相传铜鼓大如墩，厥制由来出骆越。建武中兴震神武，麓泠女子扰夷络。伏波将军老边事，跕跕飞鸢下浪泊。中宵战鼓间道来，此鼓吞声笑檐铎。居风破贼峤南平，九真合浦风摧蘀。销成林邑两铜柱，古物缘何散岩壑。径深三尺面如镜，腰缩旁围纷带索。下空口弇声訇吰，戏沙翡翠华文错。空庭一拊健儿走，蟾蜍四角还惊跃。当时獠俗推都老，一鼓坐致千牛博。午风堂中无长物，金错留余分各各。移向帘前听雨声，无射清商更飞霍。抚器时时重怀古，想见是翁真矍铄。铜马何如款段马，骨相无缘逢伯乐。鼓鼙弗复思将帅，惜哉薏苡甘清约。蛮人犹说马将军，年年赛社闻声愕。

【作者简介】

邹炳泰（？—1820），字仲文，号晓屏，江南无锡人。清乾隆三十七年（1772）进士，选庶吉士，授编修，纂修《四库全书》，迁国子监司业。嘉庆年间历任左都御史、兵部尚书、吏部尚书、户部尚书、协办大学士等职。撰有《午风堂丛谈》《午风堂集》。

【注释】

①录自《午风堂集》（《续修四库全书》本）卷3。②《午风堂丛谈》卷8："南海神庙骆越铜鼓形制古朴，作水波连钱之形。周遭有蟾蜍八，潮至自鸣，后划去，不复鸣。余得骆越铜鼓，形制并同，而蟾蜍仅六，古色，极可宝。"

铜鼓诗（为座主邹晓屏先生赋）

吴文照

有鼓镕以铜，厥制始骆越。高或及坐墩，围不逾咫尺。面砮平如镜，底洼深如穴。繁花纹四绕，一脐圆中凸。周环蟾蜍六，昂首坐兀兀。八音各有属，此非土非革。伊昔铸鼓成，大会召群客。乳羊古辣酒，次第登绮席。蛮奴集纷还，花面杂椎髻。叩以黄金钗，声声户外彻。是曰都老家，同类不敢亵。将军天上来，十万貔貅发。楼船驾长风，狸獠尽丧魄。朝倾朱鸢巢，暮入金溪窟。弧矢扬天威，贪狼灭其迹。搜罗逮兹鼓，捆载随归舶。铜柱铸不尽，零星沦边场。阅世百千年，名以伏波易。

吾师大雅宗，嗜古夙成癖。汉玺与秦铜，一一精考核。是鼓来何自，摩挲手不释。书斋清昼永，绿云度帘额。消夏客方至，风生谈笑剧。一击行云停，再击流水咽。响夺雷门布，珍埒岐阳石。是物洵足宝，而我更有说。昔闻诸葛君，南征树高伐。五月渡泸江，军钲振林樾。遗器在人间，往往土中掘。轻重及大小，与此果何别。惜哉造鼓时，款识无年月。是援定是亮，还俟先生决。

【作者简介】

吴文照（1758—1827），原名煐，字香竺，号槊堂，一作聚堂，浙江石门（今桐乡）人。乾隆五十三年（1788）举人，官至惠州同知。有《在山草堂集》《在山草堂诗稿》传世。

【注释】

①录自《在山草堂诗稿》卷2（《清代诗文集汇编》本）。②本诗作于乾隆五十四年（1789）。③邹晓屏：即邹炳泰（见上）。④古辣酒：广西古代名酒，出自古辣（今宾阳县古辣镇）。

铜 鼓

孙士毅

江回邛水接天流，隤摘无声镇上游。自昔旌旗屯虎旅，至今桴鼓尚龙头。汉家铙吹歌朱鹭，僰道储胥走木牛。却笑长安魏明帝，铜人铸错霸城秋。

【作者简介】

孙士毅（1720—1796），字智冶，一字补山，浙江仁和人。乾隆二十六年（1761）进士，官至兵部尚书、军机大臣。曾任广西巡抚、两广总督，乾隆五十六年（1791）任四川总督，负责平定西藏廓尔喀之役大军的粮饷供应。

【注释】

①录自《百一山房诗集》（《续修四库全书》本）卷9。②作于乾隆五十六年。是年孙士毅自打箭炉而出，驻扎在察木多。③其《奉命驻打箭炉筹办征调事宜》诗句"鼓易千牛倘策勋"原注："番民重诸葛铜鼓，以牛

千头易之,谓百战百胜。"

南海神庙铜鼓歌

德 保

海神庙貌雄炎方,中有铜鼓形昂藏。一鼓通围径五尺,一鼓稍杀音相当。斑驳陆离土花古,雕镂入细文缕缕。神虬庋虡肩可凭,灵龟作纽目犹努。旧传征蛮马伏波,以节步伐声平和。征侧既诛征贰服,此鼓弃置埋蓬科。是谁辇载供神庙,金精不蚀光焜耀。渊渊响彻殿西东,浴日亭高送斜照。武侯昔亦铸此器,蜀道行军壮旍帜。南征北伐伟略同,异代形模出神智。每当二月祀神期,两鼓考击鸣雄雌。龙宫隐隐怒涛作,应律协节腾蛟螭。我因将币瞻法物,满面尘埃为拭拂。模糊篆籀不可读,朱碧斑斓如锦绂。韩苏石鼓名作传,语奇句重垂长篇。此鼓尔时尚韬晦,品题未及良缺然。近来好古翁学士,为补粤东金石记,遐陬遗迹费讨寻,撷拾旧闻犹详备。无缘作贡归天家,商盘夏鼎争光华。传芭考击佐报赛,烟岚瘴树深周遮。

【作者简介】

德保(生卒年不详),索络氏,字仲容,一字润亭,号定圃,又号庞村。满洲正白旗人。清乾隆二年(1737)进士。乾隆二十六年二月,时任翰林院侍读,奉命与大理寺少卿顾汝修往封安南国王黎维禟,并致祭故安南国王黎维祧。官至礼部尚书,卒谥"文庄"。其《乐贤堂诗钞》署名"吉林德保定甫"。

【注释】

①录自《乐贤堂诗钞》(《清代诗文集汇编》本)卷中。同卷有乾隆三十五年(1770)《十月二十日祭波罗神庙夜登浴日亭次苏玉局韵》,次年

作《南海庙铜鼓歌》。又有《广州杂咏》，其四有诗"榕阴赛社报农功，铜鼓声喧落照中"。②翁学士：翁方纲，编纂《粤东金石略》。

谒南海神庙次德定圃宗伯《铜鼓歌》次韵
陈 寅

南溟一碧茫无方，四渎之长典煌煌。巨鳌驾山日星动，鳄鱼鼓浪雷霆当。春秋祭告溯隆古，素女弹瑟冯夷舞。纶音北至咸怀柔，槎使东来聿镇抚。圣德所被不扬波，海隅日出神人和。稻禾被野民气乐，县官不用勤催科。巍峨殿宇肃古庙，神威夙昔自炳耀。汉鼓铜留大小鸣，宋碑石立文明照。肃肃灵风列军器，隐约空中树赤帜。正直能扶大吏功，聪明时黜将军智。我来瞻拜逢秋期，山梁嗷嗷鸣雉雌。上读宸章报神德，淋漓五色蟠龙螭。南越赵氏启文物，陆贾书生重提拂。朝廷轸念边疆民，特于神祠赐纶綍。祀使前后佳句传，壁间络绎琳琅篇。吁嗟髯翁气豪迈，临风怀古思悠然。谁是有心抱关士，坛庙兴衰胥入纪。异词闻见补新编，往迹流传证旧史。圣世澄清天下家，斗量蠡测毋争夸。试从浴日亭中一登眺，长空万里无藏遮。

【作者简介】

陈寅（生卒年不详），字心田，号亦山、沁斋。浙江海宁人。清乾隆三十六年（1771）辛卯科举人，官英德知县。著有《亦山小草》《向日堂诗集》。陈崇礼跋语，称其父陈寅自乾隆庚午至嘉庆甲戌，六十余年作诗不稍辍，"辛卯捷京兆，后五上春官……迨筮仕五羊，公余之暇，亦复不废啸歌。"（《向日堂诗集》卷16附录）

【注释】

①录自《向日堂诗集》（《清代诗文集汇编》本）卷10。②作于乾隆

五十八年（1793）。③德定圃：即德保（见前）。

铜 鼓 歌

朱 珪

秩礼登降旋灵旗，载观铜鼓模范奇。径盈五尺围丈五，面平空腹蟠蛟夔。叩之铿鎗更镗鎝，体恢制古谁所遗？夸言发声震十里，惊走番舶波罗师。矍铄将军手铸造，峥嵘铜柱同炉锤。飞鸢跕空交趾破，明珠薏苡横谤疑。两圈驼载镇庙肃，雄飞入海留其雌。齐谐野谚吹一吹，丁宁右膝撞已亏（殿西亚鼓，径小五分之一，腹已撞裂）。志云元和节度郑，得自高守供诸祠（《通志》：唐高州守林霭得于蛮冢，节度使郑絪以献庙）。到今千载锈坚驳，摩挲未到钟追蠡。每当夏敧疫疠作，移置狌犴禳凶魑。神威凭式器求旧，禹鼎帝钵灵护持。放勋南讹久平秩，扬帆镜海威钲鼙。馨香升闻神佑顺，长应鼍奏兴甘祁。我歌寿汝比猎碣，魂递贔负浮三危。还淳土鼓歌击壤，底用珍怪夸荒夷。

【作者简介】

朱珪（1731—1807），字石君，人尊称其"石翁"，号南崖。顺天大兴人。少与兄朱筠并有文名。乾隆十二年（1747）进士。官至协办大学士，太子太保，太子太傅。乾隆六十年（1795）八月，朱珪在任广东巡抚，补授兵部尚书员。著有《知足斋诗集》《文集》等。

【注释】

①录自《知足斋诗集》（《续修四库全书》本）卷10。②作于乾隆六十年（1795）。

铜鼓歌（和石翁元韵）

吴 俊

绛宫青燎翩云旗，神马赭汗精权奇。五更秉炬看铜鼓，蝙蝠翅大饕象夔。摩挲中边觅款识，文字乌有倘脱遗。传闻新息实铸此，跕鸢百万征蛮师。金精入炉风伯扇，铢两配合造化锤。肤青体黝模范古，锈驳纹隐云雷疑。一守火房一跃海，不似剑化雄随雌。岐阳十碣半亡在，文命九鼎纷成亏。神物呵护赖丁甲，千载鼍吼刘王祠（相传南海神姓刘，唐封广利王）。奋挝欲考恐类莛，赋海无笔嗤测蠡。既观其巨逮厥亚，摸金掘得愁妖魖。腰脐凹凸腹已洞，环纽断裂颠难持。虽然哑不中宫律，犹胜琐碎千金錾。寒宵月黑润生础，龙鸣声应霖祁祁。波罗风腥水母斗，木湾潮啮崩沙危。时清战鼓久销息，门外万舶屯岛夷。

【作者简介】

吴俊（1744—1815），字奕千，一字昙绣，号云绣居士。江苏吴县人。乾隆三十七年（1772）进士。嘉庆三年（1798）十月以督粮道员任广东按察使，六年四月升任山东布政使。著有《荣性堂集》《庄子解》。

【注释】

①录自《荣性堂集》（《续修四库全书》本）卷13。②石翁：对朱珪（字石君）的尊称。③乾隆六十年（1795），吴俊在任督粮道员，活动在广东。十月二十日陪石翁拜谒南海神庙，其后和石翁诗。

南海神庙伏波铜鼓歌

吴慈鹤

吁嗟乎！盛衰毂转安可数，多少英雄百年误。君不见祝融祠中伏波鼓，犹是征蛮九真铸。血斑绣涩藓花蠹，落落中边百星布。双枚俱有甲兵声，半死蛤蟆吐黄雾。当年际会刘文叔，顾盼真龙感飞跃。手提斗印踏朱鸢，征贰头颅马前落。千寻铜柱云霄矗，下濑金船捧蛟鳄。此鼓能为万虎鸣，筓筿箬箪俱萧索。将军他日五溪行，只有门生吹笛声。据鞍矍铄徒为尔，竟使云台无姓名。此鼓千年亦瘖哑，何人辇致丛祠下。纵有蛮奴滴泪看，万钧不是当时价。将军若早明光谢，朝请真侯窦融亚。马革魂归亦可怜，少游款段原难借。狮洋雪浪排天风，鳌宙半壁磨青铜。穿龟巨鱼足丑怪，安能一鼓沧溟空。海水不动扶桑红，庙门折苇三山通。鼓兮仍向祠边卧，璧水于论仗瞽矇。

【作者简介】

吴慈鹤（1778—1826），字韵皋，号巢松，江苏吴县（今苏州）人。少随父吴俊（见前）宦游广东。嘉庆十四年（1809）进士，官至翰林院侍讲。著有《兰鲸录》《凤巢山樵求是录》《岑华居士外集》等。

【注释】

①录自《岑华居士兰鲸录》（嘉庆年间刊本）。②作于乾隆五十九年（1794）。

马伏波铜鼓歌（为吴企晋作）

梦　麟

土龙鼓腹号腥风，波罗大鼓来吴淞。藞藞鼙鼙辨跟肘，虎蜼驼蚀丹砂红。金钲绯鞯就磨灭，马式僵卧铜驼东（街名，在洛阳汉东都）。仪帛丁谢不可识，谁摩骆越留炎封。蛟涎浸积喷黄雾，阴堂夜挂蛮天虹。归云老坞一怀古，令我矫首心怔忡。朱鸢九真肆蹂躏，玺书夜出明光宫。楼船戈船矗幢盖，铃辕朝擂奔丰隆。朱旗彤甲蔽蛮日，雷门殷起天憧憧。都麓冷县一朝尽，迳从珠浦趋无功。西于龙编建郭郭，狄高赛鼓销寒烽。铭工瘗土瞢猡猡，天留铜柱标鸿濛。击牛酾酒劳将卒，当杯数语何从容。贾明珠贝议蜂起，床前竖子悲梁松。眼中突兀那有此，土花毒潦精辉融。岂假金银扣钗钏，似有蜃气蒸穹窿。金蛇噙燄蟠电母，飞挺蔎猎趣雷公。兵光昼动海日没，招魂欲倩巫咸通。城西马革没榛莽，物犹如此怜蓬踪。吴郎对之忘饔飧，二十八宿罗心胸。锦衣花帽挥蜀桐，援枹对客赓三终。酒酣奋臂声逄逄，盲颷仿佛回巴賨。阴气合沓居风浓，都羊诗索奔侄侗。鸢飞趹趹炎烟冲，雕戈雪剑相撞舂。溪蛮峒庡惊顽聋，砰訇岂仅闻千弓。夔皮百万翻苍穹，掉臂谁敢偏帅攻。便当裹甲西从戎，霹雳应手驰诸凶。饿鸥夜叫砂翻蓬，飞腾突过曹景宗。铜钲晓挂云朣胧，四十万鼓风隆隆。提桴作气飞黄骢，手擒冒顿朝真龙。孤涂阏氏歼厥从，龙庭墟落无坚墉。归来盘舞奏瞽矇，穹庐粤峤将毋同。镕金肖石陈辟雍，迳与此鼓传无穷。千秋谁辨凤雌雄，郎乎男儿安得穷年床笫酣肥醲，泽车款段无春冬。不如此物真驽庸，扣镡迳按横磨锋。呜呼是翁今不逢，掷笔一笑惊轩鸿。罪言脱口嗟匆匆，报衙火急挝笼铜。

【作者简介】

梦麟（1728—1758），一作梦龄，字文子。姓西鲁特，号午塘。蒙古正白旗人，尚书宪德之子。乾隆十年（1745）进士，历官内阁学士、兵部侍郎兼镶白旗蒙古副都统，军机处学习大臣等。

【注释】

①录自《大谷山堂集》（《续修四库全书》本）卷6。②吴企晋：即吴泰来，简介见前。

马伏波铜鼓歌（和梦文子夫子）

曹仁虎

我闻轩辕始作楣鼓曲，灵夔鹭鸟张军容。夏足殷楹递更变，用供祭祀兼兵戎。周礼鼓人掌六鼓，和以铎镯錞铙钟。路鼛提晋辨等级，要贵立动昭丰功。汉初楼车制更异，军门鼓吹传雄风。离牛坎马各有用，兹独奚取铜山铜。相传得自汉马援，骆越遗器来南中。想当交趾初叛日，蜂屯蚁聚扬军锋。朱鸢骆将恃雄勇，寇略岭外窥城墉。玺书朝下伏波印，副用段志兼刘隆。平生慷慨负大志，据鞍顾盼鸣雕弓。径从沧海趋浪泊，楼船百道麾艨艟。断崖蓇岩控万叠，幽箐杳霭迷千重。飞鸢作队下堕水，黑云四塞天濛濛。金溪穴深深不测，亲率战士当其冲。九真遗贼悉荡涤，日南合浦风烟通。申明汉律示约束，纷纷向化输蛮賨。分茅岭外定疆界，插天铜柱标龙嵷。辕门昼启献方物，负戴络绎求猺獞。大围两肘高四尺，非刁非斗非金镛。昔时广州始铸此，良金上齐归陶镕。千钧重器一朝就，克晨置酒陈飧饔。中庭高悬贯四耳，晓暾下射光曈昽。溪獠峒房各奔赴，项髻斜插形鬅鬙。金银钗股竞扣击，半醉徐起歌咙哃。花腔卢沙相间作，用以报赛祀祝融。一从远输入汉室，捆载万里驰花骢。归来击牛劳将卒，铸为马式烦良工。仪帛诸家备骨相，黄骓赤骥高缠骢。工成献自宣德殿，封侯裂土相始终。何为此鼓独未毁，鬼神呵护留炎封。蛮烟朝迷色闪闪，瘴雨夜洗阴霡霂。惊滩乱石露光怪，白日倒贯长江虹。神物沉埋阅千载，何时却出荆榛丛。毡包席裹致吴下，缦文隐隐苔花浓。面平腰束下无底，碎乳四散排玲珑。蜗涎剥蚀备诸状，瓜皮沉绿丹砂红。惜无龙螺刻籀篆，岂假饕餮图奸凶。蟾蜍大小拱左右，识凹款凸中虚盅。云雷有象间络索，斑斑古色盈帘栊。羊鼎虎彝失贵重，珠盘玉敦羞尊崇。砚山堂中远尘俗，插架文史罗三冬。巍然此鼓列座右，摩挲拂拭光熊熊。革匮十重巾十袭，声价不数珪璋琮。我来入门望宝气，遥见突兀虚廊东。桐鱼作桴一奋袖，噌吰鞺鞳惊群聋。疾雷殷天走霹雳，阴雾覆地趋丰隆。连挐轻舆互较轹，快剑短戟争撞椿。鼓声震堂堂欲动，似有万骑奔峒崆。三挝忽停众响寂，元天仰视高穹窿。狂歌击节自起舞,令我怀古心忡忡。蛮夷叛服本无定,控御有道归君公。自从汉家事远略,丧师失邑无终穷。先零种落居内地,遂使边境交矛鏦。匈奴二庭及西域,出没昼夜频相攻。悬兵迢递出徼外,飞刍挽粟劳输供。赖有名将如援辈,相与戮力垂勋庸。惜哉五溪复猖獗,壶头病困何匆匆。床前竖子起蛮语,朝宁谁复知孤忠。文犀薏苡事莫辨,矫首耿耿悲填胸。男儿要当志边野,裹尸马革真豪雄。即今西陲诸部劲,秋深牧马遥传烽。登坛授钺遣将帅,旌旗千万摩苍穹。阵图堂堂控蛇鸟,营灶累累连蠮螉。金筘铁角数声动,士如猛虎驹如龙。遥闻疆场新战捷,露布已达明光宫。便当掩甲趋绝漠,一鼓直扫龙庭空。区殚域灭始返斾,勒铭夜削青芙蓉。叩关款塞集君长,黄支乌弋咸来同。军中鼙鼓静不震,五金销尽归春农。辟雍簧业振文教,灵鼉奏处声逢逢。千秋青史纪伟绩,夫岂不如矍铄翁?

【作者简介】

曹仁虎（1731—1787），字来殷。江苏嘉定（今属上海）人。乾隆二十六年（1761）进士，授编修，充日讲起居注官，累升至侍讲学士。乾隆五十一年（1786）九月为广东学政。著有《宛委山房集》《蓉镜堂文稿》。

【注释】

①录自《湖海诗传》（《续修四库全书》本）卷25。②梦文子：即梦麟，简介见前。③霿：天色昏暗。④蠮螉：一种腰细长的蜂，俗称"细腰蜂"，身体黑色，翅带黄色，在地下做巢。

铜鼓行（冯鱼山前辈所藏）

李骥元

谁呼匠入将军府,搜买青铜铸铜鼓?阴阳炭炽天地炉,一气陶熔寿千古。问君知是汉时物,鼍鼓鼖鼓概休数。上如秦镜四周平,下似周鼎三足辅。细细圆腰围镜带,垂垂两耳贯丝缕。援枹一试祢衡挝,满座惊闻革音吐。或云诸葛行军时,麾下酋长尽貔虎。杀人归来血洗刀,立赏一鼓昭其武。即今战士骨埋沙,尚与丰城剑出土。不知何岁君收罗,考击无庸问矇瞽。君言我侪非部伍,耳听鼓鼙思帅主。请缨固乏终军才,破浪堪为宗悫侣。试同执笔记诗章,俾此芳名继铜柱。呜呼不朽鼓犹然,大寿人间谁似汝!

【作者简介】

李骥元(1745—1799),字凫塘,号云栈。乾隆四十九年(1784)中进士后,为翰林院庶吉士、翰林院编修、左春坊左中允。嘉庆四年(1799)殁于官。著有《云栈诗稿》《李中允集》。乾隆五十四年(1789)至广东、广西游历,有《粤中杂诗》。

【注释】

①录自《李中允集》(《清代诗文集汇编》本)卷5。②乾隆六十年(1795)在北京作此诗,同年作《冯鱼山前辈宅观<三鹰图>歌》,去年作《冯鱼山前辈为其子厚之加冠余为大宾记以赠厚之》。③冯鱼山:冯敏昌(1747—1807),字伯求,号鱼山,钦州人(故居在今钦州市钦北区大寺镇马岗村),乾隆四十三年(1778)进士,历任翰林编修,期间担任《四库全书》分校官。后任户部主事、刑部河南司主事,诰授奉政大夫。④冯敏昌藏铜鼓,嘉庆二十五年《灵山县志·金石》载:"铜鼓之藏,唯钦州冯翰林(敏昌)家多至六七枚。中有二枚,叩之,音转类革。盖日久金性尽去也。世之以苔绿辨色者,或未足据矣。"

铜 鼓 歌

姚 鼐

蛮夷作铜鼓,岂欲遗中原?酋豪势有衰,守器非子孙。想其鼓橐初,巨电流山樊。范金当冒鼍,积环固无痕。峒溪春秋会,祈报进鸡豚。声震歌舞中,斑衣伏尻臀。一如沅湘俗,会鼓迎东皞。一旦敢旅距,跳梁集猱猿。边徼有骇鼓,使我吏士奔。今日幸清晏,博古收彝尊。旁及异方物,设簴陈阶轩。丸隤中严节,参挝有吏裈。宴集杂是鼓,铿锵訇雷门。道隆舞僸佅,世乱糅羌浑。所愿张祝守,抚怀兼威恩。考击聊自娱,终不惊塞垣。毋致马伏波,蠥铄居军屯。嗟彼铜马式,不若下泽辕。

【作者简介】

姚鼐(1731—1815),字姬传,一字梦毂,室名惜抱轩(在今桐城中学内),世称惜抱先生、姚惜抱,安徽桐城人。乾隆二十八年(1763)进士,任礼部主事、《四库全书》纂修官等,后辞官南归,在书院任教。所编辑的《古文辞类纂》,影响甚大。著作有《惜抱轩全集》等。

【注释】

①录自《惜抱轩诗后集》(《续修四库全书》本)。

铜 鼓 歌

车腾芳

五岭以南多铜鼓,其形怪异其音古。制作传闻自汉年,骆越诸酋相耀武。维时天上飞欃星,瘴海年年虿气腥。蛮夷大长自箕踞,笑指村村铜鼓鸣。伏波南下蛮烟静,日南万里波如镜。铜柱功成铜鼓来,变作和声洽神听。我闻泷州旧有铜鼓湾,又闻土人掘得自灵山。神物千年不久伏,雷轰电掣出人间。土花剥蚀青苔绿，螭文蝌蚪光离陆。鬼神呵护至今存，留得清音在黄木。黄木湾头百谷王，珠为宫兮贝为堂。穹隆突兀两铜鼓，雄鸣雌应如宫商。海王诞日晴春媚，木棉花开红照地。庙中铜鼓锵锵鸣，大声小声钧奏起。初鸣阊阖吹仙风，再鸣日出扶桑红，三鸣海怪骑鲸出，鱼龙戏舞朝祝融。祝融之神奠南纪，秉离火兮司坎水。离坎之精铜鼓成，铜鼓鸣兮南服宁。

【作者简介】

车腾芳（生卒年不详）。字图南，号蓼洲，广东番禺（今广州）人。康熙五十九年（1720）举人。后教学为业。乾隆二十二年（1757）作《重修番禺学宫碑记》。其传记见《清史列传》。《岭南学术百家》中有评传。

【注释】

①录自温汝能《粤东诗海》（中山大学出版社，1999年版）卷75。有所校订。

马伏波铜鼓歌

谢子升

忆昔汉世定南交，交南万里开荒裔。徵侧再叛文渊来，旌麾南指屯海澨。铠杖戈矛铃铎筘，间以铙角张军势。军中日夜资刁斗，更有铜鼓范金制。诡质奇模声渊渊，将士闻声凛节制。一鼓偏裨皆成列，步伍无哗肃坚锐。再鼓军声如哮虎，刀槊耀日争摩厉。霹雳走空岂雷霆，草木震动风云蔽。旌旗猎猎鼓镗镗，万马行空阴霾霁。倒海排山度南关，声彻九天下九地。但闻鼓欢战马驰，交人不战奔且毙。一自薏苡遭谤诼，云台已矣壶头逝。此鼓埋没遂千年，异物由来鬼神卫。土花剥蚀沙砾侵，圜体何曾见亏蔽。光芒腾上动日月，草木含辉山川丽。风雨震荡疑有声，大泽深山虎豹蹶。白日光气相吐吞，黑月阴吼蛟龙捩。乃有农氓耕山麓，铿尔者谁群惊揭。光怪闪闪真陆离，此鼓遂不终沦闭。爰施濯洗更沐薰，花纹团团相连缀。外侈内弇古体殊，蝌蚪周遭蛙黾缔。叩以凡木暗无声，瓦缶何殊交睥睨。知音瞽旷曰我知，蜀桐蜀桐汝可挈。一叩再叩遂发越，皇皇厥声走群疠。吁嗟乎！此鼓凡木叩之辄不鸣，自来神物有神契。时贾只知赝骨董，谁识魏晋以前置。人珍此鼓以古物，我珍此鼓有别谛。当日文渊征不庭，此鼓策勋当谁俪？屈伸进退若有神，此鼓三军命所系。文渊借此鼓成功，至今异域中原隶。梯山重译来献琛，鳞介衣裳化蒙翳。吁嗟乎！文渊之功不可泯，夫我乃欲此古刿！

【作者简介】

谢子升（生卒年不详），清人，生平事迹待考。

【注释】

①录自陈兰芝《南海庙志》（2015年广西师范大学出版社影印《增补岭海名胜志》）卷5。

铜鼓歌

张允武

是何古制腾金魄，寒光熊熊铺翠碧。面径三尺高杀之，非镤非钲亦非鬲。其声和鼓比淳于，其器稍圆异服匿。笼铜长箭面削平，络索环腰乳的皪。乍连乍断水波纹，似整似斜爨字识。张刘博物或未知，云是花苗峒中获。五溪盘纡五岭遥，狼猺乌浒偕僮徭。椎牛跨象各分部，土妖木魅东西跳。于中黠者号都老，搜金铸鼓县山樵。百粤诸夷竞艳此，羹蛇师酒相招邀。蛮娘蛮奴并杂还，珠缨贝络肩飘飘。翻翻插髻山鸡翘，黄银钗股一尺高。笼铜扣鼓声不窕，叩罢以手争拎撩。缘边蚁附还蜂聚，鼓声未断烽烟举。箐密山深伺豺虎，蓦涧腾崖少部伍。乌皮钉鞘百炼刀，紫榆削床万钧弩。勾船打地无岁无，浴血归来歌且舞。是时西南厌戈铤，中丞起家龙城边。手驱蜑雨扫蛮烟，扬历五管余卅年。金蚕蛊敛万山夕，黄茅瘴薄清冬天。花鬘绣面奉旌旗，龙家蜑户遮镫鞭。盖头仙仙葵叶笠，桶裙百褶鹅毛编。芦笙短颈吹六管，琵琶曲项辊两弦。鼛鼛节拍皆应鼓，贯以苗锦披双肩。睢盱唱咿若颂德，输之幕府军门前。中丞出鼓光照座，廨舍欢呼官吏贺。四条系以香枫丝，三尺雕成文木架。伏波骆越恐难致，宣和宝绘此其亚。挼莎长久不闻腥，唯有土花蚀欲破。物情要与人际会，古色争光声亦大。一从中丞捐馆归，尘栖丹斾网素帏。桂林寒江失常侍，萤丸坠地思武威。鼓也竟从辒车后，阑单牛背相追随。胡家庄边秋草合，赐书楼扁颓斜晖。功名富贵一朝尽，祁连荒冢高崔嵬。凄凉宾客下邺署，寂寞风雨襄阳碑。此鼓沉埋谁护惜，流转尘寰互主客。织儿撞击讵知音，竖儒援据终嫌癖。锦簟朱绳事已非，犹作千年腊茶色。人生奚贵如汝寿，兴衰坐阅成今昔。有剑空遗陆贾装，无钱为赎魏征宅。更与何人听鼓鼙，还话当年铸铜狄。嗟嗟尔鼓胡能神，铜鼓歌残歌负薪（中丞旧居胡家庄，并有平蛮时佩剑）。

【作者简介】

张允武，字僖若，嘉定人，诸生。曾为李锡秦的幕僚。有《海樵诗钞》，收入《练川十二家诗》。

【注释】

①录自民国《宝山县续志》卷15金石。其中谓："铜鼓，广西巡抚李锡秦平蛮时所获，旧藏胡家庄赐书楼，今不知所在。"②中丞：李锡秦（1685—1754），字瞻仲，号砚农，江苏宝山（今属上海）人。一生在广西为官，雍正、乾隆时先后任罗城知县，全州、郁林州知州，太平知府，右江道员，广西按察使、布政使、巡抚。乾隆《郁林州志》卷5《祀典志》

记文昌阁原藏铜鼓,并引"旧《志》曰:雍正十年,郁林鹿嘶村民获铜鼓,知州李锡秦乃以献巡抚金公。"③胡家庄,故地在今上海市宝山区杨行镇西南。④光绪《宝山县志》卷12"铜钟"条:"李锡秦家藏。乾隆四年,锡秦任广西右江道,时宜山县土蛮滋事,总督马尔泰檄锡秦统兵进勦,得之花蛮峒中。上有细字,似斜似整,漫漶不可辨。口作水波纹,年月无考。询诸土人,云是伏波将军遗制。"可能李锡秦同时获得铜钟、铜鼓。

读张丈(允武)诗集中《铜鼓歌》感赋
李赓芸

铜鼓,广西物,巡抚副都公(锡秦)携归。公没后十余年,以官逋售其第于姻家,鼓偕往。张丈伤之,作歌。

铜鼓歌长音节促,悲壮苍凉歌当哭。三十年前叹负薪,而今薪亦无从缚(收句云"铜鼓歌残歌负薪")。公子当时尚少年,少年眴眼颠毛秃。破帽残衫范叔寒,经营惨淡谋饘鬻。棨戟家声付逝波,椷书虽在无能读。大似江河东去流,滔滔赴壑无由复。淞南丙舍暮云封,翁仲无言牛砺角。呜呼!副都作吏最有声,吉甫文武非书生。自从宰邑至仗钺,功名富贵天衢亨。饬终优典寿杖国,□□□□□□。倭指未盈一甲子,桥柯荫失南山梓。昨闻轶事蒋湖州(名励宣,全州人),削瓜之面官为理。哀矜折狱疑惟轻,于公阴德高门起。如何成竹先在胸,明非如镜平非水。三复泷冈阡表文,求生不得仁人指。廿年我亦职司刑,凛凛爱书天去咫。偶诵诗人铜鼓歌,商声激楚涕滂沱。西邻铜鼓犹无恙,消歇繁华一刹那。

【作者简介】

李赓芸(1754—1817),字生甫,又字许斋,号书田。江南嘉定(今属上海市郊县）人。乾隆五十五年（1790）进士。历任孝平、德清、平湖知县，处州府同知，嘉兴府海防同知，台州、嘉兴、汀州、漳州等府知府，官至布政使。

【注释】

①录自李赓芸《稻香吟馆诗稿》（《续修四库全书》本）卷6。原文有缺字。②锡秦：即李锡秦。③蒋湖州：蒋励宣（1742—1819），字德昭，一字云亭，广西全州（今全州龙水镇龙水村）人。乾隆四十二年（1777）举人，嘉庆十五年至十八年（1810—1813）为浙江湖州府知府。著有《巢云楼存诗》。

南海神庙鼓歌

洪瑞元

扶胥江汇祝融宫，势压蛟脊何穹窿。龙堂贝阙忽在眼，木棉十丈珊瑚红。摐金陈竽肃妥佑，疑张广乐洞庭中。女娲清歌湘灵瑟，五音繁会和冲融。侧耳鼓声出东序，阿谁范此万物铜。土花绣蚀瓜皮绿，连钱络索紫水葜。边四小锁纽已绝，中脐凹处光熊熊。一尺枣木发异响，鲸唫鼍掷随天风。饥蛟虎兕纷逃匿，震惊百里声隆隆。我闻此鼓有雌雄，厥制干莫将无同。虾蟆缺献齿潜伏，却从海底声相通。以离为合神物幻，得一已足昭丰融。忆昨挂席虎门东，五更候日推孤篷。一线红轮恣瀰湃，千岩紫翠开洪濛。危亭峭立意惝悦，扶桑仿佛悬长弓。舟子错认铜钲跃，海光时未铿鲸钟。似有骑鲸溯波至，江心咫尺疑樊桐。须臾鼓震庙门启，阳侯海若皆朝宗。鲛绡衣裳烟雾乐，揽环结佩何珑璁。渊渊未停神忽去，金支翠旗光灭空。琉璃万顷新划破，信眉一笑岂易逢。何时入庙更瞻拜，援枹一发惊鱼龙。

【作者简介】

洪瑞元（1737—?），字景清，号瑶圃，番禺（今广州市）人。乾隆三十年（1765）举人，因母老不再赴京试。后补山东盐使。著有《云在山房诗钞》6卷。

【注释】

①录自温汝能《粤东诗海》（中山大学出版社，1999年版）卷84。有所校订。

诸葛铜鼓赋（以"五月渡泸深入不毛"为韵）
陈嘉谟

《潜确类书》：铜鼓山在柳州府融县，诸葛武侯尝埋铜鼓于此，以服蛮獠。

志切探奇，情殷博古。入骨董家，过图书府。有物斑然，云花已吐。及问主人，乃云铜鼓。汉相南征，造而耀武。散佚至今，只存三五。冲人负扆，老臣辅阙。吴贼披猖，魏奸僭越。蠢尔蛮荆，乘机冲突。既欲北征，曷先南伐。猛士屯云，宝刀偃月。不有鼓声，曷由勃发。讵再而衰，漫三而竭。乃命矿师，采铜而赋。匪作尊彝，岂为泉布。天地为炉，化工为铸。电师火狂，风伯橐怒。炭藉阴阳，气蒸云雾。天帝顾瞻，有灵呵护。造鼓既成，爰方南渡。伏兵未设，疑阵先铺，半藏岭下，半置山隅。吼泉为仗，怒瀑作桴。涛惊其坎，湍激而鼓。鸣鼙岂异，击馨则殊。蓬蓬韵远，简简声粗。越有余里，如万人呼。蛮人远听，何敢逾泸。重营肃静，刁斗严森。旌旗耀日，矛戟如林。龙蛇气壮，黑虎烟深。军声十万，潮落千寻。含笳与角，陋玉兼金。闻声寒胆，入耳惊心。功成一战，威著七擒。既定蛮方，干戈载戢。报主功成，攘夷勋集。来日何迟，去时孔急。铜雀飞灰，铜人堕泣。遗鼓流传，贵家屡入。迨及于余，珍藏什袭。闻主人言，转生抑郁。为羡其人，并钦其物。几度流连，一番拭拂，抚今感昔，为铭曷不。铭曰：一生谨慎，半世辛劳。功衡伊吕，业薄萧曹。大壑风雨，云霄羽毛。系维斯鼓，非石非鼖。商盘价重，夏鼎勋高。千秋万岁，无毁纤毫。

【作者简介】

陈嘉谟（生卒年不详），浙江钱塘人，乾隆二十六年（1761）二甲三十五名进士。曾任长沙知府。余事待考。

【注释】

①录自《赋海大观》卷11"武备类"，参校《历代词赋总汇·清代卷》（第13册）。③《潜确类书》：即明陈仁锡所编《潜确居类书》。

诸葛铜鼓赋（以"伏于山谷以为疑兵"为韵）

蒋 仁

蜀中有铜鼓山者，汉武乡侯置铜鼓处也。尔其渠帅未擒，蛮獠莫服。欲先震以声威，必豫防乎危蹙。将效龟兹之制，阵列雷门；遂传鼍吼之音，势摇地轴。壮载声于千里，铁如意任我指挥；腾杀气于八门，石阵图同兹倚伏。盖铜鼓者，本夷獠赛神之物，亦羯胡节乐所储。虽闻名于蛮部，未备用于军书。兹乃布金镯于行阵，驾铃铎于华车。岂争鸣于金铁，岂环卫乎钩庐。岂将付五丁以雷欐，岂将遁六甲于烟墟。岂夸异制，蟾蜍蛮江网得；岂比铸形，骆越交趾求于。然而势险则车蒙无济，地狭则栈道难攀。苟三覆之未备，岂六师之能还。故建羽葆以铙铎，贯铁索以连环。俨同铁马金戈，连来十队；何用强弓毒矢，威振百蛮。棋布星罗，疑据龙门之禹穴；风回云拥，似排蛇势于常山。不见乎铜穴珍探，铜山用卜。非列阵而传声，非回帆而相逐。鸣于谷而应于山，摩吾车而击吾毂。昔日仰将军武烈，马重铸金；今时瞻丞相天威，牛仍流木。援枹仗策，早消旱魃于桂林；羽扇纶巾，更展奇谋于箕谷。于是或置于山，或沉于水。非金鼓之崇牙，非铁鼓之作砥。弓不恃乎铁胎，阵亦张乎锯齿。莫认汉家之柱，空念伏波；已平泸水之氛，何劳记里。比悬钲于林邑，原同效力保障；张夜火于瓜州，久已留心疆以。既陶镕之悉当，复位置兮咸宜。冲车异制，连弩同施。朋肯骤闻，威加兽骨；丁宁奏响，用比夔皮。迄今滇粤遗风，擎沙锣而共乐；当日赫连旧制，示金饰以何为。是盖先声克树，后劲攸资。不必夸鱼桐之刻，不必侈兽橛之奇。嗤他铁锁消沉，江东飞渡；不羡金钲悬挂，岭北还师。试看大纛牙旗，望气而人惊虎伏；无怪深山穷谷，闻声而敌尽狐疑。客有访地雷之用，缅藤甲之精。浏览牂牁旧郡，指陈越巂遗营。抚青花兮纹古，登赤甲兮神惊。攻心而孟获来归，筹笔驿风云长护；无命之张侯已往，刁斗铭星日同擎。抚虫蚀之长箭，寄感沉沙折戟；靖蛮烟而勒石，何劳秣马厉兵。

【作者简介】

蒋仁（1743—1795），原名泰，字阶平，后得"蒋仁"古铜印，乃改此名，字山堂，号吉罗居士。浙江仁和（今杭州市）人，布衣。以篆刻著名。著有《述草堂遗集》。

【注释】

①录自《历代词赋总汇·清代卷》（第14册）。

铜 鼓 行（有序）

王斯恬

是鼓于雍正八年渔人得之浔江铜鼓滩，制如坐墩，中空体直，腰少束，高一尺六寸，面径二尺六寸，四围蟾蜍相向、大小十二，旁有两耳如环，遍体花纹缜密。扣之，其声清越。传为伏波所遗。今置院署堂侧。

浔江一夜滩声吼，冯夷震荡天吴走。啮浪衔波铜鼓跃，矗来宝气惊户牖。此鼓匿迹千余年，绉纹沉绿丹砂填。呵护定仗神灵力，遍体腻滑蛟龙涎。中空外直腰微束，大小蟾蜍数各六。扣之不似作金声，清籁由来出地轴。忆昔伏波西南征，貔貅十万鸣神钲。八桂江间失此物，波涛击撞皆兵声。厥后诸蛮申襀祷，高悬中庭夸法宝。祭飨合乐声欢欢，金钗无数拜都老（《宋史》：蛮俗最尚铜鼓，号有鼓者为都老，悬庭中，置酒招同类，争以金银钗扣之）。只今边徼安如磐，得此益壮军门观。愧无虫文与鸟篆，媲美石鼓劳雕刊。

【作者简介】

王斯恬（生卒年不详），字西儒，江苏宝应县人。乾隆三十五年（1770）举人。著有《晚芎诗存》存。曾至广西，有《兴安道中看山》《全州》等诗篇。

【注释】

①录自朱彬《白田风雅》（光绪十二年刊本）卷14。

铜 鼓 歌
彭廷椿

有鼓有鼓大于錂，削腰皤腹广其胆。翡翠沉碧珊瑚殷，土花斑驳古铜瘦。天地为炉铸何代，虫鱼花卉精雕镂。盦山众执玉帛会，鲛宫鲸翻波浪皱。或钱或璧或籧篨，如绘如画如篆籀。鼍鼋跳跃蟾蜍蹲，虬螭蟠结老蛟走。历劫兵燹忘岁月，惜无款识纠悠谬。惟鼓有口不能言，后人聚讼说何……陋。或云伏波讨交趾，山溪霆液涌寒溜。制鼓击之驱烟岚，蛮烟瘴雨霁边堠。或云诸葛当南征，五月渡泸火云骤。鼓声渊渊贼胆寒，天威所至降穷寇。或云蘷鼓千牛易，或云应鼓百金贸。或云新息获越鼓，铸为马式颁外厩。裴渊博洽志风土，卓论一洗众朦瞀。吾闻狸獠处五岭，林深箐密等猿狖。风俗不识尊诗书，嗜好但觉侈雄富。范金各矜炉锤巧，椎牛相衅置庭庑。盘瓠子孙皆见招，精夫姎徒尽聚凑。蜡幔罽毹辉斑斓，金钗银簪互击扣。芦笙竹管扬蛮讴，玻璃虎魄呷绿酎。有时喋血寻私仇，都老鸣鼓召角斗。猱狘蠕蠢蛮触攻，铿訇镗鎝虎豹吼。岁时伏腊事报赛，丛祠挞鼓乐劝侑。飞头捕蚓炫奇怪，山魈木魅饱酬酧。声教渐被移蛮风，鼓亦沉沦荆棘覆。蛤鸣阁阁蛮酋冢，牧童唱歌农铫耨。剽锄间为耕者得，呵护疑有鬼神祐。浔州铜鼓滩怒号，渔人网得献太守。前朝跃出后散佚，刻意搜剔邈难遘。吾乡铜鼓委林莽，丛祠野庙往往觏。以余所见亦足珍，摩挲移晷每逗留。当其埋没泥涂中，饱阅风霜历几宙。为秦为汉不可知，以手拊之苦搆擩。韩苏昔作石鼓歌，我歌铜鼓穷研究。神物显晦会有时，铜花金薤为谁购。

【作者简介】

彭廷椿（生卒年不详），字南堂，平南人，乾隆五十三年（1788）举人，官国子监典簿。

【注释】

①本诗录自《三管英灵集》卷29。

（四）嘉庆年间

铜鼓诗

舒 位

望之铁色质则铜，被以鼓名声乃钟。面如尘镜冷不镕，底如覆釜其音鼟。中央一束黄腰蜂，土花战血相淡浓。上有文字如云龙，手三摩挲不可踪。我随车骑来南笼，此鼓献自耕田佣。问渠铸鼓何所宗？云是诸葛征蛮凶。渡泸五月济火从，功成畀锡罗甸封。岁时伏腊事吉凶，椎牛酾酒宴万峰。乃以此鼓代藨蒱，青山白雨双杖笻。小叩小鸣初鼕鼕，大叩大鸣既逢逢。天空谷应声隆隆，诸苗拜舞衣无缝。罢宴藏鼓无敢纵，千载风俗兹益恭。忆昨巨虚负蛩蛩，鼓鼙将帅思三冬。今者戍鼓罢不摐，催花羯鼓声玲珑。请留此鼓镇边墉，笋业丹腰悬维枞。虽殊石鼓赋车攻，颇仿土鼓追黄农。金人十二销镝锋，并勒我诗当纪庸。而我再衰三则慵，雷门之布綦难容。

【作者简介】

舒位（1765—1816），字立人，号铁云。祖籍直隶大兴（今属北京市）。其父舒翼，廪贡生出身，曾任永福县令，官至河池知州。任永福县令时，十四岁的舒位随父母生活，官舍后有铁云山，因而自号铁云山人。乾隆四十七年（1782），舒位离开永福，入京生活。五十三年（1788）中举。当年会试落第，其后一生坎坷。

【注释】

①录自《瓶水斋诗集》（《续修四库全书》本）卷7。②嘉庆三年（1798）七八月间作者在贵州作此诗。③其《花苗一首》："牛角传欢复几时，声声铜鼓赛丛祠。"原注："花苗居大定、贵阳、遵义各属。每会必击

铜鼓，饮酒注牛角中。"其《红苗一首》："织来斑丝不赠人，调来铜鼓赛山神。"原注："红苗惟铜仁府有之，衣服悉用斑丝，女红以此为务。击铜鼓以歌舞，曰'调鼓'。"

铜鼓歌（并序）
邱 璋

铜鼓，所传不一，皆言武侯遗迹也。贵州《铜仁府志》言："南征时采铜铸鼓，置山涧中，水波冲激，渊渊有声，用以作疑兵。其一在府城上，岁时祭祀。"我朝某年，苗人滋事，鼓忽扬声若雷，苗人惧，遂窜。我邑梅晓帆二尹署施秉县，怀慕古迹，命工拓其形以归，来征诗。

罗施鬼国属蛮部，犵獠分隶西南夷。楚将略地昔到此，贡道未见通航梯。开疆拓土至秦汉，要荒亦仅相羁縻。厥后武侯起西蜀，南征一一纷招携。七擒七纵有成算，驱使酋长如小儿。不以力服以心服，堂堂不愧王者师。谋臣猛将杳莫测，徒称智勇夸神奇。至今遗器说铜鼓，铿訇发响惊守陴。相传五月渡泸日，疑兵此当千熊罴。武库况藏八阵法，木牛流马皆驱驰。兵行诡道古或有，要之怀远不在兹。圣朝文德遍海内，尽销金甲为耕犁。罗甸番种帖耳服，大龙小龙归有司。铜鼓有灵亦何用，徒劳时祭陈牲牺。从来物以人见重，有举莫废意在斯。梅君旧为施秉宰，铜仁邻郡分丸泥。武乡胜迹竟搜讨，绘图重之如鼎彝。归装长物无所有，一纸不异廉石赍。却教武备作文战，管城楮国争雄雌。石鼓轶事远可继，谁苏玉局韩昌黎。

【作者简介】

邱璋（生卒年不详），字礼南，吴江人，字礼南，号二如。吴江岁贡生。著有《诸花香处诗集》。

【注释】

①录自《诸花香处诗集》（道光六年刊本）卷8。②作于嘉庆五年（1800）。③二尹：指县丞。吴江梅晓帆（名讳待考）以县丞署施秉知县。

铜鼓歌（并序）

陈 赫

《铜仁府志》："武侯南征时采铜，铸铜鼓置山谷中，水波冲激，渊渊有声，用以作疑兵。其一在府城上，岁时祭祀。"我朝某年，苗人滋事，鼓忽扬声如雷，苗人恐，遂窜。吾邑梅晓帆二尹摄施秉县事，艳慕古迹，命工绘其形以归，兹介沈云巢来征诗。

武侯不可作，绘心先绘形。铜鼓不可见，绘形如绘声。空中辟历到岩谷，横纵纸上皆疑兵。吴王帐下小儿见之心胆惊。衅魏贼之血，不足以污鼓之神灵。乃知不得已而南征，声声如报中原平。马牛以木，阵以石，何有区区金铁精。攻心为上，南人生，千秋之后心犹倾。轰雷一震厥角崩，悦然武侯亲临城。一岩一洞争为名（黎平有铜鼓岩，贵阳有铜鼓洞），十日五日画始成，传观吾愿作祢衡。渔阳之操声铮铮，涂抹陈寿三国志。先于铜鼓之歌，尊汉贬魏一廓清。

【作者简介】

陈赫（1761—？），字家心，号二赤，江苏吴江（今苏州市吴江区）人，不谋功名，尚游历、交游。与姐夫邱璋唱和甚多。著有《小琼海诗》。

【注释】

①录自《小琼海诗二集》（《清代诗文集汇编》本）。②作于嘉庆五年（1800）。③沈云巢：沈璟（？—1816），字树亭，一作树庭，号云巢，江

苏吴江西濛港人，嘉庆五年（1800）举人。三次会试均未成功，遂设教吴江莺湖。著有《洞庭游草》。

铜鼓一百韵

吴　蠡

南荒制作奇，冶铜乃可挝。鞮人法不守（吴蠡），造鼓知干鐴。濒海病潮湿（曾燠），夹江愁痹瘕。援桴或多喑（詹肇堂），冒革且易瑕。变例拣印都（蒋知让），取精渴若耶。乐府配钟镛（陈燮），武库销铔锻。稍杀蒙黄膜（胡森），最上腾赤霞。鸠材徐炼刚（吴嵩梁），兽炭急生煆。雷公自呵护（郭堃），祝融暗咄嗟。风火初橐籥（黄郁章），丙庚相齟齖。久之地泻银（俞国鉴），焕乎林升椵。存液候已到（蠡），依模式不差。三尺径匀圆（燠），四垂中谽谺。脐肥小作凸（肇堂），面平全不窪。周坐六银蟾（知让），间叠双金蟆。无当敌卮美（燮），有耳较鼎加。腹隆股仍缩，唇浅口不哆（森）。文身纷陆离（嵩梁），雕题细鬖髿。十九晕周遭（堃），廿六重整斜。乍视目瞀眩（郁章），细数口謷牙。或如镜启奁（国鉴），或如辐在车，或如老榆荚（蠡），或如新荷趛，或如图负龟（燠），或如篆吐蜗，或如玉有璺（肇堂），或如戟交叉，或如芝九秀（知让），或如参五桠，或如斩阴木（燮），或如吐阳葩，或如簟细织（森），或如螭纷拏，或如凫在泾（嵩梁），或如凤在笯。青黑四气竭（堃），黄赤七宝塗。灿若注璎珞（郁章），美若饰筓珈。大小质偶杀（国鉴），雌雄声俱遐。当其不鸣时（蠡），有如雷蛰洼。偶然一考击（燠），渊响风飔飔。苗民畏鬼怪（肇堂），淫祀贵繁奢。不需瞽播鼗（知让），那用巫传芭。琴瑟非孤竹（燮），笙簧非圣娲。极西掺都昙（森），扶南舞袈裟。边人习嘈杂（嵩梁），洞蛮喧淫哇。大器陈广庭（堃），诸獠奔豪家。淋淋酒如渑（郁章），济济人如麻。獠童与獠女（国鉴），旧俗延妖衺。赤脚锦全刺（蠡），披发髻不丫。言声聚伊喔（燠），姿态矜妍姱。其笙材用芦（肇堂），其锣名曰沙。紫胆作桐鱼（知让），朱提当铁挝。奋袖出十指（燮），纳钗集群娃。都老义奚取（森），相袭名以嘉。喜则歌且舞（嵩梁），殷雷如金琶；怒则成杀声（堃），应者如云荼。一奏吼熊黑（郁章），万戴来权桠。轻生殉利刃（国鉴），赴响骈短铊。仓卒破俘馘（灥），弱者多自刭。强者幸逃诛（燠），神物犹谩夸。跪陈声硁硁（肇堂），价值千头豭。诸史文可征（知让），此物用颇奢。其在东谢蛮（燮），宜谷人肯畬。劳功兼牛马（森），赏勤先耕耡；其在永顺夷（嵩梁），鸣之逐厉瘕。金云铿訇作（堃），鬼物不敢瘥。土风固陈陈（郁章），小说徒呀呀。数典求权舆（国鉴），纪载非颔颐。伟哉马文渊（灥），卓识弃井蛙。遇主提胜旅（燠），破羑于允吾。再砺征武溪（肇堂），击鼙呼爪牙。奋槌声不扬（知让），铜鼓始萌芽。坚却霖潦渗（燮），高破瘴雾遮。渊渊厉虓虎（森），阗阗逐奔麚。颇好滕侯驰（嵩梁），能识周王骅。收材自越骆（堃），镌式品厩䮵。山阳葬禅陵（国鉴），汉宫植两鍜。南阳起卧龙（国鉴），赤手扶赤蛇。岂尝忘中原（灥），未暇出汉巴。南征盛羽葆（燠），宝盖承曲笳。独惜大星落（肇堂），竟使蜀妇髽（坡句）。千钧镕冶存（知让），万祀供奉赊。埋以厌蛮獠（燮），传闻近波邪。公自多材艺（森），石阵深窊寮。驱蠢运犉特（嵩梁），弄狯流駉騢。釜冷水惊沸（堃），弩连车呼划。却想出师初（郁章），中军手自抓。大声动岩壑（国鉴），万骑不敢哗。南人共膜呗（灥），佛指醒阿阇。劫灰阅兵燹（燠），剑气辞卑污。或出丛冢中（肇堂），或见流波涯。水土姿剥蚀（知让），苔藓俟梳爬。黯淡云掩星（燮），朦胧雾笼纱。鹧斑闲绿珠（森），猩唇隐朱砂。缺画疑斧斤（嵩梁），驳痕成瘢痂。大名垂宇宙（堃），遗制留些些。又闻欧阳頠（郁章），千城歌兔罝。征南得铜材（国鉴），作贡献京华。晋乘称宝贵（灥），夷俗豪且夸。赫连费庄严（燠），光怪额迨胯。唐典冠军乐（肇堂），两行列谽谺。诗人善赋物（知让），江上迎神鸦。有铭不可认（燮），摩挲徒长嗟。乾德与景德（森），来献同宾嗏。代远不沦没（嵩梁），渤海存枯槎。古器惊过眼（堃），高吟逢退衙。咏史谁抗行（郁章），命酒兼催花。击钹方琮琤，持布惭呕哑（国鉴）。

【作者简介】

吴鼒（1755—1821），字及之，一字山尊，号抑庵，又号南禺山樵，晚号达园，安徽全椒（今安徽省滁县）人。嘉庆四年（1799）进士，官侍讲学士。嘉庆二十一年，吴鼒出任广西乡试主考。善书能画，工骈体文。著《抑庵遗诗》《百萼红词》《八家四文钞》等传世。

【注释】

①录自《湖海诗传》（嘉庆八年刊本）卷41。②此诗为吴鼒、曾燠、詹肇堂、蒋知让、陈燮、胡森、吴嵩梁、郭堃、黄郁章、俞国鉴共10人集体创作，每人若干句，逐句标作者。

南海神庙伏波铜鼓歌

曾　燠

海外人知拜铜柱，海中神好听铜鼓。鼓于何代沉蛟宫，冯夷涌起厓门风。金景一轮初出浴，木绵花似榑桑红。有时晴昼轰雷霆，海神号令威百灵。灵夔不吼鼍不鸣，祝融之汪万里清。真腊暹罗各夷种，隔洋闻者皆惊悚。伏波赫赫今有声，遗器犹令海山动。想当交趾进兵日，击鼓其镗人奋勇。昨来群盗聚萑蒲，凭仗神威悉扫除。龙户马人喜相告，从今津吏免援桴。

【作者简介】

曾燠（1760—1831），字庶蕃，一字宾谷。江西南城人。乾隆四十六年（1781）进士。嘉庆十四年（1809）十二月由湖北按察使调任广东布政使。道光年间任两淮盐运使。

【注释】

①录自曾燠《赏雨茅屋诗集》(《续修四库全书》本)卷9。

铜 鼓 歌

彭廷椿

有鼓有鼓大于鍑，削腰皤腹广其胆。翡翠沉碧珊瑚殷，土花斑驳古铜瘦。天地为炉铸何代，虫鱼花卉精雕镂。崟山众执玉帛会，鲛宫鲸翻波浪皱。或钱或璧或籩簋，如绘如画如篆籀。鼍鼋跳跃蟾蜍蹲，虬螭蟠结老蛟走。历劫兵燹忘岁月，惜无款识纠悠谬。惟鼓有口不能言，后人聚讼说何陋。或云伏波讨交趾，山溪霾液涌寒溜。制鼓击之驱烟岚，蛮烟瘴雨霁边堠。或云诸葛当南征，五月渡泸火云骤。鼓声渊渊贼胆寒，天威所至降穷寇。或云蘷鼓千牛易，或云应鼓百金贸。或云新息获越鼓，铸为马式颁外厩。裴渊博洽志风土，卓论一洗众朦瞀。吾闻狸獠处五岭，林深箐密等猿狖。风俗不识尊诗书，嗜好但觉侈雄富。范金各矜炉锤巧，椎牛相畔置庭廇。盘瓠子孙皆见招，精夫姎徒尽聚凑。蜡幔罽毵辉斑斓，金钗银簪互击扣。芦笙竹管扬蛮讴，玻璃虎魄呷绿酎。有时喋血寻私仇，都老鸣鼓召角斗。獉狉蠕蠢蛮触攻，铿訇镗鞳虎豹吼。岁时伏腊事报赛，丛祠挞鼓乐劝侑。飞头捕蚓炫奇怪，山魈木魅饱酬酢。声教渐被移蛮风，鼓亦沉沦荆棘覆。蛤鸣阁阁蛮酋冢，牧童唱歌农铫耨。劚锄间为耕者得，呵护疑有鬼神祐。浔州铜鼓滩怒号，渔人网得献太守。前朝跃出后散佚，刻意搜剔邈难遘。吾乡铜鼓委林莽，丛祠野庙往往觏。以余所见亦足珍，摩挲移晷每逗留。当其埋没泥涂中，饱阅风霜历几宙。为秦为汉不可知，以手拊之苦搆擩。韩苏昔作石鼓歌，我歌铜鼓穷研究。神物显晦会有时，铜花金薤为谁购。

【作者简介】

彭廷椿,字南堂,平南人,乾隆五十三年(1788)举人,官国子监典簿。

【注释】

①本诗录自《三管英灵集》卷29。

张芥航河帅以所藏诸葛铜鼓送焦山寺
有歌诗舲农部代索余诗和之

曾　燠

铁瓮坐猊子,蒜山来卧龙(蒜山,一名算山,武侯故迹也)。指挥赤壁军,一鼓奔曹公。武侯虽相蜀,实先启江东。吴人二千载,感激思英雄。谯山古要戍,水石相撞舂。不有神灵物,如何镇蛟宫?张公破浪来,河海昨奏功。谈兵至北府,得鼓由南中。援桴试一击,天埊生长风。庋置枯木堂,万世销烟烽。吴中诸子弟,歌舞如巴童。铜琶与铁板,新谱苏髯翁。

【注释】

①录自《赏雨茅屋诗集》(《续修四库全书》本)卷22。②诗舲农部:张祥河(见后简介),时为户部(别称农部)主事。

铜鼓山赋（贵州观风题）

曾　燠

余过桂江,有铜鼓滩焉。人曰:此伏波将军沉鼓之渊。余至罗甸,有铜鼓山焉。人曰：此诸葛武侯得鼓之原。思夫金刀告瑞，铜马称帝，感岳降神，听鼙思帅。爰得文渊，实为名世。邀游隗嚣，征讨侧貳。聚米则成山，铸铜而索骥。盖勋高于廿八人，而运当四七之际。及乎火德之烬也，河鼓发为枉矢，山鼓哭于醴陵。铜爵见于漳水，铜人迁于渭城。五铢之钱不复，三足之鼎未成。非有奇才，孰扶英主？龙起襄阳，马跃汉渚。章武得相，斯绍光武。诸葛大名，乃同伊吕。振羽毛于云霄，殆非新息所得而伍。今之贵筑，古之牂牁。西通六诏，北障三巴。塞天皆石，无地不坡。扪参历井，联岷拥峨。岷岿错崔，蹇嵯嶐峁。路悬鸟外，人在茧窝。或升木而从猱，乍出洞而旋螺。远蠕蠕其若蚁，高袅袅其若蛇。盖槃瓠廪君之所道，而竹王夜郎之所家。中有峰焉，传为胜迹。武侯征蛮，军行所历。襜帷暂驻，铜鼓斯得。公盖将六出祁山，而先之七擒孟获。载夷器以凯还，助铙歌而声威愈赫。想其金钺前导，曲盖高张，羽葆分部，虎贲列行。张目成天罗，植发成干将。扬牙旗而半空霞，排铁甲而四野霜。于是收济火，渡泸江，践银坑，入佛光，漾濮川而北涉牂州之境，循庆甸而西穷骠国之乡。然而岭险摧轮，崖危束马。关是鬼门，瓮疑人鲊。草熏肠断，泉咽音哑。群酋方兔窟婆娑，鸟言呕呵，忽鼓角鸣于地中，而将军竟从天下。无剑关之连弩，无鱼复之八阵。刍无木牛之输，粟无流马之运。则已夔吼熊咆，霆击雷震，燎毛若炉洪，压卵如岳峻。蛮人殆鼓不能声，而蜀中之鼓可以褒鬵衅矣。然公之登兹山也，不筑武军，不勒燕然。信示乎因垒，德述乎舞干。公之得其鼓也，奏功逢逢，振旅阗阗。踊跃其镗，倾动以欢。比之都昙答腊，靴牢毛员。归献后主，备㑩离之乐焉。昔公对策隆中，已称南抚夷越。信攻心之妙计，为传世之鸿烈。迄今庙貌如新，鼓声不绝。金钗成韵，芦笙应节。盖蛮人报赛以时，而与锦官城外定军山前，同遗爱于未歇也。

【注释】

①录自《赏雨茅屋外集》（《续修四库全书》本）。

续铜鼓山赋

曾　燠

或曰：是山也，所闻异辞。考诸志乘，参以记录，请为吾子道之。若夫城尖旆愁，关黑林恶，蜀道天阴。汉时月落，风满战场。雨深绝壑。过诸葛之营前，忽鼓声之大作，訇隐砰磕，鞺鞳噌吰，雷动天转，山欢地倾。恍当年之溃虏，讶此日之阴兵。出鬼王之甲胄（藏甲岩，俗名鬼王洞。汉王志，貌寝陋，军中呼为鬼头。从武侯南征，藏甲此洞），显关索之英灵（关索岭在永宁州）。盖白纳乌蒙，无不适然惊也。每雨辄然，如潮之汛。声出于何高在千仞，传为武侯南征，埋铜鼓以为镇，事历一千余年而威有余震。忆雍闿之伏弢，危孟获之待衅。俨挂弓以铭勋，若标柱之示信。是山殆可以定军，而石亦堪列阵焉。星飞五丈之原，烟灭三分之鼎。拜遗像而大树久枯，寻故垒而劫灰亦冷。惟金石其能寿，与功名而并永。乃有八番都老、九姓蛮姑，逞峡猿之趫越。闻田蛤而睢盱，剔沉沙之折戟，施绣壤之利锄。一鼓偶得，千牛可沽。光腾翡翠，色染珊瑚。菲菲花草，跃跃蟾蜍。抽钗以击，点蜡而模。于是赛夷鬼，会酋徒，置酒插竿，连袂吹芦。或仇雠之劫杀，亦号召于须臾。盖出土者九十三鼓，而山洞虚矣。鸡冠之寨，豕塘之庙，融县西郭之滩，宜化北山之峤，散落流传，久而弥耀。好古之家，遂滋考校。或载于《桂海虞衡》，或纪于《溪蛮丛笑》。《岭表录异》言其详，《涌幢小品》题其要。而兹山之僻远，得吾子之凭吊。所宜两说并存，庶免粗疏之消。然学者不惟其器，惟其人，吾子虽工古文，而未能古人是效也。余曰唯唯。太平一统，生幸当今。远至迩安，纳赆献琛。故庸技可以滥竽，而不虞负山之弗任。铜鼓虽武侯所铸，然多杀伐之音。余闻岐阳祠墓中有石琴，厥器尤妙，其理甚深。不识何以操缦，君倪知诸葛之琴心。

【注释】

①录自《赏雨茅屋外集》（《续修四库全书》本）。

南海庙铜鼓

乐 钧

南海庙中铜鼓双,非鼖非应形脾肛。大出夷冢小浔水,先后裹载依神幢。重环缛锦绿斑驳,以手试扣声逢逢。光价虽匪陈仓匹,古范亦足弁南邦。岁春二月万人集,祀神挝鼓神来降。十里五里讶雷响,晴日曈曈方照窗。穿龟长鱼竞出听,海涛沸涌波罗江。颡裂匡摧尚如此,想见完质初舂摐。我闻骆越贵铜鼓,一面价值千犙牸。金银大钗填满庭,都老豪强势如虎。九坛七献祭瓠祖,打氆劝客客酬主。木弓铁镞牌山弩,出寻仇敌召戎伍。此时黄铁鸣硁硁,佬童跳歌黎女舞。亦闻汉家新息侯,净扫南交立铜柱。大开洪冶镕金精,蟾蜍欲跃花纹古。可怜考击随沙罗,或共瘗骨埋山阿。两鼓何幸遇搜剔,山灵河伯为护呵。肃置灵祠阅千载,游人百辈惊摩挲。君不见赫连金饰久消磨,南郡旧器归谁何?雷门双鹭不可罗,汉宫周庙瘖灵鼍。炎荒古物尤无多,铁柱铁塔徒嵯峨。我来为作铜鼓歌,匪搜金石资吟哦。愿历久远期无他,鼓声坎坎神人和。

【作者简介】

乐钧(1766—1814),字元淑,号莲裳居士。江西临川人。嘉庆六年(1801)举人。与吴嵩梁同为翁方纲弟子,以诗著名,有《青芝山馆集》《耳食录》传世。

【注释】

①录自《青芝山馆集》(《续修四库全书》本)卷9。②作于嘉庆四年(1799)。

铜鼓歌（简钱裴山学使）

谢启昆

震雷虩虩春风鸣，戟门晨启铮有声。有鼓范铜质浑噩，何年掘得陈前楹。传闻辽阳金节使，百夫辇致来荒坰。八桂林振动朱鹭，七星岩吼飞长鲸。时有袁生客莲幕，授简作赋群僚惊。枝辞无根失考据，妄谓铸出伏波营。不读汉书竞斛雅，鸿裁竟欲夸西京。扣桐未遇张华识，好龙空博叶公名。骆越家家宝此物，以禳灾眚祈神明。新息聚之立马式，峙并铜柱高峥嵘。唐宋以来代有作，罗获多从渔与耕。磔犬卜鸡赛丛社，面具傩队驱边氓。奔走狑狫獞猺獠，超越笙箫铙罗钲。南交合乐教子弟，葫芦竹管交纵横。山魈夜避疟鬼畏，沙锣瓦缶难与争。道元浦通记井邑，石湖器志讹虞衡（范石湖《虞衡志》亦以为马伏波所遗）。鼓高尺五径三尺，六蟾蜍现纹工精。形如坐墩空其腹，金钗银栉敲彭铿。仿佛赫连及天庆，上无款识兼箴铭。拨蜡虽非三代制，抚物颇验五溪清。学使有鼓样差狭（学使署亦新得铜鼓），大小扣之皆匎匌。军府置此亦何用，聊佐笳吹节严更。粤吏聋聩俗多玩，用代木铎谁其听。或云军行奏哗鉊，书生耳食安知兵。方今圣人销剑戟，刁斗夜息荆襄平。玉烛调和鲜疵疠，吹豳击壤赓由庚。搏拊天球曷贵此（闻金抚军𨱄曾以一鼓贡内府），瘴云蛋雨开晶莹。才惭韩苏咏石鼓，黄钟大吕哂寸莛。铃阁倾尊示座客，聊备郡志添图经。

【作者简介】

谢启昆（1737—1802），字良壁，号蕴山，又号苏潭。江西省南康县人，乾隆二十六年（1761）进士，历任镇江、扬州知府、山西布政使。嘉庆四年（1799）冬至桂林，带兵部侍郎兼都察院右副都御使衔署广西巡抚。嘉庆七年六月二十六日（1802年7月25日），逝世于广西巡抚任上。在广西善政颇多，最重要的是修纂《广西通志》，并纂修《粤西金石略》。此两书后被学者视为经典。

【注释】

①录自《铜鼓联吟集》卷首,谢启昆《树经堂诗续集》之《铜鼓亭草》有此诗,题为"广西使院铜鼓歌"。今以之参校。②钱裴山:即钱楷(见下)。

铜鼓亭落成诗以纪之四首
谢启昆

步履寻廨东,披榛得幽旷。八面收江山,一亭翼其上。移鼓悬于中,谯楼屹相向。改作既不劳,天然合佳样。远树排窗来,花庵答梵唱。飞鸟噤不鸣,行人但首仰。万户曙烟开,清响发悲壮。

小吏为余言,鼓旧弃荒圃。马挝指过客,苔藓閟风雨。后来陈廨事,左右俨宾侣。今更登亭上,位置诚得所。弹指七十年,显晦谁为主?弃日委瘴乡,用之升玉虡。勿忧齐瓦缶,终当谱乐府。

亭占位在震,鼓亦宜于东。其时为太蔟,其音中黄钟。奏不藉矇瞍,十吏供磨砻。牙旗喧作队,翠幨悬当中。非时戒勿考,恐动漓江龙。老我夜无寐,怕听千杵舂。铜丸禁轻重,夐击任天风。

独秀峰月照,宾从相追随。老夫兴不浅,时复一登之。参军作蛮舞,高歌拓戟枝。酒酣击铜鼓,起赋从军诗。竞病和敲钵,应节吹参差,渊渊作金奏。雾撤天南垂,楼上逢佳节,坎坎君勿辞。

【注释】

①录自《树经堂诗续集》(《续修四库全书》本)卷4。②谢启昆《广西通志》卷129建置略之四"廨署"记载广西巡抚署,"署东南隅有小亭,嘉庆五年巡抚谢启昆置前巡抚金鉷所得铜鼓于内,颜曰'铜鼓亭'"。③谢启昆将在广西所作的诗篇,结集为《铜鼓亭草》。并把出版机构命名为"铜鼓亭",嘉庆六年雕版的《粤西金石略》,标为"铜鼓亭刊"。

太平试竣游郡署之清华居借观王辛甫郡伯所藏铜鼓时郡伯以公事赴南宁即以寄怀二首

钱　楷

使君风化洽龙编，两度交南拥节翩（君曾两使安南，仰蒙纯庙嘉奖，擢守是邦）。佩犊声名龚渤海，跕鸢事业马文渊。销烽户户银簪叩（见《义山集》），赛社年年苇籥阗。收得铜錞余好古，苔花绣涩绿沉烟。

高斋水木剧清华，诗酒朋簪想放衙。顾我心情如看竹，当官踪迹本搏沙。秋光千里同明月，行色双旌促莫鸦。相对吉金愁欲别，蛮笺重拓手频挝。

【作者简介】

钱楷（1760—1812），字宗范，号裴山，浙江嘉兴人。嘉庆三年底，提督广西学政。于嘉庆四年（1799）八月至太平府。嘉庆十五年（1810）任广西巡抚。

【注释】

①此诗及下两诗，录自钱楷《绿天书舍存草》（《续修四库全书》本）卷4。②作于嘉庆四年（1799）。③王辛甫：即王抚棠，字辛甫，浙江绍兴人，监生出身，乾隆五十六年至五十九年为太平府同知、驻龙州（期间两次暂时不在位），曾两次出使越南，是中越外交中的重要人物。乾隆六十年至嘉庆年间任太平知府。民国《崇善县志》记载太平知府王抚棠于嘉庆十年（1805）重修文庙、改建明伦堂，于嘉庆十五年重修太平府学。王抚棠的传记，见《国朝耆献类征》卷245，作者是粤西五大古文家之一的吕璜。

铜鼓（为王辛甫太守赋）
钱 楷

使车逾岭西，不听朝鼓𪔛。𫐉轩穷蛮荒，江天富奇览。凉秋校士来，十日了丹椠。诗人绾铜符，西园辟惨淡。闿然登其堂，看山山若锁。茶烟石墨间，有器色幽暗。挎击声渊渊，土蚀斑黯黯。一三准径围，尺五括面额。中锐制仿腰，底虚义取坎。粟乳形肖鞯，觚棱界起嵌。细观脱蟹纹，雷回杂花菼。创造考何年，款识泯刻錾。传闻新息候，鸢瘴军容惨。铸成置江中，万面洪波撼。激撞震地雷，风声威贼胆。沉沙神物呵，出世渔师罱。此说近无稽，耳食吾未敢。或云盘瓠俗，家贮此宝赕。先世垂良模，合范炉云黕。丰年赛田功，妇子馌有喊。村聚剧欢动，十手来共揽。银簪叩骈阗，雨点打菡萏。大姓多收藏，少者用自歁。土鼓幽籥风，山峒知观感。太守好古怀，购以白金欱。几案罗清华（清华居，太守斋额），帘外绿阴晻。投壶节客觞，催花姿幽耽。年年鼓太平，百蛮乐醰醰。我兹三摩挲，癖嗜等昌歜。攫之何妨廉，众闻笑耳掩。诗无掷地声，聊取味回榄。高吟当送君，津鼓喧江㪉。

舟发南宁辛甫以铜鼓见赠口占简谢二首
钱 楷

双鲤翩然下，天风铿有声。吉金来远道，箛鼓发江城。利喻同心断，欢闻瘴海清。故人何以报，投我比瑶琼。

自笑肰奇癖，君无割爱嫌。振声缘造士，受馈不伤廉。好古韩苏让，陈风俚獠兼。归装他日载，宝气贯虹添。

【注释】

①王抚棠所赠铜鼓，钱楷携至桂林，与巡抚谢启昆共欣赏。详见下诗。

节使院铜鼓歌（和谢中丞原韵）

钱 楷

我昨旋车腊鼓鸣，装携吉金椁叩声。公来摩挲古欢集，语公有鼓堂东楹（公初莅粤，锐意政治，曾未暇观览。楷按试旋省，以太平府所得铜鼓示公，因言节署堂隅有鼓，公归始拂拭之）。铜花斑古制闳丽，节庭峙镇西南坰。列县俯视等瓦釜，归衙亟使铿华鲸。讨源匦谬作歌纪，钟吕振遏雷门惊。史称伏波定骆越，振旅得自居风营。还朝铸作金马式，善相突过东门京。跃江未免志怪说（旧志：马援自交趾归，舟载二铜鼓，跃入八桂江中。不知何据），刻桐徒眩博物名。广州记载狸僚俗，贵兹高大金精明。陈庭置酒集子女，金银大钗环峥嵘。叩竟遗簪主人去，奚翅舍耒偿深耕。边人此风至今在，丰年报赛夸豪氓。葫芦笙吹杂筒拍，海蠃壳节敲铜钲。流传那便汉京物，搜罗蛮府填纵横。辽阳金公驻使钺，九隆盘瓠方销争。北流获一进阙下，浔江献此交纷衡。浮如泗磬激浪白，赝非鲁鼎融镠精。何年沙沉戟枝折，一朝辇致琼簴铿。开府当时幕僚集，雅才各擅词赋铭。自为文记辑志乘，铢黍尺寸权量清。碧幢红籥此呵护，绿沉翠驳无匉訇。浦珠城剑物自显，百年如驶岁月更。方今圣化逾比景，南交贡乐天府听（安南阮藩受封后，献土乐一部）。前年苗格撤屯戍，毒瘴风偃灵台兵。公膺巽命抚百粤，五声宣豫和且平。铜乌驭转摄提格，元正俶瑞符夷更。狼朦乌浒众欢动，扶桑有柱祥光莹。政成歌诗出金石，细腰声弱惭撞莛。赫连之铸绍兴阁，鼓夸继美光前经。

【注释】

①录自钱楷《绿天书舍存草》（《续修四库全书》本）卷4。《铜鼓联吟集》卷首录此诗，题为《次谢蕴山中丞韵》今以之参校。②作于嘉庆六年（1801）正月初一。

铜鼓歌（和谢中丞启昆钱学使楷）

欧阳辂

使院铜鼓谁所贻，尔时意匠真诡奇。土花斑斓质虽古，物类刻画形无亏。百虫联蜷杂鼍蜼，众凸错列蟠星棋。蛟胎皮老古涎滑，石根泉涌秋苔披。不知何人创为此，谬使俚俗争相规。象形揆义两无取，但见琐琐冰垂蕤。寒芒射眼霜透骨，著手冻栗生人肌。祖龙销铸不到此，岂亦鬼物相扶持。石湖老子漫解事，谬云伏波之所遗（范石湖《桂海》谓铜鼓为伏波作）。当年骆越上马式，未闻作鼓铭勤施。燕然冒妄世所诮，候之气谊宁肯为。又云此鼓号诸葛，谓是丞相昭来兹。彼民见此致恭敬，至今论说纷嗟嘻。至人勋泽在人世，引重各欲荣其私。孔明天子有遗祀，异俗荒谬不足疵（苗俗祀神，多书"孔明天子之位"）。颇闻彼中好神鬼，社赛往往喧金鼙。乡邻牛酒媚都老（苗谓其酋曰"都老"），伯什俯首为之厮。葫芦之笙狗耳髶，踹堂歌舞声喔咿。中间芽蘖遂多故，争长剽杀如儿嬉。恶劳喜逸固其理，习尚虽陋情岂睽。卒然奋臂起格斗，骈首刃戟吁可悲。迩来碧海扫氛瘴，不复戛击矜雄雌。酋器流失著泥莽，存此亦见风俗移。堂堂中丞莅斯土，鼓铸群动归恬熙。使君范冶遍多士，春撞金石罗樽彝。公余洒笔纪风物，玉堂笙管相赓吹。高文煌煌尽物态，余唾欲拾难为辞。夜窗风起短檠暗，镂画一笑真冰脂。

【作者简介】

欧阳辂（1767—1841），原名绍洛，字念祖，一字磵东。清新化县人。乾隆四十九年（1784）中乡举，而屡与会试不第，乃游学四方。著有《磵东诗钞》10卷。

【注释】

①录自《磵东诗钞》卷5。②作于嘉庆四年（1799）。③嘉庆五年（1800）钱楷离开广西时，作《留别六诗·欧阳磵东（绍洛）》（钱楷《绿

天书舍存草》卷5）。

粤西使院铜鼓歌（和中丞谢蕴山先生韵）
杨 伦

时平瑞应玉鼓鸣，土鼓亦和吹豳声。桂林宪府称重地，复见铜鼓陈榴楹。标题款识缺年代，节使异致从郊坰。征奇岂徒跃吠蛤，发响直类铿华鲸。乐器虽云出夷獠，制作精巧般倕惊。刻画蟾蜍状十二，花纹水瀫烦经营。骆越收来铸铜马，创始断知由汉京。武库更载唐六典，为铙为战同区名。鹧斑蜗篆谁最著，祝融庙敞当朱明。浔江名滩应鞑鞯，合浦号岭标峥嵘。蛮酋爱挏佐饮酒，千牛易得荒春耕。储藏既识尚都老，祈禳更看奔峒氓。蹋歌迎神并芦管，带面逐鬼偕金钲。惟有急搥事攻击，召众顷刻戈矛横。猺獞好杀淫祀广，化俗首在平其争。中丞嗜古擅该洽，博物赵欧相抗衡。确证只引伏波传，陈说尽删援据精。摩挲旧物不忍舍，土花剥蚀音敲铿。长歌浩瀚追猎碣，仿佛建武曾镌铭。作亭移贮志珍重，坐啸自见边尘清。闻道南方地卑湿，舍革用金开碚匋。赤鬈腾光伴龙节，丹砂蕴彩支罍更。春雷一击振聋聩，铜章墨吏皆宜听。忆昔韩公建旗纛，边隅小丑勤天兵。奇功独著大藤峡，威奢远迩群蛮平。军门数十睹罗列，烂如宝鼎横庚庚。但喜霜皴露斑驳，不须金饰夸辉莹。公才自足匹襄毅，下僚属和惭槛楚。四金六鼓有遗节，考索欲传周官经。

【作者简介】

杨伦（1747—1803），字敦五，一字西酥（一作河），江苏阳湖人。乾隆四十六年（1781）进士，在广西历任容县、苍梧、荔浦县知县，三为广西乡试同考官。著有《九柏山房集》《杜诗镜铨》传世。

【注释】

①录自《九柏山房诗》(《清代诗文集汇编》本) 卷 16。②中丞谢蕴山先生：即谢启昆（见前）。《九柏山房诗》中有多篇与谢启昆有关。谢启昆《树经堂诗续集》卷 3 存杨伦跋文。③《九柏山房诗》卷 4《雷公庙》亦咏铜鼓："忽飞铜鼓天中央，体制奇古疑周商。大钗执叩声其镗，赫若震霆闻四方。"

咏伏波铜鼓（青玉案）

汪端光

将军神武黄金铸，带铜鼓，交州去。面阔腰深凭尺度，蟾蜍无数，画图无数，雕刻西凉古。何时埋没荆榛路，才洗剔，苔花土，挂向西风敲不语。军声凄楚，更声凄楚，一夜征蛮雨（虞喜《志林》：建武二十四年，南郡男子献铜鼓，有铭）。

【作者简介】

汪端光（1748—1826），字剑潭，江苏仪征人。乾隆三十六年（1771）顺天举人，历任广西百色同知，历署柳州、平乐、庆远知府，补授镇江府知府。后主安定乐仪书院讲席。著有《剑潭诗钞》《蔗根集》。

【注释】

①原载况澄《粤西诸蛮胜迹》（手抄本）。此转录自《古代铜鼓历史资料》（广西壮族自治区博物馆编，1980 年版）。②嘉庆五年（1800）钱楷离开广西时，作《留别六诗·汪剑潭司马（端光）》（钱楷《绿天书舍存草》卷 5）。

诸葛铜鼓歌（用昌黎石鼓歌韵）

商嘉言

我闻岐阳出石鼓，车攻马同镌长歌。有文可读不可击，用思将帅逢逢何。
玉者有征必无战，前途所以称倒戈。白帝赤帝蹶然起，西周东周消复磨。
惊动卧龙不得卧，三顾草庐礼为罗。思维北征先南入，西蜀磐石安岷峨。
攻心为上攻城下，万面铜鼓轰山阿。于以七擒更七纵，何必大遣还大呵。
公天威也不复反，譬诸四国东征讹。忆昔长吟日抱膝，古风原欲追蚪蝌。
忍惊僰人与笮马，但愿辟雍鸣灵鼍。澹泊宁静志不遂，雷吼越巂连牂牁。
渡泸归去犹殷殷，休惊秉耒兼机梭。十命可受况九命，灭魏斩叡毋委陀。
阗然直向中原震，典午强项同柔娥。木牛流马有神助，不劳麦饭过滹沱。
日黄月黑大星落，悲哉北伐空南和。铜精入地鼓声死，土花剥蚀蓬生科。
突见反旗复鸣鼓，走生仲达声灵多。骆越宁烦铸铜马，长安从此迁铜驼。
流传一千五百载，乃在万壑千岩过。一鼓撮乳一坦腹，花绞细致神功磋。
满腔碧血久不化，云是诸葛非伏波。不应手臂倩人击，只今王道无偏颇。
一声瘴雨蛮烟落，想见尽瘁心靡他。箪食壶浆纵觫望，纶巾羽扇宁婵婴。
中盘西字二十九，偏安不得曾摩挲。鼓在人亡人传鼓，令我泪落还长哦。
熙朝干羽化狑獠，文火笔阵扫鹳鹅。我家太史赋铜炮。其声亦若赓猗那，
万方从不见兵革。此鼓能不遭轗轲。轗轲此鼓亦云乐，乐此带砺同山河。
耕田凿井齐鼓腹，不求闻达非蹉跎。

【作者简介】

商嘉言（？—1827），号拜亭，书斋名"易香斋"。会稽（今浙江绍兴）人，商盘从孙。《莽亭诗草》16卷。

【注释】

①自《莽亭诗草》（道光十年刊本）卷16。②作于嘉庆七年（1802）。

铜鼓斋上梁文

凌廷堪

儿郎伟，碧鸡旧宅，草堂藉老杜而留。白鹤新居，茅屋因大苏而重。果置身于不朽，斯容膝其必传。迪彼前修，垂兹后世。丽仲主人，胸有成竹，目无全牛，放眼空九州，读书破万卷。天下山川形势，较若列眉。古来成败是非，明如指掌。谈言微中，顾盼动人。思缘经济以发名，不屑辞章以邀誉。陈平门外恒虞车辙之群来，董子园中将与诗书而共对。别营斗室，涵养寸心，耻盗处士之虚声。勉效前民之实用，雄剑在匣，萧然一亩之宫。奇书满家，俨若百城之富。莳花种竹，三径初开。菲史枕经，千秋自命。爰储瑶函之秘帙，肇锡铜鼓之嘉名。盖慕诸葛君之为人，非同赏鉴家之爱古。欣协栋隆之吉，敢陈堂构之规。谨托讴吟，聊供邪许。

儿郎伟，抛梁东，旭日初生曙色红。细数古今真事业，发源多在读书中。

儿郎伟，抛梁西，科举文章要细稽。读到昌黎明水赋，始知心细是昌黎。

儿郎伟，抛梁南，过目仍须反覆探。试想深宁辛苦日，原来过目本虚谈。

儿郎伟，抛梁北，才高往往矜明识。不分途径用工夫，至竟身心何所得。

儿郎伟，抛梁上，薄技偏长何足尚。经术为根史佐之，逢原左右真无量。

儿郎伟，抛梁下，故人才力应难跨。观书卤莽是聪明，但恃聪明吁可怕。

伏愿上梁之后，学问日深，见闻日广。心思则静而益静，才识则开所未开。射策千言，书姓名于雁塔。建功万里，铭勋业于麟台。庶几北野故庐，可媲南阳先哲。

【作者简介】

凌廷堪(1757—1809),字仲子,又字次仲,安徽歙县人。乾隆五十五年(1790)进士。其后从事著述、授业。著有《校礼堂诗集》《校礼堂文集》《梅边吹笛谱》《礼经释例》《元遗山年谱》《燕乐考原》等。

【注释】

①录自《校礼堂文集》(《续修四库全书》本)卷33。②嘉庆十二年(1807),也园主人程振甲建铜鼓斋,至上大梁时,凌廷堪作上梁文。

铜鼓歌

赵元睦

刻铜为鱼叩石鼓,张华博物谁与伍?我来天南铜柱南,铜鼓斑斓得目睹。面平中规阔三尺,鸣蛙四角涎欲吐。旁腰上丰下微杀,中间横带凹寸许。当年制作果何用?惭愧渺见典难举。急披苔藓视卧碑,漫漶未深犹可数。行间撰语亦传疑,半信伏波半忠武。伏波铜马式史传,武侯记里车仿古。古人制器存神明,斯鼓宁遗旧图谱?兹无明文奈若何?夏五郭公空注补。

【作者简介】

赵元睦(1768—1833),字宾四,号雍斋,又号蔼庭,直隶易州人。乾隆六十年(1795)举人,曾任东光县训导。著有《蔼庭诗草》传世。

【注释】

①录自《蔼庭诗草》(《清代诗文集汇编》本)卷上。②作者嘉庆十三年(1808)游历广西。同卷前有《读〈上林县志〉》,后有《大名山歌》《武缘留别萧明府即次其送别韵》。诗作于武缘(今南宁市武鸣区)。

南海神庙铜鼓歌
魏成宪

灵鼍愤吼清听莹，殿东西头雌雄应。波罗江上祠海神，赤堇千年博考证。飞鸢跕跕五溪渡，伐鼓渊渊百战胜。采比首山宝鼎出，纳诸都老金钗赠。折戟沉沙烽火销，积环成瑕土花凝。鞮人幸留旧制作，冰夷或司新号令。雷轰万里浪拍天，鼓声未死一帆正。当时薏苡明珠疑，此日鹥鹕纯绿映。木棉花开十丈红，金虾蟆去鼚鼚定。摩挲残缺历兵燹，放眼青天临海镜。宵警援枹候已罢，春耕铸器农方庆。欢以立动将帅臣，介然有常君子行（用《汉志》语）。

【作者简介】

魏成宪（1756—1831），字宝臣，号春松、仁庵，仁和（今杭州）人。乾隆四十九年（1784）进士，官至御史。著有《清爱堂集》。据《清爱堂集》卷首《仁庵自记年谱》：嘉庆十九年（1814）春，两广总督蒋攸铦巡视广西，邀请魏成宪"偕行。历梧州、平乐、桂林、柳州、南宁、浔州诸郡。"次年三月"自羊城归舟，谒南海神庙，观铜鼓，登浴日亭。"

【注释】

①录自《清爱堂集》（《清代诗文集汇编》本）卷18。②作于嘉庆二十年（1815）春。

铜 鼓 歌
黄 圻

我闻越骆铸铜鼓，蛮酋僚奴舞且歌。精金摄收盘瓠魄，云敲雷爇夫如何。交趾女子能作贼，银钗击鼓扬琱戈。汉家玺书拜新息，虎门振旅长枪

磨。金潾捣穴收遗孽，颁示汉约群蛮罗。铜柱屹立分茅岭，厥铭六字功嵯
蛾。戟门铙镯铿铜鼓，花腔卢沙阗峒阿。丙庚齮龆摹旧制，砻压魄虏神护
呵。毯包复献宣德殿，铸以骤裹形无讹。平生梦想未得见，嗜奇但觉胸盘
蜦。蒲牢夜走金蟆怒，往往阴雨鸣灵鼍。三挝岂必桐鱼枰，晶宫欲网珊瑚
柯。明星荧荧冲虎气，狂飙猎猎腾龙梭。嗟同石砆毁赑屃，那复籀篆躧虬
蛇。大腹彭亨幸无陷，谁与可负劳夸娥。神京远昇未敢必，胡乃再跃浔江
沱。从来至宝有显晦，昌黎石鼓纪元和。维鳝贯柳姿残蚀，犹复度量拂臼
科。猩唇作铢鹇斑绿，定当口呋光怪多。牿蠛纹斜蒙黄膜，安置不须载骆
驼。想经埋没堕水府，蛟龙潜遁不敢过。扁舟夜泊惊锃鐕，涛声鼓声争砻
磋。支祁一朝失所守，汾阴献瑞江不波。中丞得之何郑重，画虞贯烽悬无
颇。一声再击长鲸吼，群猺膜呗安知他。筑亭树石镇百粤，宾僚词赋非嫜
婀。眼中突兀见神器，古色著手三摩挲。当年朱鸢冲毒雾，老翁矍铄马上
哦。旌纛蔽天控蛇鸟，楼船出海排鹳鹅。岂知至今崇庙貌，芦笙合乐赓猗
那。文犀薏苡安用谤，壶头未足伤辚轲。丰功万载蛮徼慑，秋笳画角森关
河。我歌铜鼓颂功德，年年报赛无蹉跎。

【作者简介】

黄圻（生卒年不详），字达之，临桂（今桂林市）人，道光年间布衣。《三管英灵集》卷48录其诗10首。

【注释】

①录自《三管英灵集》卷48。有所校订。②此诗之作，与谢启昆建铜鼓亭有关。

抚署铜鼓歌

钟儒刚

军门日出严旌旗，高数百尺蠹阶埠。金精闪烁楼之楣，争夸铜悬鼓于

斯。此鼓制作自南夷，伏波所获武侯遗。铸教铜山神鬼悲，法岂尔雅鼗麻师。体如坐墩面如棋，空腹束腰沉绿滋。蟾蜍目瞪两耳持，律吕数向叠纹窥。翡翠丹砂光葳蕤，想见南征阵鱼丽。山鸣雷动声交驰，乌蛮罗鬼心魂离。一击再击手相随，沙场月白霜风吹。鼓亦有功安边陲，丞相埋镇孰考之。将军舟载事尤奇，何年跃入浔江湄。铜鼓滩名至今垂，旋得旋失劳扳追。待圣人出今则宜，网来莫辨雄与雌。土花涩缩滑蛟螭，苍苔斑驳生蜗觜。蛮烟瘴雨任纷披，在昔木石鼓传疑。蛇门雷门侔过咨，岂若戟辕壮军仪。南阳铜柱今已而，神兮有灵终凭兹。一声铿鎝振鲸鲵，犹疑血战来酣嬉。摩挲怀古心嘘嚱，神物显晦终有时。会当长揖效敷施，奏乐渊渊伐坎其，歌诗共和萧韶夔。

【作者简介】

钟儒刚（生卒年不详），字卓经，乾隆嘉庆时广西苍梧人。生平事迹不详。《三管英灵集》卷50录其诗16首。

【注释】

①此诗录自《三管英灵集》卷50。有所校订。②抚署铜鼓，谢启昆置于铜鼓亭。亭毁于同治年间。

龙山寺铜鼓歌

陈在谦

深殿突兀空山空，道人坎击虺长松。何年掘地得铜鼓，时其不雨殷雷公。疏烟夹道晓出谷，是何跌宕含宽洪。少年搜剔抚光怪，绿斑脱落长梃春。细纹刻划水微曲，腰胖纤束脐崇隆。剑垂四悬系铁纽，外范圆到空其中。谁其作者没名字，合我揣度徒朦胧。忆昔峒獠逾节制，以铜铸鼓招顽凶。大钗长股叩都老，闻声四聚如飞虫。东汉将军伏波马，百蛮股栗钦英风。南海以南瘴气湿，革声疲缓难为雄。精铜百炼作骆越，冶以造化天炉红。铿訇考搏壮士怒，巾孝雀步逃蛮宾。自时南方盛文物，鼓亦星散长不隆。深山大泽埋巨响，如土室定老禅宗。敛光匿怪精不死，铜蛇出地天垂虹。肥牛千头换宝器，异物惊倒百岁翁，欲假之鸣孰压抑，未满人耳先眩瞳。柴关昼掩卧摩诘，此鼓毋乃精神通。至人至道在目击，瓦砾能说况生铜。从来古器非近玩，中储大吕间黄钟。一鼓纷奔众魑魅，再鼓折服千罴熊。山僧日习岂知意，视同铙钵喧梵宫。安得持尔献金阙，置之东序邻钟镛。

【作者简介】

陈在谦（1782—1838），字六吉，号雪渔，广东新兴人，嘉庆九年（1804）举人，官清远教谕。选编《岭南文钞》传世。

【注释】

①原载陈在谦《梦香居诗钞》，此转录自苏增慰《惠能的故事》（1989年编印）第21页。②苏增慰注："国恩寺存古代僚族遗下之一具铜鼓，及一套由小至大的三十三只铜锣，这宝贵器物'文化大革命'期间已散失。"③龙山寺：在新兴县城南龙山，亦称"天宁国恩寺"。为曹溪第六祖惠能托生地。

诸葛铜鼓

赵桂生

天威震叠百蛮平，宝器流传蜀相名。腰束双环铜质古，面蟠四兽鼓音宏。沙虫化去鹃魂泣，苔藓埋从碧血生。壮胆一腔悲北伐，丹心五月誓南征。出师泪洒泸江戍，破阵歌传越嶲营。鱼复旌旗森壁垒，祁山烽火照铙钲。纵擒顿扫橑枪落，咤叱频惊霹雳鸣。夜静村鸡闻瓦枕，秋深塞马和芦笙。敲凭獠女迎神曲，击助蕃儿奏凯声。刁斗俘来干户所，錞于献自九丝城。三分鼎革余桑树，八阵图荒长蔓菁。治世何须农具铸，长留法物镇边氓。

【作者简介】

赵桂生（生卒年不详），字媚伯，吴江县诸生。余事未详。

【注释】

①原载清道光九年（1829）修纂并雕版成书的《昭烈忠武陵庙志·艺文》，转录自王瑞功主编《诸葛亮研究集成》（齐鲁书社，1997年版）。②暂列于嘉庆年间。

铜鼓歌（戏作）

赵 翼

南海庙曾见铜鼓，献自林邑番王府。曲律裹头坏其一，其一留镇神祠古。雄观今复得祥金，石绿黛青光溢户。面径三尺围九尺，阳凸阴凹纹可数。彭亨匀列六虾蟆，三足怒蹲努其股。援枹一击奋袖来，头如青山手如雨。空腔不血虚牝涵，蟠腹无喉大音吐。铿鲸幻作灵鼍鸣，想见炉锤烹炼苦。相传葛相南征时，铸鼎象物詟蛮土。得非中有盘瓠魂，收摄喽啰凭乃祖。当年粤帅韩襄毅，悬之戟门肃仪矩。刘显捣巢都掌蛮，获九十三更威武。腐儒宁复慕勋名，铙镯军前效貔虎？惟闻鼓声宏者易千牛，我将富过弦高贾。听人呼作多牛翁，击缶歌呼醉起舞。

【作者简介】

赵翼（1727—1814），字云崧，一字耘崧，号瓯北，江苏阳湖（今江苏省常州市）人。乾隆二十六年（1761）进士。三十一年（1766）冬，出任广西镇安（治所在今德保县城）知府，三十五年（1770）调广州知府，三十六年任贵州贵西兵备道道员。三十八年告假回乡。著有《瓯北全集》传世。

【注释】

①录自华夫主编《赵翼诗编年全集·补遗》（天津古籍出版社，1996年版）第1855页。其《校勘记》云："此篇出自《诗钞》湛贻堂、寿考堂本。"②光绪九年叶钟敏《杨舍堡城志稿》卷12古迹："诸葛铜鼓在城内赵氏质库，面径三尺，高二尺五寸。面鼙相接处四围皆空，有铜蝶六铸连其间。以手略拊之，其声大而洪。瓯北观察于贵州携回，移置杨舍，为镇库器，有诗题咏。咸丰十年寇毁。"③赵翼有关铜鼓的诗句，如《祭南海庙礼成二十韵》："玉书无迹考，铜鼓有声春（吴莱《古迹记》：庙有玉简，今不可考；惟林霭所献铜鼓尚存）。"《关索插枪岩歌》："荒村处处瘗铜鼓（蛮村多铜鼓，皆云诸葛鼓也）。"《追忆宦游陈迹杂记以诗》："粤中铜柱滇铜鼓，占断西南万里天。"

铜鼓歌（用昌黎《石鼓诗》韵为赵观察赋）
张云璈

耘菘先生雅好古，示我铜鼓征长歌。我曾闻鼓今始识，无由数典将如何。地官鼓人掌六鼓，用节乐舞和干戈。鞮人皋陶冒以革，瑕环漆理常莹磨。不闻范金有殊制，此义未免烦搜罗。伏波将军平交趾，归铸马式高巍峨。仪帛谢丁备骨相，卓立宣德依垂阿。彼时骆越得铜鼓，改作不怕蛮酋阿。其名所起昉自此，谓出梁代将毋诃（见宋史绳祖《学斋占毕》）。此鼓形模类腰鼓，通身细镂文如蜾。身高三尺面加博，中脐隐起鸣潜鼍。声洪不比吴郡石，无烦更削龙门柯。雷霆精锐掩耳走，回首壁上看飞梭。当时铸此亦匪易，不知几费登伽佗（南蛮铸金钱如半月形，名登伽佗。见

《唐书》)。铸成广庭大众集，金钗争拔蛮方娥。杀牲高会贺都老，咂酒兢如马饮沱。由来图谱不一载，博物枉自夸宣和。武乡南征亦置此，此中岂必皆同科？三川百粤所在有，冒名诸葛何其多（今皆呼为诸葛鼓）？苗氏得此便雄视，其直可敌千明驼。南海神祠有二鼓，土人考击常来过。一出峒户一浔水，两两相对如相磋。小长芦叟有纪载，坐想鸣应寒潮波。惜哉二鼓未得见，得见此鼓心无颇。去年湖湘滋蠢动，六师所向遑敢他。睢盱万众崩厥角，方物兢献无婡婴。此鼓纵有曷足贵，弃之谁屑为摩挲？錞于之制似先此，古意合供山斋哦。先生拥旄在黔粤，行军更复参鹳鹅。当时未尝有此鼓，薏苡不受谗言那。湖山今养卅年福，寿坚金石无輗轲。花苗打鼓诵公德，歌者岂无曳落河？知公对此怀旧治，努力明德非蹉跎。

【作者简介】

张云璈（1747—1829），字仲雅，浙江钱塘（今杭州）人。乾隆三十五年（1770）举人，任湖南安福、湘潭知县。著有《简松草堂诗集》《简松草堂文集》《蜡味小稿》《归艎草》《知还草》《复丁老人草》《金牛湖渔唱》《三影阁筝语》《选学胶言》《选藻》《四寸学》等，清史有传。

【注释】

①录自《简松草堂诗集》（《续修四库全书》本）卷14。②赵观察、耘菘先生：赵翼。③张云璈诗作于赵翼"湖山今养卅年福"之后，约嘉庆八年（1803）之后。

铜 鼓 歌

欧阳厚均

何人制鼓范以铜，置在南海神庙中。广径五尺其中空，高亦如广脐隆隆，波纹隐约跳蛙虫（一解）。

扣之鞺鞳声铮钋，远数十里听逾洪，不比革鼓鸣冬冬（二解）。

我闻在昔蛮夷风，其大都老众服从。亭悬铜鼓呼獠峒，诸獠闻鼓群相讧。构雠报怨鸣以攻（三解）。

至今山坳或水溁，深夜往往闻铜笼，寻而掘之得其踪（四解）。

世人艳称伏波功，得鼓辄以名相蒙。此鼓款识俱磨砻，世代年月谁能穷？但觉古翠深且浓，嗅之不腥铜质镕，金光射映初日瞳（五解）。

或云鼓昔分雌雄，雌鼓飞入蓬莱宫，独留雄鼓音相通。有时风雨阴濛濛，雄鸣雌应惊蛟龙（六解）。

遂有小鼓制亦工，形模小异而大同。庙巫莫辨如瞽矇，两鼓并列庭西东，年年击之欤祝融（七解）。

【作者简介】

欧阳厚均（1766—1846），字福田，号恒斋，湖南安仁人。嘉庆四年（1799）进士历任户部主事、郎中、浙江道御史等官。嘉庆二十一年（1816）携子侄游广东，多作诗篇，其后结集为《粤东游草》。嘉庆二十三年（1818）开始了长达27年的岳麓书院教学与著述生涯。

【注释】

①录自方红姣校点《欧阳厚均集》第136页。有所校订。

南海神庙铜鼓歌

李銮宣

祝融庙中二铜鼓，合土范金镇南武。大鼓铁索锁四周，径盈五尺围丈五。中脐隐起镂最精，外圜齾缺工难补。铜气蚀尽款识无，点画毋烦辨鱼虎。相传制自新息侯，鞭挞百蛮震聋瞽。雄飞入海雌则伏，留此铿訇贮水府。小鼓形杀五之一，其腹破裂质弥古。金精入冶风伯扇，造化洪炉判良苦。昔年出自蛮家中，节度郑綑移庙庑。撞破世界千余年，砰磕犹疑刚出土。枸簾守护赖丁甲，往往夜深光怪吐。春秋秩礼神降歆，风马云旌簇如堵。一击神鱼逐电飞，再击潜蛟破阵舞。山颓飓母收黑风，浪打龙公撒白雨。援桴催出烛龙珠，海日三更射瑶圃。滇南亦有诸葛遗，具体而微我曾睹。譬如缩本写兰亭，晋帖唐临妙摹模。陆离斑驳纵可观，岂以邾莒敌齐鲁。岐阳石鼓哑不鸣，答腊密须纷莫数。器惟求旧人代更，此鼓洵为鼓之祖。渊渊雅奏出云门，赫赫威棱比铜柱。鸢跕谁招马革魂，夒蟠争炫鸡林贾。时平战鼓久不伐，慑以天威伏强虏。群流之赴川委输，射涛底用三千弩。韩碑薛碣文字奇，珍重铜钲配琼琚。南讹平秩年屡丰，不逢不若灵斯祜。优钵花开水啮矶，波罗叶大云生础。鼍鸣应节潮欲来，门外长风送楼艣。

【作者简介】

李銮宣（1758—1817），字伯宣，一字凤书，号石农，山西静乐县人。乾隆五十五年（1790）进士。嘉庆二十年（1815）二月，由直隶按察使调任广东按察使；十二月，迁四川布政使；二十二年九月，擢云南巡抚，未赴任而卒。著有《坚白石斋诗集》传世。

【注释】

①录自《坚白石斋诗集》（嘉庆刊本）卷13。②作于嘉庆二十年（1815）秋祭南海神庙之时。③同卷《羊城咏古四首》之二："铜鼓铜船蚀薛苔，瘴天遗庙郁崔巍。黎岐终古尸新息，越律千秋铸汉煤。不信封侯伤薏苡，宁须图画上云台。马流尚有神孙在，荔子丹时奠酒来。"

五千卷室铜鼓歌（同吴丈榕园李丈金澜作）

马洵

古铜一器形圆弇，茶腊色黝工镂雕。螺文钱文互缜密，生沙活翠精光僇。圆平厥面束其腰，旁著耳环异可挠。测以虑俿皆中度，三尺之径四尺高，体同绣墩空其下。面类玉镜中微颐，仰则如盂偃如盖。非铎非镯非錾簋，叩之音响异钟磬。砰訇吰韹声嘈嘈，霜侵雨剥千百载。不寬不窳长坚牢，云雷周匝土花碧。惜少字画羲文爻，流传云是汉铜鼓，鸱张犷狌蛮狸獠。夷俗不知教礼义，惟以强富夸雄骁。不贵金玉贵铜鼓，争购价易千牛饶。几向阴山采精鋆，三十六炉齐镕销。当其创成集同部，男女杂还罗腥臊。绣罗襦样孔雀尾，花鬘髻插山鸡毛。蛋女项珠光夺目，马郎耳鑲珰垂髾。钩藤酒熟熊胹炮，交裙揄袂猥欤呹。宾宴祭享及攻击，用挝此鼓相招要。稽之史册所载记，吾家罃铄翁始谣。后来武侯亦继讨，当时夷众犹桀骜。二百年中竞战伐，威扬峒岛麾旌旄。象阵犀军利冲突，鱼丽龙膝腾纷超。铙鼓声喧震林箐，狼奔虎骇麋麚逃。运奇策胜前后异，输诚归化功同昭。群獠罗拜献重器，珠络若鼓锦屩包。或经归载铸马式，或制锅釜行军操。老臣用意具良厚，是足以厌蛮夷骄。天水之世田洪辈，后先贡献来迢遥。宣和秘阁珍什袭，重之奚啻如琅璈（宋乾德四年，南州进铜鼓内附。下溪刺史田思迁亦以铜鼓、虎皮、麝脐来贡。见《宋史·西南诸蛮传》。又：淳化元年，洪酆卒，其弟洪皓袭，称刺史，遣其子淮通来贡：银盌二十、铜皷三面、旗一帖、绣真珠红罗襦一。见《宋史·南丹州蛮传》）。圣朝不宝异域物，弗责寶赕输蛮郊。流转民间任藏弄，付与词客歌长谣。此鼓鞍鞯谁所赠？西隆刺史陇西苗（鼓系李云飙别驾大晋摄西隆州时所购）。何烦簨簴雕梩业，聊架柽木紫梨槽。赖尔催诗代击钵，擘笺蘸墨挥羊毫。录异曾经刘恂记，集古未逮欧阳钞。裴周范陆皆考据，丛编翻阅神为劳（刘恂《岭表录异》、范成大《桂海虞衡志》、周去非《岭外代答》、陆游《老学庵笔记》、裴渊《广州记》，皆详载铜鼓事）。作歌略拟升平颂，兴发浑忘枵腹枵。铜鼓虽非石鼓比，诗胆直欲凌韩豪。

【作者简介】

马洵（生卒年不详），字伯泉，号小眉，浙江海宁人。由监生捐授道衔。工诗词，善鉴赏。《两浙輶轩续录》卷37收录马洵诗篇，作者小传引钱泰吉语:"小眉书学山谷,诗亦近之。与嘉兴冯柳东登府交谊尤密,所作互相商定。小眉得伏波将军铜鼓,柳东偕同人歌咏之,各出奇思以相角。论者谓小眉才力亦足自树一帜,与其从父古芸舍人先后主盟骚坛,无愧也。"其《五千卷室诗集》5卷,道光二十六年刊。

【注释】

①录自《五千卷室诗集》(《清代诗文集汇编》本)卷3。②吴丈榕园:即吴应和,号榕园。马洵与之有深交,屡屡见于诗集。吴应和编《浙西六家诗钞》,请马洵同纂。吴应和又汇编诗集《五千卷室铜鼓倡和》(不分卷)。③李丈金澜:即李遇孙,系马洵的姑夫。李遇孙(生卒年不详),字庆百,号金澜,浙江嘉兴人。博通经史,平生尤精文字训诂及经石之学,著述宏富。有《尚书隶古定释文》《芝省斋碑录》《金石学录》《括苍金石志》《天香录》《芝省斋随笔》《芝省斋吟稿》等。吟稿中有与马小眉交谊之作,而未见其铜鼓诗。④李云骦别驾大晋摄西隆州:即李大晋,字云骦。以通判(别驾)代理西隆州(治所在今广西隆林县)知州。余事未详。

伏波将军铜鼓歌（为马小眉洵赋同吴丈应和叶溉吟枚）

冯登府

观察伏波之孙子,嗜古无殊欧阳公。酒酣为客陈铜鼓,流传云是瞿铄翁。当时下濑师雄出,手挥汉日张珊弓。千屯鸢跕毒雾黑,万骑雷动刀光红。壶头形险凭米聚,立柱特表天山铜。西南幺麽那敢逞,赤伏俄奏中兴功。功成诸酋受汉约,舁曳铜鼓降元戎。此鼓一面千牛值,千八百岛争豪雄。彭亨豕腹气煜煜,瞠突鱼目光熊熊。面如辰鉴黝以廓,腰如庚壶圆而融。纹如秋瓜沉水碎,色如腊茶浮杯浓。中央四旁蜗文各异状,蟾蜍花鸟水兽一一雕玲珑。其重廿斤高三尺,量以虑傂古尺形模同。当其制成军门献,镕饰亦藉攻金工。蓝胡三月当春风,弹娘十五舞蓬松。雉毛丫叉颈珠络,踏歌骑脾携妖童。甲申丛部齐罗拜,雷挝霆击惊镗鞈。一鼓再鼓节军奏,愿将悃诚答苍穹。天戈遂使骆越震,铸为马式贡九重。奇勋何为遭薏苡,烦冤莫呼钧天聋。后来南阳奋英武,纶巾玉骑炎荒穷。钟簴未复井火灭,原头已告将星终。英雄徒洒铜仙泪,神物零落随蒿蓬。相传南海东西庙,金精曾溯圣王洪。其余武库有二鼓,一乃献自唐僖宗。红棉万树环琳宫,天鸡夜半寒潮通。蒲牢不鸣鼓自应,阴风黑雨惊蛟龙。一从灵蛙遭盗劫,神鬼失守埋蛮峒。陇西刺史有奇癖(此鼓得之西隆刺史李公),载归脱赠珍幪䍸。君今款段居乡里,雅歌投壶何从容。瓦盘贮酒劝客醉,无烦豪宴椎牛供。油窗划烛坐论古,五千之卷撑心胸。聊以此鼓代击钵,诗成笔阵摧霜锋。鼓兮鼓兮,时平不复用,但令化为吷蛤恒报丰年丰!

【作者简介】

冯登府(1784—1841),一作登甫,字云伯,号勺园,又号柳东,浙江嘉兴人。嘉庆二十五年(1820)进士,改庶吉士。散馆,授江西将乐县知县,不久以亲病去官。服阕,官宁波府学教授。为金石家,擅文史考据,著述等身,有《三家诗异文疏》《闽中金石志》《金石综例》《论语异文疏证》《石经阁集》等著作。《冯柳东先生年谱》记载,冯登府于嘉庆二十一年"馆马小眉五千卷室"。

【注释】

①录自《小檇李亭诗录》(道光刊本)卷1。《拜竹诗龛诗存》卷6亦录此诗,题为"伏波将军铜鼓歌为马小眉赋"。首句云:"马君伏波之孙子",与此诗小异。②叶树枚(1767—1824)。字溉吟(又作改吟),吴江人,著有《改吟斋诗集》《烬余什一》《甬游草》。③虑俿:汉初建虑俿尺。

铜鼓歌（岑邑有三铜鼓，一在文庙，二在南渡邓公祠）

黄承吉

明时乐教授，我朝金中丞，当时各见二铜鼓，谓是宝气今出腾。岂知此器粤多有，我来一叩三呔噜。流传漫说南征始，巧制非关伏波美。骆越由来自古夸，豪家竞作辉闾里。旧闻苍梧十数戎府中，距兹百里光华通。星罗棋列状态古，摩挲自是千年铜。遐方异物何堪荐，错杂春秋气交战。金声不涉钟铿鸣，大乐同和亦参变。蛮烟瘴雨祠庙低，山间震荡宜鼓鼙。顾此朝晡事攂击，清扬颇觉砰云霓。腰纤面侈中空冒，碎齿轻纹妙难织。盘旋鼍龟如欲行，不窥全完绿沈色。风中遥听当何音，视彼狒宾之铁如可寻。异乡铿鞳不称耳，空庭往复惆我心。狸獠当时佐歌舞，浸成风俗留于今。笙竽为匏木可代，八音假借非滥淫。盛世包容广搏拊，何须立马镕南金。

【作者简介】

黄承吉（1771—1842），字谦牧，号春谷，江苏江都（今扬州）人。嘉庆十年（1805）中进士，十一年摄岑溪县（今广西岑溪市）县令。旋以事归里，读书著述不息。工诗古文辞，兼通历算。著有《梦陔堂文集》《梦陔堂诗集》等传世。

【注释】

①录自《梦陔堂诗集》（《清代诗文集汇编》本）卷12。②作于嘉庆十二年（1807）。③岑邑：岑溪县。④邓公祠：在岑溪县城西南十里的邓公山山麓。

铜 鼓 歌

张　鉴

楂楂乳鹊鸣花尖，主人睡起钩疏帘。竹炉声小打门急，如牛喘月来长髳。
沿阶异至一铜鼓，苔斑未洗蜗涎粘。云雷交互光黡黡，荇藻剥落波灙灙。
耳蟠科斗手敢摸，年讵马鼠唇先箝。岂有生沙与活翠，雨淋日炙知相兼。
粤有溪峒有都老，珍逾珠玉难窥觇。榖觫千头换未易，高会胪列中心忺。
画衣蛮女髻一尺，扣以钗脚开香奁。木棉花红酒初熟，马肝羊胃群啖嗛。
有时鼓声涩不起，鹰眼四射枭音哃。白马祠前雾昏黑，绿郎庙外云苍黔。
刀横剑直力如虎，三挝不竭师宁燖。此鼓浮沉浩灰劫，谁扛千里归茅檐?
昔日将军建铜柱，交趾充贡咸嬉恬。鲁班门边式金马，曾销万面宁敢谵?
古人一事寓经济，小儒不识舌互磏。太元三年下丹诏，膏肓大吏加针砭。
辇钱入獠充鼓铸，行若驵侩奚能廉？于今害铜兴江左，鹅眼盈篋忧心恔。
算除金器更奁镜，刻泥滥用宜髡钳。矧复击时乱雅乐，诗筒宁便矜邮签?
昨闻朝报禁赤仄，会碎此鼓投炎炎。

【作者简介】

张鉴（1768—1850），字秋水，号春冶，浙江乌程人。嘉庆九年（1804）副贡生，曾任武义县教谕。阮元抚浙，与同里杨凤苞、施国祁皆被聘为诂经精舍讲席，成为阮元《经籍纂诂》等著作的纂修者。著有《冬青馆集》传世。

【注释】

①录自《冬青馆乙集·劳薪集》（《续修四库全书》本）。

铜鼓歌（为赵芸酉孝廉作）

方履籛

蛮獠奔突如骇鹿，飞首雕题满川谷。砰訇一声震四野，争听鼓声集鼓下。狪人铸此为雄渠，千牛不敌青蟾蜍。雷回花篆无文字，精奇不辨何时制。我闻伏波南征矜始得，镕鼓铸作铜马式。乃知此器出自秦汉间，珍异已在东京前。大者文渊小诸葛，盛名强附皆儳言。日南太守越装少，溪洞居然不爱宝（瓯北先生守镇安时，得一鼓以归）。草堂世守有文孙，遍示同人征丽藻。霜钟远动酒未倾，蛮金戛似鲸鱼鸣。恍传趷趷飞鸢曲，都作锵锵铁骑声。铜鼓滩中曾击楫，惆怅当年郁林石。陌头赛舞几春秋，我独摩挲三叹息。

【作者简介】

方履籛（1790—1831），字彦闻，江苏阳湖（今常州）人，寄籍顺天府大兴县（治所在今北京市大兴区）。嘉庆二十三年（1818）举人，官福建永定、闽县知县。著有《万善花室诗集》《万善花室文稿》《金石萃编补正》等。方履籛曾游历广西，并留下多篇诗作。

【注释】

①录自《万善花室诗集》（《清代诗文集汇编》本）卷4。②赵芸酉：赵申嘉，字芸酉，阳湖人，赵翼的孙子，嘉庆二十一年（1816）举人。③瓯北先生：即赵翼（见前简介）。④有关赵翼在镇安府所得的铜鼓，参考钱泳《履园丛话·阅古》的记载："铜鼓形如坐墩，中空无底，扣之有声，面圆而多花纹，其上隐起，有四耳，作蛙黾之状，无铸造年月字样。有径二尺余者，有径尺许者，亦大小不等。余生平所见，不下三四十枚。惟晋陵赵瓯北先生家所藏一枚为最大。今云南、四川、广东西俱有之。国初赵秋谷有《铜鼓歌》，朱竹垞有《铜鼓考》，谓皆出自诸葛孔明所铸，其实非也。"

南海神庙铜鼓歌

何 梅

南海庙前铜作鼓,土花斑驳纹何古。月黑时时闻蛉声,天阴忽有神光吐。忆昔岭南地卑湿,前人作之镇此邑。金精火液共铸成,老龙瘦蛟翻海立。鼓之不觉风怒号,夜深往往鬼神泣。古物摩挲千百年,龙宫虎穴多变迁。即今珍重同九鼎,神前常令鼓渊渊。

【作者简介】

何梅（生卒年不详），字俊人，号友雪，广东香山县人，嘉庆时太学生。著《思过堂诗钞》。

【注释】

①本诗录自（清）黄绍昌、刘燨芬纂辑《香山诗略》卷7。

铜鼓歌（并序）

宋之睿

冯子心庄在滇徼购得铜鼓，高二尺许，阔亦如之。腰缭曲而微凹。上有蛤蟆四，失其一。两旁有耳，亦缺其二。考唐贞元中，骠国进乐有玉螺铜鼓，似蛮中皆有之。或又谓伏波与武侯征蛮时所铸。世远年湮，传闻不一。然皆数千年物也。嘉庆丁丑二月，属予作歌，以纪其事。

玉螺铜鼓埋地底,雷轰电掣不能徙。一朝流响出山来,触天万丈光芒起。丹崖冯子今张华,平生嗜古如嗜痂。滇徼万里得铜鼓,索歌同辈争相夸。我爱鼓圆如拱璧,外突中空腰凹窄。蛤蟆剥落四耳碎,蚀尽莓苔添绀碧。奏来不似逢逢鼙,并无年代堪抚摩。掘出不在临江地,博物亦未识何器。想是曾经古战场,夜伴刁斗朝刀枪。何代军中遗此物?寂寞竟在蛮荒藏。我闻马援与葛亮,先后都作征蛮将。交趾采来骆越铜,铸以洪炉巧为样。班师当日偶相抛,销声匿迹如潜蛟。养晦千年埋不住,飞声欲向雷门诉。呜呼此鼓兮,可惜不遇祢正平,掺挝另演渔阳声。可惜未逢苏玉局,石鼓之外谱新曲。今乃持笺索我吟,我惭名作多如林。纵刻桐鱼不敢扣,与鼓毕竟非知音。独有冯子称淹贯,日设瑶斋供把玩。鼓兮鼓兮,莫叹赏音稀,自有蔡邕能识焦桐爨。

【作者简介】

宋之睿(生卒年不详),字圣阶,号思堂,永宁县人,嘉庆六年(1801)贡生。曾任永宁蓬莱书院山长,署河南知县,充道光二十九年(1849)乡试同考官。著有《懒泉书屋诗稿》传世。

【注释】

①录自《懒泉书屋诗稿·定水闲居集》(《清代诗文集汇编》本)卷9。②嘉庆丁丑:嘉庆二十二年(1817)。③冯子心庄:冯某(未详名讳),字心庄,号丹崖,秀才出身,好搜集收藏古器(今仅据此诗及下诗推知其点滴,余事待考)。

诸葛铜鼓歌(为冯心庄茂才作)

严学淦

象雷发声鞭以风,水上奋击天关通。灵夔草制老鼍嚗,四百六十七山精,冶跃出如长虹。征蛮节军声,抚蛮镇蛮地。蛮部相传为宝器,易牛千头不足多,乃以大长自娱同尉佗。汉时魁叟七擒纵,遗孽都蛮阿大犹操戈。四金蟾蜍碧眼磨,虬琶水濯青铜螺。蟠螭刻鹭互森竦,西踞罗施鬼国南及骠信连牂牁。侯之威灵犹震叠,九十三面军中一齐列。化碧蛮奴衅,两头参三觜一妖星灭。纷龙骇凤何豪奢,散布宙合争矜夸。青山峰头白雨点,吹云打耗欢声哗。破阵歌翻太平乐,兜傝笑舞鼙鼙挝,芦笙箻管杂还和。麝脐酒泼香椰花。於乎!铜山倾时洛钟哑,老奸挟櫜铜台下。安得撱挏发擂三百通,搥破邺都飞雀瓦。不然付与军司马,蜀阜冈头国山野。黄檀杖击破空来,吴鼓掀翻髯血洒,侯应奠鼓陈洗东。勋渤解梁老龙,涿州玄豹于其中。常山巨蟒鼓胡奋,西凉驹子援桴攻。朔鼙前驱应,鼙后长沙虎毋呼。丰隆镇以赤伏符,合以黄钟宫,渊渊振旅旌侯功。毕侯吞吴灭魏出师志,此鼓那复鸡娄猎羯剥蚀槟榔红。苦竹枪沉袖铠失,铁帽摧残石弩出。蒲元刀没水绉纹,丙穴鼎镕山剑漆。信如此鼓良足珍,不随铁锅瓦枕飘千春。慎勿携来弥牟镇与鱼复,惊起风云蛇鸟蟠钩陈。

【作者简介】

严学淦(生卒年不详),字丽生,别号海云堂主人,江苏丹徒人。嘉庆九年(1804)举人,官至湖南武冈州知州。著有《海云堂诗钞》《海云堂文钞》传世。

【注释】

①录自《海云堂诗钞》(《清代诗文集汇编》本)卷9。②四百六十七山:《管子·地数篇》:"出铜之山,四百六十七山。"

铜鼓歌(为商宝意先生赋)

吴尊莱

两粤山川多铜鼓,伏波所作瘗蛮土。土人掘地每得之,渣汁销融形制古。面蒙纯绿鹧鸪斑,腰簇微斜蝌蚪缕。非铙非镯发鲸铿,若蘷若皋悬树羽。腾空奇响夺将出,裂地一声应风雨。金精不朽郁欲宣,翠色生新润堪抚。岳底干将世并惊,岩中太璞人同取。先生昔守粤西郡,云购此鼓从田父。政余剔藓自摩挲,享客诗成奏堂庑。物情显晦固有神,必逢真赏方能聚。君不见矇瞍逢逢正奏公,柔远修文休用武。

【作者简介】

吴尊菜(生卒年不详),字橡村,会稽人。事迹不详。嘉庆十二年(1807),李秉绶摹刻刘仙像并赞跋于桂林南溪山刘仙岩,其后有张鹏展及橡村吴尊菜题词。邓显鹤《吴橡村诗集序》:"往客桂林,与李松甫比部谋刻《韦庐八家吟侣》。八家者:会稽杨祖桂石帆、吴尊菜橡村,高密李怀民石桐、宪乔少鹤、临桂朱依真小岑、宁乡陶章沩季寿、合松翁与余及欧阳硐东凡八人,皆先后主松翁家……"张九钺《吴橡村《闽粤诗集》序》:"会稽吴子橡村所著《粤游诗集》,余于丁酉春出粤时读而序之。嗣闻吴子客闽,转客粤西,又转羊城……"

【注释】

①录自阮元辑《两浙輶轩录》(《续修四库全书》本)卷26。②商宝意:商盘,见前简介。

铜鼓亭歌（为梁接山太守赋）

高凤台

君不见龚州刺史萧直方,携归铜鼓舍佛堂;又不见广州太守欧阳頠,偶得铜鼓献庙廊。未闻竟入宦囊贮,万里舁行忘险阻。一之已甚识者希,何况雌雄列八鼓。接山先生嗜古深,四壁盘鼎兼球琳。鼓制必考汉以上,诗咏其镗疑至今。前有伏波后诸葛,纷纷流闻耳徒聒。岂知骆越早著名,南史蜀书都欠括。五溪犵狫情颇豪,易鼓不惜千肥牢。芦笙合奏沙锣沸,伐之訇訇鸣如鼛。当其红炉出新铸,蜡幔争摩酒齐注。獠女叩以金银钗,须臾俱掷鼓前去。迩来蛮性最调驯,未敢私敲鼓召人。寨主绝呼都老少,扁舟载出粤江滨。闲亭位置成清玩，花草虫鱼斑历乱。就中两鼓制更精，山字凫形迥然判。先生官声等鼓声，政化远被边疆氓。为尔獞猺震聋聩，瘴云蛋雨开晶莹。一朝息响湖山畔，雄谈人作春雷看。危亭八角日夕临，摩挲不觉名心淡。往岁倾樽示座宾，亭名入眼一番新。征歌半是渔阳调，要听鼍逢动鬼神。

【作者简介】

高凤台（生卒年不详），字越槎，一字月坨。浙江山阴（今浙江绍兴）人。嘉庆十二年（1807）举人，官内阁中书。工诗，著述有《十三经逸文》《四书别解》《五代诗存》《金元诗选》《国朝古今体诗偶钞》《书画舫文集》《书画舫诗集》《书画舫时艺》《二十四孝别录诗课》《古今体选试帖诗课》（三集）等（多未见刊行）。

【注释】

①录自潘衍桐《两浙辅轩续录》（《续修四库全书》本）卷24。有所校订。②梁接山：梁宝绳（1762—?），字接山，号苕园外史等。钱塘县人，乾隆五十一年（1786）举人。嘉庆年间先后任庆远府、太平府知府。嘉庆二十一年（1816）三月在桂林叠彩山摹刻《景风阁》诗。嘉庆二十五年离任太平知府，带铜鼓回老家，建铜鼓亭。

诸葛武侯铜鼓歌

沈 燮

此鼓不用桐鱼击，声大而远来西粤。中边旗戈势森列，云是武侯军中物。公昔五月将天兵，军行铸鼓下六丁。茎山之铜粹以精，阴阳炭炽洪炉青。硎然跃出彪其形，非鼓人鼓钲人钲。一鼓声聚百雷霆，七十二鼓援枹鸣。先声所至群蛮惊，一鼓再鼓南方平。回师北伐无坚城，巍巍铜龙门，奕奕铜马式，盛时声灵慴万国。王业不偏安，汉贼不两立，鼓行祁山师六出。师出中原克期定，如铜山崩齐响应。谁言有志事竟成？未绝鼓音大星陨。微公汉祚谁能延？谯周多寿宁非天。箧中羽扇蛟龙缠，木牛不复随行闲。铜鼓铜鼓亦流落，世震大名多赝作。好奇得之重玛瑠，一似裴公宝铁钱。我乡严生精鉴别，一真足以敌伪百。摩挲的是公手泽，尽瘁精诚于此积，古色绿似成都桑。丁宁著面星含芒，元精贯中声不死。击之可以排天阊，巾帼之徒持布鼓，雷门流汗走且僵。如令后主得中主，何难混一追宣王？堂堂十鼓镌岐阳，谁遣阴平逾邓艾？遗恨茫茫阅人代，我今见此欲下拜。作渔阳挝亦愉快，铜雀铜驼复何在？

【作者简介】

沈燮（生卒年不详），号五亭（一作午亭），归安（今浙江湖州）诸生。生活于嘉庆道光年间。著名画家，著有《桐响阁集》。

【注释】

①本诗录自潘衍桐《两浙輶轩续录》（《续修四库全书》本）卷29。

铜 鼓 歌

程含章

铜鼓孰似波罗奇，大小各一如钟彝。束缚其腰郭其耳，空蒙其腹隆其脐。摩挲苍润气欲湿，金精莹澈光陆离。大者得自唐太守（林霭），径可五尺高半之。络索连钱起斑驳，波纹鱼藻纷离披。六蛙飞尽浮轻翠，间杂硃砂青紫芝。小者四尺出浔水，番奴巧窃金蟆痴。其声稍石色纯绿，春水翩翩鹦鹉姿。斜纹细縠互盘结，隐隐八卦排坤维。两鼓悉是千年物，赤菫精气萃在兹。仲春坎坎乐神听，闉輵铿鎗如雷鎚。或传此鼓浮海至，大者雄在亡其雌。阳镌明载伏波字，其为汉物夫奚疑？南溟海岛半龙窟，无以制之皆天池。伏波望气瘗金宝，功同神禹挐支祈。英华不肯常埋没，往往跃出深山溪。高田文岭博白县，廉塘雷庙罗旁祠。炎峤铜鼓亦恒有，所见异辞闻异辞。祝融海神制海怪，斯鼓位置尤得宜。揭来海贼曾一本（嘉靖间事），神物岂任偷儿移。我欲焚香三百击，尽驱魑魅囚涂泥。

【作者简介】

程含章（1762—1823），字象坤，号月川，云南景东人。乾隆五十七年（1792）举人，官至巡抚。长期在广东为官，对广东文教的发展，贡献甚大。著有《月川未是稿》传世。

【注释】

①录自《月川未是稿》（《清代诗文集汇编》本）卷2。②此诗系为南海神庙铜鼓而作。

铜鼓铸为马式赋（以"得之交趾，事载汉书"为韵）
熊士鹏

稽陇西兮名贤，征日南兮绝域。何么么兮暴狂，抗矍铄兮智力。弗献白雉兮白菟，爰讨徵贰兮徵侧。日本之刀兮靡铦，荷兰之剑兮罕克。羌骆越兮有光，值铜鼓兮骤得。当隗嚣鸣镝于天水兮，孙述援枹于蜀夔。延岑不绝乎鼓角兮，董宪妄动夫鼓鼙。尤来大枪兮击鼓对垒，高湖重连兮息鼓偃旗。以及铁胫铜马，青犊赤眉。阗阗渊渊之声，凡千百数辈莫不环而相持。卒之舂陵望气，白水来思。系天运之有定兮，觉帝王之如斯。刁斗不闻于黄冈兮，鼙槊远出于龟兹。羌笛直逃乎鄯善兮，哀笳绝臂于月氏。既择君其若此兮，将舍汉而奚之。尔乃驰天马，跃蒲梢，执镯铎，鸣金铙。过苍梧而扬旆兮，指零陵以张弰。望合浦而鼓浪兮，阚楼船以如虓。天戈所麾，罔敢与交。百蛮授首，九真捣巢。槃瓠去其搏噬，猰貐灭其炰烋。

象林受其清廓，徼外遭其击掊。亦既牧马奕奕，幕乌咬咬。金錞日静，凯歌罔淆。嗟此鼓之何为兮，乃既得之于交趾。岂如搜于岐阳兮，无鱮柳之可纪。岂如啮于临平兮，奚鱼桐之足捶。岂如圣木兮出于始兴，岂如夔皮兮跃于海水。岂如鼍鼓兮逢逢若斯，岂如馨鼓兮冯冯乃尔。麻料殊形，蕴应异美。雷路鲜闻，灵晋奚似。韡人不知其名兮，鼓吏安施其箠。既赑屃以负来，亦摩挲而称异。揭河鼓于穹苍兮，鸣天鼓于山翠。拟铜狄以叹年兮，宁铜驼而下泪。异铜壶之漏清兮，岂铜瓶而花坠。铜盘响兮洛钟谐，铜人承兮霄露腻。铜埒布兮宝马驰，铜钲悬兮朝旭至。繄为鼓兮属谁，于取义兮奚事。类丰城之久埋兮，何雷门之骤致。俨兮若登闻而敢言见奇，恍兮若密须而分封为瑞。爰考南州，博观纪载。蛇箭毒锋，象皮坚铠。黎弓以藤弦兮利戎，猺弩以编架兮成队。蛮鞭如竹根兮挺生，峒刀如鸥尾兮长佩。或卢沙类箫兮纵横殊态，或胡卢为笙兮音节如碎。或铳鼓植地兮独捶，或腰鼓画花兮胥爱。孰若此铜鼓者，舁行而前，手拊而退。四角蟾蜍兮何工，满腔花纹兮犹在。将欲简简乎宗庙之中，将欲考考乎殿陛之内。将欲嘈嘈乎管弦之林，将欲喤喤乎军旅之塞。铸于何人，创自谁代？古物虽存，蛮乐云废。既未足掺乎渔阳，亦岂能同乎盘敦？伏波乃顾而嘻曰：是铜鼓也，狸獠悬庭，子女来观。金银为钗，酒殽盈案。环叩弗休，哄闻始散。何如天地为炉，阴阳作炭。消鎏其金，举火于爟。脱胎于骍骝，成形乎骅骝。追风如飞，奔电如烂。流星如箭，逐月如翰。目欲满而光，腹欲充而悍。臁欲小而坚，肋欲长而贯。唇牙欲剑锋而加铦，膝蹄欲方厚而宜锻。汗沟欲深长而有余，肘腋欲开张而不断。西河见而回眸，东门顾焉亟赞。仪鞯与帠齿俱全，谢髻共丁身交灿。既毁铜鼓于南交兮，遂立马式于东汉。岂御欸段之马兮，弗乘下泽之车。采铜产于昆吾之麓兮，标铜柱于林邑之墟。马革容裹，鸢跕靡舒。浪泊安处，西里长居。蒸潦雾而不恤兮，佩金紫其谁如。曾飞羽而驰檄兮，亦磨盾以草书。无何下隽迎击，临乡见鉏。壶头病伏，薏苡谤虚。劳不及赏，死而见疎。窃怀古而眷慕兮，旋掩卷而欷歔。倘新息之复起兮，具可封乎狼胥。哂雕题兮凿齿，同幕燕兮釜鱼。辄据鞍而顾盼兮，宁曳足而篷篨。思鸣鼓而前进兮，愿执鞭以先驱。

【作者简介】

熊士鹏（生卒年不详），字雨溟，号鹄山小隐，竟陵县（今属湖北省天门市）人。嘉庆十年（1805）进士。官武昌府教授。著有《雨溟集》《鹄山小隐集》。《晚晴簃诗汇》卷107蒋祥墀《望衡图为熊雨溟题》："先生饱读书五车，磊落胸藏天地庐。诗笔纵横一万里，山川览胜神蘧蘧。讲学武昌十五秋，闲来携酒登南楼。"

【注释】

①录自《鹄山小隐文集》（嘉庆二十年刊本）卷1。《历代词赋总汇》清代卷16册第1561页亦录此赋。②此约系应试文。同类另有何维畯《马援得骆越铜鼓乃铸为马式赋（以"表日行地莫如马"为韵）》（光绪十四年刊本《沅湘揽秀集》），此不辑录。

铜 鼓 歌

王文诰

峒人范鼓鎔精铜，水土错出纷蛮中。波罗庙鼓声最著，大小各一陈西东。圆径丈深三尺五，小略杀之遗轨同。两耳络索麇脐突，束腰刓下形虚盅。羲画周天泄灵闷，阴阳剥蚀文磨砻。金精跳跃失蛙黾，爬沙叉影留泥鸿。水縠纹多淬轻碧，鹧鸪斑退唬残红。苔花滴翠耀钱采，光杂土雨青濛濛。簨虡崇牙类周制，铜丸搏拊音相通。鼓人四金镯难节，鎛师次击钟未终。閭鞈铿鍧鼍蛤叫，五声无当非逢逢。海滨浪说革痺缓，鼛鼛不可坚战功。伏波南征铸骆越，腹有款识镌摹工。我辨两鼓率傅会，摩挲四市光气充。蜀铜勒铭此不具，强援铜柱标奇功。鼓一牛千值相等，一鼓作气千牛空。都老角胜斗奇丽，茂先底用剖鱼桐。金银大钗昔所叩，后乃闇寂藏神宫。应潮倏歘风雨集，大声挞伐来丰隆。便令雌伏狮子海，自鸣间复和其雄。浔州鼓滩断灵响，犊背遥指传村童。郑林所献未足据，但取振聩惊顽聋。有时一鸣乐神听，海水滚滚号长风。罗浮石楼两神鼓，与之齐寿无终穷。

【作者简介】

王文诰（1764—?），字纯生，号见大。仁和人，故居南园在杭州皮市巷杭州十中。客粤三十年。著有《韵山堂集》《二松庵游草》，以《苏文忠公诗编注集成》著名。

【注释】

①录自《韵山堂诗集》（《清代诗文集汇编》本）卷2。②此诗系为广东南海神庙铜鼓作。③鏚，《集韵》："披庚切，音磅。炼金也。"

铜　鼓

陆文杰

古殿留铜鼓，摩挲半藓斑。面宽蟠四兽，腰束系双环。气壮泸江水，声宏越巂山。至今遗旧制，犹自镇南蛮。

【作者简介】

陆文杰（生卒年不详），字敏斋，浙江山阴人。官昆山县丞。著有《松月山庄诗钞》（有道光六年刊本）。《听雨楼随笔》记载其事迹，其中卷6谓："山阴陆敏斋（文杰），放翁二十一世孙，幼随父宦蜀，游边徼。有《松月山庄诗集》。"

【注释】

①系《武侯祠杂咏》四首之一，原载《昭烈忠武陵庙志》卷5，此转录自王瑞功主编《诸葛亮研究集成》第1284页。②严永华《武侯祠》诗："百蛮风俗留铜鼓，一代勋名本布衣。"

铜鼓（并序）
史善长

南海东西庙皆有之。东庙者径至五尺五寸，高有其半，俗谓洪圣王旧物。蔡如松作《怀古诗》尝辨之云："铜鼓之说，出《隋书·南夷传》：夷人酋长好铸铜鼓，有事击鼓，夷人尽集。女子首饰尽戴银钗，取钗击鼓。"蔡之说止于此，殊不知虞喜《志林》已载："建武二十四年，南郡男子献铜鼓，有铭。"又《后汉书》："马援好骑射，善别名马。征交趾，得骆越铜鼓，乃铸为马式以进。"则知铜鼓在后汉光武时已为希得，所以有南郡之献，非止见于隋时也。今庙中之鼓，自唐以来有之，《番禺志》已载其制度：凡春秋享祀，必杂众乐击之以侑神。又府之武库亦有其二。其一，盖唐僖宗朝，郑续镇番禺日，高州太守林蔼所献。初因乡墅小儿见鸣蛙之怪，遂得于蛮酋大冢中，事见《岭表异录》。在唐时既能为怪，则至今不知其几百年物矣。鼓形如腰鼓，而一头有面，制作精巧，所谓铭志，绝无有也。只周遭多铸蛤蟆，两两相对，不知其何意。

蛮酋铜铸鼓，鼓击众跄踉。遗落南交外，斑斓法坐旁。神奇姑妄听，岁月故难量。安得比石鼓，斯文泽最长。

【作者简介】

史善长（1768—1830），字春林，浙江山阴（今绍兴）人。父游幕至粤，遂占籍番禺。曾任余干知县。善作诗，与同时吴嵩梁、恽敬唱酬甚勤，恽敬称之为"七十二同宜，诗人第一"。著有《味根山房诗钞》《轮台杂记》《东还纪略》等。

【注释】

①录自《味根山房诗钞》卷8（《清代诗文集汇编》本）。②诗前序记，多同方信孺《铜鼓》诗序记。③序中"乡墅小儿"之"墅"，当为"野"字。

诸葛铜鼓歌

姚 椿

汉家四百年神物,宝鼎金刀去飚忽。空余铜鼓震蛮荒,万里威灵说诸葛。武乡攻心定至计,先靖南方方北伐。荒郊星陨竟班师,声罪中原逃仲达。天生奇才仅小用,太阿莫邪付鸡割。流传此鼓形绝奇,四耳衔环贯绳掣。破空一声雷奋吼,入地千年震驳啮。峨眉山高江水深,照彻忠心洗顽血。森严刁斗辅军用,气慑獠夷功不杀。丞相长屯八阵云,蛮奴自跳三秋月。昔闻伏波靖交趾,异乐惊人来骆越。任说银钗击洞苗,终看金马朝天阙。请从建安溯建武,回首兴亡易呜咽。语君莫作渔阳挝,不待鼓终应碎裂。

【作者简介】

姚椿(1777—1853),字子寿、春木,自称樗寮病叟。江苏娄县(今上海松江)人。著有《通艺阁诗录》《通艺阁诗续录》《通艺阁诗三录》《通艺阁文集》《万里图述》《望云集》等(后合辑为《樗寮先生全集》42卷)。

【注释】

①录自道光咸丰年间刊本《樗寮先生全集》之《通艺阁诗录》卷1。②嘉庆年间作于四川成都。③其《虚园》诗:"忽听桂林铜鼓激,倦魂未觉壮心违"。

(五)道光年间

铜 鼓 歌

叶申万

正月开韶日十五,大家入庙观铜鼓。摩挲古物兴叹嗟,振触壮怀为起舞。其面残缺灭蛙形，其底洼空饱妖蛊。厥旁两纽下四垂，厥脐隆起腰束聚。高二尺许径有三，矩为勾兮修从股。土花剥蚀色暗浮，络索连钱纹细缕。通身都作鹧鸪斑，囊口差为蝌蚪怒。上追石鼓埋陈仓，下却铜驼没棘楚。古往今来年代多，沧桑变换几山河。阵云喷薄蛮酋长，瘴雾薰蒸马伏波。或云铸鼓由蛮长，数里闻声动戟戈。兵以鼓进以金退，而乃舍革用金何？亦有情同棘门戏，声集蛮女群婆娑。金钗银钗作谈柄，大鸣小鸣供笑涡。蛮方万事皆类此，往往不可以理科。或云伏波征交趾，薏苡虽生明珠死。鸢飞跕跕潦湿中，鼍响逢逢苦辛里。蛮氛扫荡一朝空，铜柱功名千载峙。遂乃变化出神明，骆越鼓形长已矣。卖剑买牛渤海风，铸铜为马殿门揆。我闻铜鼓献自建武年，汉时南郡曾云然。到今又阅千余载，是耶非耶初无传。此鼓出于鹤峒水，其时正际龙飞天（雍正五年四月出）。历尽劫灰前代远，遭逢盛世今生缘。欲寻铭词绝无有，徒载志乘亦其偏。庋置庙廊免淋炙，扫除尘土随香烟。怀柔震叠百神护，陆詟水慄诸方便。升平无事鸣无用，久将蛙黾投渚渊。春来物换星移易，谁识苔斑藓剥全。余情更向民间问，几家铙鼓喧灯前。

【作者简介】

叶申万（1773—1831），字惟千，号芷汀，福建闽县人，嘉庆十年（1805）进士，道光元年（1821）任高廉兵备道员，九年春任满。监修《高州府志》传世，著有《餐英轩集》（失传）。

【注释】

①录自道光七年《高州府志》卷15。

铜鼓歌（和叶观察元韵）

邓　墉

宪庙龙飞年纪五，天遣风雷发神鼓。会稽郡鹄不敢翔，建康宫鹭难为舞聚缕楚波何涡死峙揆传缘烟渊山前。是惟首山黄帝铜，能荡群魔靖妖蛊。戈戟倒载韬光芒，赤堇精华此凝想当出冶临南荒，声振奇肱骇修股。功成退处几千秋，沧桑涉历难罗正平不作知音稀，鹤峒夜静波涛怒。一朝神物脱沉埋，周悬殷树纷齐我生闻见苦不多，波罗昔岁从祭河。祀毕狸沉看铜鼓，大小各一纹如斑斓汉篆半蟊啮，彷佛癸鼎留横戈。铜柱勋名有遗器，薏苡谗谤伤如兹乏铭词足根据，之而旁纽供摩娑。面列蛙形蚀孔二，金蟆俯瞰双潭陆离光怪气欲湿，鼍皮夔革均殊科。又非沉沉曲江阯，铁鼓通神妖木太傅威灵庙祐存，丰隆声走炎州里。又非湛湛牂牁江，蘖藤作鼓屹然将军霹雳歼毒蛟，群猺慑伏名留矣。彼以人传此以物，同镇遐方不同在昔有宋乾德年，南蛮贡此闻镗然。象州后复献斯制，环衔四耳尤异惟唐林霭守高郡，儿童嬉戏游其天。鼓精趯趯出于穴，隐起蛙黾兹其岭南录异尚堪考，古今出没非见偏。要之高凉古多瘴，今已万户笼祥年丰人乐绝妖疠，神贶耿耿安以便。春秋胙蚃致虔敬，和平之听宜渊若非位置洵妥贴，岂其形破声常全。不然寻槌或且去，安能永永观

【作者简介】

邓庸（1791—?），江苏无锡人，监生出身，嘉庆十七年（1812）任高州府通判，道光三年（1823）十月由南澳同知署高州知府。任《高州府志》总修官。

【注释】

①录自道光七年《高州府志》卷15。

铜鼓歌（和叶观察元韵）

黄迪光

中原南望名岭五，风俗相传好击鼓。芊管芦笙杂还闻，坎坎蹲蹲歌且

舞。滨海卑湿革非宜，欲叩不鸣易畜蛊。不易以石铸以铜，声闻数里蛮民聚。其状隆隆起中央，面列蛙形拳两股。砾斑点点殊可观，细纹绝类花氍毹。我闻獠猺喜相攻，一击此鼓酋长怒。伏犀藤甲助声威，长股雕题听捶楚。建武中兴反侧多，十万群蛮曳落河。将军飞来自天上，此翁矍铄称伏波。军中但闻渊渊鼓，赫然振旅比尔戈。随山刊道千余里，上雾下潦无如何。追击直欲穷南峤，大军岂独一鹰婆。夷氛扫荡烟雾散，日轮涌出万丈涡。击鼓集众浑无用，治城穿渠申条科。屹立铜柱表交趾，百蛮震慑枭心死。高名远播越骆间，何不策勋麟阁里。铸铜为马奏进之，巍巍乃与两阙峙。良马行地龙行天，鼓亦足供观玩矣。鼓兮马兮谁可珍，欲使后人知所揆。我闻此鼓出自雍正年，伏波遗物不其然。又闻林守曾贡献，留此亦堪为世传。雨淋日炙千百载，还随剑气光冲天。雷灵路蘙鼓人掌，古器欲睹嗟无缘。遐陬方物每奇怪，往往人巧因地偏。铜钗叩罢金钗叩，鏖鏖声中横瘴烟。如此异物空记载，赖公歌咏言便便。书锋铭矛得真谛，汤铭孔鼎探微渊。方今文德敷华夏，岂用此鼓求安全。何如钟鼓辟雍里，家家弦诵芸窗前。

【作者简介】

黄迪光（生卒年不详），字棐亭，广东顺德人，嘉庆十四年（1809）进士，嘉庆二十五年（1820）任高州府学教授，为《高州府志》总校官。光绪《高州府志》卷26有传，记其："善教制艺，得卷应手绳削，悉中法度，多士踊跃，科名日盛，迄今犹称道勿衰。"

【注释】

①录自道光七年《高州府志》卷15。

铜鼓篇

黄安涛

伏波将军汉英武,椎破铜山铸铜鼓。灵鼍千载震威声,压镇蛮荒吼风雨。神物不屈埋泥沙,鹤垌跃出金虾蟆。衅以犀牛膏以蛇,红晕翠斑凝土花。高二尺许径三尺,四围腰束脐中突。如鼎旁有两耳穿,连钱细縠纹交织。方今耆栗海甸平,溪洞宴然无斗争。芦笙花管獠奴乐,此鼓久息渊渊声。千牛价值论多寡,莫向西京问金马。拔钗蛮女摩肩来,都老年年赛春社。

【作者简介】

黄安涛(1777—1847),字凝舆,号霁青。嘉善人,嘉庆十四年(1809)二甲第一名进士。历任江西广信、广东高州、潮州等地知府,晚年主讲鸳湖书院、安澜书院。精书法,工诗古文词,著有《诗娱室诗集》《息耕草堂诗》《真有益斋文编》。存世之道光《高州府志》为其总纂。

【注释】

①录自《诗娱室诗集》卷13(《清代诗文集汇编》本)。道光七年《高州府志》卷15亦录此诗。②此诗作于道光四年(1824)十二月。③光绪《高州府志》卷53"金石志":"雍正五年四月,茂名鹤洞水冲出铜鼓,一高二尺许径三尺,鼓面中击处微突。面列蛙形者六。蚀二小孔,旁有大纽以悬者。硃斑可玩,声闻数里。初置城隍庙,后移关帝庙。"其后录黄安涛、潘眉的诗篇。

铜 鼓 篇
黄若济

冬十二月岁甲申,有客访古披荒榛。高凉僻陋乏金石,突见此鼓圆轮囷。径三尺许高得二,土花斑驳翡翠匀。中脐微凸左右纽,二孔齾缺何年春。流传惜无蝌蚪迹,剥蚀已灭蛤蟆蹲。庋藏古庙复何用,膨脖其腹栖埃尘。溯昔此邦鼓有四,蛤鸣蛮冢推唐季。太守林公献五羊,至今武库犹藏置。自宋历明各得一,志乘虽书物湮没。仅此区区一鼓存,如鲁灵光常突兀。此鼓出自雍正年,声教所被普八埏。德威震动鹤峒水,山神捧出清泠渊。方今岛屿永绥靖,钲鼓声乐迎神筵。牙门报晓敲缓缓,海贾发舶声囂囂。高廉接壤一千里,铜柱摇摇屹相峙。万岁千春兀不移,獠夷詟伏獞猺弭。六代隋唐考莫由,摩挲三复发歌讴。好凭春女敲钗股,永镇南荒抵万牛。

【作者简介】

黄若济(1782—1842),字子末,号兰舟,浙江嘉善人。黄安涛之弟。黄安涛《真有益斋文编》卷九《亡弟子末传》载:"亡弟子末……由国子监生入赀,注布政司经历衔。……先府君善医,诊治无富贵贫贱,皆为殚心立案。子末白少侍侧,耳目濡染,并究各家方书,朗诵默识,逾三十而学成。……竟尔溘然,则抵家仅三月,实道光壬寅三月四日也,年六十有一……所著《百药山房诗集》已梓行,续集及所钞书尚俟续刻。"

【注释】

①录自道光七年《高州府志》卷15。②岁甲申:道光四年(1824)。

铜鼓篇
潘 眉

黄茅瘴净风其喈,挈伴访古拖吴鞋。金门马式销未尽,骆越遗鼓丛祠排。灵鼍不鸣蟆蛤伏,鹧鸪斑晕青绿佳。围径三尺下无当,略有蚀孔黝可閜。或云铸自马与葛,镇蛮密布溪山厓。悬流冲击声殷震,疑兵惊却驱虎豺。或云夷乐重铜鼓,都昙答腊鸡娄偕(皆鼓名,见《唐书·礼乐志》)。酋领拥得号都老,连山倾动獞猺侪。桄榔树底拓村砦,椰酒正熟肥牛椎。素馨花摇蛮女髻,踏歌争扣金银钗。南裔风俗类如此,岁时赛会同优俳。留传惜少款识记,精英岂久尘沙埋。高凉四鼓三已失(一唐僖宗时得,一宋嘉泰中得,一明万历间得。今皆不存),此乃获之鹤峒涯。沿溪屈曲远移至,何以载之笱竹簰。连钱边线极细致,面脐微突如圆蜗。黯澹常教土花绣,斑驳永谢铅光揩。入门尺棰不在手,举掌一拍其声谐。岐阳石鼓形略似,韶阳铁鼓音或乖。何如此鼓应钟律,嘈吰发响殊淫哇。汉晋吉金今已少,宝光夜烛城西街。蛮天无事搜骨董,聊用剧韵留诗牌。

【作者简介】

潘眉(1771—1841),字稚安,号寿生,江苏省吴江县,廪贡生。为《高州府志》总纂官。著有《三国志考证》《孟子游历考》(今存)。

【注释】

①录自道光七年《高州府志》卷15。

伏波铜鼓
李彦彬　叶敬昌　曾元海

铜蟆蚀土锈痕多,叠鼓祠门拜伏波。今日拔钗猺女击,芦笙吹月答蛮歌（兰屏）。

百炼为铜胜伐鼍，如雷声洗蛮烟多。汉家若上中兴颂，此亦周宣石鼓歌（芸卿）。

五溪深处唱铙歌，铸就青铜永不磨。恰与渡泸诸葛鼓，群山分占此名多（少坡）。

【作者简介】

三人皆福建人。道光四、五年间，曾元海与在京为官的诸多同志结诗社唱和。《击钵吟偶存》杨庆琛序："道光甲申、乙酉间，诸同志聚晤都门度岁，余闲结阁诗社。"

①李彦彬（1793—1838），字则雅，号兰屏，侯官（今福州市）人，李彦章（有《铜鼓亭》诗，从思恩府带铜鼓回家。见后）之兄。道光三年（1823）进士，选庶常，补吏部清吏司主事。

②叶敬昌（1791—1852），原名敏昌，字懋勤，号芸卿。闽县人，叶申万（有铜鼓诗，见前）长子、叶观国（有《绿筠书屋诗钞》传世）之孙。嘉庆二十四年（1819）进士，入翰林院充庶吉士，散馆后选吏部考功司主事，记名军机章京考功司员外郎郎中。官至湖北布政使。

③曾元海（1797—1833），字少坡，闽县人。道光二年（1822）进士，历任翰林院编修、贵州乡试主考官、会试同考官、广西学政。

【注释】

①录自曾元海《击钵吟偶存》（道光二十五年刊本）下卷。

马伏波将军铜鼓歌（在南海神庙）
谭敬昭

惟汉南荒阻风化，妖氛连天彗星下。将军奉命征不庭，神威赫赫如雷霆。霹雳飞空日月晦，黄尘合匝烽烟青。蛮天瘴湿革声死，驱策丁甲销金精。镯錞铙铎见遗制，形模诡异声砰訇。鼓声渊渊杂金铁，俚帅猺长自摧灭。胜气云蒸海峤霞，洗兵浪涌蛮江血。锁甲雕戈奏凯还，新除越律汉法颁。铜柱高标铜鼓瘗，神物千年竟藏闭。山深月黑古战场，犹自时时吐光气。野人掘地偶见之，奇形古制相惊疑。土花斑蚀半漫灭，雷纹蜗篆环周围。耕牛砺角烈日炙，宝焰销铄无人知。郑公驻节长叹息，摩挲吊古双涟洏。毡苞载来南海祠，螭碑凤简争光辉。定位南北合坎离，铿鍧和鸣神所怡。余生幸当太平时，网罗古迹穷幽奇。侧身长望南海湄，扶胥日出高翔驰。

【作者简介】

谭敬昭（1774—1830），字子晋，一字康侯，号选楼，广东阳春人。嘉庆二十二年（1817）进士，官户部主事。岭南著名诗人，系"粤东三子"之一，诗作与张维屏、黄培芳之诗合编为《粤东三子诗钞》。著有《听云楼诗钞》《听云楼词钞》等。

【注释】

①录自《粤东三子诗钞》（道光二十二年刊本）卷1。②《听云楼诗钞》卷1（《清代诗文集汇编》本）录此诗，末句为"侧身长望南海湄，路远莫致兴遥思。"

铜 鼓 歌

尚 镕

铜鼓来从黔粤间，鼓声未死铜花斑。相传诸葛留镇蛮，如禹铸鼎图神奸。蛮运终，铜鼓出，九十三鼓一朝失，刘显三擒都掌蛮。鼓与铜锅见天日，蛮烟瘴雨历劫多。有如岐阳石鼓过，见者着手争摩挲。蛮人昔得二三鼓，便可称王列茅土。鼓声宏者尤足珍，一鼓牛能易千数。偶将铜鼓鸣山巅，群蛮集怵他人先。只今大钗一考击，辞汉应泣金铜仙。呜呼，铜鼓形犹全，出土经今几百年。花纹细嵌蟾蜍峙，竟体绉绿波澄天。我闻韩雍督南越，猺诛藤峡开鲸窟。有人乡里铁鞭持，当日军门铜鼓列。天讨西戎今出关，令严金鼓朱旗殷。会见天山定三箭，更持羯鼓龟兹还。

【作者简介】

尚镕（1785—1835），字乔客、宛甫，江西南昌县人。诸生出身，任教于书院。著有《持雅堂诗文集》《史记辨正》《三国志辨微》等。

【注释】

①录自《持雅堂诗集》（同治七年刊本）卷4。

武侯庙铜鼓歌

黄培芳

铁城城南祠武侯，夜半风雨来海舟。十夫异献一铜鼓，堂皇安置同琳璆。千载幸不土花蚀，有人驰马控以力。引申触类马伏波，因之铸为铜马式。自从禹鼎象神奸，二公法物超人寰。巧思流马俟八阵，崇勋铜柱留百蛮。何如此鼓得所托，蛙斑雷纹青焯烁。诸葛于兹振威灵，文渊何年夸越骆。我闻都老称豪雄，南方卑湿鼓铸铜。百千牛易讵从革，大小钗击匪叩桐。伐鼓砰訇聚酋众，椎牛沥酒开社瓮。象耘地裂埋云烟，龙耕山破惊林洞。一朝出土声宏宣，云旗仿佛迎名贤。三分霸图今已矣，此鼓应传汉代前。

【作者简介】

黄培芳（1778—1859），字子实，号香石，别号粤岳老人。广东香山

(今中山）人。嘉庆九年（1804）副贡生，官至内阁中书。系"粤东三子"之一，诗作与张维屏、谭敬昭之诗合编为《粤东三子诗钞》。家富藏书，有藏书楼名"岭海楼"，编纂有《岭海楼书目》。著有《岭海楼文抄》《粤岳山人集》《缥缃杂录》《云泉随札》《虎坊杂识》《浮山小志》《藤荫小记》《香石诗话》《香山县志》等。

【注释】

①录自《粤东三子诗钞》（道光二十二年刊本）卷6。②武侯庙铜鼓：在香山县，道光七年《香山县志·金石志·汉骆越铜鼓》载："诸葛武侯庙铜鼓，侈足杀腰，腰以上渐穹，复弇之以承其面。面围九尺有三寸出十分寸之七，以覆其穹。底广如面而空之。十分其面围，去一以为腰围；十分其腰围，以其四为之高；三分其高，耳居上对出焉。面之晕五，身之晕十有二。晕间有午贯文者、雷文者、飞鹭文者、织篝文者、连钱文者、贯索文者、剡圭文者。面四隅蛙蹲之，睍其目，作其首，跪其后足，欲跃且鸣。长五寸，高减五之三。中两蛙间故有骑，以两手控马而驰者二，今佚其一。其一，并人马絜之，高一寸八分，二十分其高去二以为之长。形制殊古，非晋以后物也。"③铁城：香山县城的旧称。

复得铜鼓（并序）

李光庭

铜鼓，夷鼓也。市贾谓之诸葛鼓。于是镫斗之类，皆系以诸葛，亦犹乡村妇女被绣花风领谓之浩然巾，皆耳食也。乙未年得一鼓，重今秤廿有六斤，有花纹，无字。丁酉年复得此鼓，重今秤廿有八斤。买时未审有字，到家，慕儿指之中轮，环铸"酉"字廿有八。若以纪年，当尚有十一支，未知能备否？

七十老翁闲不住，西风吹送馗尘步。求古器如求友声，膜视新知必忘故。昔赊铜鼓欣逢偶，古貌古音摩复扣。罗胸廿八宿模糊，儿童认是今年酉。纪年纪月未可知，困敦渊献当全支。取其什一会有日，二犹不足非贪痴。贪痴却被室人笑，一鼓再鼓添诗料。御冬石炭储无多，鼓兮鼓兮如冷何！

【作者简介】

李光庭（生卒年不详），字大年，号瓮斋老人，又号朴园，天津宝坻人。乾隆六十年（1795）举人，道光初任黄州知府。著有《经史喻言》8卷、《虚受斋诗钞》20卷、《吉金志存》4卷、《朴园感旧诗》1卷、《乡言解颐》5卷。咸丰九年（1859）李光庭自刻本《吉金志存》卷首录孙晋墀题诗："瓮斋老人癖嗜古，生怕尊彝委尘土。抛却黄州太守符，长安市上搜罗苦。三十年来寸累功，费尽昼叉空阿堵。鲁壶周卣昭和钟，龙舣牛铎骆越鼓。更把时铜换旧铜，斓斑泉币探九府。"

【注释】

①录自《乡言解颐》(《续修四库全书》本) 卷5。②乙未年、丁酉年：道光十五年（1835）、十七年（1837）；③困敦渊献：十二地支中的首尾，意为全部。困敦，"子"的别称；渊献，"亥"的别称。疑其铜鼓系十二生肖铜鼓之一。④今年酉：所指应是丁酉年。据此可推定，诗作于道光十七年（1837）。⑤石炭：煤炭。

铜 鼓 歌

黄体正

天子穆穆端垂裳，鸣琴歌风清八方。重译来朝有苗格，鼓鼙声息河山长。河山万里南荒地，桂林象郡由来置。铜柱峨峨绝徼标，更留铜鼓称名异。鼓之创造伊何时，都云伏波征南遗。其实此乃骆越器，林邑记载稽可知。留传至今鼓乃古,土人往往得诸土。数千年后一发声,其声非钟亦非鼓。形制更与鼓不同,独当一面底则空。周身花纹最工致,万点碧晕犹朦胧。野农得此全无用,千钱便向豪家送。置诸高堂广厦间,摩挲拂拭何珍重。高堂置酒宾客来,伐鼓伐鼓夸雄哉。八角蟾蜍俨蹲踞,四围镌刻成云雷。珍为彝鼎之间物,瘴雨蛮烟消不得。岂知野田荒草中,尚有洪音怅沈郁。忆曾司铎穷边居,所见铜鼓形稍殊。依然纹身有刻画,不见入月辉蟾蜍。考击声传万山里,鸣郁鸣郁鸣不已(安隆苗寨多铜鼓,绳贯其耳横悬之,一人击其面,一人持木桶向底空处作出入推宕势,为鸣郁声)。山沈沈兮木苍苍,山鸟惊啼山鬼喜。年年击鼓赛丛祠,跳舞娱神态诡靡。喧呶杂沓纷来观,溪蛮洞酋而矣已。吁嗟乎,铜鼓!铜鼓昔传名,到此几同土。鼓鸣岂必真同土,鸣鼓试为铜鼓商品评。鼓质之坚任陶冶,何不上之汉庭铸名马?鼓形之饰纷云云,何不献之太学昭奇文?鼓声之流最渊穆,何不悬之清庙谐金玉?鼓制之古合范围,何不颁之哲匠摹规为?吁嗟乎,峤西此鼓多流布,惟闻二者有奇遇,一登天府一军门,濡染大笔才人赋。高华拟诸钟鼎铭,升沈叹有神灵护。如何伐鼓声咚咚,又在穷荒咽烟雾。我家家在浔江浔,铜鼓滩头滩水深。当年铜鼓渺何处,对此茫茫成古今。

【作者简介】

黄体正(1767—1845),字直其,号云湄,桂平县(今广西桂平)人。嘉庆三年(1798)举人。历任迁江县、安隆县、桂林府训导等职。因病归乡,先后主讲全州、浔州、桂林等地书院。有《带江园诗草》传世。黄体正于于嘉庆二十五年(1820)冬至贵州安隆县,道光元年(1821)作《辛巳九月屠木斋太守因公驻州旋郡日赋诗送之》:"安隆僻在西南隅,千山万山人巢居。"二年作《安隆学斋四十漫兴》:"及老深知戒在贪,行年五十又重三。""三年考绩惭司训,屈指瓜期已二周(庚辰仲冬至安隆,明年癸未冬间例得报满)"。三年作《癸未腊月安隆司训俸满出山日口占一绝留别送行诸生》,四年(1824)二月归家后作《铜鼓歌》。道光二十一年(1841)将自己在道光六年的诗作《壶山看桃花饮雷酒人墓放歌》摩崖于桂林七星山月牙岩，并摩崖新诗。道光二十年纂修《桂平县志》（二十三年刊印传世）。

【注释】

①录自刘洋《带江园诗文集校注》（硕士论文）。有所校订。

铜 鼓 歌（并序）
詹书帷

丙午年，铜鼓出于李子坳山巅。汉马援南征时，土人所造。鼓边有五虾蟆，花纹精致。

汉代威名马伏波，将军神勇信无讹。身经百战靖边土，铸器尚象功如何。以铜为柱分疆界，以铜为鼓镇山河。河山千载永不改，铜鼓千载永不磨。金声虽逊革音勇，革音岂比金音和？革音况复有时坏，金声不泯助吟哦。此鼓今出蜀山巅，父老传观罕曾见。稽之古籍得端详，南蛮制造工不贱。奇技精致象天文，层层都放罗星现。更有十二律相生，生生不已动则变。似刮阴阳太极图，三十六宫春一片。大叩小叩皆长鸣，虾蟆追逐犹酣战。绿苔红藓补花纹，不损精金经百炼。试想当年古战场，凛凛军门气肃杀。金柝声寒整铁衣，生死关头争一发。金鼓如雷步伐齐，瘴雨蛮烟俱洗刷。今朝此地兆升平，武备器为文事器。金声配以玉振声，尼山道脉应未坠。黄钟大吕可驱鸣，恰好五军为鼓吹。文阵雄狮得所资，让我骚谈独树帜。唯惜湮没空山中，而今谁识希世瑞？

【作者简介】

詹书帷（生卒年不详），四川筠连县人，嘉庆十八年癸酉（1813）科举人。有诗集《天香吟馆集》（未刊行）。

【注释】

①录自民国《筠连县志》卷1"八景"所附金石:"道光六年,屯乡(即今之双河乡)李子坳山巅(治南十五里)亦掘得一面,边有五虾蟆,花纹精致。举人詹书帷于其所著《天香吟馆集》中,有《铜鼓歌》一首。"②丙午年:道光六年(1826)。③李子坳:在今四川筠连县双河镇。

铜鼓铭(并序)
董国华

道光十年冬,广南木贵寨汉民秦士凤锄地得铜鼓,围径四尺五寸,高尺有一寸,质理黝泑,土色殷驳,云雷文旋绕之,中央为菱花形,光荥可鉴,内外乳自三十六至七十二,皆合古钟鼎制。旁纽四,可维挽。叩之,隆隆然声四震。表里黯蚀,无款识可考,盖入土千年物也。其寨倮民以钱一万易鼓,邻寨闻之,争购不得,讼于官。予案律:官私地内得埋藏古器异常之物者,应入官。因断令秦士凤还倮民钱,杖争者,而舁鼓于郡城隍庙中。是岁阳雨时若,年谷顺成,民大和会,而此鼓适出焉。太守德薄,不克承其殆神降嘉祉,以贶是邦耶?妥庙考伐,为阖郡民夷报飨祈福。爰系之铭,俾垂永久。曰:

于赫灵鼓,厥范维铜。云云雷回,制昉汉东。葛侯南征,天威震雄。余烈在民,名犹假公。特磨宋道,今涵圣风。何年冶此,沦精地中。宝气涌见,属时休隆。以妥神社,永迓熙丰。千春万秋,渊渊逄逄。

【作者简介】

董国华(1773—1850),字荣若,号琴南,又号琴涵,江苏吴县人。嘉庆十三年(1808)进士,道光九年(1825)署广南府知府。官至广东雷琼兵备道。

【注释】

①录自道光十五年《云南通志》卷67《食货·物产》。

铜 鼓
董国华

蛮村重铜鼓,犹袭伏波名。埋没经尘劫,铿锵发巨声。遗文添郡志,古色镇山城。不是郁林石,难胜归舫轻。

【注释】

①录自道光《广南府志·艺文志》董国华《广南杂咏》之一,此新拟题。

狄武襄铜鼓歌（为董琴涵观察赋）
韩 崇

色如生翠形如甑,刻画蛮花模范古。面围团团腹空洞,铸以吉金声若鼓。慕园主人无长物,十年瘴海持清节。归来何物压轻舟,此鼓随身配廉石。玉照堂开时饮客,几树冰梅映瑶席。酒酣纵论肝肺热,感事悲歌何激烈。安得渊渊金石声,快鼓三挝破愁绝。摩挲古物思雄才,武襄遗器邕州来。军中铸此振士气,敌人闻之心胆摧。昆仑关上月正满,夜半破贼声如雷。前新息,后武侯,奇谋伟略盖天地。至今遗物人间留,听鼙思将定有异。人出一鼓,作气四海长安流。

【作者简介】

韩崇（1783—1860）,字芝元,一字履卿,一字元芝,官至山东雒口批验所大使。著述有《录德录》《江左石刻文编》《江右石刻文编》《书画题跋》《宝铁斋书录》《义门先生集》《三节合编》等。其故居在今苏州市平江路大儒巷迎晓里。

【注释】

①录自韩崇《宝铁斋诗录》（道光二十九年秋浔江郡舍刊本）。②董琴涵：即董国华。董国华为韩崇《宝铁斋诗录》《宝铁斋金石文跋尾》作序。③慕园主人：从诗意推知，当系董国华。

灵妃庙铜鼓

彭开勋

庙号灵妃古，中存旧物形。鼓文铜色绿，云篆土花青。好共洪钟击，应同漏箭听。遗言传陆贾，出使献空庭。

【作者简介】

彭开勋（生卒年不详），字勤彝，湖南宁乡县人。诸生。工诗词文赋，著有《南楚诗纪》（道光七年自序，彭氏述古堂刻本）。

【注释】

①录自《南楚诗纪·楚南史赘》（岳麓书社，2011年版）第98页。②诗后《岳阳风土记》有关于铜鼓的记载："灵妃庙有铜鼓，元丰中永庆庄耕者得之。圆口方耳，下有方趺，皆古篆云雷文，色正清绿，形制精巧，非近世所能为，取置于寺。太守李观用耆旧之说，以为陆贾使南越，尝以铜鼓献庙，岁久失之，意即此也。"

南海神庙铜鼓歌（步昌黎石鼓韵）

崔弼

生近南海神庙旁，能作神庙铜鼓歌。铜鼓之来几千载，有铸之者人云何？忆昔征贰与征侧，蛮邦蠢尔争称戈。天子赫然命天讨，谓汝马援功不磨。必使巨丑尽俘馘，无为吞舟逃网罗。将军策马下南粤，所过岭峤真嵯峨。地近寒潮气卑湿，军灶往往迁高阿。冒鼓以皮声缓慢，响不及远谁能呵。因之凿山取铜矿，不钟而鼓非差讹。杀蛮取血涂衅隙，雷纹模糊成活蜾。苔藓斑驳赤而黝，卦爻错杂蛙与鼍。殿东殿西各大小，往来挝击人如梭。东围三尺径五寸，较之西鼓差逶蛇。西围二尺八寸许，均移不动谁夸娥。或云浮洲铜鼓滩，崩岸出之江之沱。或云高州牧竖子，侧闻蛙鸣其声和。欲往捕之亟跳脱，搜厥踪迹藏坎科。呼群挖掘得大鼓，以献林守功绩多。声归海屋震老虞，遣致仙宫驮明驼。年年二月祝融会，人山人海相经过。差同金铙竞繁响，不比石鼓相切磋。坎坎神巫百灵喜，跕跕飞鸢思伏波。鸿名曾不让杨仆，伟略自足前廉颇。翻儗渡泸丞相亮，却羞称制越王佗。当年法物剩此鼓，想见嚄嗻非媕婀。牡蛎墙边安妥帖，木棉花底重摩挲。太息韩苏有碑碣，不肯石鼓同吟哦。倘留篆刻土花碧，拓本当换黄庭鹅。我来谒神感新息，薏苡乃谓明珠那。何如少游跨款段，武溪淫毒甘轗轲。梁松小子不足数，捧土乃欲填黄河。老将功成不得赏，倏忽岁月流蹉跎。

【作者简介】

崔弼（1747—1835），字鼎来，番禺（今广州）人。嘉庆六年（1801）举人。著有《珍帚编诗集》《波罗外纪》传世。

【注释】

①载崔弼《波罗外纪》附录，此转录自《南海神庙文献汇辑》307页（广州出版社，2008年版）。②除此《铜鼓歌》，《广州府志·金石略》另

载崔弼言:"铜鼓之说无定论,志往事者各援古人记载及乡俗传闻,以为臆断。据番禺旧《志》,南海庙铜鼓二,黄寇毁其一。省《志》以为铜鼓之大者雌雄各一,其雌者飞入海中。其为寇毁、为飞去,俱不必辨,但今庙中则居然二鼓矣,岂毁者可复铸耶?抑飞去者复飞还耶?所存之一又不著出处,且默斋《邑志》又并州库言大小四鼓,其大者亡其一,亡州库者耶?亡庙中者耶?所存所补,语不分明。诸家皆以庙东之大鼓为林霭所献,庙西之小鼓得之浮洲滩水。然则毁者、飞者又何鼓耶?吴莱《古迹记》又言,林霭所献亦不存。则此庙东之鼓又宜别有考据矣。今庙门小联法物将军鼓、鸿文刺史碑,为益都李文藻题。总之,为伏波所遗至当。"

铜鼓歌

李宗瀚

陆梁地绝障溪阻,酋长咆烋击铜鼓。汉月晨昏浪泊营,蛮鼍夜警将军旅。楼船兵罢鸣柮闲,蛙鼋沉渊蟾没土。土人掘得炫奇货,湔剔藓斑高市估。面平若镜腰若篮,若鼎有耳贯堪举。周遭镂刻形状殊,方簋圆钱俨规矩。我闻骆越之铜鼓镕作马,载以后车贡天府。至今山远滩荒其名争傅会,一例铜船与铜柱。神武还余将帅思,摩挲宛对尊彝古。岐阳猎碣三千年,文字光芒照胶序。峒溪遗制俳且陋,野殿阴房时一睹。当时家家抵荆璧,牛拌百尾钗留股。承平耀德销戈矛,此物庞然牢不窳。叩之声寝类持布,雷文空缠义何取。君不见,齐岳山前刘宋钟,犹解自鸣应风雨(怀集县齐岳山有刘宋铜钟,每自鸣,风雨辄应)。

【作者简介】

李宗瀚(1770—1832),字公博,号春湖。其祖父李宜民,字丹臣,号厚斋,是当时广西有名的盐商。其父李秉礼,号韦庐,诗歌造诣颇高。宗瀚出生于桂林,家于杉湖畔。乾隆五十八年(1793)进士,为翰林院庶吉士，继授编修，官至工部侍郎。有《静娱室偶存稿》传世。

【注释】

①录自《静娱室偶存稿》（《清代诗文集汇编》本）卷上。

铜 鼓 歌

李宗瀛

骆越铜鼓谁所铸，款识磨缺蝌文芜。或云伏波始下濑，或云诸葛初渡泸。托名荒远那可诘，辇自僻野来通都。阴房古社偶一觏，黄云圜圚众屠苏。面平若镜脐隐起，束腰奢尾花交跗。旁贯以耳鼎可举，内枵其腹离中虚。蟾蜍欲跃蛙黾伏，亦有络索连钱铺。桄榔晚日一回射，翡翠纯绿丹砂朱。铜精露尽铜质化，斑斑古色周秦余。我闻蛮峒初铸此，釰众缊系悬庭除。椎牛磔犬衅其血，练罷魃覛来精夫。暮夷阿叚联袂至，金银钗挟丫叉俘。象林乌浒事剽掠，凌弱暴寡群相狙。此鼓一鸣万吭废，芦笙嬴壳徒呜呜。千牛一面岂肯易，宝之不啻周璠璵。至今岭南两道尚附会，塘潭村岭名争诬（廉州有铜鼓塘，钦州有铜鼓村，博白有铜鼓潭，万州、灵山、文昌有铜鼓岭）。虞衡旧志曾记载，探奇祖典从石湖。竹垞好事摹缩本，谓仿穌鼓之錞于。四金六鼓考周礼，范金代革前闻无。蛮人臆造岂有据，繁引博辨宁非迂？我维此物足荒陋，秘阁敢并彝鼐储。欧阳颀怡矜创获，毡车裹载从番禺。南郡献当建武代，骠国贡自贞元初。虎蜼天马妙镂错，博古更入宣和图。炎荒遗器存偶耳，刮拭感喟何区区。黄茅瘴起墨云黝，时见咒鬼来妖巫。瑶眊收魂鸡骨卜，尚蛄利蛊惟其愚。历朝叛服扈常度，往往啸聚同萑苻。圣清声教八紘暨，飞头捕蚖垺车书。陈仓十鼓列胶序，星虹旷旷排天衢。谁摹百岑散犵猺，好以趎趌更妪隅。三十六乳废不用，镕之铸作犁与锄。吾诗郑重止于此，未暇觑缕笺虫鱼。

【作者简介】

　　李宗瀛（1809—?），字季容，号小韦，李宗瀚之弟。《杉湖十子诗钞》中有李宗瀛《小庐诗存》（无《铜鼓歌》）。道光十一年（1831）后，其父李秉礼、兄李宗瀚相继去世，家道中落。道光十七年，李宗瀛参与梁章钜的铜鼓联吟活动。道光二十七年，为逃避瑶民起义战乱，举家逃避到桂林城西南的车田村。三年后作《与车田父老》："忆昔丁未冬，出走西郊偏。茫茫丧家狗，丈人幸哀怜。"

【注释】

①录自刘晖硕士论文《李宗瀛〈小庐诗存〉校注》。有所校订。

和梁中丞《铜鼓歌》

李宗瀛

　　乐池不听灵夔鸣，人间筝篴繁有声。中宵风雨作鼍吼，非县非节非商楹。山川宝气郁思畅，肯与石臼霾荒坰。中丞集古过欧赵，如以十犗投衡鲸。汝南太守雅好事，戟门舁至千人惊。好偕钟镛置东序，两鼓离离星周营。忆昔辽阳矜创获，授简分赋拟二京。尔时枚叔始弱冠，滕阁一序成其名。臆语但袭石湖旧，未暇援据称详明。后来继起有钱谢，鸣球拊石齐峥嵘。即今大雅久衰歇，经畲道畎无人耕。物奇有偶数岂爽，璞剖则献机潜萌（通）。神物韬晦待有德，灵响何异罗浮钲。新诗淹洽备掌故，大纛穆穆骚坛横。卅年前后三秉节，雅轮鼎足谁能争。公余宴衎乐寮寀，详订赤雅搜虞衡。我维此物质不瓠，云雷环绕蟾蜍精。想当新息铸马式，语出范史元铿铿。后人输墨互攻守，镌勒惜少昆吾铭。拨蜡制殊鼎彝古，叩桙声共胡卢清。踹堂跳月俗荒陋，驱傩赛社抨轩訇。村塘滩岭久散置，绿沉翠驳沧桑更。惟公挥麈振鞞铎，得此更足匡五听。鲵生牛铎惭细响，作气欲鼓疲驽兵。笔记颇不沿务观，识字劣可取王平。思如蚕蛹抽乙乙，识昧饕餮横庚庚。幸叩霆震发幽滞，有若火镜资吹莹。伟哉万汇归橐籥，搏錞多事持芒莛。昌黎才力尚云薄，其敢持布雷门经。

【注释】

①录自《铜鼓联吟集》卷3。②三秉节：秉节，持节。节，古代使臣所持的符节。此指嘉庆四年（1799）谢启昆任巡抚，到嘉庆十四年钱楷任广西巡抚（1809），到道光十六年（1836）梁章钜任巡抚。此三任巡抚皆依韵作铜鼓诗歌。

铜鼓歌（同春湖中丞作）

邓显鹤

四金六鼓稽周官，范金代革古未闻。铜鼓之制始何代，荒郡迫野时一存。顶平镜面腰稍束，彭亨穹腹如坐墩。云雷回互工镂刻，缀以两耳撑双环。殊形诡状不一态，蛙黾欲跃蟾蜍蹲。旁无款识缺年代，考古谁复穷其源。粤稽东京铸马式，得自骆越有明文。创始不在周秦后，伏波诸葛徒纷纷。颇闻蛮中最宝此，千牛一面称雄尊。象林乌浒事剽夺，往往强弱相咀吞。獠狑狫獞畏都老，获鼓胜获十万军。想当春雷一启蛰，花裆竞集骈肩跟。金钗叩罢争留遗，海蚆细屑如云屯。椎牛磔犬媚淫鬼，歌呼叫饮倾鲍樽。芦沙嬴声同鞈鞺，联臂杂还攒猱猿。猝然召众共格斗，此鼓一震群酋奔。畏鬼好杀固其俗，嗟此异类皆黎元。历汉而后几千祀，日南九郡俱称藩。时清剑戟铸农器，锻冶未到埋荒原。土人掘得质完好，斑驳新濯苔沙痕。皱皮露骨腥涎滑，逼视不敢生手扪。漓江瘦日一迥射，但见点点丹砂瘢。酋器堕落亦偶耳，岂亦呵护烦鬼神。萧梁去汉尚未远，贡献早已夸殊珍（见《南史·欧阳頠传》），名滩呼岭竞附会（铜鼓滩、铜鼓岭，皆粤中地名），俚俗矜尚尤难言。古来说此如聚讼，石湖误志他何论（范石湖《桂海虞衡志》谓鼓为伏波所遗）。近时竹垞更好事，谓仿和鼓之金錞。岂知酋众以意造，象形取义都不根。旁引春秋内外传，援彼据此毋乃烦（朱竹垞《铜鼓图跋》谓铜鼓初铸时，实折衷和鼓之金镈，援引甚凿）。我思彝器重三代，不惟其物惟其人。太学石鼓历万劫，汤盘禹鼎齐羲轩。煌煌四首六十字，照耀星日昭乾坤。神物在世不销铄，所贵点画垂不刊。末学读书不识字，借此亦得窥一班。枵然顽质了无有，以荐天庙殊非伦。黄茅青瘴足荒怪，丛祠远蔽恍椰村。阴房社鬼利人死，时有野媪来收魂。妖巫鸡卜博醉饱，假以愚俗滋淫昏。承平不复思将帅，迩来稍稍忧髦蛮。此辈可縻亦可惧，穷边况易藏奸顽。吾侪杀贼苦无具，衮衮高节驰熊幡。舞干宝剑洵美语，几见坐啸清边尘。东山亦是苍生望，蒲牢一吼鸣鼍鼖。嚅呫顿废蚓窍响，我其持布过雷门。作歌不用夸博古，敢告守土辞非谩。

【作者简介】

邓显鹤（1777—1851），字子立，一字湘皋，湖南新化人。嘉庆九年（1804）举人。曾任宁乡县训导，岳麓书院、濂溪书院山长。梁启超称他为"湘学复兴之导师"。著述有《资江耆旧集》《沅湘耆旧集》《宝庆府志》《南村草堂诗钞》等。

【注释】

①录自《南村草堂诗钞》（《清代诗文集汇编》本）卷8。②春湖中丞：即李宗瀚。嘉庆二十三年（1818）邓显鹤"来桂林，馆春湖中丞寓斋"（《竹裕园制义序》）。两人交谊深，邓存相关诗篇颇多。

伏波铜鼓歌

滕问海

炎荒烽火闻神京，伏波振旅安南行。铸成铜鼓蛮服惊，伫看天末收欃枪。功成上复天子命，战鼓不将随后乘。或沉水底或山岩，神为呵护常坚定。灵物偶尔出人间,珍重恐为孟敏甑。我昔曾一睹形模,雕镂工致今则无。环以黾蛙相乘负,绿沉精古色泽殊。卯金久矣销炎灰,大贝天球安在哉!铜人清泪如铅水,铜驼转瞬埋蒿莱。鼓兮鼓兮垂万禩,丹青何必登云台。

【作者简介】

滕问海(?—1821年后),字巨源,又字廉斋,号湄溪山人。乾隆末期太平府学贡生,江洲圩(今崇左市江州区)人,嘉庆二十二年(1817)任宾州(今宾阳县)训导。工于诗,著有《湄溪山人诗稿》6卷(已佚)。《峤西诗钞》录其诗,小传云滕"少而好学,今年逾七十,犹手不释卷。"

【注释】

①录自《峤西诗钞》(道光刊本)卷18。②光绪《宾州志·金石》:"道光元年宾州农人耕山得小铜鼓一,下微缺。为邑学博滕问海携去。"出土铜鼓有些被官员拿走,但被如此记录的只有滕问海。

铜鼓引(及序)

何曰愈

鼓在会理州城东之九莲寺,嘉庆年间垦土得之,重二十一斤。质精制古,乃武侯征孟获时所铸也。

农民垦地得铜鼓,土花绣涩质不窳。其高七寸有五分,面广一尺三寸五。周环约纹二十六,云纮雷同非近古。四耳束腰厚一分,制自蜀汉丞相府。此鼓晦迹十五朝,神物难沦终出土。当时雍闿叛南垠,毳衣椎髻如云屯。侯谓狼子难德化,盘错须用椓与斤。爰整六师集猛士,凿山未敢辞辛勤。不毛深入五千里,一炬烬尽藤甲军。运筹决胜百蛮服,七擒七纵谋如神。威慑仁怀服荒远，南人从兹不复反。铭功摩崖隳嵯峨，只今令人叹微管。我见铜鼓想仪型，万古云霄一鹰隼。三代以还数人才，德业如侯实冠冕。年来鼠子时跳梁，出巢捉人如捉羊。三郡涂炭转迁徙（越巂马边峨边夷人时出扰害），壬男丁女废农桑。军中健儿夸身手，临阵不见称豪强。役夫挽运冻欲僵，数岁空耗天家粮。请君舁鼓军门前，仗侯之灵摧槊枪。

【作者简介】

何日愈（1793—1872），字德持，号云畡，别号退庵。广东香山（今中山市）人。道光五年（1825）补会理州（治所在今四川省会理县）吏目。

【注释】

①自何日愈《余甘轩诗钞》（《清代诗文集汇编》本）卷9。②何日愈《存诚斋文集》卷4《泸水辨》："予任事之明年，偶过九莲寺，见铜鼓一，四耳而束腰，土锈斑驳，质精而制古，乃农民垦田掘土得之者。以今尺度之，高七寸五分，面广一尺三寸五分，足广一尺三寸二分。鼓面约纹十有五，作云雷联珠蕉叶纹。四围乳三十有二，约纹十有一，亦作云雷纹。衡之，重二十一斤。厚，两钱许。乃武侯所铸也。"

铜鼓行（鼓为铁珊所赠）

查揆

虑虒二尺圆三之，其旁椭圆寸有奇。高乃逾咫深较酾，重三十斤其色黟。垂龙拔角剩有耳，辽豕刻腹留其皮。云雷刻画似款识，年月莫辨句读遗。吾友汲古过洪赵，持赠还欲质所疑。或言跕鸢堕蛮瘴，此鼓乃出西南夷，马流至今有遗种，铸之合俪灵姑铧；或言南征恣擒纵，鞭挞桿杌答穷奇，凯歌振旅告郊庙，遗制直似铭功为。传闻异词何者是？夸大无足增毫厘。顽山恶水孕矿狪，深坑老矿郁陆离。铜山四百六十七，荒裔所产或倍蓰。铜船铜柱冶未尽，尚余铜马兀九逵。譬如老蚌生合浦，珠宫置郡直不赀。地所不爱取求便，徼外事岂工倕知？夷师雏将论世阀，竹王桂父夸丛祠。得此每以乐侑食，小亦径丈大倍之。进雷锤险奋椎凿，钻燧流汞穷镌劙，中间尚有杨迈金。质淳品贵分崇卑，岂徒军旅思将帅，略如宗祊尊鼎彝，不然上杀获无算，讵少师象与兕犀。阴阳炉炭烧混沌，青红粉墨图蒙供。胆水几年绣入骨，蛮钗何物清醒脾，方今声教讫北户，但有驯服无獠狉。欲携此鼓震关塞，长缨看絷诸昆弥。并不建钺参偃旗，馨馨还逐春灯嬉。

【作者简介】

查揆（1770—1834），字伯葵，号梅史，浙江海宁人。嘉庆九年（1804）举人，官至顺天蓟州知州。著有《筼谷诗钞》传世。

【注释】

①录自《筼谷诗钞》（《续修四库全书》本）卷19。②作于道光五年（1825）冬。③铁珊：即方廷瑚，字铁珊，号幼樗，浙江石门人。嘉庆十三年（1808）举人，官平谷知县。著有《幼樗吟稿偶存》，查揆为之作序。

铜鼓歌（奉酬言臯云先生）

王衍梅

太学石鼓多阙遗，升庵考信长芦疑。广州铜鼓翁所跋，备载其制无其辞。我来自东率水浒，金石家藏目屡睹。扶苏太守丹阳公，一见倾衿赠此鼓。厥鼓大者存波罗，小杀其五平不颇。范金之式古未训，金云诸葛云伏波。伏波将军擒侧贰，诸葛丞相歼牂牁。后先取道或经此，楼船羽葆肩相摩。群蛮贵重万牛值，金银钗夏喧吹蠡。陋儒纷纷作注脚，谁擅巨笔追韩坡。秦欤汉欤近代欤，叩之不应奈鼓何。此鼓随公初发桨，篷窗铮铮夜作响。年深老物故有神，令我闻之气益壮。迩来西丑膺天诛，盗弄潢池窃刀仗。城头月出照凉州，高悬此鼓红旗上。三军大呼霹雳震，鼓声飞出白头将。书生老死成何用，长日摩挲转惆怅。双藤池馆清且闲，位置此鼓安如山。土花碧绿朱砂斑，腰穹脐隐两耳环。杂以鱼虾间鼅蛤，更有兰茝交榛菅。酒酣以往先手击，菊花含笑摇其鬟。亭中铜鼓初有对，得此公然成一队。万里遥看露布驰，百年且着纶巾配。我家于越句践基，旁有先贤言子祠。吴公封号尚赫赫，春秋笾豆存有司。先生绮岁沃清誉，恭珥彩笔陪丹墀。一麾出守荒徼静，印床冉冉花阴移。只今五马更北上，停鞭话别风丝丝。儒林文苑两不愧，会寿公德虀盘彝。嗟余私淑武城宰，笙歌却误弦歌迟。钟鼎山林各随分，何妨醉倒眠东篱。呜呼！铜鼓其知之。

【作者简介】

王衍梅（1776—1830），字律芳，号笠舫，会稽（今绍兴）人。嘉庆十六年（1811）进士。授广西武宣县令，未履任。任幕僚佐官，长期在桂林生活，道光十年病逝于桂林。擅诗书画，有《绿雪堂遗集》传世。

【注释】

①录自《绿雪堂遗集》（道光年间会稽王氏刊本）卷16。②言皋云：言朝标（1756—?），字皋云，江苏常熟人。乾隆皇帝南巡，言朝标以廪膳生献赋，乾隆四十五年（1780）三月，特赐举人，授为内阁中书，而后为《四库全书》分校官。乾隆五十四年进士，典试广东，嘉庆三年（1798）任四川夔州、保宁知府。服阕后出任广西浔州、柳州、镇安知府（道光六年任），署右江道。年届七旬，引疾求退。归家后任常熟游文书院山长十余年。著有《孟晋斋诗集》4卷（光绪十年刊本）传世。此诗中铜鼓，当系出自广西。③《绿雪堂遗集》卷8《广州十首用坡公荆州诗韵》其二："波罗两铜鼓，斑驳至今存。父老过春社，晴雷殷古原。传闻出新息，流盖半蛮村。亦有金涂塔，无人解细论。"

铜 鼓 亭

李彦章

铜鼓摩挲蜡幔疏,小亭双影照蟾蜍。印成月样团团好,玉镜金盘总不如。

【作者简介】

李彦章(1794—1836),字则文,一字兰卿,号榕园居士,福建侯官(今福州市)人,嘉庆十六年(1811)进士,道光五至八年(1825—1828)三月任思恩府知府(治所在今南宁市武鸣区府城镇)。道光六年在思恩府创办阳明书院。有《榕园诗钞》《榕园文钞》《榕园楹帖》。黄爵滋《李都转诔》:"铜鼓传声(《状》云:思田古荒徼,风气简陋。又所辖十二土司杂以百蛮之俗,号难治。兰卿入境,而宾州适出铜鼓,盖上距元丰七百有三年,而鼓再出。此鼓箧之兆也)"(《仙屏书屋初集文录》卷12)。

【注释】

①录自韦丰华《今是山房吟余琐记》初编二。韦丰华记载:"郡伯诗四十绝,旧藏园中天一阁,久已灰化。今抄本所存,又大半虫蚀,今仅存廿五首。"《铜鼓亭》绝句系其中之一,韦丰华注记:"铜鼓亭与修志亭并峙江岸。郡伯观风宾州,得铜鼓以置诸此。"②李彦章《榕园诗钞》中《戊子三月调署庆远临行赋诗八首示郡士民》诗及原注"铜鼓平蛮原间出(余下车时,宾州适出铜鼓,移置阳明书院,作铜鼓亭度之。距《宋史》所载'宾州出铜鼓'之岁,已七百四十三年矣)"《榕园楹帖》收录李彦章为铜鼓亭写的楹联"七百册载山川地宝重看铜鼓出,四十六碑文字师承须自石经来。"题记:"道光六年下车,宾州适出铜鼓,距宋元丰甲子"宾州出铜鼓"之岁,七百四十三年矣。"放在铜鼓亭的铜鼓,道光六年(1826)在宾州(今宾阳县)出土后,李彦章带到武缘(今武鸣),后又带回福建侯官(见后蒙泉镜诗注释)。③王衍梅《绿雪堂遗集》卷15《同

年李兰卿守思恩铜鼓出宾州油麻园其兄兰屏复从京师寄阳明所制小铁炮属余题七言近体四章附于＜榕园饯鼓图＞之后》，卷17《李兰卿同年＜榕园饯鼓图＞序》，记载从宾州获铜鼓，置于在思恩府榕园铜鼓亭。④郑开禧《送李兰卿（彦章）侍读出守思恩》："知君卧理饶余暇，夜静时闻铜鼓声。"⑤叶绍本《送兰卿出守思恩诗》："会见咏提官，太平春浩浩。银簪叩铜鼓，歌呼亦自好。"

铜鼓歌（鼓出宾州土中，为兰卿太守所得，今置阳明书院）

叶绍本

我昔但诵铜鼓诗，我今始识铜鼓图。径二尺强围七尺，苔斑剥落青花肤。圆晕重重拟悬的，雷回镂刻兼虫鱼。夏屋渠渠露脊角，宝胜叠叠连花趺。形模诡异制作古，坐令光气腾精庐。我闻五岭界边徼，诸蛮错处槃瓠墟。斑兰之衣独力结，所在渠帅称精夫。蛇乡虎落自雄长，高山险狭扬兵符。爰铸斯鼓警有众，譬若鸣铎申镈于。银钗扣罨郎火集，渊渊共听兴烝徒。一从新息破骆越，天声远震朱鸢都。遂取吉金铸马式，南征盛事光爻间。后来流传益贵重，得一便足豪旌旟。郡县渐开溪洞改，此物沦弃荒山隅。干戈战斗阅尘劫，如沉泗鼎埋商觚。此鼓何来叹奇绝，领方古郡山环郛。清平太守政化洽，花鬘怀德安耕畲。循良之应嘉祥至，宝气跃跃明蟾蜍。轮囷出土了无损，平面如镜精芒俱。一时传观遍氓庶，儿童拍手争歌呼，亟礐崇祠俾藏覆。宝之无异英琼琚。昔闻此州有此鼓，旧事曾记元丰初。狄余威名尚未远，昆仑夜夺惊奇谟。阅年七百此复见，圣德久致印距虚。

【作者简介】

叶绍本（生卒年不详）：字立人，一字仁甫，号筠潭，室名花影斋、白鹤山房。浙江归安（今吴兴）人。嘉庆六年（1803）进士，道光五年

(1825）九月由江苏按察使调任广西按察使，道光七年七月转山西布政使。有《白鹤山房诗钞》。

【注释】

①录自叶绍本《白鹤山房诗钞》（《续修四库全书》本）卷17。②作于道光六年（1826）。③李兰卿：即李彦章。

以铜鼓施焦山作诗纪事

张　井

我有汉代之铜鼓，来自南昌司马家（万廉山承纪）。蛮风瘴雨几何载，鞔骨完好无缺瑕。阔径三尺高杀一，三叠微学蜂腰窊。鼓心隆起俨棋局，周遭怒踞六虾蟆。腰垂四耳便索贯，其中空洞下口奓。黝然古泽光可鉴，通体细缅牛毛花。恨乏款识纪年月，定伏波耶诸葛耶（据邝湛若考，当是伏波骆越鼓）？二竹斋中充清供，偶逢过客出矜夸。常恐神物工变化，不甘闭置羁笼笯。忽忆焦山擅名胜，中藏古物颇纷拏。周汉二鼎最奇绝，得此踵事或增华。梅溪老人笑绝倒，云此位置真不差。岂知此语有漏泄，山灵日夕思拜嘉。坐使诗僧屡问讯（僧借庵寄书梅溪，询铜鼓来山期），前言欲食愁揄揶。一朝决计送汝去，不须堕泪随风斜。东过广陵下扬子，扁舟两桨声咿哑。千年老铜足精气，蛟龙未敢轻要遮。天吴潜逃鼍鼍徒，鲛人泣窜奔虎鲨。布帆安稳到初地，山中童叟拍手哗。诸天龙象大欢喜，紫衣前导随袈裟。三熏三沐妤庋阁，幸少泥藓劳剔爬。钟鱼斋鼓共晨夕，障幕那无金绦纱。时有寒芒逼牛斗，莫放光怪惊麋麚。当时炼铜采赤堇，阴阳供炭龙火加。雷雨晦冥降神异，亦如欧冶成镆鋣。铸成此鼓寄威信，要息民夷争犬牙。大胜黄龙要誓约，底须歃血刑豚貐。赛神合乐醉且舞，峒丁溪女纷击挝。方今圣治旷无外，梯航冠带通幽遐。坤维炎徼在庭户，芦笙欢沸喧铜芭。此鼓投闲供玩赏，何如被濯归耆阇。八德水与洗兵气，忏除烦俗祛尘沙。摩挲免叹在荆棘，听法或证波罗伽。吐吞潮汐浥神雾，沐浴日月涵灵霞。佛天不老山不灭，铜鼓之寿其无涯。

【作者简介】

张井（1776—1835），字芥航，号畏堂，陕西肤施（今延安）人。嘉庆六年（1801）进士，清道光十年（1830）任河东河道总督。有《二竹斋诗集》。曾送铜鼓藏焦山定慧寺，置于方丈。后作为为焦山四宝之一。

【注释】

①同治《焦山志》卷4《铜鼓》："鼓高二尺，径三尺。藏方丈。道光十年正月，河东河道总督、延州张公井所捐。公有《以铜鼓施焦山纪事诗》。按，铜鼓出处有二，有伏波铜鼓、有诸葛铜鼓。是鼓，公诗自注云：'据邝湛若考，当是伏波骆越鼓'。"随后录张井、谢学崇的诗篇。②万承纪（1766—1826），字廉山（一作廉三），号畴五。南昌（今江西南昌）人。乾隆五十七年（1792）副贡，嘉庆八年（1803）任江苏宝应县知县，官至江苏同知、护理淮海道。书法家、金石家、藏书家。

和张芥航河帅送铜鼓焦山歌韵

谢学崇

我闻铜鼓出交趾，裴刘记录纷诸家。石湖作志始附会，器以称代谁訾瑕（《汉书·马援传》惟云"得骆越铜鼓，铸为马式"。裴渊《广州记》、刘恂《岭表录异》皆以为蛮獠乐器，至范成大《桂海虞衡志》有"伏波所遗"一语，后人遂以为伏波所制）。行军燕飨精范度，如辨钟乳铭尊罍。记昔趋庭客炎徼，戟门锁叩金虾蟆（先君官粤西，节署有铜鼓，雍正年间金中丞移署）。款识年代杳莫纪，征引故实清繁夥。泗城有鼓制颇杀，亦复镂致方圆花（崇家有铜鼓二，质薄而坚，文镂精细。泗城土人所献）。

载归便抵郁林石，皮久墙阴生苔耶。偶尔拂拭露斑驳，好古客至犹争夸。
竭来广陵赁春庑，钉床转徙同雕锼。高轩过我示新制，顿令胸膈开烦挐。
云有旧藏骆越鼓，愿与悬钵争光华。浮玉岩前践息壤，周汉二鼎肩相差。
诗成纪事兴飙举，焦仙拍手歆告嘉。始知宝物在所得，靳秘毋乃神鬼挪。
是时弭节拾海月，冯夷击楫无夭斜。声闻界彻龙象舞，江天百鸟停呕哑。
海云堂空秋日晻，松寥阁邃烟萝遮。诡异何必验骑蛤，鞬匣迥异蒙青鲨。
潮音仿佛互鞺鞳，晨钟夕呗非虚哗。病权蹇暨修供养，胜夺如意金袈裟。
却笑欧阳耀威武，先后委积勤搜爬。如何一鼓壮山色，珍重淡墨笼轻纱。
想当洞獠模蜡印，盘盘曲队奔麋麛。能销兵气归佛地，益信万里声灵加。
因思制器各有当，以锥袖履羞镆铘。昔人防边譬防水，顺性可拔生鲸牙。
公今治水俨治敌，盟心不事燔牺牷。频年淮海宅万户，但听赛鼓村农挝。
昨经涉险北尖外，要揽沿委穷深遐。若鼓记里金作式，一洗众论喧筝琶
（公亲历海口，作诗纪事，辟拦门沙之沿谬）。余事亦足光志乘，芈被默喻
兹阿阇。惭余雷门挟布鼓，顽金跃冶甘泥沙。名山咫尺笫屦嬾，漫欲净业
参瑜伽。载读公诗抗金奏，大千气象标穹霞。此鼓直拟为公铸，纪勋永镇
江之涯。

【作者简介】

谢学崇（1784—?），字仲兰，号椒石，一号崇之，又号蕉南旧史、小苏潭，南康人，广西巡抚谢启昆之子。嘉庆六年（1801）十一月谢学崇、学垌兄弟在桂林七星岩题名摹刻。嘉庆七年进士，改庶吉士，授翰林院编修，官至河南开归陈许道。有多个集子，后合为《小苏潭集》。

【注释】

①录自同治《焦山志》卷4。②据诗句原注知，谢学崇家所藏的铜鼓源自广西泗城（治所旧址在今凌云县）。

张芥航河帅送铜鼓至焦山并示以诗作此谢之

（释）清 恒

　　昔读《铜鼓草堂集》，云是伏波南征骆越之所遗；又读铜鼓山两赋，云是诸葛七擒孟获时得之。鼓滩鼓崖今俱在，铜柱铁柱名交垂（伏波题名铜柱在广西南宁府，诸葛记功铁柱在云南大理府）。水激雷霆地欲动，声震山谷天为低。鬼王甲胄藏岩洞，关索神尚飘灵旗。《岭表录异》知不妄，《溪蛮丛笑》言无欺。考诸《郁林志》可证，参之史传还思维。至今海内称为宝，流传不辍华与夷。未能一见思若渴，有无千载尝怀疑。今年欣遇梅溪叟，河帅欲捨心先知。一闻此语喜不胜，屡询铜鼓来山期。此鼓旧藏司马宅（万廉山司马），蛮烟瘴雨来何时，夜深月照梅花室。天吴海若争相窥，即时舁至二竹斋。辕门鼓角横朝曦，为想得时诧珍异。椎牛延客歌雄词，物古反愁难与匹。斋中只合陪商彝，我公欲令古物聚华严。楼阁高参差送此以配周汉鼎。堂前排列三成凸（凸音伊，见《华严经》），状如汉竹具三节（《广志》云：汉竹，大者一节容一斛）。面踞六角虾蟆痴，底窪腰缩口复敞，中高棋局边何夷。腹空卦象艮覆椀，声远威若玄女夔。土花攒簇半翡翠，烟痕斑驳红胭脂。山僧下拜即登受，天龙八部争扶持。焦山麓有铜鼓石，藤萝束缚同支祁。潮来声与此相答，似击骆越谁云非？我有一言为尔祝，山中岁月无迁移。从兹永得寿者相，不止三大阿僧祇。桂江罗甸我未到，得此省费游山资。一日摩挲一百遍，长吟不顾旁人嗤。《焦山志》与《古物志》，更添一卷铜鼓诗。

【作者简介】

　　清恒（1757—1836），俗姓陈，字巨超，号借庵。浙江海宁人。于焦山定慧寺剃度入道，后为住持。著有《借庵诗钞》传世。

【注释】

　　①录自《借庵诗钞》（《清代诗文集汇编》本）卷12。亦见《焦山六

上人诗》。②铜鼓山两赋：指曾燠《铜鼓山赋》《续铜鼓山赋》（见前录）。③屳，品字形。

张河帅芥航先生过宿山中同杨子坚作

（释）清　恒

伏波铜鼓世争夸，来自清河谨拜嘉。必藉山灵长保护，恨无款识记年华。蛮风瘴雨天应惜，月羽星旗影莫遮。从此山中伴双鼎，时时拂拭有僧伽。

【注释】

①录自《借庵诗钞》（《清代诗文集汇编》本）卷12。②原诗四首，此录其三。③杨铸，字子坚，江苏丹徒人，布衣诗人，著有《春自堂诗》。

和张芥航河督送铜鼓入焦山韵

王钦霖

我闻伏波将军铸铜鼓，分布三十六种诸苗家。南人歃血誓不反，终汉之世无疵瑕。余威震荡慑诸国，风行真腊兼爪哇。千年遗器出南诏，月轮未蚀金虾蟆。牛尾细碎土花紫，未须款识词繁奓。曲江先生负真赏，摩挲老眼犹无花。灵物鬼神共呵护，三代法物同矜夸。却愁变化发光怪，海王欲夺蛟龙拏。君不见金铜仙人堕铅泪，露盘无复承朱华。又不见湛卢宝气化为虎，剑池寂寞沉秋蛇。过眼云烟幻泡影，古怀勃发徒咨嗟。不如名山供老佛，不愁山鬼相揄揶。焦山东去海波阔，海云堂外云周遮。竹林寺古梵音绝，钟鱼昼静无喧哗。周初宝鼎最奇古，雷纹象篆盘夭斜。我生好古乏真赏，眼光疑隔千重纱。此鼓沉沦弃蛮越，千金价值无人加。持配周鼎宝相当，有如干将偕镆铘。当年铸就鸢跕水，震惊大纛兼高牙。云鼙金钲扣不绝，木郎赛罢争舆媦。狨鸟蛮花几变灭，渔阳绝调留掺挝。佛庐从此閟幽异，不与铜柱留荒遐。大声应可发聋聩，人间俗耳哀筝琶。我为此鼓三叹息，空门闭置归黎阇。方今西域正蠢动，贰师万骑屯流沙。跳梁虽已缚颉利，驮经犹未迎僧伽。安得援枹畀飞将，旌旗天半明朱霞。昆仑一鼓荡群丑，雷霆夜震青海涯。

【作者简介】

王钦霖（1800—1847），原名汝霖，字雨亭、慈雨。江苏沭阳县人。道光六年（1826）进士，任官吏部考功司主事。著有《王吏部遗集》《海鸥山房诗钞》等。王相曾至南宁，其《邕州》诗云："鲭鱼抱卵眠江沙，鹧鸪啼入槟榔花。黎歌哑哑打铜鼓，火田冬绿多人家。"

【注释】

①录自王相《友声集·待兰轩存稿》（《续修四库全书》本）卷下。

和张河帅送铜鼓焦山歌

俞正燮

江波澄澄山色喜，铜鼓今到瞿昙家。浮筠斑驳闻吐晕，淘质莹净知无瑕。校量古度有尺寸，摩抄异形记坳窪。腰束能使响鞳鞳，六面声传短胆蟆。自随旌旆发袁浦，水营行队无侈奢。是时焦山秋正爽，江干初落芙蓉花。诗僧老瘿见拾得，长者呵护来毘耶。入门礼佛苾刍导，分地置器泽国夸。送鼓歌成佛天笑，气凌秋颢风出笯。时杂清言玉霏屑，妥安强句蛟盘拏。属累空王守古物，为证初地留清华。公诗读罢群材和，摘词赴节音无差。我共铜鼓住五月，尝饮酒旨啖肴嘉。不曾看鼓追咏鼓，岂免好事人揶揄。俗态或从酒狂出，公能容我接䍦斜。生平耳食当目饱，不妨学语学呕哑。我知铜鼓佛寺宜，强出一语远要遮。力大应归龙与象，性同何论鳄与鲨。强出一语急告佛，我且语毕僧无哗。鸢掘罗经说舄履，道宣感应记袈裟。牛革蚕丝皆物命，楞伽大乘更搜爬。似说铜鼓第一义，合从公诗笼碧纱。我醉未肯随睡魅，僧闲知复学奔麚。周鼎汉鼎雅布施，匪谓此鼓更有加。焦仙隐名似庄老，杨公勒石嗟镆铘。噙江一亭迎仙躅，邻山七塔丛佛牙。真逸高文临瘗鹤，名禅顿悟等突猰。此鼓入寺山灵爱，亦愿僧徒手拊挝。更为游客增题目，知有佳句遍荒遐。方今中外同福寿，苗富狪安滇丰琶。家能铸鼓镕刀剑，和风远届阿黎閣。内地波恬海龙愿，安乐竟普恒河沙。天鼓临空醒群聩，思得好语酬僧伽。此时鼓枻真萧爽，想像明镜映晴霞。公肯放我早归去，先访公鼓江之涯。

【作者简介】

俞正燮（1775—1840），字理初，安徽黟县人。道光元年（1821）举人。晚年为江宁惜阴书院主讲。著述甚多，有《癸巳存稿》等传世。

【注释】

①录自《俞正燮全集》（黄山书社，2005年版）第3册第18页。

芥航同年以所藏铜鼓置焦山寺媵之以诗即步其韵

朱方增

我昔星轺越桂管，获铜鼓二藏之家。复从行省见巨鼓，高三尺余尤无瑕。传闻沦没同泗鼎，渔父得自云水涯（粤西抚署铜鼓，得自浔江铜鼓滩下）。隐隐纤纹印云蜡，娟娟圆影蹲月蟆。当时手指屡授拭，至今心口为张夸。汉魏唐宋不可辨，蟾蜍蚀久凝土花。古泽洵是先代物，去非著说其然耶？我友神识好鉴古，新得一鼓纷相夸。七客寮友蓄清秘，护之不啻周藩笯。忽思玩物昔所戒，运转巨掌能掀拏。徒令亵昵近燕寝，何似摆脱归……龙华。孝然旧境最幽复，终古风景无或差。徇螺梵磬太轻缥，镇以重器亦孔嘉。况有迦叶作呵护，千秋可勿忧胥揶。片帆直下海门近，轻装飞越江流斜。鼍更逢逢振船背，暮禽嚌口无呕哑。枯木堂迥足登眺，纵目何有藩篱遮。鲸铿或恐骇蛟蜃，犀烛径欲逃鲲鲨。置之法座佛大喜，精蓝地静人无哗。南仲定陶互陪辅，图聚博古夸紫袈。潮音初上应考击，籀丝半绕烦梳爬。且复淋漓骋鸿制，縢诗定见笼碧纱。藉留韵事佐谈麈，岂崇净业师神魔。此鼓谅亦来粤峤，昔晦今显荣无加。酬神合众尝伐此，无异利器操精铘。伏波诸葛要妄托，无怪聚讼同鼠牙。我朝声教讫遐迩，春田沛泽纵五豝。獠栅獞寨尽向化，燕缦不使银钗挝。蛮烟瘴雨听剥蚀，往往樗置虉荒遐。君今举此畀佛界，挥手一谢凡筝琶。岂无奇才叹蓑落，挈之何翅登阊阖。君能爱物尤爱士，拣金不惜常披沙。九州寒畯待拂试，毛羽一假鸣频伽。黄钟大吕世其宝，忍令阒寂沦烟霞。君胸抑塞未尽畅，此意推扩无津涯。

【作者简介】

朱方增（？—1830），字虹舫。浙江海盐人。嘉庆六年（1801）进士。历官国子监司业，翰林院侍读学士，内阁学士。熟悉朝章典故，参与编纂《石渠宝笈》《秘殿珠林》，辑名臣事迹成《从政观法录》。嘉庆二十年（1815）六月，以翰林院侍讲提督广西学政，故诗句云"我昔星轺越桂管"。

【注释】

①录自朱方增《求闻过斋诗集》（《清代诗文集汇编》本）卷6。
②《求闻过斋诗集》卷3《六月十七日命视学广西恭纪二首》："铜鼓旧风宜易俗"。又，《层峦雉堞》："铜鼓遗风迹未亡"。

芥航兄以铜鼓送焦山作歌纪之和其韵

张澍

周宣猎碣曰石鼓，妄刌宇文有数家。苏绰儿孙未尝说，永卿倡议毋乃瑕。犹幸移置国子监，鸿生摩挲辨凸窪。南昌司马（万廉山承纪）藏铜鼓，荇藻曲蟠六虾蟆。斑斑驳驳凝土花，敲以圣颛逢人夸。谓是新息侯故物，据邝露言谅非夸。坎坎渊渊发金响，不镌年月书姓名，岂非古人尚质耶？一旦持赠归二竹，慨然叹息缄縢固，何异威凤囚在笯。兼恐神物终变化，六丁乘电宵攫挈。焦山之顶敞兰若，岩谷幽秀绝纷华。况有借庵老衲在，以香火供那有差。蠲吉送尔归山去，风日清美休气嘉。轻舟细载蛟鳄避，半途不逢鬼歆歇。山灵来迎生错愕，风车云马霓旌斜。位置妥帖莲花侧，沙弥讽呗伊优哑。山静时有云烟覆，江清绝少尘垩遮。半夜光芒射牛斗，月蟾欲落滩走鲨。老龙自诧无此物，啸聚鳞族纷喧哗。散花天女蓦来叩，懒僧膜拜披袈裟。亦有削瓜头巾士，挂帆登麓手搔爬。磨墨拈髭斗险韵，题壁意欲笼轻纱。吾闻南粤易拚榾，汉兵深入林藏麚。楼船下濑争邀击，缪氏疑相矛鏦加。韩千秋乃胡为者，辄效介予剿莫邪。朱鸢已定征侧殪，销铸马式高祭牙。毁之不尽多藏匿，渐出翻疑䍧牁狺。夒童峒女时宴乐，椰酒醉舞银钗挝。厥后诸葛征芒部，亦复模范镇荒遐。哀牢乞画输金铁，济火擅袖弹筝琶。我是天山一樵客，饮得金液啜罗阇。使君恢廓不爱宝，抛捐奥窖泥滓沙。欲嚇焦先谋偷窃，恨未生羽陵频伽。毗沙呵护那可近，绀发飞出光明霞。悔过雷门持布鼓，鹭翔鱼扣谁窥涯。

【作者简介】

张澍（1776—1847），字百瀹，凉州府武威县（今甘肃武威市）人。嘉庆四年（1799）进士，入翰林院庶吉士充实录馆纂修，未几引疾归。后任知县等官。著述宏富，舆地文史考证犹多。于川贵有《续黔书》《黔中纪闻》，诗文集有《养素堂诗集》《养素堂文集》。《养素堂诗集》中其他有关铜鼓的诗句，如卷3《南荒》："伏波铜鼓镇磐安"。卷4《黔中曲》：

"吉日良辰乐不支,家家铜鼓闹晴曦"。又记竹王祠"迎神一曲鸣铜鼓"。《谒南将军庙》:"砰訇铜鼓震远村"。

【注释】

①录自《养素堂诗集》(《续修四库全书》本)卷21。②作于道光十一年(1831)。

芥航兄以所得铜鼓置焦山作歌纪事因志二律

张澍

伏波铜柱镇南蛮,铜鼓当年亦警顽。一落人间为宝物,何如位置此名山。银钗夜叩来龙女,蜃气朝含现佛鬘。自是使君多意匠,不教双鼎占孱颜(焦山旧有周汉二鼎)。

久闻此制始巫咸(《世本》"巫咸始作铜鼓"宋衷注:"盖南中所作"),诸葛南征又铸镵。甲子不书双款缺,虾蟆在腹四环衔。诸天护惜多龙象,好事摩挲挂布帆。我向焦先寻汉事,岑牟怕作渔阳掺。

【注释】

①录自《养素堂诗集》(《续修四库全书》本)卷21。②作于道光十一年(1831)。

铜鼓歌(和张芥航井河帅)

吴清鹏

粤南铜鼓谁所造?伏波诸葛皆征苗。荒俗传说苦悠谬,厥义无取名徒标。澘列众凸错星宿,图写百怪潜波涛。其形诡异每可喜,得此亦足娱宾僚。河堤使者今人豪,一生念国常悃劳。霜冬休役值无事,雪夜置宴延词曹。摩挲细认辨斑绣,叩击小试听铿敲。一枚传观共诧异,百篇属和穷镌雕。雅歌投壶等行乐,知公聊亦同逍遥。明年桃花春涨起,定先役鼓为民操。

【作者简介】

吴清鹏(1786—?),字程九,号笏庵,浙江钱塘人,嘉庆二十二年(1817)探花,由翰林院编修官至顺天府丞。以病辞职,后主讲扬州安定书院。

【注释】

①录自吴清鹏《笏庵诗》(《续修四库全书》本)卷5。②作于道光十年(1830)。

次韵奉和张芥航河帅送铜鼓焦山歌

齐彦槐

范铜作鼓始汉代,传自骆越蛮王家。黝如秦镜光可鉴,完比赵璧精无瑕。棋局中高瓠腰细,哨壶腹廓罍口漥。胫鸣胸鸣物取肖,六方阁阁蹲痴蟆。不留款识本质朴,遍施文藻何繁奓。亦犹獞民侈雕饰,一字不识浑身花。伏波诸葛皆有此,此鼓铸自何年耶?征讨侧贰擒孟获,雷霆迅疾今犹夸。禁溪三载虎入窌,祁山六出枭归笯。桂江滩中久沉溺,罗甸山上时腾挐(桂江铜鼓滩为伏波沉鼓处,罗甸铜鼓山为诸葛武侯得鼓处)。三千年物在人世,一万里路来中华。细披赤雅马鼓是,尺寸制度毫弗差。先生得鼓胜得宝,摩挲万遍心钦嘉。似将神奸入锻炼,不怕鬼物相揄揶。二竹斋头日对坐,安置妥帖无欹斜。酒酣考击主宾笑,震来虩虩言哑哑。忽思焦山土清静,兵燹不到江为遮。周汉二鼎久寂寞,盍以赤鲤陪青鲨。元戎小队送入寺，观者如堵群喧哗。白头长老颂功德，顶礼倒曳红袈裟。具言山中古物有，松房竹院纷搜爬。文襄玉带返朱匮，忠愍宝墨笼碧纱。鹤铭留书舞鸾凤，魅相入画奔麐麚。若论音声作佛事，得未曾有畴能加。三空狮吼狂象伏，威力岂数镩与铘。方今八番置郡县，乌蒙白纳无相牙。料知此鼓不复作，永免衅血腥牺猳。藏之名山幸守护，切戒僧众轻敲挝。龙宫屭窟杳莫测，深夜或恐惊幽遐。惜哉我未共公往，为持铁板铜琵琶。大江东去发高唱，海水鞺鞳鸣耆阇。公行本为导淮记，救度民命恒河沙。颇闻初地魔众娆，伐鼓并摄摩登伽（近来焦山颇有挟妓游者，故及之）。鼓乎鼓乎，信得所响答潮汐。蒸云霞茅庵佳处如可结，我将伴尔沧江涯。

【作者简介】

齐彦槐（1774—1841），字梦树，号梅麓，又号荫三。安徽婺源（今属江西）人。嘉庆十四年（1809）进士，为翰林院庶吉士。道光年间为江苏金匮县知县，苏州同知、知府。著有《海运南漕丛议》《北极星纬度分表》《天球浅说》《中星仪说》《梅麓诗钞》《梅麓文钞》等。

【注释】

①录自《梅麓诗钞·补遗（上）》（道光二十五年齐学裘刻本）。②齐彦槐曾送唐代石佛像至焦山。徐谦《悟雪楼诗存》卷6《少穆中丞属赋齐梅麓太守送唐石佛入焦山图诗》。齐学裘《劫余诗选》卷15《恭题大人送唐石佛入焦山》"伏波铜鼓若球贡"原注："去年河帅张芥航先生亲送铜鼓入山，河帅作歌，家君和之，裘亦有和作。"

次韵奉和张芥航河帅送铜鼓焦山歌

齐学裘

前年纵棹渡扬子，禊祓信宿焦仙家。石肯堂贮宝鼎二，完好似璧无纤瑕。蟠屈螭形缪篆缪，彭亨豕腹溘尊溘。宝气飞腾杂蛟蜃，古色斑驳同蟾蜍。南仲陶陵款识具，释者考者详而夸。屡欲吟之意辄沮，袖里有笔惭无花。汉炉虽佳瓦缶耳，讵可鼎足为三耶？芥航先生性嗜古，文苏墨竹斋中夸（先生得与可、东坡两墨竹，因名其斋曰"二竹斋"）。雄文天马脱羁勒，妙句仙翻超樊笯。快哉一旦得铜鼓，映带二竹枝纷拏。亭台顿觉增气色，珠贝不敢言光华。梁园宾客证赤雅，谓伏波鼓毫无差。公云宝当天下共，闭置一室谁称嘉？焦山二鼎太孤寂，恐有鬼物相揄揶。扁舟载鼓将鼓嫁，旌斾照耀相欹斜。月波台东待月出，潮静柔橹鸣咿哑。夕阳楼西看日落，一碧万里天无遮。古梅森梢肖龙虎，秋笋肥美逾鳝鲨。元戎小队两日住，未觉初地人声哗。清晨下山别鼓去，鼓不能送烦袈裟。腾鼓新篇再拜读，背痒如得仙爪爬。此诗与鼓并不朽，僧舍何劳笼轻纱？颇闻淡园风日好，翩翩野鹤呦呦麚。当时击鼓万花放，姚黄魏紫纷交加。鼓声歇处诗烂熳，光射牛斗疑将铘（春间淡园牡丹盘开，先生与家君倡和至七叠韵。观察、诸公和者甚众）。今归江山永作镇，海怪安敢雄须牙？闻昔猺獠铸鼓竣，招朋置酒烧豚猳。峒丁蛮女千万万，金银作钗雨点挝。而今骆越无此俗，声教久已渐荒遐。凤仪兽舞九成奏，屏弃羌笛挥筝琶。鼓当圣代了无用，正好安稳栖耆阇。佛天清净香作土，人世迁移风卷沙。所以东坡解玉带，至今手泽留僧伽。古人名心固不免，神物亦竞趋烟霞。长江如带山作砺，公名千古垂无涯。

【作者简介】

齐学裘（1803—？），字子贞，一作字子治，号玉溪，晚号老颠，齐彦槐之子。"以诗名著江左，文人咸相引重，以为绰有父风云"。后隐居绥定山中。工书法，亦能画，著有《劫余诗选》《见闻随笔》《见闻续笔》等传世。

【注释】

①录自《劫余诗选》（《续修四库全书》本）卷15。②"前年纵棹渡

扬子",道光十一年齐学裘随父至焦山。③家君:其父齐彦槐。④齐学裘其他有关铜鼓的诗句。《劫余诗选》卷15《暮秋游焦山恭和大人用屠琴隖先生＜胥江唱和图＞诗韵作歌呈借公》:"伏波铜鼓新送至,以杖挝之声过阘。"卷15《恭题大人送唐石佛入焦山》序:"庚寅腊月大人舟次扬州,购得唐石佛一座,送至焦山,作诗纪事。今年夏借庵倩张茶农解元绘图,将征海内名公题咏,藏之书藏。学裘过庭,获观此卷,恭拟长歌,附名于后,以志欣云。"

刘松岚观察以所和张芥航河帅诸葛铜鼓歌见示即效其体奉酬

汤建中

赤壁船烧千炬火,东风一夜曹兵破。荆州虽借终复还,恨未长驱到江左。鼎足三分南北朝,卧龙古迹殊寥寥。但能得其遗物已足贵,况兹铜鼓来尤遥。相传征蛮曾用此,贯索虡悬山谷里。瀑泉击之声隆隆,如有千军伏而起。南蛮多诈兵贵奇,疑人需用疑兵疑。我犹惜其用不早,曷不铸在攻曹时?老瞒多疑必却走,何事六出祁山师?不然赠与弥衡击,对贼挝之声奋激。渔阳三弄气益豪,定使奸雄心胆裂。乃徒用以惊蛮人,得毋所用非其伦?岂知先生制器巧,木牛流马且乱真。区区铜鼓曷足异,后世乃与鼎彝同为珍。伏波所造世已少,此鼓依然尚完好。陆离斑驳含古春,犹觉英灵满江表。即今鉴古谁最良,博物无过张华强,悬诸帅府日欣赏,豪饮直欲倾千觞。兴酣落笔作诗记,一时属和多琼章。河东观察人中杰,八十犹挥典韦戟。诗力直逼韩昌黎,硬语盘空欲屈铁。我未见鼓心常疑,读公之诗早明澈。况闻移置焦山巅,此山不易鼓不迁。他日渡江一过访,摩挲古物宁无缘?从此青山倍生色,镇山有宝应无匹。寄语山僧莫乱敲,恐惊江底蛟龙出。

【作者简介】

汤建中（1790—1851），字德卿，一字允叔，武进人。外祖父赵翼。道光二年（1822）举人，曾任河内县丞。

【注释】

①录自《筠绿山房诗草》（《清代诗文集汇编》本）卷2。②作于道光十二年壬辰（1832）。③刘松岚：刘大观（1753—1834），字松岚，号正孚，山东丘县（今属河南）人。乾隆四十二年（1777）拔贡，官至山西河东道道员。乾隆四十三年初试令粤西，历任融县、永福县、天保县县令。有《玉磬山房诗集》《玉磬山房文集》传世（诗集中未见铜鼓诗）。③刘大观以诗示汤建中，汤因和之。

张芥航河帅焦山送铜鼓歌（并寄山僧借庵）
陈文述

世间铜鼓今余几，南昌司马得其一（万廉山司马故物）。鞳鞺犹余汉代音，我昔筹河曾点笔。延洲河帅今得之，爱此轮囷千载物。商量位置何处宜，江上青山深郁律。云海堂中伴二鼎，光映扶桑海东日。铜鼓歌继石鼓歌，诗比昌黎更豪逸。定伏波耶诸葛耶？瘴雨蛮烟迷岁月。将多前功忌后患，南征辛苦征韶出。古来勘乱在攻心，卧龙兵法真无匹。即今西域又烽烟，杨仆威名新授钺。此行应见大人还，好学子仪定回纥。铜鼓无声应海潮，虾蟆静卧烟霞窟。归舟帆过海西庵，参祥更礼维摩诘。

【作者简介】

陈文述（1771—1843），文杰，字退庵，号云伯，钱塘（今杭州）人。嘉庆五年（1800）举人，官繁昌等县知县。年少时与族兄陈鸿寿同为阮元赏识。游历京都，与杨芳灿齐名，时号"杨陈"。其诗词藻丰富，雄视当世,尤长于歌行。早年工西昆体,晚年剑华就实,归于雅正。著有《碧城仙馆诗钞》《颐道堂集》《西泠怀古集》《碧城诗随》《仙咏》等。

【注释】

①录自《颐道堂诗选》(《续修四库全书》本)卷28。②本诗作于道光十年(1830)。③《颐道堂诗选》中其他有关铜鼓的诗句:卷1《查乐园舅氏归自日本听话长崎岛之胜》:"碧箫嬴女至,铜鼓汉槎留"。卷37《苗女》:"芦笙吹钿管,铜鼓叩钗梁"。

铜 鼓

陈文述

汉将平蛮铸铜鼓,前有伏波后诸葛。其制轮廓其中空,其质斑驳其文活。以置溪坳响急流,用助军声混鹅鸭。苗民宝此若钟簴,和以芦笙喧伏腊。锦裙儿女鞸花鬘,阑干亲叩银钗拔。好事搜求重吉金,海内流传十七八。河堤谒者得其一,远置焦山之古刹。以配周汉两宝鼎,宝气腾辉欲排闼。诸天得此大欢喜,四大金刚八菩萨。曾赋长篇属我和,寄远频缄八行札。阿连得此自何所,知是巧偷与豪夺。云雷宛转萼跗衔,不惜椎毡手亲拓。惜无款识与铭词,欧赵何从证题跋。以为燎器索鬼神,居祀中雷行祀軷。群蛮盘瓠之苗裔,其气猖狂其性黠。楚之江华粤连州,今岁屡为诸夏猾。六月王师入瘴乡,弓矢远劳元老挞。山深箐密终扫穴,殪尽天狼通箭笴。此鼓不知得几许,争向九疑深涧撁。我有古铎富追蠡,得自巫山神女峡。叩之清越声以长,疑有潜虬远相答。以作焚香偃月炉,佛烟聚处都成塔。妙想何人运匠心,灵开弟子吾摩钵。古声古色发古香,延津剑气神龙合。更镌乐石纪年岁,碑版书成郭香察。

【注释】

①录自《颐道堂诗选》(《续修四库全书》本)卷30。②作于道光十二年(1832)。

铜鼓歌（并记）
章 简

张芥航河帅得铜鼓一，始以为诸葛忠武所制也，仿东坡玉带故事度之焦山，作歌以张之，予亦继声。兹复据邝湛若考，谓是马伏波物。邮诗索和，予未寓目，不能强作解人，辄如其意酬之。

禅堂风来响枯木，中有精灵夜深哭。潮头到此忽低落，鏦鏦铮铮鼓声作。此鼓传自夔铄翁，厥制或肖诸葛公。博物乃遇张司空，五溪毒雾开群蒙。想见男儿拼裹革，此鼓当年亲阅历。鳞鳞晕作苔翠色，腥气犹凝战时血。苍然古鼎无此尊，客来访古不敢扪。江边瘗鹤秋梦醒，好和法鼓招其魂。不然佐公能治水，禁喝狂蛟伏龙子。黄流顺轨清水驶，鼓兮鼓兮当酬汝！

【作者简介】

章简(1787—1847)，原名程，字立之，一字芝楣，号道生，江苏金匮人。道光元年(1821)举人，以幕僚谋生。著有《思误斋诗钞》传世。

【注释】

①录自《思误斋诗钞》(《清代诗文集汇编》本)卷2。原题即上所录之记，今新拟题。②邝湛若考：指邝露(1604—1650)，字湛若，在其《赤雅》(《知不足斋刊本》)卷下)中对《伏波铜鼓》的考证："伏波铜鼓，深三尺许，面径三尺五寸。旁围渐缩如腰形，复微展而稍弇其口。锦纹精

古，翡翠焕发。鼓面环绕作蛙黾十数，昂首欲跳。中受击处，平厚如镜。两粤、滇、黔皆有之。东粤，则悬于南海神庙，西粤则悬于制府厅事。东粤二鼓，高广倍之，雌雄互应。夷俗赛神宴客，时时击之。重赀求购，多至千牛。制度同而小过半者，诸葛鼓也，价差别矣。"

张芥航河帅以铜鼓归焦山作歌纪事次韵报之

（鼓，万廉山太守丈旧物也）

孙义钧

忆昔初见汉铜鼓，南昌太守吴中家（万丈宰元和，缘事去官。时寓吴，凡七年）。宦游江淮与迁徙，侍史拂拭无瘢瑕。太守平生性嗜古，访碑选石屐齿窊。周剑秦权汉甄瓦，贪得有如食月蟆。钧也十载共晨夕（钧自丙子讫丙戌主丈，先后凡十一年），证古笑口时张爹。鼓较诸葛大少半，老眼鉴别真无花。架以檀楠籍贝锦，疑有光气腾若邪。凡物显晦殆非偶，能公所好殊堪夸。龙渊一跃有遭际，如麟去锁凤脱笯。解鞍豪侠古慷慨，启棂文采今盘拏。戟门旦开动金奏，欲应鼓吹扬朝华。宾从如云尽应阮，稽制邠雅无少差。伏波老年度茅岭，南服越寓同吕嘉。黔阳炼铜耀威信，藤男獞女奵揄挪。炎天疠氛久转战，愁见跕跕飞鸢斜。谤生功隳武烈在，蛮儿莫敢声呕哑。长城既坏鼓沉溺，千秋赤茎瘴雾遮。浔阳出没定何代（《一统志》：铜鼓滩在浔江中。《通志》云：昔人于此得铜鼓，故名），灵鼍稳睡潜青鲨。颇似恒河历世劫，早悟圆寂离尘哗。公今为之证善果，净域归礼金袈裟。人天布施等七宝，土花苔绣重推爬。姬氏吉金并庋阁（谓周鼎），慧日辉映窗棂纱。焦仙渡汝有宝筏，前导香象迎神麚。回思此鼓数易主，感旧客泪还交加。山阳重过有竹笛，延陵已去遗镆铘。人琴重为痛子敬，赏音今又逢伯牙。作歌纪实斗文藻，广征坛社盟牲豭。溷世已同广陵散，知遇几付渔阳挝。皈依不逢善知识，侏离任昧终荒遐。何如金轮转初地，一鸣千岁惊琵琶（《吴都赋》"蛟鲻琵琶"注：琵琶，鱼名。《述异记》：海鱼千岁，形如琵琶，善鸣）。钟鱼梵呗答空籁，共作佛事朝阿阁。长留海天应潮汐，无复峡水蟠泥沙。江濑砰鎗岩啸发，静根了澈参婆伽。名山可藏鬼神护，日浴法雨涵仙霞。此鼓此事两不朽，公之寿世同无涯。

【作者简介】

孙义钧（生卒年不详），字子和，一字和伯，号月底修箫馆主人，江苏吴县（今苏州）人。诸生出身，官仁和县丞、云南宜良知县等。与张井、梁章钜有交谊。其存诗《好深湛思室诗存》22卷，讫于咸丰五年（1855）。

【注释】

①录自《好深湛思室诗存》（《清代诗文集汇编》本）卷7。②丙子讫丙戌：指嘉庆二十一年（1816）至道光六年（1826）。

张芥航河帅（井）得汉铜鼓送焦山寺属同作诗

梁章钜

河堤使者江上来，松寥山下旌旗开。手持法物献佛地，要与周汉两鼎相追陪。新息铜鼓震绝域，武乡铜鼓留炎陬。不知此鼓铸自何氏手，惜无款识供摩挲。或云跕鸢江心实置此，洪涛百面春喧豗。藉壮风声慑蛮部，神物终不甘沉薶。或云俚獠俗乐古儦休，敲铿振遏凭簪钗。葫芦笙杂海蠃壳，乐君欢动仗兹杰为魁。千年金精化鸣蛤，地底跃跃闻春雷。绿沉翠驳忽到眼，虫鱼琐屑蟠青苔。证之虞书（虞喜《志林》）李记（李昉《太平广记》）史占毕（史绳祖《学斋占毕》），断为汉物当无猜。铜花斑斓制诡丽，蜂腰蟆耳纪实良非诙。焦仙有知或长啸，炎精往事重徘徊。诸天龙象力呵护，自免跃入八桂银涛堆（《粤西图经》载马援自交趾归，舟载二铜鼓，跃入八桂江中）。我赎玉带镇山寺，承公题句英琼瑰。带犹近物不足宝，为山增重微公谁？叩弦作歌渊渊出金石，愧我细腰声弱如莛槌。海门铜钲挂高树，云霞照耀金银台。灵鼍吼空蛟鳄避，波澜永奠江河淮（公莅南河，庆安澜者，已五载矣）。

【作者简介】

梁章钜（1775—1849），字苣中、闳林，号苣邻，又字苣林、芷邻，晚年自号退庵，福州人。嘉庆七年（1802）进士，于道光十六年四月至道光二十一年闰三月任广西巡抚。多有文化建树，主持编辑《三管英灵集》，撰写《三管诗话》；重建五咏堂，将所珍藏的黄庭坚书《五君咏》镌刻于五咏堂，为五咏堂题楹联。

【注释】

①录自梁章钜《退庵诗存》（《续修四库全书》本）卷18。

铜 鼓 歌

梁章钜

范铜作器锵自鸣，冒皮成鼓欢其声。八音之二金与革，自古簴业分陈楹。奇哉铜鼓混为一，喧传五管圜岩峒。通神自昔跳灵蛤，辨响转讶铿华鲸。旧闻新息镇水底，春涛能使蛮獠惊。又闻骆越凯旋后，马式半杂蒲茞营。三韩中丞始辇致，有客授简方炼京。蕴山裴山载赓和，欲与鼓竞千秋名。我来后尘忝宣抚，炎荒百度资修明。偶缘鉴物匪玩物，豁眸东际楼峥嵘。千牛何必赛都老，但爱刀犂归深耕。金银何烦侈钗叩，所期耸瞆醒边氓。怀清堂前好位置，中天照耀悬铜钲。宾僚宴衍便拂拭，冠裳盘敦交纵横。所惜谢钱后莫继，骚坛一席无人争。致师挑战我亦怯，蟾蜍无语齐盱衡。谁知神物忽有偶，戟门瑞彩腾金精。汝南太守助诗料，乙乙思已抽阴铿（许苟友太守新遗一鼓，其制稍狭而色泽益古，蟾蜍皆作三足形，时幕中陈海霞、桂舫诗已先出)。今人视昔岂殊律,大夫遇物当能铭。黄钟大吕固镗鞳,鹍弦铁拔亦穆清。一洗盘盘俚乐陋,芦笙赢壳空铧铦。方今声教远暨讫,蛇乡虎落都悛更。此物只应备陈设,高牙大角同卧听。南交琛贶新过境,五郎边外初销兵(时镇安边外越南夷民内讧,旋已绥戢)。此物正堪作鼓吹,宣幽达滞欢承平。忆为焦山供长物,隔江酬唱岁在庚(张芥航河帅送铜鼓藏焦山,余为作诗,是庚寅岁,任苏藩时事)。昔未睹物今到手,照眼快得双晶莹。登登拓纸索鸿笔,细腰弗自怜撞莛。且续骖鸾拓诗境,待与桂管增图经。

【注释】

①录自《铜鼓联吟集》卷1。②庚寅:道光十年(1830)。③任苏藩时事:梁章钜任江苏布政使。

和梁中丞《铜鼓歌》

吕 璜

浐阳古钟难自鸣,什邡錞于空有声。不逢宏雅为劚拭,奇物敢望陈崇楹。汉家始东有铜鼓,早充珍贡离烟坰。维时麓泠方蠢尔,新息万里屠长鲸。事平销金范马式,峤南刁斗长无惊。铜鼓偶存挟威重,溪蛮相对犹屏营。坐使居奇索高价,牛千牛百莫与京。后来传闻多臆说,傅会被以诸葛名。形模奇古色斑驳,铸自何代真难明。岭西大府旧奔此,百年作镇穹峥嵘。我公鼓以宣洪邕,士知安雅农安耕。欢声铜柱限不得,震詟渐及雕题氓。昨者鼠息穴中斗,未劳边堠敲悬钲。狪花猺鸟亦自媚,瘴雾净扫晴云横。何来神物得所偶,鼍鸣夔吼锵无争。吉金出土有先后,工致一一符虞铿。新鼓旧鼓当槛列,老蟾左右纷仙精。疑年倘将甲子数,几倍柱史彭城清。惜哉当时风浑噩,绝少籀篆留镌铭。谢诗袁赋角雄长,其音廉折亮以清。中声还待我公发,天鼓震磕同砰訇。鲰生罗致三小鼓,易蛮为陈谁所更。面无蛙踞绿亦浅。叩之声拿差可听。市中骨董本多赝，凡铁一任称良兵。或者赝亦殊近代，雷文半已摩挲平。昔闻古铜翠彻骨，隐有赤线横庚庚（此《稗史类编》语。而公新获鼓，果有之）。公方谛审具真鉴，驵工伪色难为莹。肯将恢诡逞谲怪，高谭不别楹与莛。猗磋此鼓匪今乐，请公图附古乐经。

【作者简介】

吕璜（1777—1839），字礼北，号月沧，广西永福人，嘉庆十六年（1811）进士。历任浙江庆元（今属龙泉）、奉北、山阴、钱塘等县知县，升杭州府西海防同知。道光十二年（1832）春，回省居桂林。先后主讲桂林经古书院（榕湖经舍）、秀峰书院。以经学、古学课诸生。吕璜从学于桐城派代表人物吴德旋，道光八年（1828）底，汇集吴氏有关古文的言论为《初月楼古文绪论》，并刊行。吕璜"古文"颇有成就，为广西五大桐城派古文家之一。著有《月沧文集》传世。与梁章钜有交谊，梁为之撰《吕月沧郡丞墓志铭》。

【注释】

①录自《铜鼓联吟集》卷4。

和梁中丞《铜鼓歌》

丁善庆

使君持节锵佩鸣，百粤欢动雷应声。询刍亹亹双铜协，高悬夏足偕殷楹。牧出令奔畏且肃，云阴八极雨四坰。黄钟大吕互击触，玻璃磨血海边鲸。碧纱笼诗揩石壁，铜鼓歌成四座惊。星宿胸罗丽九野，甲兵腹贮连八营。凤小音金大音鼓，相将下上来天京。谁谓曲高和者寡，蕴山裴山副盛名。斯时獠猺即功叙，优优敷政政修明。正如八音始金奏，品评聊复进钟

嵘。启蛰施功序无忒，亟其民事催农耕。但不鄙夷自矜奋，虽远京师亦天
氓。有时警众申宪度，几重鼍鼓叠金钲。大扣小扣左右有，镜心朗澈物象
横。守在蛮荒原重器，显晦岂与凡物争。底须汉年远追溯，昭阳银锡相提
衡。寓身有地时有会，婷雅谁夸博且精。乃是汉震第二鼓，要与宋相纷铿
锵。毒雾蛮烟改旧俗，柏山桂岭换新铭。回首高楼触天表，入谐韶钧亮以
清。不共都昙自天竺，太虚凌迈闻铿訇。可同铸铁络桥石，中流屹立无改
更。差如吹豳逆寒暑，昼夜欢从乐岁听。亦似收田坎坎击，簨竹无人弄寸
兵。惟有玉鼓聊可比，军民安乐时清平。錞镯铙铎同有用，申令齐物先后
庚。至治之世臣若鼓，况复精镠透光莹。说行如流欲必得，发其声音殊撞
楚。所愿铸金献阙下，留作人间相士经。

【作者简介】

丁善庆（1790—1869），字伊辅，号自庵、养斋，湖南清泉县（今衡南县）人。道光二年（1822）解元，次年中进士，选翰林院庶吉士，散馆授编修。道光二十六年（1846）聘为岳麓书院山长，连续任职达二十多年。著有《左氏兵论》《字画辨正》《知畏斋日记》《养斋集》等（均已散失）。有《续修岳麓书院志》传世。

【注释】

①录自《铜鼓联吟集》卷1。

和梁中丞《铜鼓歌》

刘 浔

景阳钟漏宵初鸣，千门万户皆闻声。渊渊灵鼓贡天府，奇响一发喧阶
槛。圣泽如春被四海，流荡垓宇及埏垠。桂林地僻山水窟，迩来跋浪无长
鲸。帝命重臣抚西粤，声教所讫猺獞惊。优游弦诵镇雅俗，不烦号令夸经

营。民气和兮神降福，比年丰稔如坻京。轩辕昼静春风暖，摩挲古器先知名。薛文半绣土花晕，欲蚀未蚀蟾蜍明。在昔伏波讨貳侧，立功绝域何峥嵘。穷师非为黩武计，峒男黎妇安凿耕。铜柱峨峨铜鼓响，千年遗爱存蛮氓。金公好古获其一，形制雅洁殊鼖鉦。长篇考证为纪实，袁丝健笔尤纵横。物换星移坛坫歇，至今旗帜无人争。长乐中丞素博物，鉴别金石凭权衡。市伪深防赝鼎售，搜奇独得骊珠精。公余无事闲考古，大叩小叩齐锵铿。我闻去年鼓又出，陆离斑驳疑箴铭。雨抛苔卧不知纪，其声琅然圆且清。知音者谁汝南守，移入节署纷砰訇。前辉后映同鲁薛，新诗唱和相迭更。我来适遇开东阁，快洗俗耳为一听。即今南国奉正朔，斥堠不设销甲兵。薏苡明珠谤乌有，雕题交趾皆承平。中丞雅化敷百粤，熙熙童叟歌由庚。春风坐我将一月，顿教怀抱生晶莹。里吟不识续貂耻，自笑何异撞钟铤。吁嗟乎！古来神物必有偶，请看太学石鼓镌葩经。

【作者简介】

刘浔（生卒年不详），字江湄，号镜河，河南祥符（今开封）人。道光十三年（1833）进士，入翰林院为庶吉士，散馆授编修。道光十七年（1837）任广西丁酉科乡试正考官。道光、咸丰年间先后任广州知府、潮州府知府。

【注释】

①录自《铜鼓联吟集》卷1。

和梁中丞《铜鼓歌》

史佩玱

商飙激水秋涛鸣，渊渊如闻灵鼍声。天生神物必有得，胡不联翩登堂楹。世无赏音肯投暗，甘老岩穴藏郊坰。使君博物具真鉴，雄才碧海呿长鲸。嶰竹和鸣伶伦喜，爨桐入听中郎惊。汝南太守亦好古，搜罗几遍新息营。鬼神呵护待有德，未铸马式贡汉京。剥苔剔藓发异采，其宝可钦器莫名。土晕铜花耀斑驳，丹砂翠羽相鲜明，千牛购致入节署，鲁薛对峙何峥嵘。自昔文渊定交趾，边人释甲敦春耕。赢壳迎神会都老，鸡骨占年欢蛮氓。金钗银篦竞戛击，喧阗不让铙镯钲。形若腰鼓势微束。圆纹隐起花纵横。兽环隆隆附两耳，奇古直与牺象争。六蟾叠踞象律吕，根本万事生量铿。其腹空如五石瓠，当中耿耿含元精。此物阅世几千载，颉顽雄鼎斟彭清。秦欤汉欤将近代，欲考年月无志铭。我闻雍正岁庚戌，方物入献陈西更。天球赤刀共典重，金钟大镛同匋甸。此鼓胡为卧榛莽，戍楼空伴虾蟆兵。雨淋日炙怒波啮，嚄哦徒使鱼龙听。方今声教暨南服，蛮獠獐猺咸销庚。重臣宣抚民气乐，踏歌连袂赓承平。此鼓间世始一出，和声鸣盛如当莛。奇器奇人偶相值，倍加拂拭生光莹。鸿篇属和奈才薄，铮铮细响惭撞铜鼓滩头泛归棹，摘毫补入皇华经。

【作者简介】

史佩玱（生卒年不详），字仲和，号鸾坡，汉阳人。道光十三年（1833）进士，入翰林院为庶吉士，散馆授编修。道光十七年（1837）任广西丁酉科乡试副考官。二十年八月在朝廷为日讲起居注官。后为江西、福建、京畿道监察御史，官至永平知府，引退，在书院主讲。著有《桐阴小榭诗赋钞》《分韵指南》。

【注释】

①录自《铜鼓联吟集》卷1。②雍正岁庚戌：雍正八年（1730）。

和梁中丞《铜鼓歌》（一）
花 杰

榕城梅雨雷鼓鸣，千峰万壑同应声。天籁地籁一凑泊，敲金击石东西楹。岭表宣化我来早，古迹访遍郊林坰。旧传伏波界铜柱，手挥镆铘吞长鲸。山谷聚米房在目，出奇制胜人皆惊。炼铜铸马复铸鼓，地图收取如咸京。鼓制大小各异样，散置洞穴藏无名。蟾蜍环绕指数六，冰轮碾魄金波明。山腹贮鼓鼓贮水，水激澎湃山峥嵘。昔时用兵憺獠胆，今兹警众催农耕。传闻异词半臆断，礼失求野咨编氓。土晕苔花鸭头绿，摩挲古器如神钲。节楼高搁大无偶，纱笼诗壁连空横。彝鼎尊盘苦未见，龙门品价无人争。岂知藏器巧有待，后来居上将齐衡。一新一旧照颜色，天然藻缋镕金精。花纹满面细如织，非革非木金声铿。旧句新诗韵重叠，品题重勒燕然铭。架构如栏倚池畔，池水洗耳琴筑清。风雨剥蚀快拂拭，铎摇铃滴音砰訇。地以人传器复尔，问夜不借鼍巡更。左之右之可伯仲，催花击节衔杯听。吟坛飞将各树帜，寸铁不持谈心兵。深思细律定甲乙，升沉休问严君平。观物察理待时至，秋吟蟋蟀春仓庚。提挈引手易为力，虚堂坐对光开莹。铜不名钟鼓非石，叩之以桐撞以莛。山水窟中偶得此，联吟同辑山水经。

【作者简介】

花杰（1779—1839），字建标，一字晓亭，号茜士，贵州贵筑（今贵阳市）人。嘉庆三年（1798）举人，次年中进士，选翰林院庶吉士。道光十三年（1833）会同四川提督杨芳办理越巂边务，升福建布政使，十四年为广西布政使，十六年护理巡抚。十七年调江西布政使，十九年卒于官。著有《宝砚斋诗钞》4卷。

【注释】

①此诗及下诗，录自《铜鼓联吟集》卷1。②榕城：桂林的别称，因桂林有榕门。

和梁中丞《铜鼓歌》（二）

花 杰

催诗不闻铜鼓鸣，诗成铜鼓仍无声。图书满架左右列，仿佛礼器陈两楹。伏波杰出古名将，征蛮旧迹遗岩峒。铸铜为鼓慑群虒，震耳响如钟撞鲸。空中无底贮空谷，传声犹使猺獠惊。掘土得鼓述往事，苍莽指点将军营。至今土峒民猺杂，荡垢涤瑕心京京。帝简重臣抚西粤，誉驰中外人知名。胸藏古籍考古器，星罗云布珠斗明。赋诗纪事咏铜鼓，鼓如山对排峥嵘。祈蚕叠鼓织妇织，吹豳击鼓耕夫耕。博物好古不泥古，砭愚警惰安群氓。什一千百任显晦，磨光如镜悬如钲。薜碧苔绿绣纹细，盘旋缭绕机丝横。大小新旧各异色，叩之可息蛮触争。政通声音道固尔，捷如响应齐玑衡。洪炉熔铸样如月，玉蟾吐液光宣精。象外求音叩寂寞，说者谁子经铿铿。璧返珠还快人意，题诗进作旌功铭。如盘承露掌屹立，如壶滴漏心澄清。如铁吹笛响奇绝，如石鸣钟声鞯匉。古人已往器犹昨，往来代谢桑海更。松下吟风雪涛吼，芭蕉滴雨南楼听。击鼓停声且说剑，挥尘一吐胸中兵。硬语盘空险语出，音同金石和且平。千载下溯千载上，年如记里邮传庚。奇偶相生自然合，后先辉映光琼莹。安边定远各有志，投笔何事如枯楚。诏下双持使君节，佳话流传茶品经。

《铜鼓歌》和梁茞林中丞用谢蕴山中丞原韵

宋其沅

浔江滩急春水鸣，波涛激荡鳌呟声。中有神物隐欲跃，将辞泥滓登轩楹。百夫力举忽腾上，欢呼铜鼓喧郊坰。异送大府试一拊，蒲牢伏吼撞奔鲸。曾闻夷獠称都老，有鼓高大群情惊。又闻富豪增价购，百牛不吝纷求营。往者北流获其最，遭逢幸被留神京。辽阳金公嗣得此，作赋奖借袁生名。后来谢公勤考证，寻源订谬分疏明。诗歌嵌壁学使和，翼然东峙亭峥嵘。方今时和甘澍足，村钟社鼓催农耕。中丞问俗敦教化，鼓舞期偏荒陬氓。铜鼓在署百八载，藏弄无殊铙与钲。偶然拂拭神彩焕，绿沉翠驳交纵横。圆纹十二匝相护，蟾蜍六面蹲相争。周鼎商彝同典重，烘炉大冶谁齐衡。只应同类能感召，吉金再现腾光精。形模稍隘色更古，位置甫定声先铿。金银不事大钗叩，款识惜无虫篆铭。欣看两美白璧合，从此双映冰壶清。公余坐对自肃穆，南交土乐空砰訇。伏波诸葛姑勿论，大抵年代经频更。一击傥可警聋聩，世人应共晨钟听。粤西边境久绥谧，枹鼓不发群橐兵。戟门鼓吹森两部，此声相应弥和平。圣人在上乐为御，万物荡荡遵夷庚。两鼓后先成际会，一时左右生晶莹。公诗黄钟兼大吕，铮铮细响惭撞莛。学步聊备他年忆，怀清鉴物吾曾经。

【作者简介】

宋其沆（1780—1840），字湘帆，号玉溪，一号芷洲，山西汾阳人，嘉庆四年（1799）进士。道光十五年（1835）二月初七，由浙江盐运使升任广西按察使。道光十八年二月，升任浙江布政使，其后署浙江巡抚。著述今存《宋湘帆先生遗著》3卷（《梅花书屋文集》《梅花书屋诗集》《求己笔记》各1卷）。

【注释】

①录自《铜鼓联吟集》卷1。②题目据《梅花书屋诗集》（《清代诗文集汇编本》）。

和梁中丞《铜鼓歌》

尹佩棻

军门朝开鼓角鸣，玉珂珠履肃肃声。政庭无事镇清暇，左图右史陈两楹。忽传有鼓范铜质，前贤蒉政来郊坰。中丞博物重拂拭，辨古欲试桐叩

鲸。奇哉金声转从革，春雷一震人皆惊。或言此器汉制度，铭功铸自新息
营。骆越载归跃入水，不随马式朝玉京。将军当日惜埋没，谁知已成千载
名。寒潭沉月宝气净，空山过雨苔花明。神灵珍赏为呵护，南与铜柱争峥
嵘。迩来沧桑数迁易，沉枪折戟随樵耕。土人获鼓知宝重，高山击赛驱边
氓。辽阳金公旧购取，磨光刮垢如明钲。表之天阙拜手献，拟将方贡陈纵
横。当年节署尚存一，传之作镇勿敢争。神物出世必有偶，新得一具来相
衡。如获彝器照古色，神光离合腾金精。古剑乍试气先动，宝瑟未奏音已
铿。观光始识荆人璞，辨赝来读周鼎铭。幕府传观备两美，位置妥帖堂怀
清。后先品题迭唱和，争奇斗韵声砰訇。我闻唐代交州地，溪峒梗化多纷
更。火金作釜埋水底，率民罗拜昭神听。藤峡江头古战垒，滩声往往如疑
兵。陵谷再更成古迹，沙虫过眼风烟平。方今圣代事宣抚，周道如砥乐夷
庚。蛮夷率贡修荒服，南金象齿双晶莹。我惭小言学小叩，献赋无才虻寸
莛。诸公题诗竞渊雅，摇笔来补南荒经。

【作者简介】

尹佩棻（生卒年不详），字愚谷，云南蒙自人，清嘉庆十年（1805）
进士。道光九年（1828）任衡州知府。道光十七年（1837）任广西苍梧
道。道光十八年七月和十九年十一月，在桂林分别有摩崖题刻。详《桂林
石刻》下册。

【注释】

①录自《铜鼓联吟集》卷1。

和梁中丞《铜鼓歌》

卞　斌

戟门咿哑画角鸣，嘈囋似闻铜鼓声。屣履满庭友僚集，余亦听鼓来趋

楹。节堂肃穆山灵护，訾洲漓水环郊坰。前贤作事有深意，欲以此鼓栗蛟鲸。新诗唱和似石鼓，韩苏并出时俗惊。我公载歌尤擅胜，意匠妙运非经营。吉金再扣有嗣响，譬如三都俪两京。即今浔江平若砥，此鼓千秋悬虚名（浔州府郭东有长滩，旧名石鼓滩）。龙山藤峡屡斩伐（后汉周敞为交址太守，伐龙山木为鼓，明韩雍平大藤峡寇，斩其藤以为鼓），夷灾尽淡超前明。獞山万叠高峥嵘，苍兕赤象喧春耕。籼禾产满寮（猺人名所居曰"寮"）椰酒熟，摆夔鼻饮无愁氓。青链紫铤溢岩洞，鼓韛出锻如圜钲。竹王祠前跳神乐，巫师赤足纷纵横。忽雷鲍吹众志瘳，涩勒刀废消忿争。群流仰化若建水，使者持政犹悬衡。仁风扇余足暇趣，鉴古方比欧阳精。金石刻画著作富，春风沂水流琴铿。理学渊源汇濂洛，官斋勒遍东西铭。桴鼓不惊村逻静，满城丝竹和且清。宾筵偶启共欣赏，小吏来击声镗訇。平阳作相爱东市，政在画一稀纷更。时和年丰远方至，兜离禁昧同至听。蛮氛猺瘴靖已久，于今四海咸辑兵。昔获一鼓今也再，此物足以酬升平。春分之音正秋质，物化和协笙由庚。蟾纹鼍甲致坚洁，摩挲两眼生晶莹。九冶陶铸尽成器，遭逢镛鏯无寸莛。大叩小叩不自量，如闻昕鼖来执经。

【作者简介】

卞斌（1778—1850），字叔均，号雅堂，清归安（在今湖州市）人。清庆六年（1801）进士，道光年间任广西左江道。精通小学，精研《说文》。著有《易经通解》《尚书集解》《说文笺正》《七经古文考》《论语经说》《小笺》《声律》《集古文字略》《纬雅》《刻鹄集》《粤西风物略》《静乐轩诗集》《静乐轩文集》等。

【注释】

①录自《铜鼓联吟集》卷1。

梁茞林中丞属和《铜鼓诗》即步元韵

卞士云

桂林五鼓天鸡鸣，台衙已听渊渊声。铜铃系辕时和答，应鼓人至齐轩楹，斋东有鼓更奇绝，是谁搜剔离岩坰。以革为名乃金制，逄逄鼍吼如号鲸。吾闻骆越人家鼓此乐，插羽一击魑魅惊。虞志范志别记载，相传铸自新息营（虞喜《志林》、范成大《虞衡志》皆谓马伏波所制）。或云伏波鼓在南海庙，声訇神怪无与京。汉书已云制马式，屹倚铜柱标威名。桂江跃去说更诞，水滨欲问无由明。南康嘉兴互辨证，各以才笔矜峥嵘（蕴山、裴山两中丞有唱和之作）。惟公嗜古古入化，蓄畲经史勤目耕。韩碑柳雅荟一手，岂惟威德绥边氓。方今苗夷肃王化，青宵捧日悬铜钲。开府筹边静刁斗，暇罗金石披纵横。秦欵汉欵各聚讼，抉摘真赝平纷争。独寻此鼓无款识，以鼓论鼓休评衡。六蟾蜍蟠四龟纽，当时铸造诚良精。及今灵器况有偶，比毂附鞞音同铿（桂林守献一鼓，形制稍狭）。佳篇鸿笔发首唱，六籍鼓吹如箴铭。公以精思运万化，能鼓橐籥赞穆清。巨手炉锤工肖物，掷地犹作声訇訇。荣戟香紫燕寝寂，恒借铜漏消严更。有时推敲促文藻，颇助铜钵惊人听。中军坛坫执将鼓，群才踊跃驱心兵。家有弦诵野击壤，一片雅颂歌承平。南交五郎亦自靖，捷于枹鼓传邮庚（今春越南小有内讧，旋即寝息）。菲材得资大匠铸，昧蒙磨琢求晶莹。洪钟猛虡发大叩，惭以细响持寸莛。柳江亦有鼓岭在，羌无故实同不经（《马平县志》有铜鼓岭，竟无注释）。

【作者简介】

卞士云（1788—1843），字竹辰，一字光河，仪征人。嘉庆二十一年（1816）举人，道光三年（1823）进士。改庶吉士，授编修。道光年间任广西右江道。

【注释】

① 录自《铜鼓联吟集》卷1。卞士云《退思斋诗存》卷1录此诗。

和梁中丞《铜鼓歌》

喻元准

骚坛忽作天鼓鸣，隆然百里闻其声。欲教繁会众乐作，八音竞奏陈两楹。九真交趾古骆越，早有铜鼓盈烟坰。溪蛮跣足发芦吹，鼓以立动疑吼鲸。银钗叩罢掷而去，都老色喜夔魖惊。巫觋婆娑竞相舞，弓刀顷刻团为营。嬴颠刘蹶此物在，铳鼓藤鼓谁与京。自从伏波定南峤，后人假此垂威名。有时发土闯然出，土花脱甓生光明。赋咏频烦大手笔，轧宵好句高峥嵘。我公恺悌真子产，田畴殖处劳心耕。虽然博物迈时辈，岂以陋俗轻边氓。不易其宜肃其教，只闻木铎稀闻钲。铜鼓有灵忽呈瑞，蟾蜍跃跃罗纵横。鼓兮倘在齐梁世，藏之秘阁谁敢争？唐书宋史说已异，漫将讹舛嗤虞衡。蝉纹垂花古鼎式，绿沉绣涩真金精。何必惊涛纪神异，但同庸器供敲铿。诵公诗句舌欲挢，味公记语心先铭。大雅之材况三十，更唱迭和扬风清。我昔仪曹忝学礼，灵夔肄业常砰訇。边隅出守富奇览，或借夷鼓严衙更。闲翻志乘论寮吏，颇多臆说难为听。方今圣化讫重译，舞干久庆销甲兵。和风甘雨节楼靖，衢歌巷祝舆情平。公于此鼓重拂拭，资之导滞宣夷庚。余事作诗亦偶尔，岂必珠玉夸晶莹。洪钟万石撞匪易，笑不自忖持枯楛。韩苏石鼓两歌在，千载雒诵如尊经。

【作者简介】

喻元准（生卒年不详），字菜峰，黄梅（隶属湖北黄冈）人。嘉庆五年（1800）举人，十六年（1811）进士。道光十六年（1836）任柳州知府，护理右江道，充丁酉内监，调署梧州试，病卒。道光十六年重阳节随夏仪等在桂林游览，夏仪作《九日同人登风洞山》诗，五人和，题记及诗篇摩崖于叠彩山风洞。著有《精心斋试帖》。

【注释】

①录自《铜鼓联吟集》卷1。

《铜鼓歌》为梁茞林中丞赋

许悼书

灵夔夜吼丰隆鸣，洪响不作寻常声。云雷缭绕古苔厚，忽辞荦确移轩楹。中丞政令若流水，远通州郡旁郊坰。萑苻不扰枹鼓静，梗化岂尚遗蛟鲸。先声所至百蛮伏，安堵不使村尨惊。公余坐拥书万卷，研朱滴露无他营。碑版细笺金石史，文章远迈东西京。辇下公卿争避席，南中草木皆知名。从来吏治本经术，即今五管称神明。署左翼然一亭峙，中有铜鼓高峥嵘。一贡内府一军府，流传得自渔与耕。此鼓遭逢有天幸，不然沦落随村泯。炉锤莫稽何代手，青红斑驳殊铙钲。摩挲题咏溯前辈，才气都向毫端横。今兹海内重山斗，公主坛坫谁能争。我偶得一制稍狭，细睇亦复平如衡。隐隐光芒吐黝绿，丹砂已饱蟾蜍精。急谋辇致送铃阁，鼓亦欢跃鸣锵铿。二难得并奇忽偶，九能作赋诗代铭。金春玉应列左右，昔有宝晋今怀清。有时捶琴方觅句，鼓其和之相砰訇。有时丁丁莲漏歇，一击聊代蛤蟆更。我公镇静驭边徼，岂容外物扰视听。即以诗论已无敌，堂堂不用偏师兵。圣人在御握金镜，悬鞀建铎长太平。公来宣抚振聋聩，芸芸万物歌由庚。丰功岂让范文穆，伫勒钟鼎光晶莹。即今和声共鸣盛，雷门也许持寸楚。不须更为马式铸，自有东门相马经。

【作者简介】

许悼书（？—1880），字芍友，浙江仁和（今属杭州）人。与其兄悼诗（字小琴）同师梁章钜。梁章钜《浪迹丛谈》卷3："芍友与小琴为同怀兄弟，并余门下士。"惇书历任庆远府同知、署柳州、桂林、浔州知府，任泗城府、桂林府知府。以丁忧回籍。守丧期满坐补原缺。道光二十七年（1847）三月委署平乐府知府。咸丰八年（1858）三月升任道员。三十年（1880）七月十三日，卒于官。道光十七年（1837）在桂林太守任上，赠梁章钜一面铜鼓，为此次铜鼓联吟所咏铜鼓之一。道光十九年（1839）在桂林有摩崖题刻。

【注释】

①录自《铜鼓联吟集》卷1。②题目据《两浙輶轩续录》卷32，并参以校之。

和梁中丞《铜鼓歌》

黄文瑄

浔江之水昼夜鸣，铜鼓滩头传鼓声。神物有神不终閟，节楼虹气腾东楹。
岭西自昔界骆越，狇狫獞狫纷在坰。卷芦吹蠡演俚乐，奚有笋簴陈华鲸。
都老炼铜佽号召，盘瓠魋结群奔惊。自从铜柱铭功后，销铸马式随行营。
诏置金门光歆艳，轶事千载溯汉京。存者落落今无几，古色盘礴宝莫名。
中丞爱古匪玩物，生砂活翠照眼明。长歌纪事振逸响，骈罗品藻归钟嵘。
谓此可以宣幽滞，或助豳籥催春耕。谓此可以开聋瞶，或代木铎醒边氓。
辟雍于论酌醴化，边陲向风静鸣钲。何事闻声思将帅，欢以立动号立横。
阴阳会合奇得耦，康瓠赝鼎焉敢争。圜纹十二符岁次，如展璇图列玑衡。
广狭重轻中律度，蟾蜍蚀月摇金精。叩之岂复铮细响，逢逢音忽成铿铿。
前辈风流有述作，尚待鸿笔重携铭。其器硁兀黝以泽，其风肆好穆且清。
彝鼎尊罍比典重，金钟大镛答砰訇。怀清宴集盛酬倡，坐忘玉漏金壶更。
以鼓吹诗诗立就，堂登大雅齐窥听。苏门致师挑季默，顽铁乌能持寸兵。
而今声教讫炎徼，越裳重译遵荡平。指南之车方北向，记里有鼓驰邮庚。此鼓正当助鼓吹，长与日月俱晶莹。都昙腊答只凡响，相较何异楹与莛。为鲁为薛久已轶，留此应补虞衡经。

【作者简介】

黄文瑄（生卒年不详），字璧庵，瓯宁（今福建建瓯）人。道光十二年（1832）进士，十七年任临桂县知县，在任期间，不畏权势，严加审案，将全州灌阳的一桩械斗案件审理清楚，充分赢得当地百姓的信赖。其案例入《历朝折狱纂要》《折狱龟鉴补》。其后任怀集县知县。余事未详。

【注释】

①录自《铜鼓联吟集》卷2。

和梁中丞《铜鼓歌》

吴 楷

唐虞之世箾韶鸣，四境鼛鼓恬无声。吉金乐石效珍贡，千秋法器罗轩楹。粤西铜鼓古所重，神物岂久沉郊坰。中丞嗜古富著作，金翅劈海驱鲵鲸。鸿篇掩出谢钱上，豁然石破天为惊。昔闻铜柱镇交趾，又闻藤鼓悬柳营。蛮烟蜒雨忽腾跃，峙成鼎足堪与京。此物流传汉以后，考据失实存其名。或云伏波军中铸，石湖旧志无发明。或云聚之立马式，亦无遗迹标峥嵘。得者往往求诸野，渔人施网田夫耕。大抵蛮獠留土乐，祈田赛社环边氓。扣之金钗与银桸，和以击缶偕鸣铮。不然何以无款识，蟾蜍大小纷纵横。中丞折衷得至当，百家聚讼谁敢争。以备陈设佐鼓吹，天然位置明权衡。桂林太守工赏鉴，说文家学博且精。百尺高楼集僚佐，雷霆撞击音锵铿。我昔橐笔走邕管，廉斋为订铜鼓铭（乙酉岁游幕宾阳，于滕学博斋中，始见铜鼓，为铭数语，还之）。铜鼓滩头舣舟处，波涛春激沙石清。证耳所闻目所睹，至今魂梦惊砰訇。迩来捧檄历边徼，侏离旧俗都移更。

保甲严明宵柝静，隆隆官鼓可卧听。猺僮能歌苗妇舞，卖刀铸剑销甲兵。想见节楼敞高会，雍容雅颂赓承平。摩挲古泽爱莫释，苔花斑驳文庚庚。一时和者皆名宿，琳琅四壁光莹莹。蚓蛙细响续钟吕，大叩何异持寸莛。但愿震惊百里外，诗成更演牺皇经。

【作者简介】

吴楷（？—1848），字端夫，号次山，盱眙县（今江苏省淮安市下辖县）人。嘉庆二十四年（1819）举人。道光五年（1825）游学至宾州（治所在今宾阳县）见识铜鼓。十七年任广西宜山县知县。后任百色同知、泗城知府。道光二十八年卒于任上。

【注释】

①录自《铜鼓联吟集》卷2。②廉斋：滕问海（简介见前）。

和梁中丞《铜鼓歌》

孙　蒙

虚堂夜静蟾蜍鸣，古翠扑地纷钗声。沙沉波蚀几百载，乃与彝鼎森阶楹。节楼铜鼓本神物，当年昇自浔江垌。名流赋材好驰骋，鸿词瑰丽如奔鲸。嗣者钜公主坛坫，长歌和答千人惊。飞亭一角罨虹气，安置妥帖劳经营。中丞奉诏抚西粤，碧幢红旆来上京。恩宣岭峤威阃外，郊圻尽慭韩公名。清风百丈扫瘴疠，阴霾退敛三江明。峨峨铜柱出莽苍，簌簌岩干撑峥嵘。不闻赛会致村獠，已作农具深山耕。偶然军门一叩击，逢逢还以苏疲泯。剜苔剔藓读诗碣，红棉花晓初悬钲。疏帘坐对弈可布，凉月欲上琴堪横。士感知遇物亦尔，肯与蠡钹琵琶争。径二尺许高尺六，凿凿考据增评衡。磳硌直可惊聩吏，镇压讵但驱山精。词源倒流出三峡，立鱼峰入琴潭铿。铜肌本自缺款识，谁补建武南康铭。昌黎石鼓再接厉，随风咳唾珠玑清。近复得一异形制，文理缜密尤轰訇。鲁壶虢鼎有配附，寒宵叠响凌鼉更。昔闻跃江纪灵异，洪涛骇浪同喧听。五溪烟箐肆蛮触，此鼓亦睹票姚兵。光华复旦入熙世，南交职贡歌升平。政余簪盍集盘敦，宝气夜夜辉长庚。溪狑抱布爱点蜡，古钱织篝纹空莹。掷笔已足走战象，摩垒自愧持枯筳。恍闻焦山击铜钵，一笑沧海公曾经。

【作者简介】

孙蒙（？—1857），字茶耘，浙江仁和人，道光五年（1825）拔贡。历任上林、义宁、隆安、永淳、宣化、新宁、永福、怀集县知县，署临桂知县，升任百色厅同知，后为柳州知府，咸丰六年（1856）署太平府知府、右江道事。

【注释】

①录自《铜鼓联吟集》卷2。②孙义钧于道光三十年（1850）作《百色晤家茶耘司马（蒙）以七律二章赠行次韵却寄》题注"茶耘，余昆弟行也。先世交谊，亲于宗支。比以于役邕南，甫谐良觌。酒阑话旧，感慨系之。"孙义钧《好深湛思室诗存》卷18附录孙蒙诗。

和梁中丞《铜鼓歌》

徐方同

郊原桴鼓静不鸣，民气和乐腾欢声，公来抚粤政毕举，拂拭铜鼓陈轩楹。此鼓当时委榛莽，远或溪峒近郊坰。土花如绣护深绿，欲发洪响无华鲸。上献军府供击拊，碧幢影动春霆惊。传闻其制始于汉，伏波得自南交营。师旋载归因改铸，屹然马式留东京。又谓蜀汉亦有此，小者当以诸葛名。众说纷纭讫无据，裴氏记注殊未明。蛟壶螭鼎无款识，各吐高论徒峥嵘。石湖作志更失考，大都掌录兼胸耕。不知骆越旧风俗，千牛价值夸豪泯。春秋报赛竞相击，其用直同铙与钲。花纹琐碎互蟠结，一规碧晕雌蜕横。辽阳中丞昔获此，有客作赋无与争。后来钱谢载酬唱，伟词健笔相抗衡。我公文章古燕许，丛丛著述博且精。发为歌诗今无辈，体物浏亮声铿锵。笔如炉冶语如铸，直可补勒此鼓铭。金钟大镛无凡响，宫商相间徵羽清。物必有偶又获一，叩之亦复同砰訇。蟾蜍对峙森古翠，节堂夜静陪严更。当时讵止军旅用，渊渊节比金錞听。特留今日辟诗境，横扫笔阵驱墨兵。煌煌一洗俚乐陋，规模雅颂酬承平。前鼓移自岁庚戌，纪岁今恰符先庚。神物之出如有待，分列左右争光莹。首裁鸿篇许属和，自惭撞钟而以莛。请勒公诗遍五管，无烦入界稽图经。

【作者简介】

徐方同（生卒年不详），原名元经，字香佃，会稽人，任广西天河县知县。道光年间官至云南南安州知州。

【注释】

①录自《铜鼓联吟集》卷2。

和梁中丞《铜鼓歌》

嵩 霖

戟门听鼓鸡初鸣，随班日候鏊鏊声。忆乙未秋与帝试，曾瞻铜鼓轩东楹。琳琅满壁纪始末，金中丞得从蛮峒。尔时作赋者袁子，文如巨浪翻长鲸。我公抚粤今一载，雨旸时若波不惊。内十二郡外荒徼，咸以心治神经营。片长薄技在必录，爱才若公孰能京。铜鼓铜鼓若有意，自见似与人争名。获之草野献铃阁，时哉此鼓逢休明。昔仅得一今获偶，定与铃阁同峥嵘。霖时学制古峦邑，民愚政拙安春耕。莽将军庙见铜鼓（永淳甘棠圩有莽将军吉图庙），惜遭犁破嗤村氓。叩之其声清以越，逸响迥异铙镯钲。

独怜尘封蛛网遍，攲盆酰瓮罗纵横。亲为撤去濯以水，俗衲鞹笑犹与争。
雷回纹细色黝碧，面径三尺平如衡。蟾蜍三足其数六，蹲踞皆含璧月精。
折竹重敲细寻绎，韵虽迟涩犹锵铿。设使此鼓本完好，今应鼎足征诗铭。
乃知物有幸不幸，沉则废寺升怀清。考昔乌蛮铸铜鼓，或云报赛撞硎訇。
云昏云战云号召，枝词蔓说多纷更。蠡测公之歌此鼓，原非玩物移视听。
辟除众论阐正义，有如正正堂堂兵。金钟大镛破聋聩，鸿裁骏响庚承平。
读公之诗岁丁酉，时维九月月在庚。心为铜鼓跃然喜，经公拂拭生光莹。
顿忘肤浅思纪事，撼如蚍蜉撞若莛，秋风三载再文战，或来听鼓能重经。

【作者简介】

嵩霖（生卒年不详），字心云，北京宛平县满洲人，姓纳兰，举人出身。道光十五年（1835）参加授官的考述，次年署广西永淳县知县。余事未详。

【注释】

①录自《铜鼓联吟集》卷2。②忆乙未秋与帘试：乙未：道光十五年（1835）。帘试：在场屋帘前应试，以别应试者伪冒，故名之。③古峦邑：唐代峦州，清代永淳县，治所在今横县峦城。④莽将：即莽吉图，康熙十六年（1677）以镇南将军身份平两广之乱。康熙十八年（1679）在南宁五象岭打败吴三桂部将吴世琮，恢复南宁的社会安定。后因疾卒于军中。为南宁望仙坡六公祠神主之一。宾阳县甘棠镇今存"莽将军吉图庙"。
⑤《清词序跋汇编》第2册存纳兰嵩霖为李长芬《兰村诗余》作的序言，称："李冰如孝廉长芬，宛平人。""乙未春，余捧檄粤西，濒行时，冰如、晖垣饯余于酒肆中""余于四月十二日出都，冰如竟以五月十五日长逝矣。"落款："道光己亥人日，同砚乡愚弟纳兰嵩霖心云拜撰于古峦官廨中。"

和梁中丞《铜鼓歌》

慈士衡

中天悬乐锵和鸣，薄海弦诵承平声。八荒无事贡方物，三代礼器陈阶楹。粤西铜鼓何自始，土花惨淡栖林坰。一朝神物会显出，叩之不异铿华鲸。传闻昔年壮军旅，飞流怒激潜虬惊。天荒地老镇蛮徼，千载犹说伏波营。一鼓先腾跃天府，振响直欲追镐京。节楼有鼓高位置，早经品题垂大名。今兹皋夔抚南服，猗欤鼓吹时休明。等身著述仰崇论，摩天巨刃山峥嵘。下车伊始殷问俗，设备不忘修战耕。刁斗夜严肃甲士，旌旗昼偃欢村氓。启门霜威凛铁戟，登楼日彩悬铜钲。维时凭栏纵远眺，碧簪罗带纷纵横。摩抄旧物怀往事，谢钱诗名畴与争。流传佳句四十载，间有同调难抗衡。公濡大笔轶前轨，高古不矜考据精。遂使宾僚各奏伎，一一掷地声金铿。莎厅移来制尤古，欲考前代无镌铭。鼓亦犹人载赓和，同声相应明且清。汾阴之鼎延平剑，春声雷动齐砰訇。吁哉金公不可作，蟾蜍依旧时事更。回忆当时初辇致，三挝未已惊众听。岂料后军树旗鼓，作壁上观诸侯兵。自鸣岂有王弇令，不怍会逢祢正平。我家沈水近铁岭，初来筮仕占后庚（衡于癸未岁分发粤西）。曾观铜柱限交趾，焜耀中外天光莹。一洗书生耳目陋，对此更愧钟撞莛。且漫听鼓学弄翰，敢诩夺席比说经。

【作者简介】

慈士衡（生卒年不详），字西桥，承德县人，祖籍辽宁辽阳。道光九年（1729）任武缘县知县，本年为裕瑞《东行吟钞》一书题签。十三年癸未（1733）任怀集县知县，十七年（1837）任广西龙胜厅（今龙胜县）通判。

【注释】

①录自《铜鼓联吟集》卷2。

和梁中丞《铜鼓歌》

阮正惠

有鼓不作春霆鸣，铃辕昼静传铜声。土花如绣极苍古，榕阴分绿垂檐楹。曩时浔江始辇致，宝气旁达辉林坰。都昙答蜡讵足数，厉响突过钟撞鲸。神物通灵跃水出，至今想像波涛惊。遗制流传汉建武，师征交趾开行营。得自骆越史有纪，功成载以还东京。斯鼓当亦出蛮獠，惜哉失勒工师名。中丞凤擅鉴古识，大雅宏达来承明。边才旷代铁马援，诗品上乘评钟嵘。宣风桂岭政清暇，四境无事安屯耕。椎牛置酒佟都老，敝俗一变蛮蛮氓。丰年击蜡乐报赛，溪洞不闻鼙与钲。影闪蜿旌晓日挂，香凝燕寝凉烟横。公余摩挲发高咏，雄长力与词坛争。韩碑杜律恣搜讨，范书裴注归权衡。燕赏时或召鼓吏，震骇里耳藏山精。陈庭近更获其一，小大配偶供敲铿。砭愚订顽振聋聩，镂金合补东西铭。鲰生幸厕属吏末，华堂几度登怀清。隔帘睹此色斑驳，入座疑有音砰訇。百炼曾闻铸马式，参挝似欲挽鼍更。戟门严肩迹罕到，大声鞺鞳无由听。南荒自昔好攻击，沐浴圣化群橐兵。藏诸节府示无用，悬桴息警歌升平。只宜薛鼓及鲁鼓，投壶并列横庚庚。卿云在霄隐呵护，精镠千载光晶莹。位置广庭众快睹，我亦小叩凭枯楚。嵌壁他年诵公作，摹写填咽同观经。

【作者简介】

阮正惠（生卒年不详），字素堂，仁和人（今属浙江）。道光十七年（1837）为广西候补知县。曾任富川县、崇善县知县。道光十九年（1739）与罗城县知县万文芳纂修《罗城县志》4 卷。道光二十九年（1849）任北流县知县。

【注释】

①录自《铜鼓联吟集》卷 2。②陈劢《运甓斋诗稿》卷 6 有《叠韵送阮素堂之任崇善》诗，又有《叠韵答素堂舟中寄怀》，诗句原注："君方

卸富川事。"并附录阮正惠原诗。

和梁中丞《铜鼓歌》

谢本嵩

铃阁趋跄环佩鸣，一庭鼓吹和其声。黄钟大吕振巨响，奚取俚器陈阶楹。
异哉铜鼓称神物，渊渊突起南郊垌；传言跳江沉八桂，螭蟠龙守奔长鲸。
一朝衔波啮浪出，顿教五管狸獠惊。摩挲星月制雷电，铸式半入居风营。
斑驳陆离制近古，秦汉而下莫与京。可惜当年载骆越，岁时失纪工失名。
犵鸟蛮花羞并没，移傍军门剑戟明。安排飞阁供诗料，谢钱酬唱才峥嵘。
此物相沿多附会，半仿田鼓催春耕。驱厉制丑盘盘舞，何仅龙城福土氓。
我来牂牁买舟下，几回晓发催晨钲。浔江滩头忆金筑，红岩冰井声交横。
黔南武乡粤新息，两侯遗迹传纷争。中丞鉴物摭古识，度越鸾骖正虞铿。
英词杰句雷霆走，当中耿耿生元精。昔有其一今其二，古金乐石相轰清。
龟纹蚓篆蟾蜍踞，恨不蝌蚪参题铭。剔薛剜苔一例设，广庭静拂槐阴更。
但今备物存古茂，岂假钗叩声訇訇。璀璨霓旌龙节共，夜深不杂莲花兵。
望风几次登节府，疑同笙镛入座听。新诗一出震聋吏，各各扪胸数甲庚。
蛇乡肃穆虎部戢，合谱雅颂歌承平。况经陶铸归德化，提陀郎火遵由楚。
敲金戛玉空前后，长教彝鼎争光莹。材取龙山更富有，大叩小叩惭枯楚。
韩苏石鼓自传世，莫笑袁生语不经。

【作者简介】

谢本嵩（生卒年不详），字峻庵，仁怀厅（今贵州赤水市）人，道光十六年（1836）进士，道光十七年为广西候补知县。道光十八年任平南知县，十九年任北流知县，后为思南府教授。

【注释】

①录自《铜鼓联吟集》卷2。

和梁中丞《铜鼓歌》

孔昭任

逢逢自古灵鼍鸣，八音之革宣其声。范铜为鼓制谁创，不类夏足殊殷楹。尘封薜驳不知始，绿沉翠湿浮遥垌。一朝鼓吹仰燕许，碧海直欲牵长鲸。公诗如铸陶众有，大声入耳千人惊。赋物论古具特识，神工意匠相经营。公昨宣风历二陕，碧幢红榴驰周京。岐阳石鼓最郁律，长歌定擅韩苏名。公今抚粤赋铜鼓，蛮荒文物扬休明。和声鸣盛竞奏技，豪情逸兴齐峥嵘。在昔籥章掌土鼓，春祈秋报敦农耕。俗或击以乐田祖，黄桴苇籥罗编呡。讵如洞庭石楼下，清越响振双神钲。我闻东汉建武日，征侧征贰方纵横。井蛙自大妄蹲踞，纷纷蛮触思力争。诏遣将军伏波往，戎车南下驱错衡。晨戒发昒肃军令，河鼓上将腾星精。师出骆越获瑰宝，鼓鼙声欢钟声铿。所惜浪泊奏凯日，战功未向皋陶铭。仅标铜柱威绝域，两鼓下镇江潭清。后来辗转属诸葛，欲辨无据言驺訇。摩挲斑纹试一击，军门远答蛤蟆更。窃喜鼓吹两部外，𠹭呎同向铃辕听。载绎铸鼓象物意，蟾蜍或取能避兵。神物不甘堪久湮，金船银瓮光太平。细腰燔腹制作古，花缬皱绿横庚庚。位置合使伴彝鼎，采泽旋讶飞琼莹。皮之广庭供众览，一堂古色生楹楚。是宜夔晋夔应外，补注尔雅周官经。

【作者简介】

孔昭任（生卒年不详），字仁甫，号芝耘，曲阜人。嘉庆二十一年（1816）举人，道光十七年（1837）为广西候补知县。二十年（1840）任平南知县。为官虽无建树，但清正廉明。二十二年离任回乡。著有《慎独斋存稿》4卷（《家塾劝诫》《出山小草》《五管鸿泥》《苶簏蠹余》各1卷）。

【注释】

①录自《铜鼓联吟集》卷2。②诗中原缺二字。

和梁中丞《铜鼓歌》

王基浩

桐鱼一叩石鼓鸣，至今千载犹闻声。临平音节留想象，无由辇致堂东楹。兹何匠巧出铜铸，伐鼓渊渊彻郊坰。竞说伏波定骆越，大筑京观封鲵鲸。军门援枹警众士，犹鸟獐花心震惊。又闻武侯昔范此，刁斗互击喧汉营。纷如聚讼杳难订，赋材空侈东西京。惟公曾校天禄字，博雅夙擅九能名。忆昔旬宣历二陕，岐阳猎碣考证明。今持使节抚百粤，桂山万笏皆峥嵘。观风之暇偶题咏，喜闻刀犊勤深耕。前贤倡和有故事，思欲大振聋聩氓。公虽好古本鉴物，非比凡响铙镯钲。曩者金公善位置，沙砾未许尘纵横。汝南贤守复赠一，搜罗直与名山争。殷勤洗剔加拂拭，蟾蜍铸象资评衡。土花蚀尽色斑驳，匀黄晕碧百炼精。金钗银钗尽屏却，无风琅琅送锵铿。虽若玉敦并雕几，了无款识谁能铭。载考旧志纪奇迹，两鼓跃江江水清。兹事真赝未可执，至今滩响犹喧訇。炎汉逮今千百禩，沧桑屡易姓氏更。岢然此物若神护，铃辕鼓角相和听。福星照耀临岭右，边疆永卜靖甲兵。一任吹箌拍筒俗，但闻鼓腹歌太平。末吏来从蜀东徼，六千里路问邮庚。蔷薇浣手读法曲，似金之声玉之莹。翘首邯郸勉学步，黄钟撞岂藉寸莛。金錞和声果有取，订古如读周官经。

【作者简介】

王基浩（生卒年不详），字梦楼，巴县（治所在今重庆市渝中区）人，嘉庆十五年（1810）举人，道光十七年（1837）为广西候补知县。道光十八年任桂平县知县。

【注释】

①录自《铜鼓联吟集》卷2。

和梁中丞《铜鼓歌》

陈肇波

八音假物皆善鸣,太师鼓谏先众声。鼓之为郭出乎震,在周曰建殷曰楹。宣幽出滞气旋首,万物冒卯坼郊坰。堪闻芙金离革木,非钟非镛吼灵鲸。创自蛮獠竞豪长,雷硠鸣橐神鬼惊。郎火提陀聱慑聱,讹传新息始经营。自古任昧列王会,千牛辇致输神京。踵继马式作方贡,太常枸板工勒名。铜柱以南久暨讫,朱鸢旧部皆声明。花纹斑驳制奇古,蟾蜍头角各峥嵘。迩来销镬铸农器,南郊平艷趋春耕。芦笙赛神踏歌舞,连襟愿为圣人氓。中丞抚绥善柔远,边陲淳闷无鸣钲。香凝燕寝森画戟,如摩铜狄兴豪横。负声有力辞无懦,瓦釜细碎畴能争。谢客钱郎并诗伯,前后鼎足相抗衡。体物浏亮推巨手,炉锤语敌百炼精。天教大雅振聋聩,搜奇得偶交锵铿。宛若陈仓获异宝,磨砻片石须新铭。穹窿碑兀屹相向,夜吸星露涵太清。却疑六丁下摄取,丰隆歙窜交砰訇。其声郁律叶宫调,牛牟在筲音耸听。博物旁征鸿烈解,刻镂鼓造堪辟兵(《淮南子》"鼓造辟兵"注:"鼓造虾蟆之属。鼓中刻此,或取此义")。今夏戟门锡饫宴,梯航重译同太平。东风入律云干吕,设险何事塞夷庚。此物流传本骆越,千年出土犹光莹。我向雷门持布鼓,斗响焉敢撞寸莛。准备毡蜡拓一纸,补订鸟篆笺虫经。

【作者简介】

陈肇波(生卒年不详),字研畬,又字紫澜,福建连江人。嘉庆十三年(1808)进士,历任来宾、马平、上林、贵县知县,河池州知州。著有《退思轩随笔》《宦粤吟草》《湖海诗存》《骉雅》《字学金薤》《读史杂咏》《胜国拾遗录》《叶韵辑览》《读经辨异》《子史骈语》《经史汇腋》等。

【注释】

①录自《铜鼓联吟集》卷2。

和梁中丞《铜鼓歌》

游长龄

戛击搏拊球石鸣，八音并奏齐五声。五声得鼓乃有节，周时曰县殷曰楹。
异哉骆越以铜铸，洪炉巨冶圚郊坰。东击西应无懦响，商音秋爽风吼鲸。
置此或为禳灾眚，魑魅魍魉闻之惊。谓此或可祈丰稔，迎年赛社时经营。
谁家创物逞豪富，推为都老莫与京。秦欤汉欤忽湮没，制自何代无款名。
前者浔江跃滩水，物不终否晦而明。形质坚致花纹古，蟾蜍头角都峥嵘。
自是有神默呵护，搜求不落樵与耕。铁岭中丞莘至署，藉以警众醒蚩岷。
为溯源流订讹舛，述异拟似洞庭钲。谢公钱公载酬倡，句如春锦舒纵横。
幸哉此鼓得其所，东堂独坐时靡争。一经拂拭只无对，继起恐难相抗衡。
灵物忽然竟有偶，浔州罗获工亦精。归之汝南许太守，谓宜博雅娱锵铿。
谨以相将进军府，请与南郡咸镌铭。重规袭矩美必合，欢然竞爽堂怀清。
俗乐盘盘不足数，惟让此鼓声轩訇。可知士行不磨灭，纵经淹抑无迁更。
音响暂歇待时发，雷门震远人同听。中丞爱才类爱古，长垂青眼阮步兵。
即物赋诗志足省，扬风挖雅和且平。遂令此鼓顿增色，焕其章采文庚庚。
升沉显晦在遭遇，得归赏鉴常晶莹。弃之则轻取则重，轻重举似楹与莛。
猗欤大贤妙鼓物，属在文武同伦经。

【作者简介】

游长龄（生卒年不详），字伯寿，一字以昌，号文石，福建罗源县人。

嘉庆十五年（1810）举人，任觉罗学教习，后署上林县知县，道光二十五年（1887）任博白知县，咸丰元年（1851）因剿匪有突出贡献，补授肇庆府知府。咸丰二年任浔州府知府。同治三年（1864）在福州鼓山摩崖《赠复山净空上人》诗。

【注释】
①录自《铜鼓联吟集》卷2。

和梁中丞《铜鼓歌》

张　鼎

天风拂拂钧韶鸣，敲金戛玉和其声。皋夔在位起赓和，吉金叠出陈堂楹。七闽中丞秉节钺，五声宣豫安岩峒。偶缘鉴物赋铜鼓，风雷挟势驱鲲鲸。悬鼗启蛰百废举，振聋发聩群僚惊。用代木铎醒蛮俗，如闻哗釦欢边营。疑是九天落咳唾，唾壶错落琼瑶京。又疑三代作彝器，欲铭至德无能名。远与铜柱堪鼎足，近作鼓吹扬休明。或云伏波定骆越，聚立马式标峥嵘。或云凯旋镇水底，用警蛮獠使归耕。土俗至今赛丛社，金银钗扣嬉边氓。辽阳金公始辇致，戟门位置悬神钲。当年幕府集僚佐，词赋文纪交纵横。谢公钱公载辨论，各抒己见孰与争。千秋神物忽有偶，百家聚讼得定衡。声集大成发遥响，字经百炼腾金精。摇笔独扛龙文鼎，掷地当作金声铿。跃江之说迄无据，建武所献旧有铭。鼓形互异色益古，铜花斑驳苔纹清。欲叩往事问前代，蟾蜍无语音甸匀。嗟哉此物未出土，风尘掩弃岁迭更。蛮烟蜑雨甘蠖伏，宫商满腹其谁听。一朝罗获助诗料，吟坛夺帜疑神兵。方今圣人敷声教，八荒击壤歌升平。公以实心存实政，崇丘万象皆由庚。卿月高悬节楼敞，皎然宝镜加磨莹。贱子没阶效击柝，雷门布鼓惭撞楚。仰止他年一品集，精金赐器增图经。

【作者简介】

张鼎（生卒年不详），字心葵，常熟人。

【注释】

①录自《铜鼓联吟集》卷2。

和梁中丞《铜鼓歌》

汪 淳

箕风动天天鼓鸣，堕地犹作渊渊声。介然之铜填然鼓，非若殷周县与楹。大音希音知者少，雨淋日炙遗荒坰。跃入蛮江岁几许，波心出没随奔鲸。歊涛吸浪忽雷吼，罔象辟易蛟龙惊。冯夷欲击不敢击，六丁摄取何纷营。如搜猎碣入太学，似获汾鼎归汉京。古器晦显自有数，定须才地全其名。公乃作歌为纪述，讨论故实详而明。直与此鼓并千载，品评自不烦钟嵘。爰采风谣及蛮獠，往往火种兼刀耕。花鬘赤脚踏歌处，坎其击鼓趋群氓。旧传有亭名铜鼓，鼓形如础敲如钲。土花剥尽蟾蜍蚀，似断似续纹纵横。当时赋手子才子，笔可扛鼎畴能争。词多傅会失考证，攻者继起相争衡。伏波得此见诸史，信非所铸堪研精。不知虞衡何所据，拘儒说古徒铿铿。倘作蕢鼓鼓军事，岂无能事为之铭。我公好古编金石，雅爱韵协清商清。灵鼓路鼗差有别，鼖乎鼓之同砰訇。用震声威广声教，坐令蛮峤风气更。接迹皋夔奏韶夏，似此凡响安足听。乃招宾从骋词藻，彷佛训练和齐兵。大为尔鼓长声价，非假以诗鸣不平。灿烂诗篇照岭表，光芒直上干长庚。随风仙句落遐壤，琳琅触手珠光莹。我媿风尘击柝者，敢持布鼓撞寸楚。俚歌聊代拍铜斗，小言詹詹诚不经。

【作者简介】

汪淳（生卒年不详），字西芝（一作西之），桐城（今安徽省桐城市人，道光十七年（1837）任思管镇（在今广西融安县沙子乡北三睦墟）巡检。余应松《赠汪西芝》楹联："菜根滋味知君惯，潭水交情爱我深。"

【注释】

①录自《铜鼓联吟集》卷2。

和梁中丞《铜鼓歌》

余应松

千年铜鼓瘖不鸣，一鸣忽作春雷声。尘封久已置高阁，物色今始陈华楹。辽海金公初获此，不随蔓草埋郊坰。灵夔一吼猛兽骇，大叩迥异钟悬鲸。节使建牙控五管，伐之足使蛮奴惊。尔时莲幕有袁叟，作赋非不知经营。才高气盛矜速藻，操觚未暇研都京。虞衡纪载皆末说，赤雅夸诞亦骛名。纷纷聚讼一丘貉，请对以臆理则明。权舆或自有苗始，高山深谷藏峥嵘。椎跣年年媚淫祀，女兮废织男废耕。吹笙跳月俗荒陋，难以文法绳愚氓。非鱼非鼍非鹤鹭（皆鼓名），鞺鞳不啻宣铙钲。我昔备员历苗寨，都老号召来纵横。惜少南康勒铭字（虞喜《志林》："建武二十四年，南康郡男子献铜鼓，有铭"），徒令后世多纷争。中丞好古不泥古，眼光到处器在衡。近得一鼓更完好，四围跃起蟾蜍精。集古闲情似六一，征诗广座招阴铿（用《南史》文帝召阴铿赋诗事）。顾家之橱米家舫，吉金乐石虚室铭。鼓也何修供（去声）欣赏，铃阁照耀相与清。午夜笼铜漏初歇，摩挲时一闻铿訇。公更怀旧动遐想，应刘俱逝年月更（谢钱两中丞）。风雅一时已陈迹，昔鼓犹许今人听。比来炎峤久绥靖，屯戍尽撤防边兵。枹鼓不闻民气静，茅檐击壤声和平。振彼聋聩代木铎，令甲莫不由先庚。公为熙朝作柱石，胜标铜柱高晶莹。衙官宾从皆有作，自惭细响同枯茧。姓氏倘容附篇末，便随千佛矜名经。

【作者简介】

余应松（生卒年不详），字小霞，排行七，山阴人（属今山西朔州市）。曾任广西三防主簿、大滩司巡检、桂林府通判等。道光十七年（1837）任按察司司狱。擅长作诗、联语。道光十八年仲秋为梁章钜石刻"诗境"二字作跋，题刻在独秀峰读书岩，落款记职官为"权按察司狱事、罗城县主簿"。曾为横州马伏波庙作楹联："铜柱镇鸢飞，顾盼生风，意气真能吞浪泊；金门留马式，男儿报国，姓名何必与云台。"任三防主簿时为衙署题联："与百姓有缘，才来此地；期寸心无愧，不鄙斯民。"民国《罗城县志·杂记》有余应松《新正二日三防峒民齐来贺岁吹笙击鼓歌为余寿余因喜其近古作古风一篇以纪一时之盛》诗。王衍梅与余应松交谊深，《绿雪堂遗集》中存有关诗篇：《余七小霞别十九年今乃见于苍梧即席赋此为赠》（卷11），《书余应松典史〈越南纪闻〉卷后并序》（卷11），《秋夜读余七小霞诗感旧怀今即题其卷寄之苍梧》（卷14），《苍梧吟寄余小霞》（卷15）。余应松著有《灵檀仙馆诗钞》《乙庚笔记》等。

【注释】

①录自《铜鼓联吟集》卷3。

和梁中丞《铜鼓歌》

江应澄

沉江铜鼓久不鸣，应时便作惊人声。沧桑知阅几尘劫，偶因拂拭悬雕楹。千年神物晦复显，岂甘湮没抛远坰。形制虽非鬼氏造，大叩不啻铿华鲸。东汉二徵为外患，伏波横海蛮夷惊。箛吹钲饶动地起，富良江外开虎营。铜柱勒铭振旅去，曾以一鼓归洛京。顾盼英风犹想象，从此门留金马名。熙朝郅治迈前古，炎荒瘴疠皆清明。此鼓流传在节署，一亭与鼓齐峥嵘。中丞图治念民事，每于雨后看春耕。偶见灵夔移座右，好同木铎教边氓。纤薄细腰嗤俚制，彭脖大腹同神钲。云雷科斗四角幂，五铢十字中央横衡。双璧更逢一朝合，千牛却笑群苗争。在昔枝词多失据，于今藻鉴如持衡。形诸题咏记始末，佐以笔砚真良精。黄钟大吕非细响，戛戛独造金石铿。一时官属步尘后，枯肠搜索难为铭。□□□□□□，□□□□□□清。想见摩挲淹晷刻，暇日兴到敲矴訇。韵事待增金石考，良宵或替长短更。时俗筝琶颇聒耳，何期仙乐今亲听。溪峒近来早驯服，金符不用征狼兵。是物虽难匹彝鼎，堪佐鼓吹欢升平。丹砂斑驳浓翠滴，细扪纹理横庚庚。下索芜词愧持献，较之燕石无光莹。喤喤大声振聋聩，小叩安敢持寸莛。愿书公诗读万遍，远胜阅历披图经。

【作者简介】

江应澄（1799—1848），字镜澜，广东石城县（今广东省廉江市）人，临桂县丞。道光二十四年（1844）任滕县县令。况澄《西舍文遗编》有其墓志铭。

【注释】

①录自《铜鼓联吟集》卷3。原文有缺字。

和梁中丞《铜鼓歌》

方遹修

戟门昼静时鸟鸣，隆隆何处春霆声。乃是千年之铜鼓，蛙黾蟇上堂前楹。古货韬藏历尘劫，每沉水裔埋荒坰。时至则鸣发光怪，如以蒲牢撞巨鲸。蛮烟瘴雨倏开霁，一震能令闻者惊。或云制从武侯始，又云来自新息营。言人人殊少定论，千牛重价夸汉京。桂林腹地初罕购，金公得此方传名。五铢十字精锲刻，花纹隐隐犹分明。浑似钟镛在东序，一亭左峙殊峥嵘。中丞扬历临粤峤，士安弦诵农知耕。守望何须李崇鼓，道在镇静安良泯。偶命此鼓置厅事，石楼仿佛悬神钲。翡翠斑斓好颜色，云雷起伏纷纵横。广座幸同彝鼎列，重渊已免蛟龙争。我公法眼精鉴别，述而不作心铨衡。更喜延津剑双合，奇必有偶同纯精。付诸歌咏志缘起，双声叠韵相锵铿。立言不屑泥形似，远胜柳州钴鉧铭。公才浩瀚无不有，官书治罢心常清。清簟疏帘听落子，鼓亦相和鸣甸甸。征诗宾从及僚属，广乐乃许庸耳听。惟后振铎建有极，惟公秉钺心太平。五管无尘百蛮服，炎荒荡荡遵由庚。下吏崇牙效奔走，细甚爝火无光莹。竞病未谐类钉铰，葑菲不弃收茎莛。他时还拟诧同辈，黄河泰岱身曾经。

【作者简介】

方適修（生卒年不详），字秋伯，浙江仁和人。

【注释】

①录自《铜鼓联吟集》卷3。

和梁中丞《铜鼓歌》

徐　澜

黄钟大吕相和鸣，喤喤巨响非凡声。伟哉铜鼓间世出，何时物色辉堂楹。神鬼呵护历年所，一朝呈露来郊坰。当其飞腾跋浪出，风雷震荡飞长鲸。一击阴霾自开朗，应使蛮獠猺苗惊。喧传伏波铸马式，又闻仿自诸葛营。炉冶未知果何代，秦汉而下莫与京。翡翠丹砂异其色，云雷蛙黾分厥名。余者刻镂亦殊致，一一拂拭皆分明。忆昔谢钱盛坛坫，唱酬往复相峥嵘。集古直欲匹钟鼎，搜奇何用寻渔耕。荒陬从来属苗寨，椎牛磔犬嗤愚泯。每届春时二三月，村村仿佛喧铜钲。中丞燕许大手笔，挥毫落纸云烟横。铃辕鼓吹肃听视，草野雀鼠无斗争。东楼有鼓异厅事，饰以笋簴平如衡。竭来新得又一鼓，较前稍狭器亦精。二难得并鼓应喜，倡予和汝声锵铿。怀清堂前列左右，吉金乐石堪同铭。譬诸猎碣留太学，韩诗鉴别源流清。官书治罢裘带适，摩挱昕夕闻砰訇。幕僚属官共欣赏，每淹晷刻忘鼃更。如此至宝洵罕见，恍遇古乐今方听。凝香余闲及歌咏，驱使笔墨如驱兵。我公德泽遍岭峤，吹豳击壤歌升平。物来自今兆自昔，焦山诗事闻先庚。大厦深檐与盖覆，历劫不朽垂光莹。枵腹枯肠强搜索，扛鼎无力惭撞莛。下吏何修拓眼界，三代之器夸初经。

【作者简介】

徐澜（1807—?），字观涛，威县（今属河北省邢台市）人。道光十二年（1832）举人，十七年正月到广西，次年底丁母忧，二十一年底到广西平乐府任职，次年至山西任解州通判。后官至道员。《中国第一历史档案馆藏清代官员履历档案全编3》第545页有其任职资料。

【注释】

①录自《铜鼓联吟集》卷3。

和梁中丞《铜鼓歌》

陈 标

云铃风铎天半鸣，怒雷忽作金石声。何方神物晦复显，宝光夜夜浮前楹（铜鼓亭在余书舍之前）。伟哉铜鼓制何始，辽夐荦致来遥坰。熟闻浔江镇渊底，飞滩跋浪驱鲵鲸。一朝水涸鼓涌出，风雨交作神鬼惊。此鼓旧传本骆越，伏波得自交趾营。铸为马式贡天府，珍此石鼓夸周京。又闻铸出蛮酋长，镂刻锦纹无款名。苗獐狑獠家家有，春秋报赛祈神明。建武南郡曾献此，灵鼍旧式尤峥嵘。千辟万灌聚金液，那肯销去买犊耕。每逢岁时交相贺，蛮娃瑶女偕边氓。鼜箫芦笙奏荒乐，银钗各脱敲金钲。敲罢弃簪作礼去，欢呼剧饮参将横。考之大冶制非偶，同律度量铢黍争。面径三尺寸有五，深三尺余重千衡。鼓脐隆起腰复束，环绕蛙黾垂纽精。是秦是汉莫能别，大叩小叩声铿铿。如钟能褫飞廉魄，似鼎惜少史颉铭。中丞嗜古特郑重，饰以笋簴移怀清（节署堂名）。宾从摩挲费考据，拈豪分韵笑语訇。奇哉神物忽有偶，分庭抗礼如老更。又如南海波罗庙，雄鸣雌应谐神听（广东南海神庙有两铜鼓，分别雌雄）。番舶夜闻鼓声震，威灵赫赫天行兵。蒲牢惊走蛟龙避，鲸波不扬环海平。我欲作歌述异记，愧无巨笔追长庚。谢钱宏词多驳证，公复奇句光晶莹。玉振金声发异响，不用桐鱼安用筳。此邦铜柱并此寿，千载风霜同饱经。

【作者简介】

陈标（生卒年不详），字海霞，吴江人，广西候选州同。据梁章钜诗句原注（见前），许悖书（芬友）获得铜鼓后，陈鏴（桂舫）、陈标（海霞）最早题诗。梁章钜《楹联丛话》序："在桂林时，每得一联，辄与陈莲史、余小霞、陈海霞、桂舫诸君赏析之。"张维屏《桂游日记》（道光十七年七月刊本）卷2记载：道光十七年四月二十四日，"陈海霞（标）来，以《梦游天台图》属题。余未晤海霞，闻其人品清介，在大吏幕府数十年，犹是书生结习。暇即手不释卷，亦好为诗。"

【注释】

①录自《铜鼓联吟集》卷3。

和梁中丞《铜鼓歌》

黄暄

渊渊逢逢鼍鼓鸣，风雨雷霆齐作声。铜鼓之声又别调，宫商杂沓喧华楹。此是蛮酋旧时物，远自秦汉藏岩坰。何年沉伏浔江底，飞湍怒激驱长鲸。月黑滩深跋浪出，突兀顿使千人惊。新息当年征骆越，昼听笙歌夜斫营。因获此鼓铸马式，铜柱并立孰与京。可惜炎荒瘴疠地，不随石鼓同传名。吉金锻炼制何古，霜催雨蚀历晦明。辽阳运载置铃阁，安居百载犹峥嵘。会逢我公抚百粤，时和物阜春省耕。治厅日判三千牍，坐使列郡苏疲氓。得见此鼓叹神异，千钧万石如悬钲。其光莹然色纯翠，苔藓斑驳云烟横。移置中庭同鉴赏，物归有德谁能争。宾从考据尊钱谢，名章隽句纷交衡。汝南太守复得一，陆离光怪腾金精。两鼓相向如益友，此唱彼和声铿锵。我公博物尤淹雅，洪钟宝鼎同题铭。相传狑獠岁时击，都老宴乐歌时清。大巫吹箫小巫舞，猺娃群集言笑訇。银簪争扣助剧饮，鬻栗芦笙相递更。噌吰振响益雄壮，胜作僸佅侏离听。南交久已烽燧冷，海波不扬洗甲兵。留此古器即重器，掺挝不烦祢正平。蛙黾蟾蜍势跃跃，错纹细谷横庚庚。文人讨论好奇异，鸿词彩笔光晶莹。我不善颂但怀古，安用试叩持寸莛。炎荒聊与拓眼福，快哉汉物编图经。

【作者简介】

黄暄（1784—?），字春庭，号晓江，临桂（今桂林市）人。嘉庆十五年（1810）举人，十九年进士，为翰林院庶吉士，后任山西静乐县（属山西省忻州市）知县。著有《与益山房诗文集》。

【注释】

①录自《铜鼓联吟集》卷3。

和梁中丞《铜鼓歌》

薄承砚

物非不平何必鸣，铜鼓千载寂无声。金以代革取典重，庭无簨虡空陈楹。遗器何年失所在，淹晦抑塞藏郊坰。神物出世有际会，风雷鼓荡铿长鲸。宝气闪烁灵蛤动，渊渊一现蛮獠惊。浑璞荦确近铜柱，旧说来自伏波营。班固遗书称博雅，曾入纪载宏汉京。新息镇水有别义，一时肇锡传嘉名。究竟诸说鲜确据，请质大雅谁分明。古物渐希音响閟，摩挲一再犹峥嵘。平生未曾窥宛委，到眼茫然嗤目耕。赏奇析疑疑且阙，安能附会随编氓。当日歧阳有石鼓，不考不击殊铙钲。上刻籀文四百字，蛟鼍快剑交纵横。黄钟大吕自典贵，铮铮瓦缶奚为争。西粤此制有形似，仿之石鼓当平衡。天地为炉兽为炭，火腾金虎成金精。大冶铸罴发天籁，雷霆锐走何彭铿。蟾蜍作势如禹鼎，古物无字堪箴铭。神奸慑遁不敢近，狄狁猺獞都肃清。瘴海潮来夜月响，龙吟一吼声砰訇。蛇乡虎落从此靖，空山无柝知严更。发聋振聩本大化，不须洗耳惟心听。岭南即今扫蝼蚁，战鼓无警长销兵。诸公制作当鼓吹，雅颂一片歌承平。我来边方免震眩，河山万里皆夷庚。高轩未过少诗兴，窃见钟鼎光莹莹。识曲听真仰令德，续貂无力惭寸莛。安得骚坛一分座，亲聆法说华严经。

【作者简介】

薄承砚（1791—1863），字寿田，又字石龙，号六愚居士，定襄（今属山西省忻州市）人。著有《傲霜园诗钞》一卷（《雪华馆丛编》本），收其诗340余首。

【注释】

①录自《铜鼓联吟集》卷3。

和梁中丞《铜鼓歌》

何寿昌

洪炉鼓橐如雷鸣，良金跃冶铮有声。凫栗段桃各奏巧，胪陈钟簴东西楹。此鼓范铜形突兀，陆离光怪来边坰。撞之郁律叶宫征，浑似昆明吼灵鲸。声大而宏复远引，噌吰鞺鞳神鬼惊。我闻蛮獠侈豪富，山竭赤堇纷经营。银环金钗竞叩响，赛神祭蜡祈坻京。非钟非镛创巨制，为县为应难辨名。芦管匏笙杂歌舞，云阳节奏同分明。虞衡志奇夸新息，欲与铜柱分峥嵘。谁知销锋铸马式，已解刀剑趋春耕。傅会或传武乡物，尤属谰语欺愚氓。渡泸深入绥六诏，五岭何自闻铙钲。千年入水光不灭，浔江虹气腾纵横。活翠生砂闪歙艳，神物各快先睹争。圜围轮郭絜尺寸，咸协律度同量衡。詹诸昂首吸星露，般倕刻镂亦致精。节署东楼旧得一，雷霆引响齐锵铿。钱谢二公俱嗜古，搜讨欲补考工铭。讵意丰城剑气合，两美必合陈怀清。大者弯窿不苦窳，次者清越尤轰訇。花纹虫篆极斑驳，沧桑浩劫阅几更。留作承平助鼓吹，风声远播咸遴听。边城月明刁斗静，朱鸢久偃花门兵。元龟象齿琛来献，青云干吕三阶平。八风循通奏祥洽，万物欢动遵由庚。戟门燕集各吟咏，摩挲拂拭逾晶莹。黄钟大吕非凡响，硁硁焉敢敲枯楹。灵台辟雍枞簴业，观政我欲歌葩经。

【作者简介】

何寿昌（生卒年不详），字少亭，道光十七年（1837）为侯官县学生。余事未详。

【注释】

①录自《铜鼓联吟集》卷3。

和梁中丞《铜鼓歌》

李鸿仪

乌蛮滩震铜鼓鸣，冶金成器宏其声。自昔骆越费辇致，欲并彝鼎辉堂楹。浑坚朴素宜梲架，蟠蛴附丽呈郊坰。汉唐以次洎宋代，奏之军垒喧华鲸。传闻袁君入莲幕，鉴物能赋朋僚惊。又闻谢钱征故事，考据不出伏波

营。螭头诗勒陈爪迹，新绎古义摹西京。闽海大儒仗使节，骚坛不令专前
嵘。诗成掷地金石响，润色故物逾精明。太守拿雅助璧合，戟门簉列同峥
氓。当年赛社杂傩队，课农亦得勤春耕。宴衎不必侈华钿，鏜鞳转可惊愚
横。清娱开府供长物，庭畔峙镇双铜钲。丹螺缀壳炫斑驳，虹霞绚蔚光芒
衡。鼍贡应逊此超越，钧天大响谁能争。来从居风立马式，流播岭外矜栖
铿。凡物亦能自尊显，丰城剑气腾全精。斯时铃阁叶鼓吹，太音希复新锵
清。匪同瓦缶腐草木，神物应共商盘铭。铮铮钗叩无凡响，敲水静夜咸华
更。名流好古非玩物，审音和律宣硑訇。方今圣泽讫四裔，刁斗不用陈严
兵。置之堂阤殊精彩，搏拊戛击同时听。便便鼓腹熙皞乐，耀德不取乎观
庚。公抚百粤和如乐，庶富乃教康济平。政成偶握如椽笔，笙簧音好歌由
楚。鸿篇巨制继前哲，鼓也于此增晶莹。一时宾从古欢集，摩挲共欲撞钟
。雷门我亦过来客，雒诵豳什披图经。

【作者简介】

李鸿仪（生卒年不详），号杏村，长沙人。余事未详。

【注释】

①录自《铜鼓联吟集》卷3。②堂阤：厅堂与台阶。阤，读为 shì。阶旁斜石。

和梁中丞《铜鼓歌》

林庆祐

贲桴土鼓不善鸣，太古之乐希其声。此鼓范铜经囊籥，未列西序陈东
楹。金曰从革革不用，穿窿巨制来蛮峒。喧传伏波定交趾，筑成铜柱封鲲
鲸。载还双鼓跃入水，春涛掀浪蛟鼍惊。漓江风雨夜冥晦，暗哑犹闻跕鸢
营。当时销鐻铸马式，毛鬣拳竖驰汉京。千年陵谷阅迁变，虽知其宝口莫

（……）名。苔纹土花互交错，生砂活翠仍分明。千牛辇致归节署，虹光直彻楼峥嵘。往者蛮獠角豪横，射生未解趋春耕。椎牛磔犬号都老，钗珥竞叩哗边氓。天姬队里箫鼓拥，春秋二社鸣铙钲。鲍管芦笙响互奏，狑歌犵舞交纵横。得鼓多者比万户，罗汉楼与云峰争。石湖当日疏考据，讹传新息编虞衡。蛮烟瘴雨任蚀剥，金蟆睒睒张阴精。其声嘈吰复疏越，小叩大叩皆铿铿。诸老炉锤各巨手，金石刻画俱能铭。我昔曾窥虎丘鼎，云雷奇篆入眼清。今来桂林复睹此，宫商协律音砰訇。神物自古必终合，双声鞺鞳随鼍更。酒酣耳热试考击，匪同俚乐难为听。只今五郎静画角，边陲久偃灵台兵。炎方留此播声教，朱鸢重译怀升平。饮蜡吹豳乐击壤，鼓腹不烦呼癸庚。移向怀清屹对峙，如悬日月双晶莹。黄钟大吕发高调，细响焉敢持寸莛。镇日摩挲夸眼福，千秋法物眼曾经。

【作者简介】

林庆祐（生卒年不详），号眷庵，国学生，闽县人。梁章钜的女婿。

【注释】

①录自《铜鼓联吟集》卷3。

和家大人《铜鼓歌》

梁映辰

金钟大镛皆善鸣，此邦铜鼓同其声。其声远扬状亦伟，巍然高列堂前楹。此鼓岭峤矜创获，节楼峙镇东南埛。云雷莫辨邈古篆，风雨如吼昆湖鲸。往者沉入浔江底，春涛掀浪鱼龙惊。一朝跃水劳辇致，未尽马式销军营。陈仓猎碣精撰刻，考古尚能溯周京。惜此模范出古异，作者不勒般倕名。震雷虩虩骤发响，仰视星斗何光明。搜讨源流征史籍，沧桑几经岁峥嵘。尔时骆越只荒服，女不知织男不耕。聚金铸鐻椎牛衅，钗环喧集纷猺氓。九坛七献祀多贝，云阳节奏和錞钲（猺人以十月祀多贝王，作九坛，分为七献，吹葫芦笙、响匏，击云阳为节。见《赤雅》）。款宾或作鸲鹆舞，月明钗影交纵横（苗女能为楚歌，挂钗留客，作鸲鹆舞。见《赤雅》）。迄今声教被四表，都老无复矜豪争。吹豳饮蜡献朋酒，莘莘带矩而佩衡（扬雄《反骚》"带勾矩而佩衡"言带方圆之才，而佩公平之事也）。俗已维新鼓由旧，詹诸跳月犹腾精。渊渊自然叶宫征，声欢似变为声铿。时文思索考工补，体物应待骚人铭。钱谢二公盛酬唱，我佩其言明且清。芸窗正资大小叩，启我聋聩须砰訇。广庭夜深肃异响，警我宵读如严更。更喜珠联复璧合，椿庭瑞霭群观听。何况朱鸢久面内，尽铸农器销刀兵。留此于论助宣化，调和玉烛歌承平。匪维玩物图博古，侈陈秉仲与伯庚（秉仲、伯庚，商鼎也。见《博古图》）。独秀山前日华丽，怀清堂上虹月莹。筼斋诗老各振奋，自怜细响同枯茳。一卷琳琅先刮目，如翻海外大荒经。

【作者简介】

梁映辰（1817—?），字随季，梁章钜第四子。后任刑部员外郎。道光十八年（1838）九月，梁章钜重刻黄庭坚书《五君咏》于龙隐岩，末后众多的署名中，有恭辰、映辰、敬辰，分别系梁章钜第三、四、五子。

【注释】

①录自《铜鼓联吟集》卷3。

和梁中丞《铜鼓歌》

黄文卣

戟门珂玉雍和鸣，高牙大纛驰风声。中有铜鼓助宣化，斑文古色堂之楹。此鼓不知始何代，陆离光气腾郊坰。闻说当年跃入水，冲波鞺鞳呿罢鲸。精华时或动牛斗，浮江夜半舟人惊。举网得之进军府，相传新息遗边营。幕僚作赋张其事，数典直佁东西京。神寒骨重非近物，陈仓猎碣将齐名。沉绿隐含翡翠色，殷红微间丹砂明。花纹虫篆各异制，蟾蜍叠踞尤峥嵘。神物隐见若有数，往往得之渔与耕。往者未曾经赏识，钗环竞叩由编氓。岁时腊腊肆歌舞，匏笙芦管喧铜钲。都老置酒偶高会，牛千牛百矜豪横。获鼓多者群慑服，能令蛮触平纷争。而今见荣致通显，千六百两经权衡。位置节楼增宏壮，文理缜密凝金精。响遏行云协律吕，渊渊声复兼铿铿。况逢大雅载赓咏，堪补夏鼎商盘铭。和声鸣盛助鼓吹，物阜愠解熏琴清。如陈钟镛奏雅乐，小叩大叩同砰訇。五管宣风振聋聩，朱鸢陋俗久变更。吹豳击壤安耕凿，无声之乐弥动听。鞀鼓十曲奚足志，灵台偃伯销戎兵。山车河图征瑞应，珠囊银瓮逢升平。万物熙春颂于乐，笙诗竞唱由仪庚。群才受范赖陶冶，追金琢玉交晶莹。桂海虞衡添韵事，蒙也窃效撞寸莛。他日按图拓眼福，差似流观山海经。

【作者简介】

黄文卣（生卒年不详），字彝尊，瓯宁人，贡生。余事未详。

【注释】

①录自《铜鼓联吟集》卷3。

和梁中丞《铜鼓歌》

黄文中

八音有鼓以革鸣，范铜为之弥有声。千年神物忽腾彩，允宜宝贵陈前楹。岭西自昔接骆越，桂林象郡开边坰。伏波楼船下浪泊，长风万里屠鲵鲸。五溪水深氛已扫，二徵妖靖桴无惊。枍鎦声不过闾阎，月明夜肃居风营。功成获此置无用，铸为马式输东京。五花三鬃光耀日，当年金马门留

名。汉书征词历有据，稗官传说少证明。眼中突兀见此物，千岩万壑同峥
嵚。闻昔南交杂獞犵，射生半未安刀耕。得鼓多者称都老，欢动奔走盘瓠
氓。铿然大声起岩谷，闻者慑服惊神钲。于今狉獉变和乐，末也自负经自
横。但助鼍鼓宣教化，何须鞀鼓平纷争。节楼嵯峨旧置一，虹光隐隐射斗
衡。谁知丰城剑气合，后半居上制益精。不㭻不窬俱完好，大叩小叩齐锵
铿。作歌直压石鼎咏，思索欲补嘉量铭。轹钱凌谢音肆好，穆若风籁亮且
清。黄钟铮铮非细响，瓦釜何能斗硁硁。广集宾僚击铜钵，夜阑刻烛分筹
更。有时催花花怒发，山峰雨点堪同听。兴酣落笔振林木，敲金戛玉驱墨
兵。韵事一时传桂管，声驰响附歌廉平。扶轮大雅醒聋聩，俗胥丕革从辛
庚。物之小者可喻大，屡叨拂拭弥晶莹。一经品题增声价，撞之未许持枯
莛。鼓以人重非重鼓，先民是程大猷经。

【作者简介】

黄文中（生卒年不详），字程万，福建建安人，县学生。余事未详。

【注释】

①录自《铜鼓联吟集》卷3。

和梁中丞《铜鼓歌》

顾 涛

金钟大镛时一鸣，花铃檐铎喑无声。重开壁垒赋铜鼓，墨华宝气辉四
楹。相传伏波下交趾，铸此千数列荒坰。阗然声起动天地，悬军万里屠长
鲸。忽跃二鼓浔江底，至今铿鐄使人惊。怒涛奔泷石森立，想象当年汉将
营。师旋薏苡腾蜚语，炎刘九鼎沉东京。枝辞自昔鲜根据，骆越尚存马式
名。蕴山裴山两君子，研穷格致详且明。节署院试曾酬唱，品题位置各峥
嵘。我公秉钺来宣抚，百蛮绥靖农归耕。有鼓在庭加拂拭，獞猺犵狫尽编

泯。闻说溪峒多宝此，数通律吕韵叶钲。驱疠逐疟巫媪舞，占年赛社银钗横。瓦击蠃壳叠相和，竽笙箻簧莫与争。前人志记互讹舛，阮咸鐏于执鉴衡。土花斑驳色泽黝，蟾蜍蹲踞造作精。旧物时出有呵护，不缺不羸任敲铿。琳琅珠玉骚坛集，枵如鼓腹安能铭。湮没瘴乡阅唐宋，一登几席尘埃清。鸡碑雀录费探讨，笺陋聊博笑语哂。戟辕瑞霭瞻福耀，五郎向化俗亦更。边峤未识坏天乐，刻铜鱼叩宜可听。金船银瓮随德至，那须此物为戢兵。等闲玩索资吟兴，宾僚赓和赞承平。黄钟律调养六气，丰年喜兆得庚庚。朱崖铜柱怀新息，鼓若对之失其莹。琐言何敢绩鸿制，比类窃欲效举楚。从兹桂管增佳胜，铜鼓还应补乐经。

【作者简介】

顾涛（生卒年不详），字秋浦，临桂（今桂林市）人。嘉庆十五年（1810）举人，次年成进士，即任内阁中书，其后任中书舍人。道光二十年（1840）庚子科江西乡试考官。以书法见称于世。

【注释】

①录自《铜鼓联吟集》卷4。

和梁中丞《铜鼓歌》

朱 琦

天枹光射鼍龙鸣，楼车高峙铮有声。九溪耆服百粤震，赫赫铜鼓陈轩楹。摩挲未知何代物，年深岁久沉荒坰。蛮溪瘴起走百怪，浔江浪险驱长鲸。自来神物有呵护，丹砂炫耀人皆惊。辽阳中丞始辇致，加以剺拭烦经营。一留军门镇纛左，一献天府登瑶京。谢钱继起再赓和，此鼓遂擅千秋名。我闻伏波定南服，沉潭夜烛寒蟾明。又闻凯旋范马式，峙并铜柱威峥嵘。宝器偶存重蛮越，千牛论值忘深耕。花裆骈走赛丛社，银钗扣击夸豪泯。不比芦笙与赢壳，奏合箫管偕金钲。獠獐犵狫猦狑狚，鸣鼓蚁聚纷纵横。虎男纪载尚可考，蠻鼎真赝难为争。谁将图跋究竹垞，漫以考据凭虞衡。我公开府号博雅，古乐能辨声之精。奇物再出遇真赏，高歌掷地闻金铿。讵刻桐鱼待鸣扣，隐有蟾踞无镌铭。丹螺石鹄俪璀灿，画戟兵卫凝香清。新鼓旧鼓备陈列，后先辉映同砰訇。陈诗宣德布声教，绾符静镇无纷更。一时宾僚互酬唱，八音繁会均可听。铭铜适符建武志，销戈久罢楼船兵。况复黄桴返隆古，二百余载当承平。公今用此作鼓吹，蛇乡虎落歌夷庚。欢声渐腾届骆越，蛮烟尽扫光晶莹。愧从雷门布细响，瑮力何足当撞莛。炳勒金石冀不朽，应胜观遍鸿都经。

【作者简介】

朱琦（1803—1861），字伯韩，一字濂甫。广西临桂（今桂林市）人。道光十一年（1831）解元，十五年成进士，入翰林院为庶吉士，后为编修、御史。咸丰十一年（1861），朱琦总理杭州团练局。在抵御太平军攻杭州之役中，朱琦战死清波门。朱琦工诗与古文，为桐城派流衍广西的著名古文学家，其弟子有著名的张之洞。《抱冰堂弟子记》称张之洞"古文学受于从舅朱伯韩观察琦。"朱琦为御史，敢"上章陈天下大计，与苏廷魁、陈庆镛，时号'谏垣三直'"（方宗诚《朱伯韩先生传》）。粤西古文五大家之一，著有《怡志堂诗文集》。

【注释】

①录自《铜鼓联吟集》卷4。

和梁中丞《铜鼓歌》

李光瀛

鸿文一出韶濩鸣，掷地齐作金石声。节楼铜鼓有故事，雍乾之际陈前……楹。今岁春雷众欢动，政成期月周郊坰。公余作歌纪古物，淋漓大笔驱长鲸。我闻此鼓出蛮峒，一击能使蛟龙惊。代远年湮失考据，相传制自新息营。神物显晦讵能测，亦如猎碣搜岐京。鼖麻犹存尔雅制，鼛晋仍仿周官名。北流农民获其一，丹砂斑驳犹鲜明。又闻渔父举网致，质全文备形峥嵘。白石山人亦有得，收藏半在渔樵耕。边人宝此只玩物，迎神报赛随蛮岷。岁时都老集童叟，吹笙击缶仍敲钲。逐疫禳灾循旧俗，前唱后和纷纵横。吁嗟鼓兮何代物，唯唯否否徒纷争。苏潭先生雅好古，细检史籍稽虞衡。随园作赋逞瑰丽，追琢玉润兼金精。此鼓径围独宏壮，大扣小扣同彭铿。蟾蜍昂首且叠踞，如何独少南郡铭。军门留此振聋聩，锽然一洗俗耳清。霓彩飞旌色璀灿，震雷启蛰声砰訇。神灵呵护待有德，阅人历世寒暑更。鼍鼓逢逢制自古，以金易革尤谐听。我昔浔阳证轶话，跕鸢江底留疑兵。即今天威已远播，将帅敛手歌承平。玉烛阳明道化被，万汇荡荡遵由庚。神物相逢若对待，新诗竞献如琼莛。操毫纪实助鸣盛，不须好异寻山经。

【作者简介】

李光瀛（生卒年不详），号竹溪，临桂（今桂林市）人，嘉庆十八年（1813）举人，二十二年进士，当年五月为湖南益阳县知县，后主修《益阳县志》。

【注释】

①录自《铜鼓联吟集》卷4。

和梁中丞《铜鼓歌》

陈 鏒

楼船兵罢桴不鸣，障溪昼静蛮鼍声。浔滩水涸出铜鼓，震雷虢虢来轩槛。尘封绣涩近百载，宝气闪烁韬岩垌。云铃风铎喑不语，谐声何处铿华鲸。公承巽命抚百粤，钧天一震俗耳惊。亚移堂庑勤拂拭，渊剔笋簾烦经营。却思炎荒此不乏，岂尽马式销东京。果然神物聚所好，奇缘会和欢难名。圆钱方篡出一冶，点晕斑驳差分明。花跗叠叠连宝胜，丁彝乙卣同峥嵘。鬼神呵护待赏鉴，收罗那用劳渔耕。相传春雷一启蛰，花狢骈走盘瓠氓。椎牛磔犬媚淫鬼，芦笙蠃壳喧铙钲。银钗扣罢集郎火，海蚆细屑投纵横。有时召众共格斗，隆逢震慑烝徒争。苗猺黎獞狑犵獠，夺鼓拔簭纷投衡。我思鸢都性朴蠢，岂解熔铸云雷精。纵知辟灌供考击，宫商未必符敲铿。此鼓煌煌秦汉制，何藉款识斯冰铭。虞衡考据或偶误（范石湖《桂海虞衡志》谓是伏波所遗），竹垞图跋源流清（竹垞《铜鼓图跋》谓铜鼓初铸，实仿和鼓之金錞）。萧梁去古尚未远，殊珍作贡夸研匐（见《南史·欧阳頠传》）。摩挲倦指溯年代，况又唐宋元明更。公今宝此发聋聩，雷门声震黎元听。朝晡渊渊奏古乐，白狼貗薄潜销兵。久安不劳思将帅，用代鸣铎宣承平。蛇乡虎落尽惕息，吉金远耀横庚庚。帘前旭日一回射，生砂活翠交晶莹。我歌纪盛惭细响，传声岂合持枯茎。愿公巨笔补志乘，炳勒金石增鸿经。

【作者简介】

陈鏒（1802—?），字桂舫，又字谷孙，一作谷生，号丹崖，临桂（今桂林市）人。道光十七年（1837）举人。二十六年写刻纳兰成德的《饮水词》传世。咸丰二年（1852）任岢岚州（今山西省忻州市岢岚县）知州，同治初任朔州知州。其精于书画，擅长鉴赏，山水、花卉尤精，有宋元人风度而卓然成家。《徐访岩漓江话别图》（道光十七年）、《万里泊舟图》（同治十一年）、《婴砧课读图》（为王拯作），皆为传世名品。梁章钜重建五咏堂，将所珍藏的黄庭坚书《五君咏》镌刻于五咏堂，双钩上石者，即出陈鏒手笔。据梁章钜诗句原注（见前），许悼书（芎友）获得铜鼓后，陈鏒（桂舫）、陈标（海霞）最早题诗。

【注释】

①录自《铜鼓联吟集》卷4。

和梁中丞《铜鼓歌》

陈应元

节楼夜半金精鸣，怀清堂前锵有声。百年铜鼓晦复显，宝光闪灼腾东楹。吾粤边徼鲜故实，鼎敦不到蛮荒垌。此鼓制成不知始，风雷往往驱长鲸。范金代革忆骆越，镗鞳声震群酋惊。镕铸马式贡天府，蛮鼍夜碎将军营。或逃锻冶出渊土，欲比猎碣珍周京。武乡新息纷聚讼，惜无年月镌工名。土花圆晕翠沉涩，旭日倒射丹砂明。神物有偶巧作合，丰城之剑交峥嵘。我公开府莅百粤，蛇乡虎落安耘耕。泮池钟鼓盛文物，戈铁瘴疠销边氓。警众差拟遒人铎，爰间久息征蛮钲。卜鸡磔犬侈獠俗，花鬘髻插银簪横。骈跟联臂杂歃唱，但有欢乐无纷争。千牛一面互夸竞，獐犵故事堪扬衡（蛮俗以藏鼓之多少为贫富）。象林乌浒抵荆璧，蓟都欲聚飞廉精。震雷虩虩杂风雨，遥应齐岳蒲牢铿（贺州齐岳山有铜钟，南汉刘𬬮所制）。公今获此宝无极，媲美铜柱昆仑铭。当年作贡怀铁岭，已随钟吕陈乾清（辽阳金中丞曾以一鼓入贡）。神寒骨重缛文采，笙簧不敢鸣砰訇。却思焦山与南海（张芥航河帅曾送铜鼓入焦山，南海波罗神庙亦有铜鼓一面），小劫几见尘沙更。朝晡考击和梵呗，噌吰三界人天听。何如此鼓牢不窳，朱垠永镇天南兵。振聋发聩靖荒怪，坐啸远迩钦升平。前辉后光并鸣盛，遥遥相望丁与庚（谢中丞、钱学使诗同作于嘉庆庚申）。钧天震耳各欢动，磨砻亦许同晶莹。便拟联吟石鼎作，雷门妄欲敲枯茳。他年诗事补方志，胜读南征旧瘴经。

【作者简介】

陈应元（？—1855），号东桥，临桂（今桂林市）人。道光十二年

（1832）举人，二十九年（1849）十二月任山东鱼台县知县，后历金乡、巨野、诸城、泰安、成武等县知县。咸丰四年（1854）升济宁直隶州知州，次年在缉捕金乡捻军首领时殉难。

【注释】
①录自《铜鼓联吟集》卷4。

和梁中丞《铜鼓歌》

石耀庭

融州山作灵夔鸣，浔阳波含金石声。蛟盘虬舞山神物，遥从千里陈轩槛。雍正及今已百载，犹闻父老谈郊坰。金公作记袁子赋，声相应比蒲牢鲸。洪炉冶铸自何代，阴阳炽炭丰隆惊。杰魁既归牙纛列，蛮獠都老徒征营。宝鼎有诗最典重，效珍修贡传东京，伏波之前有此鼓，惜不与鼎同垂名。炎荒虽云瘴疠地，南离象本宜文明。丹砂珠树互璀璨，瑶篸玉笋纷峥嵘。士生福地叹何幸，有德可猎道可耕。山泽之农亦得所，不知不识无怀氓。公来阳春扇和煦，树头初日悬铜钲。千年有鼓复出土，瑞气笼护祥烟横。我公雅化潜感召，辇致节署谁敢争。形模持与旧鼓较，伊吕伯仲差相衡。鼓吹两部符律吕，通灵认取蟾蜍精。将毋鲁鼓与薛鼓，双双铃阁鸣锵铿。剜苔剔藓出黝绿，雷纹四周无识铭。二美合并天所作，置之燕寝凝香清。谢钱二公诗在壁，我公属和砰訇。一时群雅继声起，堂上堂下笙镛更。八音竞奏宫征协，纯如皦如皆可听。方今圣人建韶铎，两阶舞羽休戈兵。越裳底贡重九译，南交万里同太平。土鼓昼击歔幽雅，由仪歌罢歌由庚。边关铜柱尚屹立，长共铜鼓光晶莹。金钟大镛发响处，猛簴奚客撞寸楚。鲰生洗眼快读罢，犹胜争睹鸿都经。

【作者简介】

石耀庭（生卒年不详），号宝山，义宁县（今桂林市临桂区五通镇）道光年间举人。余事未详。

【注释】

①录自《铜鼓联吟集》卷4。

和梁中丞《铜鼓歌》

邓开运

鸿篇稽古黄钟鸣，渊渊掷作金石声。辽阳节使好古物，铜鼓移置堂东楹。

神灵河护久难没，一朝献瑞来荒垌。其一又自渔网获，浔江跃浪铿华鲸。

绿沉翠驳色泽古，花纹璀灿心神惊。传闻骆越二铜鼓，新息载出居风营。

年深久已失考据，淹雅谁复追西京。周宣猎碣留旧制，博物竞慕张华名。

商钟泗鼎有显晦，珊枝金琐生光明。蟾蜍十二应律吕，土花如绣形峥嵘。

不窳不缺空其腹，得来多在渔与耕。军门作镇肃边徼，振聋启聩安蛮氓。

蛟龙捧炭跃炉冶，神响早叶罗浮钲。大开莲幕集宾客，随园赋笔夸纵横。

儒生好古生已晚，秦汉唐宋相纷争。戮麻蓥晋制已古，石湖旧志征虞衡。

鼍鸣鲸吼声远彻，震詟水魅驱山精。边人报赛集童叟，吹笙击缶输彭铿。

诃耨仿佛雷门石，金沙想见南郡铭。朱云襜襫腾宝鼎，眼福一洗尘埃清。

临平石鼓劳刻木，叩之无此声砰訇。以金易革制奇特，珍藏节署年屡更。

音侪钟镛配琴瑟，铮鎕未许俗耳听。方今德威两相济，垓埏化洽销戈兵。

不事碑勒平蛮颂，四夷慑服炎荒平。歈豳击壤顺帝则，小民安堵赓由庚。

瘴烟蜑雨尽挥扫，中天日月光晶莹。纪实作歌共鸣盛，操觚率尔惭撞撑。

国华物瑞理所致，何须好异穷山经。

【作者简介】

邓开运（1815—?），号恬斋、瘦梅，临桂（今桂林市）人，道光十七年（1837）举人，咸丰九年（1859）进士，咸丰十年任山东平阴县知县，在任期间为《王氏族谱》作序。同治元年（1862）任曲阜县知县。

【注释】

①录自《铜鼓联吟集》卷4。

和梁中丞《铜鼓歌》

唐作砺

应田县鼓相和鸣，逢逢简简宣其声。明堂清庙资黼黻，崇牙树羽陈华楹。
异哉铜鼓出雒越，嚆吰鞺鞳喧岩峒。肖形略比錞与镯，发音未假桐刻鲸。
岁时䐗腊赛都老，号召猺獠群狙惊。自从文渊定交趾，重器迁归九真营。
六丁鼓橐别冶铸，骁腾马式输神京。艨艟复自载双鼓，跃水尤传灵异名。
八桂江头涌巨浪，攫取或者疑神明。延津仿佛双剑化，旧事怀想空峥嵘。
方今四海乂安久，妇知蚕织农知耕。盘盘俚乐既不作，投钗那有溪峒氓。
献瑞惟当比玉磬，节鼓未合侪铜钲。因时出现非偶尔，苔花绣涩交纵横。
金记袁赋工写物，奇特欲与汾鼎争。当时不逢大手笔，鼓将沉没谁提衡。
流传快遇真好古，谢钱两公诗律精。清词丽句霏玉屑，黄钟大吕同鎗铿。
我公秉节来镇抚，试听舆颂心早铭。无瑕共仰圭玉洁，鉴物同乐冰壶清。
广扇和煦风鼓荡，载宣湮郁雷砰訇。唯德召祥鼓又致，纹理稍异形无更。
韵事争传两美合，古乐直作千秋听。濡染淋漓纪鸿笔，主持坛坫麈心兵。
阳春白雪和者众，宫商一片歌承平。回数金公获鼓日，后百八载丁先庚。
神物在世今有几，辛彝乙甗同晶莹。撞钟窃愧大小扣，继声聊复持枯楚。
他时话到秦汉器，摩挲赓和夸曾经。

【作者简介】

唐作砺（生卒年不详），字他山，临桂（今桂林市）人，道光二十六年（1846）举人，任阳朔寿阳书院山长，为道光年间书院山长之最有声誉者。任道光十八年《阳朔县志》的主笔，后为受聘主笔续修《苍梧县志》，未竣。

【注释】

①录自《铜鼓联吟集》卷4。

和梁中丞《铜鼓歌》

梁士超

南邦久息刁斗鸣，我公莅止蜚仁声。高牙镇抚得韩范，天子毗倚为梁楹。
政成民乐百祥集，铜鼓腾瑞来郊坰。昨者郡伯命作颂，才薄敢掣沧溟鲸。
曩闻伏波定交趾，滩沉两鼓波涛惊。好事流传喜传会，或言遗自诸葛营。
金公作记辨同异，尊比彝器输神京。后获一鼓皮节署，曾从志乘钦其名。
翼敦蠻鼎增想像，是周是汉安能明。谢公钱公子才子，骋妍抽秘辞峥嵘。
神物又为我公出，宝气发自农人耕。百夫辇致列阶阤，朴重如见上古岷。
扣之清越异凡响，洞庭张乐留神钲。丹砂隐见复斑驳，文理缜密纷纵横。
延津龙剑既有偶，天作之合畴与争。发畇五通缅周礼，渔阳参挝嚌祢衡。
悬韬自合昂星应，通灵毋乃蟾蜍精。审音待访延陵季，好古宜问彭城铿。
岂若我公具真赏，非关款识先能铭。摩挲不异周石鼓，虹光照耀森怀清。
淋漓大笔发高唱，金石掷地同砰訇。险韵试拈总如铸，千金一字谁能更。
和章盈帙集珠玉，宫商调叶皆可听。顺成和动音既作，四郊康乐销戎兵。
况今圣人方在御，黄河水清寇盗平。声教早已讫四海，溪蛮荡荡由夷庚。
诗耶鼓耶两不朽，千百年后争晶莹。洪钟倘容作小扣，料量亦欲持寸楚。
他时尚乞硬黄拓，什袭永宝同遗经。

【作者简介】

梁士超（1803—1852），字兰士，道光十九年（1839）举人。广西平南县人。咸丰二年（1852），太平天国军进攻桂林，梁士超作为管带平南练勇，带领练勇抵御，在将军桥阵亡。光绪《平南县志》卷21有传。

【注释】

①录自《铜鼓联吟集》卷4。

和梁中丞《铜鼓歌》

王 拯

韶钧一奏金石鸣，群音繁会和其声。千年铜鼓发光怪，百夫舁致辉东楹。繄昔蛮荒铸此物，岁时考击闻郊坰。金簪乱掷都老啸，驱匿魑魅逃蛟鲸。浔江水跃老鼍伏，渔翁网得蛮儿惊。尔时文士眩耳目，衰丝一赋何经营。殊方奇物夸瑞异，骆驼捆载趋神京。光价未能同猎碣，但邀睿赏长留名。后来一鼓贮铃阁，金公作记能详明。胡哉此鼓独潜匿，摩挲轮郭尤峥嵘。幸从贤守得进献，未许埋没遭锄耕。惟公惠政被骆越，芦笙苇籥陈编氓。我言此物幸遭际，一朝位置同金钲。当时猺獠弄狡狯，咫尺云雾生纵横。束腰平面尽刻画，虾蟆玉兔相斗争。峨峨形制特纯古，惜哉载记疏虞衡。庭前拂拭会宾从，丰山之钟含元精。偶然叩击应宫征，丰年和乐流铿铿。后先遇合信奇绝，胡弗考窍镵歌铭。或云伏波讨徵侧，楼船鼓橐烟尘清。或云遗制昉诸葛，泸水五月喧砰訇。那知祭赛本蛮乐，后儒臆说徒纷更。圣人在上奏韶濩，琴瑟搏拊神祇听。越裳交趾同觐献，西南万里无戈兵。峒獠溪蛮尽驯伏，年年社鼓歌升平。会须跳舞进酋目，倘能应节歌夷庚。军门旭旦挂牙纛，冻雨洗出铜花莹。书生赋物昧扬颂，金钟乃欲撞寸楚。他时政迹被歌乐，请从粤峤开图经。

【作者简介】

王拯（1815—1876），原名锡振，字定甫，号少鹤，又号茂陵秋雨词人、龙壁山人。道光十七年（1837）举人，道光二十一年进士。因服膺北宋名臣包拯后更名"拯"。历官大理寺少卿、太常寺卿、左副御史、擢通政使。晚年告老还乡，主讲于桂林榕湖经舍、秀峰讲舍。为桐城派古文广西五家之一，兼善诗词、书画。著有《龙壁山房文集》《茂陵秋雨词》等。

【注释】

①录自《铜鼓联吟集》卷4。原题作者"王锡振"。

铜 鼓 歌（有序）

钱守璞

鼓在桂林节署，袁太史子才赋之，今长乐梁芷林中丞首倡征诗，依韵代外作。

丁东蚪箭铜龙鸣，玉壶莲漏铿锵声。戟门参衙报五鼓，须臾晓日升丹楹。奇物韬晦二千载，一朝光彩辉林坰。金音自足震魑魅，何用西蜀镌桐鲸。当时伏波佩铜虎，铜柱标立苗蛮惊。麈兵大战破侧贰，一鼓再鼓传军营。又从骆越得铜鼓，铸为马式来瑶京。往昔记铭见书史，广州风土犹知名。留传转展际昭代，柷敔鼖磬制度明。遭遇得邀大雅赏，挥毫吟咏齐钟嵘。羔羊春酒祝多寿，隆隆社鼓勤春耕。欲使百粤化中土。铸陶耒耜安边氓。蓬蓬鼍吼奏矇瞍，宣扬声教如铎钲。一声鸑鷟惊百鸾，和羽觞铜相纵横。千秋慧眼有真鉴，范虞辩证徒纷争。渊云严乐各超妙，咸加去取归权衡。在古考工各分职，鞞人所掌造最精。独有此器乃金制，其体隆大其音铿。范铜作样类盘敦，陆离斑剥无箴铭。搜罗忽又得其一，双行位置于怀清（节署有怀清堂）。万言倚马焕文藻，雷霆鼓荡声砰訇。雷门鼓声今又作，岐山铜器亦已更。铜仙铜狄久销毁，铜琶铜管殊厌听。铜瓯莫与刁斗比，筹边已靖占休兵。古光古泽照人眼，森森瑞木敷华平。桂岭秋高发爽籁，以金代革□伏庚。惟公考据到秦汉，蟾蜍徐吐光精莹。文轸久已薄桂海，蒙昧妄欲作撞琶。石鼓曾闻存太学，铜鼓今又添图经。

【作者简介】

钱守璞（生卒年不详），字寿芝、藕香、莲因、莲缘，号虞山女史，钱塘（今浙江省杭州市）人。张麒之妻、陈文述的女弟子。能诗，善画，兼通音律。著有《绣佛楼诗稿》行于世。其诗题中有"外子"者9篇，如《九日同外子小饮》《与外子论诗》《题外子画双松图》，诗题或诗序中有"代"字者更多。张麒，一名张骐，字伯冶，号宝崖，别号金粟山人、一粟散人。系书画家，赴广西为官，钱守璞随行。其外甥女何祎序称诗稿中钱守璞"忆曩日论诗之乐，相契于双榕八桂、排青耸碧之中，情景犹宛然在目。"梁章钜《楹联丛话》："丹徒张伯冶巡检（麒）偕其嘉耦钱莲因女史（守璞），并以诗画擅名。论画则伯冶为精，论诗则莲因尤健。粤西边脊之区，莲因间关随宦，能相其夫，甘于末秩，不以富贵利达薰其心，不愧女士之目。"

【注释】

①录自《绣佛楼诗稿》（同治八年刊本）卷2。原文有损坏而缺字，此略整理。②作者丈夫张麒接到梁章钜征诗，她代笔而作。可惜此诗未被收入《铜鼓联吟集》。

道光戊戌仲春巡阅至桂林莅林中丞见惠铜鼓一枚并示《铜鼓联吟集》依韵志谢

邓廷桢

黄钟不杂瓦釜鸣，中有清庙朱弦声。骆越铜鼓闻自昔，不与笙簧陈阶榲。伏波聚之铸马式，余者往往沦岩峒。异说亦云置水底，奢栗獞犵威鲵鲸。或云拔钗蛮女叩，或云禳眚山魈惊。有如岐阳出石鼓，千载聚讼徒营营。宇文制作曷堪宝，车攻安见非周京。辽阳节使始提唱，人间偏识飞琼名。我来升堂幸觏止，如瞻彝器眼眹明。摩挲羙泽剧斑驳，想象岁月多峥嵘。回文细仿圆顶织，经界俨画方田耕。老蟾隐月具深意，锤炉未必由蚩氓。鼓鼙闻声思将率，金錞赴节谐铙钲。扶桑挂弓交趾定，当与铜柱罗纵横。长乐中丞续有获，叠双直与前贤争。军门恶客乃遇我，拱揖欲乞肱平衡。惠然一枚脱手赠，候馆耿耿腾元精。亟呼材官为纵击，白雨点急烦敲铿。归艎载去志君雅，联翩翰藻犹能铭。不须藤峡访藤鼓，放棹直下浔江清。羊城头厅好位置，用助两部声砰訇。双门铜壶记刻漏，主者藉以司鼍更。城南得此物有偶，琤瑽鞬鞳凌晨听。君奉牙璋领桂管，芦笙螺吹皆销兵。我惭筹海集鹣鲽，怀柔震叠求持平。匆匆握别怅津鼓，引领西望辉长庚。回思鼎彝郁古色，金心铜行生光莹。期君大声相振启，我亦愿效撞钟莛。鼟鼟在宫声闻外，不负铿铿曾说经。

【作者简介】

邓廷桢（1776—1846），字维周，又字嶰筠，南京人。嘉庆六年（1801）进士，官至云贵、闽浙、两广总督、两江总督。工书法、擅诗文，有《石砚斋诗钞》等多部著作传世。

【注释】

①录自《铜鼓联吟集》卷首。②邓廷桢于道光十五年（1835）八月任两广总督，十八年二月巡视至桂林，读到梁章钜编《铜鼓联吟集》，并得梁赠铜鼓一，因作《梁茞林中丞以铜鼓一枚见赠赋诗致谢和集中铜鼓联吟元韵》，收入《双砚斋诗钞》卷15，亦收入道光十八年版的《铜鼓联吟集》。③鼟鼟：读为 yuān yuān，鼓声。

铜鼓歌（为嶰筠前辈作）

祁寯藻

铜鼓有声无文字，石鼓有字乃无声。文渊孔明踪迹所不到，骆越胡为托其名。乃知金石非人不足寿，景钟郜鼎亦如瓦釜空雷鸣。歧阳猎碣义不辱泥垢，置之太学比岣嵝。若使甋包席裹遗自宇文周，曰科之材韩苏二公见且羞。何为作歌感叹不自休？长乐中丞（梁茞林抚军）得此两铜鼓，其一乃赠南阳之制府。扬舲桂管东道回，旌旗组练沧溟开。三严未终百粤震，银簪跳舞欢如雷。诗人猛士杂龙虎，手挝口沫辨论何雄哉！君不见汉新息，矍铄犹传铜马式。铙歌鼓吹正需才，天下谁知邓公癖。

【作者简介】

祁寯藻（1793—1866），字叔颖，又字淳甫，避讳改实甫，自号春圃。山西寿阳人。嘉庆十九年（1814）进士，改庶吉士。官至兵部尚书、礼部尚书、体仁阁大学士，卒谥文端。曾任广东乡试正考官。

【注释】

①录自《馒铫亭集》（《续修四库全书》本）卷26。②作于道光二十年（1840）。③嶰筠：即邓廷桢，字嶰筠。④辨论：即辩论。

铜 鼓 歌

张维屏

西周鼖鼓音韸韸，东周石鼓摹车攻。何来此鼓溯炎汉，非革非石其质铜。传闻伏波讨交趾，扫平侧贰成肤功，范铜作鼓镇蛮土，往往埋瘗山溪中。我思文渊著伟绩，铜柱铜马垂无穷。炉锤奚事更造此，未必制自矍铄翁。当时蛮地产金矿，器物多用铜所熔。诸酋铸鼓竞夸耀，鼓成照眼光熊熊。金钗银钗互敲击，峒男峒女纷相从（《晋书》：诸蛮并铸铜鼓。鼓成，置酒召客。豪富女子以金银为大钗，执以扣鼓）。芦笙齐吹响嘲哳，椰酒迭劝香醇醲。器从小大别子母（击铜鼓先击当，谓以子音引母音），炼有先后分雌雄（铜鼓先炼者为雌，后炼者为雄）。是蟆非蟾状须审（铜鼓有虾蟆，以为蟾蜍者，非也。虾蟆善鸣，蟾蜍不鸣），似亘实回形易蒙（或疑铜鼓多亘字，余谓当是回字。回，古雷字。所谓雷纹也），镌成异字凹胜凸（昔人谓铜器铸阳文字易，铸阴文难。三代铜器多阴文，其字凹。铜鼓，汉时物。多阳文，其字凸），晕出殊音商应宫（雷州铜鼓，面有十数圆晕，晕各一声）。钲铙錞镯义有取，滩塘村岭名非空（浔州铜鼓滩，廉州铜鼓塘，钦州铜鼓村，万州铜鼓岭，皆以铜鼓得名）。流传虽出自蛮俗，物久则贵超凡庸。波罗每岁春二月，乡人远近朝祝融。祝融殿上列二鼓，穆若神听声隆隆（南海神庙铜鼓，乡人击以乐神）。金精斑作鸂鶒绿，木棉艳映珊瑚红。铿鎗閜礚远益震，神物永宝驯蛟龙（《广东新语》云：铜鼓近则声小，远乃声大）。羊城节署未有此，有此始自南阳公（邓懈筠制府）。公来三载百度举，文经武纬群钦崇。今春阅兵到西粤，扁舟载鼓归于东。桂林二鼓我曾见，形质比较将毋同。尊罍彝鼎世不乏，此鼓得所欣遭逢。玉堂老仙擅词翰，铃阁暇日传诗筒。爱民爱士兼爱古，拂拭肯使尘霾封。千年古色照几席，一篇高唱鸣钟镛。鲰生归耕在田野，时击瓦缶随村农。阳春高歌寡里和，自顾小技愧雕虫。扣槃扪籥等揣测，欲借雷鼓开痴聋。方今升平乐化宇，百蛮重译声教通。胶庠昕鼓集髦俊，阛阓鼛饕歌熙雍。条风不鸣海清宴，膏雨既霈年绥丰。小儒介然有铜行，愿击土鼓歌唐风。

【作者简介】

张维屏（1780—1859），字子树，号南山，别号松心子，晚号珠海老渔。广东番禺人。嘉庆九年（1804）举人，道光二年（1822）进士，官至署理知府。官职不高诗艺高，为"粤东三子"之一。

【注释】

①录自《张维屏全集·松心诗录》（广东高等教育出版社，1994年版）卷8。②道光十八年（1837）春，邓廷桢（嶰筠）从桂林携铜鼓回，张维屏为作此诗。③桂林二鼓我曾见：张维屏《桂游日记》（道光十七年七月刊本）卷2载：道光十七年四月二十六日"是日又观铜鼓。鼓有二大者，鼓面约径三尺，小者面约二尺余。《临桂县志》谓铜鼓为巡抚金鉽所获。然《赤雅》载：'粤西铜鼓悬于制府厅事'，则由来久矣。铜鼓有两说，一云军声所资，一云蛮俗所尚。然欲为权宜之计，偶作疑兵。岂有兴鼓铸之炉，特造异物？揆诸事理，后说为长。然则何以传为伏波、诸葛所遗？盖二公者，蛮人所敬服，以为二公所遗，益见此物可宝贵耳。《桂海虞衡志》云'蛮人好用铜器'，又云'铜鼓，古蛮人所用。'斯言得之。"④张维屏另有《马伏波得铜鼓铸为马式辨》，载其《松心文钞》（《清代诗文集汇编》本）卷2。

铜鼓诗（并序）

方东树

铜鼓事，据《后汉书·马援传》章怀注引《广州记》云云，则世俗所传，傅著伏波、武侯者，均不必可信。而《明史·刘显传》盛言诸葛"以鼓镇蛮，鼓失则蛮运终"。其鼓以"声宏者为上，可易千牛；次者七八百。"而显克九丝、大盘等山，"拓地四百余里，得诸葛铜鼓有九十有三，铜铁锅各一"，其"大可函牛"。此亦何用必知为诸葛所作邪？毋亦昔人以眘敫不靖者之心耳。道光十八年春，两粤制府嶰筠尚书讲阅西省，梁茝林中丞以府中旧蓄铜鼓一相遗，遂移之而东。则未知此即刘显所获九十三鼓之一邪？尚书命作《铜鼓诗》，爰赋其事云尔。

铜鼓无文字，代年昧莫记。事原始汉臣，制独流蛮地。想当范巨冶，装炭天为炽。密箐烟炎扬，乳窦幽泉沸。溪峒俶隤丸，鞺鞳走魑魅。传芭会成礼，闻声俨思帅。军嘉用各殊，金革音兼二。占运念终失，易牛权上次。史岂浇异闻，权家谲为智。嶷嶷尚书公，柔揉绥南辔。举德毛辀伦，赋政喉舌出。州郡任张祝，酋豪讫雠义。标楯弃勿习，僬僸响臻至。此鼓镇西府，军门阃严闶。倏来从东道，六丁相觑员。希声鲸鲵悸，严节枭狼避。渊默而雷音，可以状猛气。委身华榱荫，得柱轩荣位。鲁薛作朋侣，政乐远方自。围钉宿列辰，作气蛙振臂。倘非植楃足，还疑月团坠。宾退时缓带，博古征彝器。本不供考击，无劳署鼓吏（按《后汉书·祢衡传》作鼓史，《百官志》"太常卿"下曰其署曹椽史，随事为员，诸卿皆然。余此误作吏，迫韵不可改）。

【作者简介】

方东树（1772—1851），字植之，自号仪卫老人，安徽桐城人。曾师从姚鼐，与管同、姚莹、梅曾亮并称"姚门四杰"。道光十七年（1837）第四次游历岭南，奉邓廷桢之命而作此诗。著有《考槃集》。

【注释】

①录自《考槃集》（《清代诗文集汇编》本）卷1。

两粤制府铜鼓歌

丁　杰

君不见，昌黎石鼓摛雄文，濡染大笔何缤纷。又不见，庐陵集古金石录，光怪陆离镇殊俗。古人嗜古多真情，磨砻拂拭精鉴衡。我公仗节镇两粤，天子倚畀如长城。振聋发聩有奇术，逄逄不假灵鼍声。乃寻法物事幽讨，铜鼓移来粤西道。蛟龙郁律熊罴蹲，制奇式古大合抱。面凸麝脐中空虚，圭角四踞金蟾蜍。双环屈曲备提挈，戛击无须桐为鱼。我闻伏波讨徵侧,铜船沉波铜柱植。亦有铜鼓埋溪峒,雨淋日炙雷霆匿。又闻诸葛武乡侯,铜鼓山前援鼓枹。星斗错落金精收,荒崖寂寂潜龙虬。粤东武库昔曾贮,神物郑重鲜克举。物换星移几度秋,如梭化龙失处所。公今得此足比隆,声何渊渊光熊熊。五音得之乃和节,好悬应田歌八风。回忆沉霾岁不数,大野穷谷杂榛莽。土花剥蚀同破甑,一经品题遂千古。恍如睢鼎浮汾阴,又若禹碑出峋嵝。遭逢何幸值大贤,前有石鼓今铜鼓。

【作者简介】

丁杰（生卒年不详），字仲文，籍贯安徽怀宁，其父占籍番禺，遂为番禺人。道光二十九年（1849）举人，官至州同，后掌教韩山书院。著有《蛾术斋诗草》。

【注释】

①录自《蛾术斋诗草》（《清代诗文集汇编》本）卷2。②原题后有"丁酉"二字，意为写作时间。丁酉，当系道光十七年（1837），而邓廷桢从广西得铜鼓是在道光十八年。

邓嶰筠尚书铜鼓铭（有序）

梁廷枏

戊戌春，制府邓嶰筠先生巡部西粤，协风载节，甘雨随车，既肃军行，遂咨荒裔。得巨器曰铜鼓，携随行擑。还位都堂，按状摹形，征言纪事。溯稽曩制，肇创蛮工。凡蹊峒传符，豪酋命斝，每招群獠，辄发洪声。故榔烟菁雨之乡，仡鸟僮花之地，煮吉金而模云篆，范瑾土而印雷回。叶镂枝镌，脐隆耳叠，缮凭蛙怒，用并鼉灵。风不绝于五溪，事已沿于三代。推寻炉橐，几昧根源。彼伏波之式铸交南，诸葛之师济泸北。但余波之递衍，匪嚆矢之先施。宜其质比周镈，珍逾鲁鼎，永作梧江之雅乐，同夸桂海之奇观矣。然而宝剑渊沉，和钟土没，神化朱鸢之浦，声销白鹭之滩。村庙古而尘封，峭崖孤而苔蚀。又况绥要地僻，汉晋年深，绝少文词，羌无故实。未入尚功识款之石，不收宣和博古之图。自非学骋八紘，目营千祀，嗜好在酸咸之外，精华揭荒裔而遥。不能使川吐山供，器成道著。网珊瑚于海底，投琥珀于芥畦，用以宣畅遐威，奢惊聋聩，如先生今日者也。（楠）识惭槃卯，问待钟撞，获从挈刷之余，试效阐扬之义，乃为铭曰：

自祖龙还，齿息盘山，曰维溪蛮。商飙激秋，煮酒椎牛，乃会群酋。阻绝泉砠，声此而嗾，厥用权舆。獠婢与偕，玉腕银钗，叩之清谐。洪炉罢然，质薄形坚，织纹螺旋。岁月绵多，烟沙涧阿，沉澌灭磨。神物跃灵，出为晨星，一隐千龄。西府收之，品第雄雌，错位庭墀。惟南阳公，徂西自东，训诘邦戎。爰登节堂，作作其芒，大音斯煌。笑请紫云，宝鼎从分，陪遂征蠖。楼船载归，潜蛟避威，滩哑林欷。反斾贲禺，背笈面图，缀玉联珠。藓剥苔花，绿橘青瓜，朱晕微瑕。拂拭圆脐，显晦难齐，吮笔迟怆。福寓隆平，灵夔震声，鼛革无惊。兹器远来，奚宜置哉，合配尊罍。

【作者简介】

梁廷楠（1796—1861），字章冉，号藤花亭主人。广东顺德（今顺德市伦教镇）人。道光副贡生，任澄海县教谕，历充越华、越秀书院监院，学海堂学长，广东海防书局总纂，粤海关志局总纂等职。学识渊博，著述宏富。所著书达35种，有《断缘梦》《江梅梦》《昙花梦》三戏剧及《藤花亭诗文集》《粤海关志》《夷氛纪闻》《海国四说》《金石称例》《碑文摘奇》等。

【注释】

①录自梁廷楠《艺文汇编》（暨南大学出版社，2001年版）第346页。有所校订。

铜 鼓 歌

梁廷楠

范铜作鼓形窸窣，无铭特类交虬庵。西南夷地昔有作，前后《汉书》今可参。或云文渊创格出，好泥古籍高名贪。时铸马式尚需比，制从骆越何消谈？又闻诸葛为其再，犹传九十还余三。蜀师远未逾岭峤，遗器想仅留滇南。三千余年起考订，周秦汉代难追探。究之瑶蛮有异乐，讵用革木兼圆镡。都老豪酋竞巧制，模泥搜矿开层嵌。红赭半空鸟亦避，高深一例牛能函。椰子酒香跳僮女，桄榔面熟趋瑶男。呜呜杂入卢匏节，冬冬叩出金银篸。自槃瓠来没沙骨，等丰城下埋星镡。至今访古祝融庙，雄随雌守龙神龛。粤海文章唐宋韵，昌黎潮郡东坡儋。倘续余声歌石鼓，定齐双管驰骈骖。胡并缺如岭外集，想当后出浔州潭。世宇荡平烽火靖，辰极明正戎马俫。督部南阳旧望肃，简阅西省仁风罩。龙城象郡驻旌旆，蛮花犵鸟迎篾篮。突兀忽睹怪光见，奇古正触平生耽。固知珍重贮大府，未易提挈随行庵。岂料相同好有癖，不言若己心先谙。蜺旌挥别特贻赠，牛炙剖割齐分甘。长载稳凭樯橹力，归装好伴琴书担。春回羊石风日美，昼迟燕寝香炉晻。俳优久已屏杂剧，周折哪复听都昙？已度严滩愁风雨，更装长卷图烟岚。圆规瞥喜月轮堕，绉影恍讶川波涵。雷文隐隐耐细辨，宝光闪闪原中含。苔藓肯磨斑复驳，鼎彝匀染青兼蓝。轩荣无事试击拊，铿鋗有韵殊希醋。只合铜琶铁板配，或歌《阳春》《白雪》堪。邹生吹竽笔偶橐，书局挈领形增惭。幸写蝇头与唱咏，侧接麈尾挥氁髿。会看四海醒聋聩，岂独末座除狂憨？雷门高高仰不极，莫笑布鼓奔趁趋。

【注释】

①录自梁廷楠《艺文汇编》（暨南大学出版社，2001年版）第309页。有所校订。

伏波将军铜鼓歌
夏之盛

蛮天月黑飞霹雳，僵死蟾蜍尚堪击。精光终古映丹心，峒黎血爨红余滴。铜鼓谁所铸？云自马伏波。围逾六尺高一尺，阳花璀灿蟠蚪蝌。至今黄昏风雨一再鼓，恍如铁骑突出锵金戈。桂林毒雾连天昏，大声一鸣都廓清。论功升赏此第一，战鼓铙鼓莫与争。迅雷足破妖魅胆，斩除侧贰成威名。百胜将余百战器，摩挲顿长英雄气。铜柱峩峩影插天，铜鼓逢逢声振地。锤炼同坚报国心，矍铄雄材老不废。吁嗟乎，东汉兴衰拟问君，叩将四耳徒铿铿。归装薏苡空留谤，呜咽如闻诉不平！

【作者简介】

夏之盛（1792—1842），字松如，钱塘（今杭州）人。诸生。著有《留余堂诗钞》。

【注释】

①录自《留余堂诗钞》（《清代诗文集汇编》本）卷2。

诸葛铜鼓歌（为蒋渭川作）
黄道让

蒋君读罢石鼓歌，招我观伊诸葛鼓。笑云此鼓类此诗，骨重神寒音节古。石鼓无声此无词，南陔华黍子其补。闻命使我惊背汗，斋坐小阁对鼓语。老韩少苏时则无，小子才薄其奈汝。无诗依旧向鼓求，面壁摩挲日三五。翡翠干皴琥珀纹，蛟螭啮断虾蟆股。势壮锁钮束半腰，气藏雷霆蟠满肚。古鼎菌蠢龙之头，刑天脐口目是乳。不刻文字世亦惊，但观魄力首尽俯。以手击之声隆隆，大星不动龙起舞。妙哉金体而革音，熔铿人欢神工与。置诸水中音更奇，不镛不鞉不柷敔。麒麟之韇老罴皮，得其瘦硬去其卤。忆昔武侯征南蛮，小丑营魂敢予侮？竟持布鼓过雷门，岂止班门掉大斧？先生登高首南望，望见伏波旧铜柱。铜柱虽存界不存，孤负六字用心苦。今我重来与划界，指上螺纹目中虏。是直可以鸣鼓攻，不革而铜虏心惧。大言攻心岂欺人？但听铜鼓一声举。想见意匠经营时，指挥诸将必得所。子龙探铜五溪深，马忠洒扫不毛土。平也捧炉翼装炭，文长击橐勇可贾。先生笑把羽扇挥，一铸而成快争睹。只等一群狼臂来，不须五百羊蹄鼓。白雨飞落青山头，豺狼化狐狐化鼠。一声孟获胆已摧，两声诸蛮气并沮。三声四声获果获，七纵七擒武侯武。漫数定远诛匈奴，居然有苗化干羽。何当一鼓入中原，系丕父子颈以组。更须再鼓下江南，貉奴巢穴次第取。凯旋献俘陈九庙，下告先帝上高祖。点窜前表后表文，安排太牢少牢俎。到此才是三鼓时，渊渊声里将罪数。谁谋我君逼我后？谁附炉火谁跋扈？解其挈索夹以铩，用衅此鼓气一吐。合招九原正平来，三挝渔阳色犹怒。莫使九天元帝知，乱掷铜丸恼祖父。功成作乐开明堂，此鼓应在东西序。庙前古柏青铜柯，命制作枹配钟杵。将帅之臣臣则思，愿君勿忘巨鹿旅。高剑孔屦王莽头，与此鼓同昭来许。可惜天心不祚汉，六伐无功老伊吕。阴平戍鼓夜不鸣，益州降幡早已竖。此鼓流落戎马间，奴才弃之等破釜。知有一样铜人泪，滴向汉宫长禾黍。一千年入无雷国，那管人间斗龙虎！不知有晋何论唐，数满出世要搏拊。鼓本南制竟北行，楚弓原不定归楚。镜秋雅抱古铜癖，大力取之光幕府。渭川重鼓尤重人，架以栒檀等钟虡。沉沦已退汉火气，拂拭犹带蛮烟雨。洗去土花存本真，不闻铜臭知年谱。叩钟谁吊周景王，抚鼎当思仲山甫。越骆之鼓化为马，南唐之鼓久无主。此鼓何幸落君家？金穴银山永镇抚！我闻教战始黄帝，鼓进金退不失伍。先生底事合用之？中有深意通出处。用兵易进而难退，寓退于进无险阻。所以三顾方出山，便思回头歌梁父。同此一种淡泊心，不然孺子不可辅。君不见，前有铜雀后铜驼，铜鼓一鸣都朽腐。

是鼓是铜鼓，是诸葛铜鼓，是诸葛征南蛮之铜鼓。确切浑脱，纵横跃荡，畅然满志（庭训）。

扬人多为铜鼓歌。明《刘显传》载"诸葛铜鼓"事。赵秋谷诗盛传于时。汪蛟门主伏波，赵主诸葛。秋谷《谈龙录》云"蛟门效吾《诸葛铜鼓诗》作歌"，然秋谷此诗集中不载。其序《冯大木诗》云："此诗因经阮翁所赏，故反弃之。"阮芸苔则以为不然，考铜鼓本造于黔粤猺獞部落，遇警则击以聚种类耳。伏波想亦得之于征蛮时，非自造也。秋谷不读书，晚年删去此诗，盖自知其舛也。顾书宣太史于秋谷为后辈，其作《铜鼓诗》，虽从秋谷误主诸葛，而诗叙辩证极为精审，言《峤南琐记》："伏波将军铸铜鼓，深三尺许，面径三尺五寸，旁围渐缩如腰形；腹微展，稍弇其口，如竹焙篝。"考《援传》：援"善别名马"，"得越骆铜鼓，铸为马式"。则文渊方销鼓为马式，其未尝铸鼓，明矣。由此言之，不必主诸葛者误，即主伏波者亦未确也。袁仓山少游粤西，作《诸葛铜鼓赋》，金德山中丞采入《广西省志》，而仓山集中反不载。赵瓯北《岭南物产》诗注言："粤人所藏诸葛铜鼓甚多"。未必果诸葛物也。予观蒋氏所藏，其形与书宣所言无异。又尝至劳辛陔家，见有所藏伏波铜鼓，则面较狭，身较长，脐凸起作菊花形。此鼓原有两种，一属诸葛，一属伏波，相沿已久，纷纷聚讼，安得起古人而问之？自记。

【作者简介】

黄道让（1814—1868），字师尧，号歧农，临澧县人，咸丰三年（1853）举人，咸丰十年进士，授工部主事，后辞官归里。有《雪竹楼诗稿》传世。

【注释】

①录自《雪竹楼诗稿》（《清代诗文集汇编》本）卷9。②作于道光十八年（1838）。③"扬人多为铜鼓歌"这段文字，节录阮元为收录赵执信《铜鼓歌》而作的序言。见前。④"诗叙辩证极为精审"以下文字，节录顾图河《诸葛铜鼓》诗序。见前。⑤"袁仓山"这段文字，说的是金鉷

《广西通志》收录袁枚《铜鼓赋》，而袁枚诗文集中未收此赋。⑥赵瓯北：赵翼。见前。⑦劳辛陔：即劳崇光（1802—1867），字辛陔，湖南善化人，道光十二年进士，咸丰同治年间任广西、广东巡抚，署理两广总督，任云贵总督。

铜 鼓 歌
苏宗经

大清道光岁丙午，我以艰归守桑户。离城西北四十里，山人锄田出铜鼓。敛钱买得供神庙（置于金顺庙），乡里士民亦好古。求文镌石记缘由，令我兴来共鼓舞。芒鞋油伞过邻曲，玩赏规模细摩抚。文章翡翠色斑斓，排列蟾蜍应六吕（面有六蟾蜍，负子者四），完整坚牢未剥蚀，声音依旧鼍鸣雨。权来一百二十斤，絜之二尺七寸许。马援南征已收得，谁说铸从诸葛武？博大迟重难远行，不信渠堪备行伍。应是西京文景际，南服未开粮税府。时和年丰财货多，民乐升平侈豪举（《后汉书》注引《广州记》云：狸獠铸铜为鼓，以大为贵。初成，克期置酒，招致同类，来者盈门。多得赠遗）。沧桑更变人民散，重器漂流失故主。迄今二千有余年，铜性坚贞不化土。幸哉！遭际太平日，连续出来光业虞（郁林各庙多有），大之贡献天子廷（雍正八年北流县所出者，金中丞贡于庙），次之亦列部堂庑（两广督、抚衙俱有）。声名藉藉垂古今，石氏珊瑚那比汝。

【作者简介】

苏宗经（1793—1864），字是程，号文庵，郁林（今玉林市）人。道光元年（1821）举人，历任新宁州（今扶绥县）训导、平乐县教谕、梧州府教授、国子监监丞。著有《读史管见》《名臣百咏》《明史约编》《鉴史精华》《慎动斋文集》《酾江诗草》以及《广西通志辑要》等。

【注释】

①录自《酾江诗草》卷9（《清代诗文集汇编》本）。②一千八百四十两：以十六两制，为115斤。③石氏珊瑚：石崇珊瑚。石崇（249—300），西晋时期文学家、官员、富豪，"金谷二十四友"之一。石崇与王恺争炫富豪，拿出比皇宫更好的特大珊瑚树。④苏宗经《慎动斋文集》（《清代诗文集汇编》本）卷4有《金顺庙铜鼓记》："余家西北五里许馒头岭之麓有圩，圩旁有庙曰金顺。此乡之人安静而朴，事庙之神甚诚。道光二十六年，余以外艰归，适藤龙堡耕出铜鼓一面，径二尺七寸；底空，径二尺五寸四分；腰稍缩，围七尺五寸六分；有四耳，可绳络而舁；高一尺三寸五分。重一千八百四十两。面有蟾蜍六，周沿其边而负子四，跃跃欲动。鼓之身花纹精细，斑驳陆离。志载曾绘之不赘。"并称"以二千余年坚致华美之古器，悬之堂皇"，乡之父老子弟"相与爱惜而永护之，莫非此方之盛事也。"喜爱之情，宝重之意，溢于言表。光绪《郁林州志》卷20亦录此铜鼓。

南越铜鼓歌
潘 恕

粤中铜鼓何代无，厥初乃见东汉书。伏波得鼓铸马式，卓识自与常人殊。武侯南征亦得此，缅甸山以铜鼓呼。复闻建武廿四年，南郡男子献上都。又闻唐代高州守，得自蛮冢同形模。宋嘉泰初明永乐，掘地获等璠与玙。脐隆腰束宝光溢，连钱络索艳翠铺。年深土厚铜质化，彩点虾蟆斑鹧鸪。旁分两耳四耳别，中径三尺五尺余。或传山雨革声缓，威振非铜无可需。或云武库旧藏二，我来欲睹所见虚。海神东西屹两庙，鼓兮永镇终不渝。豪家近亦爱罗置，妄测年代昂值沽。想当此鼓初铸时，椎牛设祭歌呜呜。喧腾酋豪及都老，号召獠婢兼蛮姑。落成击叩闻数里，雄鸣雌应来须臾。遂令琼廉与钦万，井塘村岭名堪娱。我思铜鼓乃军器，不祥之金奚取诸？何如鼖鼓振学校，否则衔鼓宣进趋。不然改用作铙镯，凯歌击此闻欢愉。

【作者简介】

潘恕（生卒年不详），字子羽，号鸿轩，番禺（今广州）人。工山水画，善诗词。著有《双桐圌诗文钞》《灯影诗余》等。今广东图书馆藏《双桐圌诗文钞》手抄本三册，卷首有道光二十七年（1847）潘恕自序。

【注释】

①录自金锡龄《学海堂集四集》卷25（光绪十三年，广州熔经铸史斋重校印本）。

诸葛武侯铜鼓歌

吕玉璜

吾家好古等漆胶，网购不惜倾钱刀。搜罗一器一考据，分别后先朝代标。中有铜鼓制奇绝，惜无疑字征来由。腰间略缩旁四耳，厥制不类镛与飘。径可尺余高与称，其脐隐起其腹枵。回环珠钉薛苔碧，朱沙翠片迷琼瑶。面中飞鸟数有八，舒翼昂立非翔翱。嘉庆三年仲秋月，先君得等鹿卢橇。索考古家征吟咏，欲歌得宝心陶陶。仰承自昔用皮革，以时考击音和调。或云积水实其腹，盍试一击鸣声遥。谁人究竟鼓所自，诸獠所制制孔昭。缅维獠人始铸就，置酒召客纷喧嚣。豪家子女来合会，金银大钗横翠翘。拔钗扣鼓还纳主，休咎占不差厘毫。时逢大役召大众，都老击作鼖鼓招。越在炎汉建兴朝，诸葛丞相驱群枭。壮伐未举急南顾，五月渡泸入不毛。其始蛮人不量度，率厥群丑狑獞猺。吹螺骑象互纠合，跳梁诸辈何轻趑。纵擒计出不复反，南人毕献方物饶。此鼓当即此时致，师还留镇兹荒要。阅千余年幸无恙，登庙定可和咸韶。方今四海正清晏，止鼓不必烦金铙。鼓与石当并置学，先君购得铭词雕。铭字一一蟠螭蛟，留作家宝光蓬蒿。珍藏什袭等彝鼎，子孙永保垂不祧。

【作者简介】

吕玉璜（？—1837），字小伊，号钓溪。生于广东潮州城载阳巷望族吕厝，家中有财富，不乐为官，道光时为曲江训导，仅任职数月即归家。"图书满室，以风雅自娱。为知府黄安涛、知县徐一麟所器重"（光绪《海阳县志》卷40《吕玉璜传》）。著有《刻烛吟馆诗钞》2卷传世（道光五年刊本）。

【注释】

①此诗及下诗，原载《刻烛吟馆诗钞》，此转录自温廷敬《潮州诗萃》乙编卷18。

南海神祠大小铜鼓歌

吕玉璜

维南海水连蓬瀛，祝融厥司天所令。秩并嵩岱恒华衡，庙貌俯海高峥嵘。中有两鼓铜熔成，献自太守之忱诚。一在东楹一西楹，大小位置以绳绷。大者面径三尺横，小者杀之斤较轻。大者腹缩上下盈，小者腹廓其下罂。论高二器亦各呈，二尺尺余不合并。其中空洞阙底闳，旁耳下垂脐突擎。连钱络索纷交紫，破苔积翠零星明。卦象隐约横庚庚，青蛙趯趯虫趡趟。其光栗然古镜莹，其声镗然迅雷轰。粤稽鼓人设周京，六鼓四金有章程。雷灵路鼛制异名，各因其事时一鸣。维蘷维晋备用兵，和镯铙铎交钑铮。以张耳目昭其声，以教坐作即其行。伏波将军人中英，当年楼船下南征。范铜铸器烦经营，是鼓是镦定制精。一一百日腾光晶，工巧备极规模宏。作镇炎方利用贞，迥异制造出蛮氓。款识有无匆论评，二月望日神诞生。木棉花开绛节迎，邦人致祝先后争。大巫小筮语伶仃，奉以酒醴牲粢盛。俎豆肴核铏和羹，爰伐铜鼓通神明。一击再击声砰訇，天海一夜吹寒晴。在谷满谷坑满坑，简简节叶壶卢生。雌雄响触魅魑清，狮子海中激鲵鲸。黄木湾上翔鹣鹏，百灵秘怪群震惊。神之听之和且平，我抽簪击其声铿。愿祝明岁年丰亨，南服巩固神扶撑。

铜 鼓 诗
于克襄

五开铜鼓世传讹，犹把勋名溯伏波。剥蚀尚堪泣风雨，升平久已息干戈。荒楼空剩尘埃色，古垒谁闻竞病歌。千载雄图付流水，未容一击震山阿。

【作者简介】

于克襄（《明清进士题名碑录》记其榜名克家）（生卒年不详），字贻芬，号莲亭，字莲亭，山东文登人。嘉庆十年（1805）进士，翰林院庶吉士，改刑部主事，先后任安顺知府、贵阳府知府。官至湖北按察使。著有《铁槎山房闻见录》《铁槎诗存》。

【注释】

①录自光绪《黎平府志》卷8《艺文志·金石》。②参见龙绍讷《铜鼓赋》注释。

铜鼓遗珍
李熙龄

伏波遗鼓制弥工，斑剥何曾蚀雨风。异代珍为夷俗乐，当年铸就汉家铜。摩挲遥想销兵气,歌唱长思立柱功。不朽勋名谁继美,千秋奇迹武侯同。

【作者简介】

李熙龄(生卒年不详),字芸渠,江西南城县人,道光九年(1829)进士,改庶吉士,授编修。任广南知府,纂修《广南府志》,并于道光二十八年作序。

【注释】

①录自道光《广南府志·艺文志》。②《广南府志》卷3古迹:"铜鼓遗珍:在城隍庙。铜鼓为马伏波所遗,今夷寨尚有其器,夷民珍之。道光庚寅,有寨民相争互控,知府董太守断存城隍庙。其制甚古。"道光庚寅,为道光十年(1830)。董太守,董国华,见前简介。

铜鼓遗珍

杨应聘

征南人去已千秋,铜鼓还教绝壤留。细巧花纹俟骆越,太平歌唱集蛮酋。摩挲尚有神灵气,剥蚀都无风雨忧。见说边城刁斗静,频将遗制溯鸿猷。

【作者简介】

杨应聘(生卒年不详),道光时广南府廪贡生,系李熙龄《广南府志》的校阅人之一。

【注释】

①录自道光《广南府志·艺文志》。

铜 鼓 歌

彭昱尧

有鼓有鼓大于镎，削腰蟠腹广其胜。翡翠沉碧珊瑚殷，土花斑驳古铜瘦。天地为炉铸何代，虫鱼花卉精雕镂。盎山众执玉帛会，鲛宫鲸翻波浪皱。或钱或璧或簠簋，如绘如画如篆籀。鼍龟跳跃蟾蜍蹲，虬螭蟠结老蛟走。历劫兵燹亡岁月，惜无款识纠悠谬。惟鼓有口不能言，后人聚讼说何陋。或云伏波讨交趾，山溪霆液涌寒溜。制鼓击之驱烟岚，蛮烟瘴雨霁边堠。或云诸葛当南征，五月渡泸火云骤。鼓声渊渊贼胆寒，天威所至降穷寇。或云虁鼓千牛易，或云应鼓百金贸。或云新息获越鼓，铸为马式颁外厩。裴渊博洽志风土，卓论一洗众朦瞀。吾闻狸獠处五岭，林深箐密等猿狖。风俗不识尊诗书，嗜好但觉侈雄富。范金各矜炉锤巧，椎牛相衅置庭庑。盘瓠子孙皆见招，精夫姎徒尽聚凑。蜡幔屭贔辉斑斓，金钗银簪互击扣。芦笙竹管扬蛮讴，玻璃虎魄呷绿酎。有时喋血寻私仇，都老鸣鼓召角斗。獉狂蠕蠢蛮触攻，铿訇镗鎝虎豹吼。岁时伏腊事报赛，丛祠挞鼓乐劝侑。飞头捕蚓炫奇怪，山魈木魅饱酺酳。声教渐被移蛮风，鼓亦沉沦荆棘覆。蛤鸣阁阁蛮酋冢，牧童唱歌农铫耨。劚锄间为耕者得，呵护疑有鬼神佑。浔州铜鼓滩怒号，渔人网得献太守。前朝跃出后散佚，刻意搜剔邀难遘。我年十八至廖家（廖厚田），夙昔闻名一旦觏。缜密宏壮无訾窳，摩挲移晷每逗留。当其埋没泥涂中，饱阅风霜历几宙。为秦为汉不可知，以手扪之苦搆揉。韩苏昔作石鼓歌，我歌铜鼓穷研究。神物显晦会有时，行将悬尝山泽购。

【作者简介】

彭昱尧（1809—1851），字子穆（初字兰畹），自号阆石山人。广西平南人。道光十五年（1835），彭昱尧被广西学使、国子监司业池生春聘为幕僚，二十年中举人。著作有《致翼堂诗集》《怡云楼诗集》《彭子穆先生词集》《子穆诗钞》等，系岭南五大古文家之一。

【注释】

①录自王春林硕士论文《〈致翼堂诗文集〉校注》，有所校订。②此诗作于道光十六年（1836）。③对比乾隆年间彭廷椿《铜鼓歌》，显示彭昱尧有抄袭先人之作而略为修改之嫌。

芥航河帅游焦山欲以诸葛铜鼓镇山门

张祥河

神物合并各千古，试看焦山朕铜鼓。山中周鼎宝气充，谁与喜捨共厨铜（阮芸台制府施定陶鼎于山门）。两鼎相辉一鼓映，近有阮公又我公。公才不愧潘靳后，手挽黄流探海口。归江湖水利宣导，巡视南来游亦偶。山僧退院如老梅（谓借庵长老），为公特下般若台。江头单舸无别客，乃共诸葛先生来。我昨三山旋使节，载酒红船浪冲雪（戊子冬，余自闽旋京，留诗山中）。夕阳楼下拾残句，江月茫茫对僧别。近发公书增俯仰，南天合有怀人想。入门先读《瘗鹤铭》，上堂再拜椒山像。注江支流在目前，请公纵目山之巅。洪波高堰劳堵筑，瓜洲渡口芜城烟。金山照耀坡公玉，对此藤萝绣铜绿。曾谱诸天鞞鞳词，何如苗寨芦笙曲。

【作者简介】

张祥河（1785—1862），字诗舲、元卿，自号法华山人。上海华亭人，嘉庆二十五年（1820）二甲进士，官至工部尚书，加太子太保衔。道光二十四年（1844），张祥河调任广西布政使。后官至工部尚书，加太子太保衔。谥号"温和"。其《桂胜集》中《榕树楼》有诗句："伏波山翠半城环，铜鼓声中振旅还。"

【注释】

①录自张祥河《小重山房诗词全集》（《续修四库全书》本）之《诗

舲诗录》卷5。②戊子：道光八年（1828）。是年，张祥河以户部主事为福建乡试副考官。③椒山：杨继盛（1516—1555），字仲芳，号椒山，直隶容城（今河北容城县）人。嘉靖二十六年（1547）进士。嘉靖三十二年（1553），在任兵部武选司员外郎时，上疏力劾严嵩"五奸十大罪"遭诬陷下狱。两年后冤死。明穆宗即位后，以杨继盛为直谏诸臣之首，追赠太常少卿，谥号"忠愍"，世称"杨忠愍"。

六月四日集同人为范文穆公寿悬像四铜鼓斋赋诗纪事忆在桂林高会于风洞之福庭此又一时也又余旧藏淮海像是日另置一席

张祥河

生年月日记吴船，铜鼓声中敞此筵。边徼骖鸾追旧帅，江乡画像拜名贤。郁萧台上春星换，寿乐堂前古月妍。过岭诗高淮海叟，招邀同在太虚天（昔人论少游过岭后诗，尤严重高古）。

【注释】

①录自张祥河《小重山房诗词全集》（《续修四库全书》本）之《白舫集》。②作于道光二十六年六月四日（1846年7月26日），范成大的生日。③四铜鼓斋：张祥河的书斋，命名缘于在广西得到四个铜鼓。《四铜鼓斋自记》："宅东有隙地，加修治，名曰'四铜鼓斋'，盖承宣粤西所得伏波铜鼓四，纪君恩也。"张祥河有《四铜鼓斋论画集刻》传世。④张祥河《粤西笔述》："按：马援既得铜鼓，铸为马式。若以鼓为援所制，何以自铸而自销之？其非援物可知。铜鼓出于诸葛武侯末生之前，以为孔明所制，亦属附会。"吴荣光《石云山人诗集》卷21《焦山寺用苏文忠韵呈云台相国》"吾师辩证资清谈，铜鼓（张芥航河帅所施）是殷非援铸"。

以伏波铜鼓送焦山滕之以诗先是阮芸苔相国张芥航河帅前后以定陶鼎诸葛铜鼓安寺中

张祥河

神物吉金原不朽，藏之名山佛能守。定陶宝鼎何殷章，诸葛铜鼓色青黝。伏波一器雅堪羼，鼎足而三相左右。咄哉佛力大无边，万里精英不胫走。殷廊声合靖蛟鳄，旋篆文疑读蝌蚪。穿碑客访大苏勒，佳传人观蔚宗久。忝余喜舍莲座下，一棹红船溯京口。真州相公导厥前，延安河帅踵其后。郑重聊侪玉带留，铿锵应待铜钗扣。姓名往谢登云台，真气今看惊户牖。碑影朝摹瘗鹤荒，江声夜听蒲牢吼。时平有数将才出，芋火僧房接星斗。

【注释】

①录自张祥河《小重山房诗词全集》（《续修四库全书》本）之《朝天集》。②作于道光二十七年（1847）。

张诗舲方伯以伏波铜鼓送焦山寺中作诗纪事依韵和之

孔宪彝

宝气夜上贯东斗，蛟龙拜舞江声吼。无人知是铜鼓来，但讶虹光满户牖。此鼓流传自峤南，伏波将军手亲叩。斑斓古色青且苍，神物犹存千载后。张公得之桂岭西，万里携归达江口。草堂藏弆多吉金，独此神奇宝永久。兴至摩挲日千百，诗成落笔驱蛟虬。忽思位置焦山巅，迳买扁舟载之走。雁堂有鼎属定陶，诸葛鼓左此在右（阮芸苔太傅、张芥航河帅先以汉定陶鼎、诸葛铜鼓置寺中）。昔染蛮云瘴雨寒，今依佛火禅灯黝。词坛歌咏诗人豪，寺门镇压老僧守。千秋雅举传名山，真州延安同不朽。

【作者简介】

孔宪彝（1808—1863），字叙仲，号绣山，一作秀珊，自号韩斋学人。山东曲阜人。道光十七年（1837）举人，二十四年考授内阁中书，后迁实录馆纂修校对，官至内阁侍读。工诗、画、篆刻。著述有《对岳楼诗录》《诗续录》《韩斋文稿》《还乡吟》《曲阜诗钞》等。

【注释】

①录自《晚晴簃诗汇》卷131。

张诗舲方伯以伏波铜鼓寄置山中并媵以诗即用其韵和之

（释）了　禅

五溪淫毒侵不朽，此铜应有神灵守。凭空到眼数千年，古色斓斑深且黝。沉埋涧壑几星霜，登进泥沙谁左右。桂林方伯富搜罗，遗彦遐芬不胫走。考订形模别代时，不烦款识疑蝌蚪。公今割爱镇焦岩，位置名山垂永久。系以长篇振聩聋，石鼓诗同传万口。我家葛鼓旧流传（诸葛鼓藏已数世），旧谓无前今有后。元鼎建武两伏波，鼓兮无言复谁叩？当年楼橹壮声威（旧云：以鼓系船尾，以水激之，以壮军声），今日钟鱼依户牖。清宵惊梦莫雷鸣，漫惹蒲龛发狮吼。好伴斋堂两鼎藏，光芒不用冲星斗。

【作者简介】

（释）了禅（生卒年不详），字月辉，盱眙雷氏子。受海荫法主定慧寺海荫、清恒之法孙。道光二十七年（1847）任定慧寺主持。

【注释】

①录自《焦山六上人诗》（光绪丙午续刊本）之《焦山四上人诗存》卷2。

和张芥航河帅送铜鼓焦山歌韵

朱为弼

少壮爱读吉金录，笺释科斗非专家。曾识琅嬛定陶鼎，榴皮色古完无瑕。縢置焦山配周鼎，法鼓声振龙堂湦。秋霄回忆卅年事，六街更点催虾蟆。张侯移书征诗事，挑灯读罢神为夯。云藏铜鼓径三尺，年深活碧生苔花。初地庋置足传世，不见周汉二鼎耶。海云堂深金景朗，护持龙象言非夸。东华软红吾久踏，磨驴旋转同羁馽。金薤因缘少栽种，石鼓摹拓还腾拏。梦想大江风景阔，修竹古木含清华。先生故通宜今古，位置水土无纤差。秋涛万鼓赤手抑，成绩已荷天子嘉。平生玩物不留物，立论通脱谁揶揄。高斋饯别觞豆列，老铜拂拭袍袖斜。南蛮昔日铸此鼓，婆娑醉舞歌呕哑。伏波立柱有余屑，诸葛渡泸无相遮。军门开宴劳将士，椎牛釂酒炰鳖鲨。风雨杂还山谷应，鹳鹅大叫千声哗。欢声立动宜铠甲，何期今日亲袈裟。狮象喜作香林伴，瞻诸兔向污泥爬。焦先洞府续题壁，妙句不要僧笼纱。从教经声佛火里，鹿苑长镇驯麇麚。潮音海上闻思感，钟声夜半清扬加。何论纪甗与郜鼎，何论干将偕镆铘。物聚所好散亦得，事并留带芬齿牙。慈航渡去随泛鹢，净土器备除虺虵。是举天人动欢喜，响和铙磬应频挝。竟为古物贺得地，还与鹤寿绵远遐。长篇寄我俨发夕，高唱铁版铜琵琶。恬澜霜落馨役缓，太平乐遍千闾阎。我诗縢鼎又縢鼓，年华迅若风扬沙。却逊东邻旗鼓整，妙音恍惚聆频迦（谓诗舲农部）。远道赓和契金石，僧寮想像辉烟霞。无田不退惭坡老，何年访古江天涯。

【作者简介】

朱为弼（1771—1840），字右甫，号椒堂，又号颐斋，浙江平湖人。嘉庆十年（1805）进士，官至兵部侍郎、漕运总督，著有《蕉声馆诗文集》传世。

【注释】

①录自《蕉声馆诗集》（咸丰七年刊本）卷18。

周既庭丈邀同人消寒咏诸葛铜鼓

沈丙莹

赤帝斩蛇统再绝，白水楼桑起桓拨。敲破蛮烟两铜鼓，前者伏波后诸葛。金鸡碧马古蛮夷，此鼓留自征蛮时。荒戍深埋蒺藜满，夜深辄见光陆离。耕犁犁出尚完好，神物疑有神扶持。襄平相国莅南土，金石搜求获此鼓。不系舟斋荷持赠（蒋砺堂相国秉臬滇南时，得此以赠不系舟斋主人），我来摩挲诧奇古。度围四尺高尺五，腰纹五铢土花聚。厥腹空虚可作釜，王师昔渡泸，此鼓在部伍。野烟举，夹馓煮；气浮浮，烹莴苣，士饱于途皆劲旅。劲旅直前戈矛森，援枹一击孟获擒。南人帖耳无畔侵。丞相天威有如此，治夷之策可知矣。即今滇南铜矿开，连樯转运燕都来。我欲铸为千百鼓，鼓声一一如霆雷。霆雷之声海上作，绝域惊闻心胆落，奔走偕来效蹶角。吁嗟乎，南征鼓声不可闻，令人苦忆诸葛君！

【作者简介】

沈丙莹（？—1870），字菁士，浙江归安人，道光十二年（1832）举人，二十五年进士，历任刑部司员、山西道监察御史、贵州安顺府知府、铜仁府知府、署贵阳知府。著有《春星草堂集》。其子沈家本系清末大员、法学家。

【注释】

①录自《春星草堂集·软红草》（光绪十五年刊本）。②作于道光二十六年（1846）。③周既庭：未详名讳，疑为不系舟斋主人周继炘（号耿堂，顺天宛平人，嘉庆九年（1804）任萍乡知县，著有《不系舟斋诗

草》)。周既庭曾任大理评事。《春星草堂集》中记载有多次交游,《乡言解颐》记载道光二年(1822)其与刘宽夫各赋《七事诗》给李光庭。④蒋砺堂:蒋攸铦(1766—1830),字颖芳,号砺堂,辽东襄平人,隶汉军镶红旗,先世由浙江奉化迁辽阳,故又称襄平。曾任云南布政使、江苏巡抚、两广总督、四川总督、刑部尚书、直隶总督、两江总督等职。

雷祖庙铜鼓歌

杨晃岱

昔人传信复传疑,雷祖降神神而奇。若翁有犬九耳动,一声霹雳成婴儿。须臾百灵走奉役,阿香推车电赠策。奔驰日道飞星躔,指挥雨师叱风伯。一朝举手开天关,傅翼飞去不飞还。雷人思之不得见,相与结庙英榜山。英榜山前庙最古,当年垦辟金在土。阴阳为炭天地炉,造化铸成三铜鼓。至今铜鼓悬庙堂,长调律吕和宫商。不须刻桐为鲸扣,人人自可操渔阳。昂藏丈夫高引肘,游嬉童子齐拍手。抛砖掷瓦动地来,破裂一声人散后。谁知其物具神通,已破还完数日中。花纹斓斑更新样,一再击之声逢逢。尔来一千有余载,宇宙中声长自在。一天风月凤鸣山,万里波涛鼍喷海。世间神物不轻邀,英灵不灭声不销。藉以和鸣国家盛,神之为灵诚昭昭。

【作者简介】

杨晃岱(生卒年不详),遂溪县人,道光十七年(1837)举人。

【注释】

①录自光绪《遂溪县志》卷12《艺文志》。

伏波铜鼓歌

蔡 琳

溪峒窈窕沙飞弩，月黑蛤蟆作人舞。桄榔叶大瘴迷天，断穴千年出铜鼓。此鼓传自伏波平蛮年，此鼓之出乃在西京前。一从得诸骆越作马式，搜奇直到炎荒边。谛观形制一何古，不事鞔鼗工精坚。大长七尺经逾半，面平口弇腰围圆。将无曾衅累囚血，至今锦纹翠色斑剥犹连钱。颇闻此鼓在猺洞，索以千牛致一鞋。门庭菌塞侈纵观，金簪银簪竞相送。或以祀盘瓠，或为迎茅娘，凤髻绣额者谁子？芦笙呜呜吹未央。老巫鼻涕三尺长，一击一节神跳踉。蛰雷转空蛊入地，镇宅坐使山精藏。由来交广之间尚奇异，物有凭焉遂难制。蛮获此鼓如获宝，类好厌胜以求利。汗马原因大宛强，金人自是休屠瑞。伏波将军善用兵，灌燧销锋有深意。楼船当日下牂牁，声震遐方辇而至。祝融鞲扇不敢收，天遣流传作彝器。君不见嵯峨铜柱撑空青，分茅岭畔西日瞑。又不见隐隐铜船沉清泠，蛟涎怒折秋风腥。密箐丛篁半遗迹，丰功在在皆可铭。相传诸葛之鼓亦如此，土人得之贵莫比。一样天威冠古今，不患南人心不死。我窃摩挲当铜狄，如画须眉最堪忆。裹革方期壮志酬，载珠已受谗言逼。回首功名不忍论，趾鸢潦雾尽昏昏。象林虽破群囚胆，鲊瓮终埋战士魂。吁嗟乎！苍梧山高森嶔，湘漓水多沉阴。训狐短蜮毒且淫，余氛往往致妖孽。谁向壶头来进营，儒生徒手无寸铁。日长路远愁请缨，坐对铜鼓三叹息。与尔弃置同营荆，好配尔以南越翠羽之奇丽，将磨尔以郁林廉石之光莹。江南五月黯梅雨，试听打衙时复如鼍鸣。

【作者简介】

蔡琳（1819—1869），字紫函，一字子翰，江苏江宁人，故居在今南京市溧水区杨家巷，其荻华馆在今南京市长乐路琵琶巷。咸丰二年（1852）举人，九年成进士，除刑部主事、升员外郎，提调律例馆。著有《荻华堂诗存》。金和《秋蟪吟馆诗钞》卷7《己巳九月蔡紫函琳刑部乞病归里卒於清江舟次哭赋三首》诗注："闻遗稿甚多，太夫人尚慎藏之。"

【注释】

①录自《金陵丛书》丁集之十《获华堂诗存》。

铜 鼓 歌

刘汝新

庙宫翼翼森云构，伐鼓撞钟朝暮吼。何来古器形轮囷，金声坎坎破空透。五石腹空镜面隆，千层腰束波痕皱。瓜皮斑驳黯青绿，龟纹纵横细刻缕。拄杖彭铿惊里耳，得之农人贱价售。鸦锄坎地发幽光，显晦几经阅世宙。土花侵陵不敢蚀，锁纽绳啮蛤蟆瘦。也无款识无铭字，欲寻甲子记载漏。伏波当日壮军声，高标铜柱武功茂。折戟沉戈无处觅，传闻故老多悠谬。南征诸葛渡泸水，损益连弩物理究。行锅警枕惊奇绝，呵护尚蒙鬼神佑。地擅铜陵鼓铸便，偶留遗迹世罕觏。鼓分大小形制殊，闻道桂林纷杂糅。天威远不到岭海，此地何因获屡遘。有如石鼓年代湮，聚讼纷然徒迁就。蛮烟瘴雨昔荒服，瀺灂鱼龙日战斗。岚薰兵气恐不扬，都老称雄俗已旧。深藏多因陵谷变，余响至今绕云岫。军门森列威犹赫，金石销磨偏汝寿。当其沉埋尘土里，郁郁饱挹山川秀。疑凭化工新铸出，相贺无烦银钗叩。千年古物岂易得，好散金钱为重购。尊彝钟鼎真赝混，璀璨名都争辐辏。文人集古长声价，好事搜奇相驰骤。鬼工器犹夸异域，此鼓胡为栖僻陋。升沉无定物自闻，为汝作歌宣雅奏。一声击向月明中，空见寒芒动星斗。

【作者简介】

刘汝新（1808—约1875），字焕初，号锦川，广东省信宜人。道光八年（1828）举人；十八年进士。历任澄城、淳化、广宁、盖平知县。咸丰七年（1857）辞官归里。著有《藏云阁诗集》。

【注释】

①录自光绪《信宜县志》卷8《纪述·金石》。②其所咏铜鼓，光绪《高州府志》卷53载："嘉庆间，信宜农人坎地得之。高二尺，阔倍之而杀其十之二。色暗腰敛而作波摺。面镂细纹，边有虾蟆六作纽。现存进士刘汝新里中古庙。"

铜鼓歌（赠王容谷）

夏　仪

容谷司马真好古，示我卷轴宽尺五。中有赤纹斑且斓，云是诸葛滇池鼓。滇池鼓，来南滇，五溪乌蛮路几千，至今铜质犹未朽，偶然触物声阗阗。我闻司马言，还登司马堂。满壁图书尽奇古，秦碑汉碣殊烺烺。榻间巍然置一物，轮菌磊砢先辉光。其物束腰下无底，直如覆盂突然起。四围盘结多花纹，铜皮粘绿铜身紫。想是武侯方南征，镯铙节止携之行。不然渡泸归来日，定军山南矢铜钲。流播粤西作神物，吉凶祈祷铿有声。司马在旁倾耳听，以手击鼓鼓声应。慷慨为读汉兴年，铜柱珠崖通路径。安知此鼓非伏波，留在南郊作凭证。

【作者简介】

夏仪（生卒年不详），竟陵（今湖北天门县）人，拔贡出身，道光初年任山东泗水县知县。

【注释】

①录自光绪《泗水县志》卷15《艺文志》第4。②容谷司马：即王家榕（1752—1824），字广荫，一字容谷，号荫甫，又号与堂，山东泗水人。

乾隆三十六年（1771）举人，历任邹平、德州训导，迁竹溪知县，旋因病而作罢，改选邹平教谕，后以例得享受"府同知"待遇，故有"司马"之称。笃好经籍、书画，精鉴别、擅书法，系藏书家。《泗水县志·艺文志》中《王容谷传》记载："尝得诸葛铜鼓于滋阳，筑轩贮之，即颜曰'铜鼓轩'，而公亦遂偃仰其中以终老焉。"著有《与堂诗文集》。

铜鼓（用昌黎石鼓歌韵）

李中培

韩苏踪迹岭南遍，胡为不作铜鼓歌？神物隐显有时代，二公无如铜鼓何。忆昔汉家将新息，南征交趾扬干戈。沿海进师破征侧，十万仗剑横相磨。随山刊木捣巢穴，蚁附蜂屯归网罗。功成班师表汉界，铜柱矗地何巍峨。欲镇蛮疆存法物，更铸铜鼓藏山阿。年深世远鬼神守，风雨之夜常护呵。何时出世泄元气，转费考据分真讹。扶胥江上波罗庙，两器并立环蛙蝌（庙中二鼓，大者鼓边旧有六蛙，小者四角有五虾蟆。今皆为人所窃）。大者雌雄各有二，雌飞入海惊蛟鼍。雄鸣雌应彻海底，铿鎗震动珊瑚柯。束腰隐脐縠纹遍，光怪应拟龙腾梭。伏波遗迹人共见，许浑诗比汉赵佗。此物旧在蛮酋境，岁时考击烦猫娥。林公取献节度使，巨艘运载珠江沱。南郑相公谓此物，不须王府储关和。留镇神庙厌妖魔，重于宝鼎偕金科。其光莹然色纯翠，铜质尽化金精多。小者纹斜高广称，顶背隆然如橐驼。翻思昔年堕漓水，飞湍怒激雷霆过。行人夜闻鼓声震，但道水石相砻磋。岂知一夕光焰发，滩水忽涸江停波。太守得之特郑重，饰以笋簴悬无颇。从来神物难久匿，鼓犹如此矧其他。我生奇癖但嗜古，揭来爱护频摩挲。转忆前年海氛作，忽发感慨还长哦。虎门掀天走蛟蜃，大军出海排鹳鹅。凭仗神威倏剪灭，万民报祀赓猗那。我欲作碑纪功德，愧无大笔追刘轲。崇勋自足昭日月，恢量何止容江河。愿尔铜鼓寿于石，万年衍乐无蹉跎。

【作者简介】

李中培（生卒年不详），字根五。广东梅县人，生活在嘉庆道光间。著有《朱子不废古训说》传世。传记及著述，见《雁洋李氏族谱·十七世心昌公传》（据光绪癸卯本重排）。

【注释】

①录自阮元《学海堂集初集》卷12。此集录李中培、黎国光、梁国琛三人同题诗（见下）。②诗前原有序记，文字同方信孺《铜鼓》诗序记。今略之。

铜　鼓

黎国光

红棉万簇围龙宫，响戛铜鼓声逢逢。震雷隐起离火位，海瑶疠绝占年丰。我随报赛朝祝融，摩挲上古铜鼓铜。金精锻炼自何代？貌出古异光玲珑。鼓脐隆起鼓腰束，四悬垂纽晕寒绿。周环络索贯连钱，隐现雷纹绕波縠。天生神物必寡耦，大小庄严殿庭肃。大者浮从大海还，小者涌出铜鼓滩（《通志》：南海庙中铜鼓，大者相传自海中浮至。小者得之浔州铜鼓滩。滩水湍急，春石底作铜鼓声，入夜辄有光怪。一日水涸，铜鼓出焉）。太守所献纳州库，冶匠空记俚獠蛮，只今摩鼓腹光泽，安有伏波七字铭？其间是秦是汉孰能别？宝焰千年自莹彻。斑文剥落五蟆枯，翠点模糊六蛙缺。眼前金石犹复尔，身后沧桑又何说？赐衣金盒非人间，元和碑碣龟趺折。南交劫火无余灰，赖有元音未磨灭。夜半赭日来沧溟，铜鼓无人声满庭。蒲牢惊走怒涛叫，疑是狮洋雌鼓相应声。声沉海潮出，声起海潮入。吁嗟造物假之鸣，乃与大化通呼吸。有时雨黑龙气腥。潮声鼓声互闒鞳，谁牵铁索渎神灵？鼓不复为潮水鸣（《通志》：相传铜鼓其鸣应潮。自盗劫灵蛙，遂不复自鸣）。正若王乔叶门下，不合移置都中亭。只今万里潮光平,彤云鹓鸟仪神庭。村巫乐神以双鼓,银簪一扣天地清。

【作者简介】

黎国光(1787—?),广东番禺人。学海堂肄业,道光五年(1825)广东乡试第十五名。

铜 鼓

梁国琛

我闻铜柱巍峨插天关,铭功威赫临百蛮;又闻铜钟十丈沉珠浦,毒气镇压蛟龙舞。南荒古乐久不存,岂知更有神物遗。铜鼓奇形古制夫如何?中空两耳边灵鼍。谁与铸者本骆越,仿之乃自马伏波。忆昔将军征不庭,渊渊伐鼓如雷霆。蛮烟瘴湿革声死,金精炼骨青铜腥。噌吰振响塞天地,雌雄合应惊山灵。功成解甲埋金铁,或以精铜铸马式,战场白草堆烟青。蛮溪洗兵沉血碧,风雨年来辄有声,波涛涌出千人惊。阴阳凹凸蜗篆古,龟纹剥蚀横庚庚。郑公摩挲不忍释,献来玉殿如悬钲。南海之神曰祝融,天青海碧声隆隆。二月望日万民集,银钗击鼓将毋同。一击海潮落,再击海云飞,三击四击草木震动神鬼疑。吊古遥集心迟回,昔年埋没人不知。宝器无乃神所司,吾生幸当鸣盛时。衣冠南极文明垂,海波不作无鲸鲵。永守此鼓配神祠,愿与石钟同不移。

【作者简介】

梁国琛(生卒年不详),番禺人,嘉庆时生员,道光五年(1825)拔贡。

南海神庙伏波铜鼓歌

江之纪

波罗神庙东西壁,铜鼓大者径四尺。小者微杀五之一,郁仪结璘长合璧。大者浮自海中来,小者浔水滩头得。縠纹龟纽吐光景,遗烈犹传马新息。新息当时征交趾,据鞍目已无徼侧。范金铸此壮军声,蛮奴一闻皆辟易。挝时曾堕浪泊鸢,擂罢还和武溪笛。宫门马久随劫灰,海边柱亦埋沙砾。独留二鼓镇炎陬,贝阙深沉不敢匿。雌雄变化善飞腾,律吕铿鍧应潮汐。冯夷喜时一扬枹,万里晴空飞霹雳。天吴震掉鲸鱼走,魑魅夔夔皆丧魄。俚獠如云输宝钗,买费千头牛不惜。方今骅骝驾鼓车,百年耳不闻金革。麟皮四县鼍尾击,箫韶一奏远人格。鼓兮安得置汝辟雍间,逄逄上搏岐阳石。

【作者简介】

江之纪(1772—1833),字石生,号修甫,婺源人。道光六年(1826)进士,任金匮知县。著有《白圭堂诗集》《太极图说解》等。

【注释】

①录自《白圭堂诗钞》(《清代诗文集汇编》本)卷5。

诸葛武侯铜鼓歌

汤成彦

纶巾羽扇天人姿,南征边徼飞书驰。鼓声渊渊瘴云黑,渡泸五月挥雄师。南人不反从此始,新息勋名竟相似。折戟沉枪已尽销,斑斓铜鼓余青紫。火井光熠不计年,空教铅泪洒金仙。姎徒賨户争罗致,价夺人间百万钱。幽人嗜古目光炯,胪列清斋杂彝鼎。扣余兽钮不成声,走似蛇珠竟无胫。落日秋风大渡河，吉金残蚀共摩挲。试将笳鼓归来曲，翻入蛮乡得宝歌。

【作者简介】

汤成彦（1811—1868），字梅生，又字心匏，号秋史，道光二十一年（1841）进士。官刑部主事，因事罢官。著有《听云仙馆俪体文集》《听云仙馆俪体文续集》《听云仙馆诗集》《听云仙馆词》《西游吟草》等传世。

【注释】

①录自《听云仙馆诗集》（《清代诗文集汇编》本）卷1。②孙雄辑《道咸同光四朝诗史》卷2录此诗，文字无异。

铜 鼓

吴 沨

相传炎汉留铜鼓，考证同夸制气精。西蜀威灵诸葛碛，南交勋业伏波营。当年震叠犀驭服，阅代摩挲蚪画呈。蟆背坎深寒绿积，龟蚨剥烂古青生。水痕蚀火销金气，风力掀涛压石声。定费良工勤锻炼，远超凡响异鈏铮。音从子母分纤钜，质备雌雄备重轻。星点寒芒光迸射，雷纹绕曲细交萦。铸成鼎象神奸伏，藏向钟岩鬼魅惊。溪洞霾消奇采露，窦江陂突宝光横。节堂旧著巡边绩，学海还深嗜古情。世事浮云随处改，年华逝水迭翻更。关心宇内腾烽燧，极目天涯动战争。绝域重溟终向化，中原十载未休兵。敌楼吹遍秋风角，军帐敲残落日钲。雪满蔡州怀李愬，月明藤峡想文成。牙幢指日蛮氛靖，玉麈挥霜海雾清。锷试银刀先斩棘，锋磨铁戟共芟荆。隆隆作势威声被，烁烁流光杀气盈。神武由来涵远服，怀柔况已属沧瀛。庙崇广利原昭敬，舟泛波罗许告诚。击去弦匏音并奏，叩来笙磬韵偕鸣。赤龙驱策翻灵蠹，朱鸟回翔炫锦旌。毒瘴潜祛驯鸟鼠，狂澜独挽掣鲵鲸。登台振铎忧思触，过垒闻鼙壮志萌。羊祜治军垂缓带，终童料敌请长缨。武功久颂皇朝盛，圣谕遐孚险道平。鳌影铠光夸队肃，錞和镯节利师行。铙歌唱彻刘王坞，铃响喧阗赵尉城。但使云台齐纪绩，垂功奚藉物留名。

【作者简介】

吴凤（？—1867），字韶笙，广东番禺人。其弟吴樾存整理其遗作为《求是轩遗稿》梓行，同里友人陈璞为之作序。

【注释】

①录自《求是轩遗稿》（同治八年刊本）卷上。②此诗约于道光二十九年（1849）为广东南海神庙铜鼓作。

丞相祠堂考铜鼓

刘肇堂

鸭首高尺三寸余，腹广寸五三分俱。四寸有半深处是，寸二分八蹲双跋。盖藉两翼敛不垂，横计六尺纵如之。其尾中长二寸半，上狭下广何差池。重有斤五两十四，铜雀东阁留铭词。考证一一符款识，章台旧物信无疑。慨自鼎足分汉季，奸瞒僭谋窃神器。铸兹玩好不寻常，至今惬君好古意。吁嗟乎！一从卖履分香后，冷落鸳鸯失旧偶。熏衣温卧念香姜，著袖翠烟娱陆九。

【作者简介】

刘肇堂（生卒年不详），字敏甫（一作敏夫），大兴（今北京市大兴区）人。

【注释】

①录自《古藤书屋诗钞》(同治六年刊本)之《园居集》。

铜 鼓 滩
刘肇堂

铜鼓征蛮铸武侯,何人移置大江头?岂伊沉水千年久,同彼精金百炼留。宝气上腾辉日月,宏声高揭震蛟蚪。鸣锣十里冲滩下,犹自渊渊听客舟。

【注释】

①录自《古藤书屋诗钞》(同治六年刊本)之《问津集》。

铜 鼓
谭 莹

前有文渊后孔明,岭南端自伏波营。金银钗叩何从别,肯令溪蛮浪得名。

【作者简介】

谭莹(1800—1871),字玉生,广东南海(今广州)人。道光二十四年(1844)举人。一生几乎都在广东从事教育工作,曾任广东多地教授、教谕,长期任学海堂学长,任粤秀书院、越华书院、端溪书院院监。著有《乐志堂诗集》《乐志堂文集》传世。

【注释】

①录自《乐志堂诗集》(咸丰年间刊本)卷5《论粤东金石绝句》。
②《乐志堂诗集》中提及"铜鼓"者颇多,如道光二十年(1840)之《波罗曲》(《乐志堂诗集》卷3),序云:"南海神庙在郡东南八十里扶胥江口。庙有波罗蜜树,故江俗称波罗江,庙亦称波罗庙云。金幡玉简,累朝钦俎豆之存;翠羽明珠,绝徼靖干戈之乱;光芒万丈,读韩愈之碑文;灵爽千年,击马援之铜鼓。"其中诗云:"木棉开又刺桐开,铜鼓铿訇似怒雷。西庙不如东府旺,五羊人竞买舟来。"

(六) 咸丰年间

南海神庙闻铜鼓

凌湘蘅

含阳奋动殷逢逢,不事临平石叩桐。昔韫英声号瘴雨,今依神物吼腥风。鹧鸪斑蚀雷纹翠,蛙黾光蹲海晕红。一种铿鎗殊冒革,雌雄交应大瀛东。

【作者简介】

凌湘蘅(生卒年不详),字秀良,番禺潭村(今广州黄埔区)人,县增生。著有《誴痴子集》。其父凌扬藻(1760—1845),字誉钊,号药洲。著有《药洲诗略》《药洲文略》《岭海诗钞》《蠡勺编》等。

【注释】

①录自《誴痴子集》(咸丰六年刊本)卷3。

满庭芳·诸葛铜鼓

王承志

刻鹭雕螭,磨就奇文异状。经剥蚀、陆离光怪,到今无恙。七纵攻心擒孟获,千秋贯耳称丞相。想当年,振旅渡泸江,军声壮。　　雷霆舞,排骇浪。金石击,开边瘴。只征南多少天威,震薄地上。沉埋音响寂,蛮中慑服明旺。叹偏安,古物试摩娑,增惆怅。

【作者简介】

王承志(生卒年待考),字藕船,阆中(今四川省阆中市)人。嘉庆十八年(1813)拔贡。何曰愈《退庵诗话》卷9:"王藕船明经(承志),阆中人。性豪迈,落拓不羁。癸酉拔贡生,朝考一等,以污卷被黜,郁郁而归,教授乡里。诗才敏捷,操笔数百言立就,多感慨悲歌之作,而豪放之气横溢纸上。"何曰愈《赠王藕船明经即题其集后》:"抱璞谁人荐隐渝,莲花幕里苦吟身。"结交名士,当时诗人留下交谊的记录,如沈寿榕《赵冰如见遇却赠二首》:"昔日王藕船,与君交最笃。"李惺《至阆中适王藕船六十晋一乞余赠言为题二首》:"六身二首喜逢辛,甲子从头又一轮。"

【注释】

①录自李谊《历代蜀词全辑》(重庆出版社,1992年版)第646页。

铜鼓歌(淮人浚河,掘得之,置山阳县盐河北城隍庙)

丁　晏

美镠精拣来荆南,从革作鼓金镈鬵。钲人考击发洪响,阗鞳有似钟声镫。此物或云卧龙制,未必西川形肇始。汉京溯自建武年,南郡铜铭辨奇字。隐訇轩磕军门开，云何抛掷霾篙莱。一朝掘地露光怪，如获宝鼎汾水湄。置诸庙貌馨荐血，神明呵护元音谐。铜丸走擿赴严节，蟠云隐绿滋青苔。盐河以北业渠展，民生富侈骈舆儓。割牲受福通胪响，扬抱雅奏宣殷雷。自从牢盆失恒产，坐令万灶无炱煤（自淮北盐务坏，居民失业，十室九空）。灵灶偃卧海鲸寂，惟有蛙部鸣堂阶。鼓兮鼓兮三摩挲，兴衰阅历汝孔多。汝既不能上为敢谏鼓，使院登闻陈疾苦。金心抱质暗无声，不如委弃沉泥土！

【作者简介】

丁晏（1794—1875），字俭卿，号柘堂、石亭，一号柘堂、淮亭，别号石亭居士、颐志老人，江苏山阳（今淮安）人。生于淮安城里大沟巷本宅，道光元年（1821）举人，官至内阁中书。晚年主讲于丽正书院。同治十年与何绍基主持修纂《重修山阳县志》《淮安艺文志》。个人著述多刊入《颐志斋丛书》。

【注释】

①录自《淮安北门城楼金天德年大钟款识》（台湾《丛书集成续编》本）之附录。②淮地有关铜鼓的诗句。陈维崧《盱眙舟中作》："淮水流，淮水流，蛮弦铜鼓不胜愁。"

开泰县署铜鼓歌（并序）

黎兆勋

鼓形如墩，无花镂文，在县署二堂楼上，封闭不令有声。相传此鼓一鸣，主县官不利。楼有狐，朔望必祀之，否则不静。

五开卫立屯所设，生苗铜鼓声销歇。三百余年不一鸣，蛮君土目精魂灭。庙堂礼乐陈灵鼍，四夷不复论干戈。五溪十洞静兵燹，苗人只解耕田歌。相沿牛斗击铜鼓，小面铿然迎鬼祖。芦笙吹月来虎精，男女淫歌杂风雨。隆然此鼓难再得，一丸遗镇县官宅。鼓身二尺面一尺，战血模糊蚀朱碧。皮林各洞环溪蛮，宋元杀戮无长官。砰訇铜鼓赛诸葛，古州八万非人寰。战鼓声沉蛮部落，铜关铁寨全销铄。名将吾思邓子龙，雄才早服张经略。此鼓沧桑几百秋，大声闷响楼上头。屋梁月落猿啾啾，狐狸欲击愁复愁。似此顽物公焉留？吁嗟，似此顽物公焉留！

【作者简介】

黎兆勋（1804—1864），字伯庸，遵义人。咸丰元年（1851）任开泰县儒学训导，后以军功升湖北鹤峰州通判。同治元年（1862）任随州通判。著有《侍雪堂诗钞》《葑炯亭词集》。

【注释】

①录自《侍雪堂诗钞》（《丛书集成三编》）卷3。②五开卫：明洪武十八年（1385）在贵州黎平府（今黎平县）设置的专门管理苗民地区五个卫所的机构，后来增加管辖的卫所，都在黎平县境内。雍正五年（1727），五开卫改设开泰县（民国时改为锦屏县、黎平县）。③邓子龙（1527—1598），江西丰城（今江西丰城新庄镇邓家村）人，字武桥，号大千，别号虎冠道人。明朝杰出的抗倭将领、军事家。万历十年（1582），平定五开卫兵变。④古州八万：至元二十年（1283），元朝在今黎平罗里置古州八万军民总管府。

古铜鼓歌（呈吴橘生观察同年其泰即送移节江宁）

冯询

吴公铮铮有铁骨，正声不与凡俗阿。赏音赠我古铜鼓，感激为赋铜鼓歌。伏波制后鼓成俗，都老坐笑群蛮挝。银簪掷地斗奇巧，狮蛇作纽龟纹罗。呜呼！物材愈宝劫愈重，故家遗物归谁何？精华久郁却必泄，岂有神器终消磨。公言此鼓出粤水，有客远送章江河。是时军务方交迫，爱不暇赏徒摩挲。我闻宫县乐备鼓至重，响振振、鹭逢逢。鼍入则谐声集钟簴，出则振旅挥金戈。即今四海正多事，出不击贼胡蹉跎。虽然鼓在贼辄窜（粤西、江西皆解围），此中疑有神鬼呵。惜哉！公行不将去，毋乃遇主仍虚过。我公得鼓倍作气，指挥所到勋劳多。他日中原振旗鼓，荣归锦里舞傞傞。贱子为公守此鼓，以备吹台合奏金石相鸣和（吴公，河南人）。

【作者简介】

冯询（1792—1867），字子良。广东番禺人。嘉庆二十四年（1819）举人。次年中进士，历任江西永丰县知县、浮梁县知县、南昌府吴城同知、九江府知府、饶州府知府。冯询系陈宏谋孙女婿，诗集中有不少桂林陈氏资料。

【注释】

①录自《子良诗存》（《续修四库全书》本）卷12。②作于咸丰四年（1854）。③吴橘生：吴其泰（？—1856），字希郭，号橘生，固始县人，嘉庆二十五年（1820）进士。咸丰四年正月，由江西粮储道，升江苏按察使。后因母丧归里，专心著述。有《小蜗庐诗钞》《小蜗庐文存》《吉光集诗余》等20种，合编为《一蒂十七实斋全集》。

铜鼓歌（为莫书农广文作）
文星瑞

飚轮掀翻厚地裂，老鼍夜吼夔蝄泣。海枯山竭藏不得，千年蛰雷破空出。神工鼓铸轮囷质，金钟大镛意仿佛。面平底空脐中凸，腰腹彭亨肤理切。圆十六围径三尺，八环中独一环缺。虾蟆怒蹲四隅列，濑纹隐起土腥蚀。满身绣作青花色，中有太古刑天血。目瞪心骇不敢击，以手摩挲增太息。秦耶汉耶何代物，羌无故实年月日。持问张华恐不识，其生嗜古搜罗专。为言此鼓来自东安黄茅之山巅。山中往往有神异，宝光夜烛红殷天。一朝掘得樵人手，怪事咄咄惊喧传。曩时蛮中颇宝贵，一器可值牛百千。野人爱钱不爱鼓，以重易重斤钧权。高楼位置妙妥贴，文木作架双槌悬。我来与鼓适先后，神物鉴赏非偶然。霜天月夕一再叩，狮子踞地龙吟渊。我闻伏波当年下交趾，武侯更渡泸江水，铸铜作鼓留蛮方，今之流传毋乃是？或云炎荒足妖怪，蛮酋镇峒例须此。祷天卜日初铸成，烹羊宰牛大欢喜。红棉花发啼鸰哀，都老寨内华筵开。金环两耳绣屩服，丫头花面纷然来。桃榔行酒刀进脯，歌呼跳舞声如雷。金钗银簪乱敲击，千家货宝齐山堆。沙虫变灭陵谷改，平蛮屡奏军中凯。茅烟箐雨多荒凉，可怜斯鼓今犹在。鬼呵神护重复出人间，知历沧桑几千载。吁嗟乎！露盘夜折天柱倾，铜仙辞汉双泪零。宫门骆驼亦何有，自从兵燹埋荒榛。世间金石不长久，天荒地老终无情。鼓兮遇合信有神，主人爱尔彝图珍，愿将宝此千万春。勿学广利祠前旧时物，风雨飞入扶胥津。

【作者简介】

文星瑞（1825—?），字树臣，号奎垣，以字行。江西萍乡人，随父定居于广东潮州。道光二十四年（1844）举人，官广东廉州知府，署广东高廉兵备道。有《啸剑山房诗钞》传世。其子文廷式（1856—1904），晚清时为翰林院侍读学士。著名文学家。

【注释】

①录自李长荣《柳堂师友诗》（同治十二年刊本）之《啸剑山房剩草》。②作于同治三年（1864）。③莫书农广文：广文，明清对地方教官（训导、教谕、学正）的雅称。莫书农，未详其名讳，或许与莫瑞堂有关。莫瑞堂，字印斋，号书农，定安县（今海南定安县）人。嘉庆六年

(1801）拔贡，八年任乐昌县教谕，十七年任钦州学正，道光九年（1829）任四川三台县知县，十一年任名山县知县，临时兼任天全州知州、护理潼川府篆务。十三年告病归隐，居于观源山房（其在广州的故居，道光九年刊行《文庙史典》21卷）。莫瑞堂隐居期间，"造请诗文之徒踵相接，胥副其所求，岿然为岭南文献者垂二十载"。（光绪《定安县志·莫瑞堂传》）

铜鼓歌（为莫书农广文作次文树臣太守韵）

黎耀宗

赭鞭鞭树树圩裂，木魅山魈抱枝泣。不信楚弓复楚得，已分沉埋头终出。浑金璞玉未漓质，炉鞲经营见仿佛。鼓腰戍削鼓脐凸，连环络索附身切。獠奴未辨考工尺，雕镂虽精款识缺。当其铸就广庭列，月圆不受蟾蜍蚀。水碧金膏晕五色，腥红尚沁老蟉血。闽辂噌吰备戛击，巾踦雀步（见李贺《黄家洞》诗）各休息。我闻工名必勒物，如何不记炼时日。嗟哉此意鲜人识，平生博古惭精专。揩筇曾访焦山巅，海云堂高鼎作镇。宝光照耀东南天，古篆奇文见亦罕。残缣摹拓纷流传，骨重神寒足不朽。浩劫应过三万千，乃叹呵护并非鬼神力。阴阳造化不得司其权，肸蠁从来藉妥侑。鲰媚何必无宫悬。广文先生拥书坐，檐花细雨灯荧然。玉躞金题届屡整，搜罗直欲穷山渊（书农颇蓄善本）。阮孚蜡屐未停趾，老眼无花洗秋水。非人寻鼓鼓寻人，佛说我闻或如是。薜剥苔斑年复年，物色风尘赖有此。蛮峒人争祠马援，《志林》吾欲证虞喜。黄茆山胥猿声哀，瘴雾蛮烟风扫开。蒲牢一吼海水立，金鸡报晓榑桑来。主人置酒宝墨阁（莫氏斋名），酒酣耳热轰春雷。银簪重叩万花舞，磬口檀心香作堆。犷悍应须结习改，咫尺高凉新奏凯。粥鼓饧箫时复闻，铜头铁额竟谁在。痛定思痛心骨悲，画角西风老十载。君不见铜柱插天天未倾，羯鼓催花花先零。南国文章胜锦石，西京虡业埋烟榛。仙人辞汉泪盈掬。顽铜未必真无情，神钲端的能通神。摩挲奚罟连城珍，绣涩斓斑生古春。独惜虾蟆两两睡正熟，不然将随河鼓早晚发天津。

【作者简介】

黎耀宗（1808—1867），字庭苏，号烟篷，罗定州人。道光十九年（1839）举人。后回乡执教为业，以诗书自娱，著有《听秋阁诗钞》《听秋阁外集》《榜花唱和集》等。《柳堂师友诗录》黎耀宗小传："君少工诗、古文辞。年十四受知于学使、长洲顾耕石先生（元熙），称其文……文树臣观察（星瑞）囊牧罗两载，彼此诗简往来，未尝一面。身不至羊城者十九年。甲子初秋，远访柳堂，坐间适晤树翁，始相把臂……"

【注释】

①录自李长荣《柳堂师友诗》（同治十二年刊本）之《听秋阁诗钞》。②作于同治三年（1864）。③文树臣：文星瑞（见上）。④李文泰《海山诗屋诗话》卷10：黎烟篷先生耀宗，罗定名孝廉也，少工诗古文辞，年十四受知于顾耕石学使，称其文"如怒猊抉石天马行空，其《铜鼓歌》最为奇古。"

铜鼓歌（有序）

黎耀宗

鼓藏村民张某家。面广四尺有奇，高三尺，环以虾蟆，两两对峙，龟纽剥蚀，土花沁绿，真古物也。或曰伏波所铸，或曰武侯所遗。是二说者，余皆疑之。铜鼓在东汉以前不见史册，自马援征交趾得骆越铜鼓，铸为马式而铜鼓始显。按《隋书·西南夷传》载："诸蛮夷并铸铜鼓。初成时，悬之庭中，置酒高会，豪家女子来赴者，竞以金银钗扣鼓，扣竟，则留钗以遗主人。俗喜斗，欲相攻，辄击鼓召众。有鼓之家号为都老，群情推服。又杜氏《通典》亦云："铜鼓，铸铜为之，大者广丈余，小亦三四尺，虚其一面，覆而击其上。南尽扶南、天竺，类皆如此。"可见蛮俗家家有之。除伏波收取外，存留尚多，时移世易，陵谷变迁，故沦没土中。耳食者弗察，或以为军中战鼓，且谓平蛮之后，埋置山谷，藉以压胜。无论行军所用，必不弃同敝屣。即仓皇返旆，辎重纷纭，亦不过偶遗一二。今高、廉一带出土者，动以数百计，何也？宋范成大《桂海虞衡志》称："铜鼓，古蛮人所用，南边土中时有人掘得者，形如坐墩，四角有蟾蜍，满身皆细花纹，极工致，相传马伏波所遗"云云。人或笑其臆说，不知唐僖宗朝郑絪镇番禺，高州太守林霭曾献铜鼓。初因牧羊小儿见鸣蛙之怪，遂得之蛮酋古冢，铜色翠绿，其上隐起作蛙蛤状，命贮库中。事见《岭表录异》。宋方孚若《南海百咏》序述甚详。以今所见证昔所闻，正与石湖之言相仿佛。但据范《志》，以为伏波所遗则可，竟以为伏波所铸则不可。况本传明云"征蛮所获，载以俱归"，其非伏波自铸也，审矣。虞喜《志林》又云："建武二十四年，南郡男子献铜鼓，有铭。"然以余生平所见不下数十，虽大小不一，从无款识，彼云有铭，想其当然耳，宜乎？明《一统志》谓："交趾人好铸铜鼓，时岁伏、腊，常以饮酒击鼓为乐。"盖交趾与百粤疆域毗连，犬牙交错，风土习尚，大概相类，则其为蛮人所用，良不诬也。至以为武侯之物者，亦非无因。闻《上南志》："都蛮呼铜鼓曰诸葛鼓，上者易牛千头，次七八百头，藏至二三面者，即雄视一方，僭称王号，每出剽掠，击鼓高山，顷刻云集，椎牛餐蛮始往，遇战胜获多，则益以鼓为神。其名以诸葛者，盖自负能军，可方武侯，如当日黄昭远手执麈尾，指挥三军，自比诸葛之意，要亦因丞相天威，南人詟服，魏晋以后，乃有此称。"其实，牂牁四郡，地属滇黔，武侯南征，并未入粤，虽有铜鼓，何得在此？附会之说，一笑置之。独念二千年来，铜在土中，完好如故，古意盎然，洵足宝也。惜无款识年月资以考据，嗜古者不无遗憾耳。歌以纪之。

雷门秋老石鹄死，霓彩月华呼不起。瓜皮褪绿丹砂沉，委掷空山无人理。阴阳为炉造化工，体制居然分雌雄。岁时敲击无细响，天惊石破声隆隆。斑驳陆离土花湿，蚀尽铜皮存铜汁。雷电腾空霹雳飞，蛟龙出海波涛立。蜗涎滴乳翠生波，剜苔剔藓费摩挲。灵光煜爔蛮烟护，古色斓斒瘴雨磨。玲珑刻画藓花簇，脐腹中空腰微束。连环龟纽半拕襟，曳尾蝉精双瞪目。想见当初铸就时，蛮女侍芭舞柘枝。木棉花开春酒熟，綦綦报赛闹丛祠。金银钗股竞相扣，椎髻花裙环左右。酒酣耳热唱乌乌，烛影耀红光似昼。黑幡三点听喧哗，溪獠峒庨宝传家。讵等文犀与紫贝，可备琛贽输中华。我闻汉将平蛮日，功到伏波推第一。薏苡明珠匣底收，更携此鼓压归舟。驮从背上蛮犀怯，移置舱中海若愁。高如覆盆平如砥，毡包席裹行千里。金人何妨夺休屠，铜仙未解流铅水。星移物换几沧桑，楚覆轩弓事渺茫。羯奏可怜沉瓦砾，鼍吟无复应宫商。何年出土蒙拂拭，呵护宜有鬼神力。细缄犹存象眼纹，浑身都换鸭头色。铭辞阙略杳难寻，虞喜空教撰志林。铜驼已见埋榛莽，石鼓曾经作杵砧。考据由来资博雅，沦落风尘识者寡。未为马式立公门，绝类雀台珍片瓦。况逢海寓歌太平，但有禾黍无刀兵。鼓乎！鼓乎！劝尔韬光匿怪长收声，勿与山中猿呼狖啸同争鸣！

【注释】

①录自民国《罗定志》（《中国地方志集成》本）卷8。有所校订。

铜 鼓 歌

张之洞

咸丰四年黔始乱，播州首祸连群苗。列郡扰攘自战守，盘江尺水生波涛（南盘江带兴义府境）。府兵远出连城陷，合围呼啸姎徒骄。纯皇天章久愈炳，义民岂惑狐鸱妖（嘉庆二年南笼府苗变，城守经年获全，赐府名兴义。高庙制诗一首旌之，刻于郡堂）。我先大夫慷慨仗忠信，青衿白屋皆同袍（共守城者皆文武生监及商民）。吴公祠下水清泚，百口并命甘一朝（府城有十八先生祠，祀明季吴贞毓等同死事十八人，祠内有大池）。冲焚嚣听贼计尽，凿门而出穷追钞。民兵五千凭感激，疾如振箨覆其巢。奢香系颈降道左，济火革面居前茅。不见援师助空拳，那有馈饷分箪醪。三城百寨并扫荡（南安、普宁二县，新城县丞城，次第克复），箐谷暗黮湎腥臊。收其积聚供馆谷，放其牛马还林皋。俘其子女赦不杀，授之畲田使耕薅。清酒一钟亦不饮，独取一物深于丁宁短于鼛。降夷稽首述故事，传自汉相安獞猺。呜呼，汉相信神武，拜表讨贼先不毛，岂不知秦川宛洛皆争地，未清堂奥难及郊。隈官隩构四郡戴，攻心一语参军教。范铜为鼓赐酋长，坎地宝护埋山坳。岁时祀鬼乃敢击，芦笙巫唱纷嗷嘈。不然战斗合徒众，花蔓赤脚奔相招。一面足可值百牸，擅一为富擅十为酋豪。鼓亡苗灭古记语，以威报虐将焉逃。鬼方冀方远遥遥，致之重烦毡席包。连弩铜牙虽罕觏，此物犹见天威万古悬云霄。围径四尺修八寸，四耳无当约其腰。文螭蟠拏朱鹭翿，细乳三百有二相周遭。仿佛篆文不可辨，屡烦画肚终牙聱。土花绀碧沁肌理，雷纹宛转环皋陶。中心莹滑不留手，恰受二尺栖推敲。良辰会客风日美，水面考击鸣蒲牢。如观溪峒跳明月，宰牛呷酒欢相邀。忽然蛮风卷瘴雨，中有铁马声萧萧。一击再击转激楚，战场万鬼皆啼嗥。不用趣战用行酒，铜龙悲愤发长号。国初诗老始赏咏，黄湄秋谷俱清超。查氏书堂方继起（宛平查礼以"铜鼓书堂"名其诗集），徒为玩物争抽毫。我闻燕然既振旅，仲山宝鼎来归朝。此诗述德因爱物，子孙永宝当不佻。藏之宗祏无忘在莒事，亦知乃祖乃父于国宣勤劳。剖符领郡三十载，不蓄长物甘萧条。罗施石丑不足载，此鼓只如薏苡来南交。圣人有道四夷服，何用大食日本歌金刀。

【作者简介】

张之洞（1837—1909），字孝达，出生于其父亲镁乙履官之地贵州兴义府（今安龙县），祖籍直隶南皮（今河北沧州南皮）。同治二年（1863）进士，为翰林院编修，历任教习、侍读、侍讲、内阁学士，在地方任巡抚、总督，官至体仁阁大学士。

【注释】

①录自《张文襄公诗集》（《续修四库全书》本）卷1。②《十朝诗乘》卷19："张文襄有《铜鼓歌》，鼓为其尊人兵间所得。时官兴义守，与绅民誓死守城。寇退，复蹑踪追剿，连复安南、普安二邑，及新城县丞所驻地。由是以治兵著绩。"③黄湄秋谷：赵执信，号秋谷；王又旦，号黄湄，简介已见前。③查氏书堂：即查礼铜鼓书堂。查礼（1716—1783），原名为礼，又名学礼，字恂叔，号俭堂，一号榕巢，又号铁桥，顺天宛平（今北京市）人。乾隆年间在广西多地为官，十八年（1753）擢太平知府。在广西获得铜鼓，因命名书斋为"铜鼓书堂"，著有《铜鼓书堂遗稿》《铜鼓书堂词》。

南海神祠铜鼓歌

梁伯显

黄木湾头叩铜鼓，金龙万尾湾前舞。晶宫贝阙鱼鳞堂，朱裳青纩何煌煌。煌煌照水耀灵圣，打鼓赛神请神听。铜鼓依神鼓亦神，谁与铸者马将军。将军铸就埋蛮服，永镇蛮服威蛮民。天惊地破铜鼓出，连钱纽索离沙尘。金精万劫古脐凸，蛙青隐见莹波纹。重毡包裹舁至此，永托宇下司明禋。年年二月十三日，嘉豆嘉笾荐嘉实。神不愿食只愿听，始知铜鼓真神物。一打红棉落，再打红棉开，三打红棉开复落，海上万怪朝神来。朝神来，听铜鼓，左龙公，右龙母，龙子龙女不可以悉数。共睹离离制作奇，共讶逢逢音节古。神悦怪矣，神舞嬉。我有一言神聆之，此鼓两两原雄雌，一去大海一留祠。请神力挽出海底，配合雌雄震奸鬼。

【作者简介】

梁伯显（生卒年不详），字永彰，号华仲，嘉道时广东三水人。诸生。擅诗，受知于阮元。著有《桃花仙馆诗钞》。

【注释】

①录自李长荣《柳堂师友诗》（同治十二年刊本）之《桃花仙馆诗钞续选》。

诸葛武侯铜鼓歌

周　升

夷始作鼓以革蒙，大鼗小应属挽工。谁与变制用铜铸？毋乃越俎侵钟镛。谛观识是制款勒征蛮字，征蛮作此有深心。史不能书测以意，五月渡泸涉南交，溪洞卑湿如堂坳，黄梅瘴雨时复作，飞鸢跕跕沉波涛，蹍行陆地半深箐，浓阴蔽日噎不消，端弓犀甲易胶液，何况牛革非坚牢，援桴若还鼓声死，鞞人不及为皋陶。骆越铜鼓出炎徼，我用彼法胜算操。三鏊渊渊节金镯，孟获骇服雍闿逃。归来献捷藏武库，不数路晋灵雷鼗。惜哉未衅当涂血，五丈原头声遽绝。玉螺剥蚀委尘土，金蟆跳踉隐洞穴。神物晦迹千余年，一朝奋地春雷阗。剜苔剔藓洗蜀碧，其光熊熊高烛天。青骡出降耻故国，化为白鹭来幽燕（梁元帝《纂要》："鹭者，鼓精"）。云林主人夙好古，文木架列尊罍前。岐阳石鼓列太学，此犹未免居市厘。配置两庑亦何愧，中兴方召输公贤。

【作者简介】

周升（1801—1880），字宅阳，号蓉初，江苏南通州人，道光二年（1822）进士，官刑部员外郎。著有《红石山房诗钞》。

【注释】

①录自王藻《崇川列朝诗选汇存》（咸丰七年刊本）卷38。

铜鼓歌（为梁平仲同年赋即用原韵）

王景贤

吴航公子今善鸣，诗成霞绚金腾声。龙威奇秘百城拥，盘彝古鼎罗轩楹。残碑断碣尤嗜好，搜访时复来郊坰。豪气逢逢谁旗鼓，碧海雄掣吞长鲸。偶开东阁招旧侣，眼中突兀神为惊。闽瓯睽绝骆越界，如何坐我居风营。铜鼓贲贲吓满耳，灵鼍仿佛鸣西京。翠羽丹砂耀异采，汉秦法宝真难名。径围三尺幡其腹，细花镂刻苔纹明。蟾蜍努目猛蹲踞，雨淋日炙仍峥嵘。我闻伏波标铜柱，獠猺群丑归刀耕。收罗蛮鼓马式铸，隐寓销戟服蛮氓。又闻诸葛征孟获，渡泸声势厎铜钲。制此耆倠炎方族，公威千载犹横横。浔江獠峒沉埋久，神鬼呵护难力争。更传都老逞豪富，春祈秋赛纷骈衡。跳月踏歌击钗股，金银夜气奔妖精。言人人殊置弗论，洪响要自呈铿铿。君从何处得此宝，箕盘焦鼎宜同铭。中丞百粤方宣抚，蛇乡虎落怀风清。神物出世乃有候，军门欢献声匌匒。海船捆载来闽峤，亭前妥置支严更。吾闽向少汉代器，奇观直耸乡闾听。骚坛壁垒各健帜，三鼓不竭雄心兵。对此奇情愈云上，有鸣何必皆不平。丈夫壮志谁克抑，瓮牖长年嗤守庚。天阊钟响群动作，公卿济济生光莹。金镛大吕竞繁会，讵肯小叩持枯筳。灵鼓渊渊天地闻，跃冶百炼吾能经。

【作者简介】

王景贤（生卒年不详），字子希，福建闽县（今福州市）人。道光十九年（1839）举人，咸丰元年（1851）举孝廉方正。享年76岁。著有《羲停山馆集》。其子崧辰，同治十年（1871）进士，福州历史名人。

【注释】

①录自王景贤《羲停山馆集·伊园诗钞》（同治十三年刊本）卷上。②梁平仲：梁丁辰（1812—?），字平仲，梁章钜的次子、何绍基的学生，道光十九年（1839）举人，江苏候补同知。③诗中所咏铜鼓，系梁章钜从广西带回。

铜 鼓 歌

张怀溥

是何宝器光陆离，非钟非敦非鼎鬲。轮囷四尺双耳垂，肩平腰削圆唇脐。鹧鸪斑杂黄琉璃，苔花土蚀春葳蕤。蛮书彡彡天马鬃，蜗涎点点星斗箕。子午色变青缥瓷，飞廉游魂千载羁。挝之毋乃雷公椎，霹雳一声山岳悲。魑魅夜走猿猱啼，我欲扪之心迟迟。云汉丞相之所遗，粤稽当年春出师。白旄黄钺左右随，虎贲六十如熊罴。亭亭曲盖张皇威，首祸者阁次诸夷。烽火直达牂牁西，老成谋国邦之基。五月渡泸夫何辞，南荒瘴湿革音低。藞耶鞏耶非所宜，以铜为之理可推。想当鸠工百炼时，丹心耿耿青天知。太乙装炭风伯吹，阿香屏翳扬灵旗。钩陈玄武罗列齐，风云蛇鸟随指挥。一气铸入无端倪，用以振旅百万披。猰㺄犺玃将何为？蜂屯蚁杂凭相窥。或骑虎豹或象犀，出入深箐毛彨彨。铜弩毒箭风中驰，不可德化矧羁縻。羽扇一挥丁甲围，岂第擒之复纵之。蛮君抢地口嗫嚅，颙屃高碑书誓词。神武不杀良在斯，收之北伐如使儿，焚人莋马皆虎貔。我闻东汉海之湄，伏波作此南荒陲；又闻峒夷夙铸兹，宝之不啻千万赀。不如此鼓神且奇，中有寸丹蟠虹蜺。木牛流马弓弩机，事事上参古皇羲。作金石录者为谁？汤盘禹鼎周鸡彝，与此声价无高卑。作歌浑忘笔力疲，鼓声渊渊雷霆飞。

【作者简介】

张怀溥（生卒年不详），字雨山，道光至咸丰年间四川汉州人。贡生。纂有《唐宋四家诗钞》，著有《十筼山房诗钞》传世。

【注释】

①录自《国朝全蜀诗钞》卷36。有所校订。

铜鼓歌（为饶愚谷作）

郭　铨

龙吟虎吼风雷号，喝醒诗魔并酒魔。鼓楼撞破瓦皆裂，愚谷示我铜鼓歌。周分唐叔密须鼓，籍谈数典犹忘祖。此鼓愚谷祖所遗，雄辩陆离上下古。斑驳如剖六体精，象形会意兼谐声。佶屈聱牙等盘诰，读所未见神鬼惊。斗奇走险追韩柳，欲言君又先我口。五声六律七音齐，八风九歌无不有。布革土石各不同，此鼓光怪铸以铜。铸佛铸人复铸马，人佛无言马尚假。振聋起聩法物多，地老天荒余鼓何？我目如盲托耳食，目论空存盲亦得。一鼓作气一笔书，刚大准将天地寒？铜君子赋铜鼓诗，旗亭画壁付娥眉。歌借鼓传鼓不竭，鼓声千载歌随之。

【作者简介】

郭铨（1803—1864），字铜君，以字行，大埔县人，贡生出身。著有《小吟山馆诗钞》（未刊行）。

【注释】

①录自陈兴武主编《桃源古今文萃》（中国评论学术出版社，2005年版）第30页。

诸葛铜鼓歌

蒋庆第

焰沉火井凄岷峨，戎戎蛮雾儴神罳。范铜传自丞相制，千年正气留岩阿。轮囷叩同哑钟响，镯铙刁斗形殊科。或云作镇沓溪潦，埋铜立柱规伏波。楼桑当年代铜马，半壁王业开江沱。密须分物属同姓，护持根干烦枝柯。中原国贼未暇讨，旌麾照耀征南戈。骆越迢遥五溪口，庄𫏋故迹余幺么。浑脱渡军冒椒瘴，如汤南下愁牂牁。鼓角梯冲兢呼舞，弩牙尖咽风鸣梭。九地九天有擒纵，飞蚊屡冒蛛丝窠。学道谦让功不伐，撰纪肯遣苍崖磨。清酒黄龙却盟誓，梗僮寰叟争谣歌。想见指挥命凫冶，胚胎赤堇成盘陀。远悲伊谷陷宝鼎，近嗤草棘丛铜驼。神物久藏土不蚀，荒山灵祣相嘘呵。大名遗庙蜀江浒，龙虎战伐风云过。坐阅铜关几兴废，古斑溜雨苔鬖髿。西京朱鹭绝声响，巴巫舞曲长佐佐。渭滨大星闒营垒，夔门阵石回盘过。汉月苍凉出秋晓，清铅泪下铜仙多。阗阗振旅感壮士，欢呼一日三抚摩。漳河老瞒足智计，高台铜雀当如何。

【作者简介】

蒋庆第（1823—1906），字秀萼，一字箸生，号杏坡，直隶玉田（今河北玉田县）人。咸丰二年（1852）进士，历任潍县、博平、峄县、章丘县知县，后改内阁中书。著有《友竹草堂文集》《友竹草堂诗集》《友竹草堂随笔》《友竹草堂楹联》等。

【注释】

①录自《友竹草堂诗集》（《清代诗文集汇编》本）卷1。

镇雅宫观诸葛铜鼓
黄梧阳　王晨曜

昔日驱兵蜀相严,只今流响傍宫檐。倘教移入成均去,定与陈仓十鼓兼(喈南)。

七擒声势震天严,旧数千年庙里瞻。一样伏波遗制古,铜花斑驳土花兼(道羲)。

【注释】

①录自王玉书《桐阴吟诗甲编》(同治三年刊本)卷上。②据《桐阴吟诗甲编》序跋以及卷首《同人姓氏录》,福建泉州诗人王玉书等在咸丰九年(1859)九月组成"桐阴吟",一起作诗、讨论诗歌。诗社成员有28人之多。此所录铜鼓诗,系诗社成员黄梧阳(喈南)、王晨曜(道羲)联吟之作。③镇雅宫:故址在今泉州市玉犀巷中。

(七)同治年间

诸葛铜鼓歌
陈元恒

芸台相国昔开发,万里南天冲雾雨。获将一物圆如许,非石非金非瓦甀。铜青绿涩苔花腐,叩之声震天尺五。千人舁之不能举,施向焦山归法祖。我来摩挲不敢拊,制造分为前代辅。方今天下正用武,将帅纷纷难悉数,羽扇纶巾谁可侮?但愿天心思安抚,四海扫尽兵戈苦。凌烟尽出功臣谱,铸鼎铭勋讵无取。从此流传万万古,上纪汉家诸葛鼓。

【作者简介】

陈元恒(1819—1893),字葆常,号月樵,江苏江宁人。陈作霖的父亲。同治六年（1867）举人。著有《稀龄撮记》《从军日记》《听秋馆诗草》等。

【注释】

①录自陈作霖《冶麓山房丛书》（《明清未刊稿汇编》本）第3255页。②此诗系陈元恒《焦山三宝歌》之一，作于同治元年（1832）。③芸台相国：阮元。简介见前。

铜 鼓 歌

何绍基

铜鼓之制何茫茫，蜂腰蟆足不可详。张公好古恨生晚，移傍周鼎焦山旁。焦山下临江水白，江光海气长苍凉。此鼓不鸣亦不叩，虎豹蹩踽蛟龙藏。古人军中示威武，作器铭功有规巨。珤戈一字出商家，猎碣高文齐岣嵝。龙伯有戟何伯枪，永昌之椎太和弩。胡为此器独朴属，不留文字形模古。伏波东武皆渺茫，以物附人嫌莽卤。抑闻嘉量鼓有制，四石能容陋区釜。礼经献米手有操，晋人赋铁典堪数。军中贵兵尤贵粟，用之如何无不许。谁期空山镇寥落，闉阇无声卧寒雨。钟鱼粥钵正喧阗，谁欤有意勤摩抚。

【作者简介】

何绍基（1799—1873），字子贞，号东洲居士，晚号蝯叟，湖南道州（今道县）人。道光十六年（1836）进士，授编修，历任文渊阁校理、国史馆提调等职。咸丰三年（1853）退出仕途，从事文教事业。著有《东洲草堂金石跋》《东洲草堂文钞》《东洲草堂诗钞》《惜道味斋经说》《说文段注校正》等。

【注释】

①录自《东洲草堂诗钞》(《续修四库全书》本）卷4。②作于同治四年（1865）。③同治元年（1862）何绍基在广西获得铜鼓，其《行箧》云："一笠山烟两屐泥，更开行箧有何携。使车愧未周天下，游记今才补粤西。铜鼓知非诸葛旧，石华只有宋贤题。奇岩秘洞纷难拾，略有诗囊付小奚（足迹未至者，今只云南、甘肃矣。姚诒孙赠铜鼓；买得桂林宋题名多种）。"④阗阗无声：《周礼·夏官·大司马》"中军以鼙令鼓"注，司马法曰："鼓声不过阗，鼙声不过阘。"⑤张公：指张井或张祥河，两人皆送铜鼓至焦山。此可能是指后者。

诸葛铜鼓歌

魏燮均

我读昌黎石鼓歌，雄词潮涌如江河。当时尚惜李杜死，犹说才薄将奈何。况我陋儒寡才藻，较逊古人百倍过。昔谒长安承光殿，目睹铜鼓手摩挲。或言诸葛铸西蜀，威服蛮獠旋兵戈。从此南人不复反，或埋潭濑或山阿。后人往往掘于地，粤民得者为居多。相传岭表有牧竖，蛤声闻出田中禾。捕之不得得铜鼓，形刻蛙黾伏青莎。年深精气作神物，不类荆棘埋铜驼。当年将军铸马式，得从越骆闻伏波。厥形高阔类于此，后贤聚讼别伪讹。今观此鼓置庭陛，未详何代恣搜罗。岂是南郡男子献，铭词不辨隶与蝌。流传至今二千载，疑有鬼神为护呵。珍若天球贵比鼎，来观珮剑鸣相摩。不叩桐鱼叩以指，彭彭作响声如鼍。武侯兵法世已废，八阵石没江之沱。空余此物示后世，不与汉鼎同销磨。圣朝天子重古器，万年国祚延羲娥。我生虽贱幸获觏，如对拱璧珊瑚柯。尔时亦颇动诗兴，无才豪迈惭东坡。甘泉老友苦相逼，劝我纵笔发吟哦。不然徒负平生好古志，桑榆再失嗟蹉跎。寒夜挑灯勉成构，终觉音节乖谐和。呜呼，铜鼓之歌若不朽，安得古人为切磋。

【作者简介】

魏燮均（1812—1889），原名昌泰，字子亨，别号铁民、九梅居士。辽宁铁岭人。著有《九梅村诗集》《香雪斋笔记》《燕游小草》等。魏燮均曾游圆城（今北京北海公园团城），见所藏铜鼓。《与郑械叔（培文）赵化南（召棠）两秀才恭游圆城赋诗纪事八首》诗云"汉家铜鼓元家瓮"，原注"殿中有铜鼓一，殿前石亭置元代玉瓮一。"

【注释】

①录自《九梅村诗集》（《续修四库全书》本）卷14。②作于同治五年（1866）。③甘泉老友：指江藩（1761—1831），字子屏，号郑堂，晚号节甫。江苏甘泉（今扬州）人。著有《周易述补》《尔雅小笺》《国朝汉学师承记》《炳烛室杂文》《江湖载酒词》等。

马伏波铜鼓（并序）

方浚颐

芋溪云：铜鼓大小不一，大者有至丈余围，小亦五六尺围。廉州周姓存其一，高六尺，径三尺，围九尺有奇，鼓心如日圆而且滑，鼓旁有篆字莫辨。据钦州士人云：蛮人在十万山外，听之如五雷并发。故或大或小，大者以承瀑布之大，小者以承瀑布之小。不知者以为扣击之用，不到其地亲访之，茫然也。分茅岭，即在十万山外。

蛮夷乐至奇，弃革专用铜。卑泾动痺缓，援枹声弗隆。特翻鞮人制，载仿凫氏工。俚獠采黄铁，鼓铸洪炉中。规之四围圆，面平底则空。冒牛必以夏，鞔马还待冬。鼖鼛义各别，鞞棘名从同。兹鼓异凡鼓，骆越沿土风。文渊昔统师，远向交趾攻。海滨瘴雨多，实赖金精镕。阿叔宝诸葛（三叔父曩得诸葛铜鼓，遂以名山房），拂拭惊儿童。我时在书塾，骨董来程翁（歙人，忘其名）。纵难匹錞于（予家有古錞于，盖三代法物。乱后失之），抑岂赝鼎充。鳜生腹太枵，欲语词先穷。今闻荼叟说，昭然若发蒙。武乡后新息，考古休朦胧。神往十万山，百道飞流淙。群鼓高下排，一任水激冲。小者蛙阁阁，大者鼋逢逢。铿鎗而闛鞳，全不劳人功。阿香驾雷车，丹霄降丰隆。分茅岭外听，警栗无敢讧。将军未撤戍，比户咸输赟。划吾象林界，敛尔熊黑锋。乃知载藉博，泛滥靡折衷。或云骠国进，玉螺侪华钟。或云茸州掘，木鱼代梵宫。或传出蛮冢，武库晋缄封。或记睹宣司，秘阁犹尊崇。伟哉南海庙，神物如蛟龙。鹧鸪斑陆离，虾蟆生怒容。谁令堕浔滩，日受回湍舂。光怪弗能秘，太守探灵踪。初悬四穿楼，攫取番奴凶（鼓四角有金虾蟆，五为番人所窃，声遂稍石）。继归扶胥江，合乐祠祝融。甫移铁索断，海寇增疑恟。雌也入狮洋，顾独鸣其雄。叱鼓毋应潮，视赤开电耸。由此而类推，抵掌倾谈丛。珍贵自梁始，下逮唐咸通。有明两见之，皆于溪上逢。多辉及高田，积翠蜗涎浓。廉塘钦是村，博白潭沖灂。文昌号曰岭，响敌灵山峰。罗定雪民冤，奔走蚩蚩农。雷之英灵冈，双鼓浑如镛。午后转苍润，绝肖新磨砻。要皆伏波瘗，悉数何能终。当其铸成日，鼓师延甚恭。取音药淬脐，火灭锤力松。须臾便和谐，嘉礼所必供。宫商迭呼应，子母相引从。击鼓先击铛，选材黄亚红（以红铜为上，黄次之）。传子不传女，都老方笑侬。环扣金银钗，忿即兴兵戎。声鼓以召众，其势殊汹汹。揆诸镇蛮意，若辈愚且蠢。安得到边野，与子偕支筇。言登寿冷岸，慨想壶头忠。马人已零落，金标尚穹隆。荒芜埋鼓地，一片云锦淙。山中乾坤草（安南人呼薏苡为乾坤草），依旧青葱茏。炎荒此彝器，周石堪附庸。宣扬大汉威，永息天南烽。

【作者简介】

方浚颐（1815—1888），字饮苕，号子箴，又号梦园，安徽定远人，方士淦长子。道光二十四年（1844）进士。历任御史、广东南韶兵备道、两广盐运使兼署广东布政使。同治八年（1869）授两淮盐运使。后退出官场，从事文教。主修《续扬州府志》，著有《二知轩诗文集》《忍斋诗文集》《古香凹词》《朝天录》《蜀程日记》等。

【注释】

①录自方浚颐《二知轩诗续钞》(《续修四库全书》本)卷5。②作于同治七年（1868）。③芗溪：即林昌彝（1803—1876），字惠常，号芗溪，福建福州人。道光十九年（1839）举人，曾官建宁教授，晚年掌教海门书院。著有《衣䙌山房诗集》《小石渠阁文集》《射鹰楼诗话》《海天琴思录》《三礼通释》等。林昌彝为《二知轩诗续钞》作序，云："昌彝与方伯相知四载，方伯于诗外别无嗜好，惟以诗为性命，而爱才亦如性命。其德量之过人远矣，非世人之所能及也。"④三叔父：方士鼐（方浚师之父），有《四持轩诗钞》2卷。无铜鼓诗。方浚师《蕉轩随录》卷6载："先公亦藏有诸葛铜鼓一器，今铜鼓尚存。"

酬王虎如明府《铜鼓行》首章仍依明府用庆观察与赵司马《夜饮湖光楼》原韵

魏 笃

公三章俱以伏波、武侯与蛮俗铜鼓并题浑写，此则以伏波铜鼓提唱首章也。

渔夫惊倒樵夫笑，宝物闪烁晴光照。休拟铁网得珊瑚，天纵铜鼓逞幻妙。伏波将军征蛮来，二鼓跃鸣发狂啸，声振九地彻九天，巍赫边功倾粤峤。彝器沦没二千秋，庸耳俗目那能料？出诸泥沙击辄应，五音半饶宫商调。安置太学配黄钟，观风楼惊天鸡叫。升沉遇合数计三，恨不一逢尧夫邵！碧花赤纹天然工，孰识其款批其窍？玉堂人酌对湖光，握手王郎来相醮，土花斑驳混真赝，心摩手捫都逼肖。人依物贵物因人，车勒方叔卣铭召。石鼓文启八代衰，使君锐思辟危峭。二公非佛亦非仙，珊瑚风骨丹还少，形神不觉入诗章，砰訇跌宕肆号叫。无俟愤挝学渔阳，羞语刻鹄贻讥诮。猎横搜奇驱睡魔，胜于放旷恣远眺。赵君风雅亦诗流，嗜古有癖何须疗！我来浔阳访名滩，曾为惊湍代客醮。形器无存留神威，千载历尽劫火烧。不然请君思陵暂停车，奇气纵横白云绕。

【作者简介】
　　魏笃（1815—？），号厚庵，山东巨野县人，咸丰二年（1852）举人，同治十一年（1872）任浔州知府，主修《浔州府志》。著有笔记《浔阳随笔》。

【注释】
　　①此诗及下二诗，录自同治《浔州府志·艺文志》。②王虎如：王俊臣，字虎如，江苏江宁人。道光十四年（1834）举人，先后署兴安县、修仁县知县，咸丰九年十一月因抵御股匪暴乱不力而被革职。以补用知县参与同治《浔州府志》的编纂，志中卷32录其文4篇，未收其诗篇。谢葵《惕夫诗钞初刻》卷23有《送王虎如孝廉（俊臣）旋皖三首》。③明府：对太守的尊称。此指王俊臣（其曾任太守的事迹未详）。

又再酬王明府《铜鼓行》次章仍依赵司马约用昌黎先生《石鼓歌》原韵

魏　笃

此章通以诸葛铜鼓言之，而以伏波铜鼓作缘起也。

桂垣籍传铜鼓行，韵踵昌黎石鼓歌。耳食不如眼见切，敲玉戛金妙若何。博古最难穷旨趣，一物两解费矛戈。威慑蛮荒垮铜柱，椒房之戚名不磨。此鼓更出偏安后，八桂名流穷搜罗。司马堂前开公宴，赏奇晰疑集冠峨。纵横其中识者少,丞相遗制出岩阿。独秀峰前亭屹立,阴有鬼神常护呵。镂人刻物穷造化,老眼无花辨无讹。汉家故物隶篆古,光怪陆离近蚪蝌。奋臂重挝复缓叩,音出逢逢功奏鼍。武备堪作文坛用,投壶岂类寻斧柯?兵气已消遗规在,胜于临渊挐龙梭。先生平蛮来何暮,羽扇风流赋委它。刁斗棨戟罗锅帐,不共此鼓寿羲娥。倘分一二配公庙,龙雷作用沛江沱。惊喜土人识葵向(适排夫黄敏购送铜鼓一具),那辨元和与宣和?线纹模糊音宛备,孔明台中拟同科。文人附会忝疑信,赝鼎伪盘何其多?物罕见珍人典宝,大异荆棘会铜驼。况际兵燹成灰烬,楼阁半作丘圩过。始安不来军门向,漓江空留洞伏波。将毋诸葛生不死,神威托寄靖偏颇。骚坛有盟物有主,蛮书何事吓赵佗?拔剑斫地起歌舞,扬袂遮面羞娜婴。铮鏦疑入将军库,腹背惯经手摩挲。巨章当补韩歌后,愧煞老吏苦吟哦。聊为点窜涂笔简,刻鹄何与典鹳鹅?赫赫章武承汉统,峤粤受福鄂不那。酾酒临江酹神物,偃蹇千载出坎坷。君不见把蜡乌头肆凶惨,龙水草碧血溅河。不若常麐将帅思,权抱彝器补蹉跎。

又再酬王明府三叠《铜鼓行》仍依明府原作用东坡先生《石鼓歌》原韵

魏 笃

据诸瑶土俗,凡祭祀、婚嫁、宴客,皆以铜鼓合乐成俗。故此作专以猺獞铜鼓完末章也。

壬申之岁月建丑,浔阳榷舍款江叟(明府于去岁腊底到厘局)。铜鼓三章倾囊投,旋转一气盘珠走。纵横斓斑是何祥?会有疍奴笑盈口(粤之疍狑诸人,向化已久。其妇女转徙出峒,多有为官绅奴婢者。如关之排夫,皆其族类也)。自言物系祖公传,半出盘岑胡蓝后。韩王持节平猺来,沦没散轶居八九。峒官入寮订合欢,冬冬忽雷彻象柳(猺峒地面,隶象州、柳州者居多）。前代传有云弹娘，毒槊犀甲灿星斗。邝露老子代典兵，枹柄在手运在肘。杀仇先令齐铙歌，非种严于辨稂莠。时而乐终奏云阳，结缡如联盍簪友。陈庭宴客部落齐，狼籍杯盘杂鹑鷇。类族辨物考据疏，史籀恐亦误蝌蚪。况兹鼓名传有三，不比咒觥酹耆耇。剖击有节用有时，更殊灵夔听指嗾。逢逢鼍鼓奏明堂，金鼓凯旋铭二卣。将毋物本属伏波，溷入蛮峒误矇瞍。抑或武侯妙造工，小于土铸宛培塿（《赤雅》集考，"诸葛鼓较伏波与诸猺所遗者稍小"，当非无据）。倘疑私造官无禁，俗尚那复知高厚？搜尽典宝不收录，犹幸君能辩某某。充扩见地如见天，涵诸所无空诸有。禹鼎汤盘抵掌谈，奚论戈镡与械杻。蛮俗敢污首山铜，娱宾徒令殃鸡狗。欣兹主易物运通，君藏其一我无偶（明府铜鼓为赵司马所赠，署得一铜鼓，为土人黄敏所购）。琳琅巨制追韩苏，焚香读之甘低首。安得骚坛常追陪，并鼓笙簧常击掊。转笑嗜古或病痴，不器而器斯焉取？伊古动极寂由生，盍观大风吹尘垢。极则必反无尽藏，蒙庄抱一但默守。炼我形气归元神，遑计骨朽名不朽。回头是道悟转机，清风一榻为汝寿。

【注释】

①壬申之岁月建丑：同治十一年（1872）十二月。②明府于去岁腊底到厘局：王俊臣于同治十年十二月底到设在桂平的厘局（税局）。

鄂生廉访以征苗所得铜鼓远贻山中作歌壮之

王柏心

唐侯将兵用儒者，吊伐功多诛杀寡。蛮人重见诸葛公，虺结罗拜马蹄下。舁致铜鼓雷回文，遗式颁从诸葛君。唐侯得之远贻我，裹毡深护黔山云。我无寸功坐拥此，请从治乱绎前史。昔闻荒服无诈虞，清酒黄龙刻石纪（《后汉书·南蛮传》：秦时与夷约云：秦犯夷，输黄龙一双；夷犯秦，输清酒一钟。夷人安之）。溪峒猺獠皆乐和，祥风甘雨耕耘多。顷田十妻不租算（顷田不租，十妻不算，亦秦昭王与夷约也），清平边吏无烦苛。
家家范铜铸为鼓，大或千钧小二龥。花裙蛮女叩银簪，跳月赛神纵歌舞。
自从吏道多贪残，密箐深林眠不安。铤险操戈起救死，乌江赤水生波澜。
诸军纵讨遂深入，玉石俱焚惟饮泣。彼虽獠狌亦犹人，草薙禽狝何太急！
嗟呼丧乱安得平，祸起贪吏成纵横。千村沃壤变荆杞，十载黔江流血声。
去年唐侯起作将，群蛮始有再生望。刀剑卖尽归春田，户携牛酒谒牙帐。
此鼓持献辕门中，祝侯勒鼎还铭钟。侯今谢病返蜀郡，绝口不道征黔功。
我瞻四方岂无事，牙须鲛唇且窥伺。宫中拊髀思虎臣，肯令韩白老边裔。
此鼓发声可十里，但堪震骇山人耳。如侯实大声尤宏，渊渊灵鼍差可拟。
将星河鼓多光辉，侯持白羽当重麾。戎车伐鼓进方叔，顷耳雷霆天上威。

【作者简介】

王柏心（1799—1873），字子寿，号篛亭，湖北监利人。道光二十四年（1844）进士，授刑部主事。逾年，乞假归，不复出，养亲读书，从事著述。有《导江三议》《百柱堂全集》《螺洲文集》等。

【注释】

①录自《百柱堂全集》（《续修四库全书》本）卷27。②作于同治八年（1869）年底。③鄂生：唐炯（1830—1909），字鄂生。贵州遵义人。道光二十九年（1849）举人。同治二年（1863）署绥定知府。六年，奉命入贵州平乱，迁道员。官至巡抚衔。《百柱堂全集》卷38《答唐鄂生廉访书》："见贻铜鼓，斑斓古物，钦宝莫名。节下武功远追丞相天威，当自留之甲第，与勒鼎铭钟光昭勋伐，乃以持赠泉石之叟，位置无乃不称。然蓬荜中已不啻荣光烛天矣，归当作歌张之。"

铜鼓（七言长律，同用八庚，三十韵，广一百韵）

叶官桃

一事真为物不平，骚人续至缺诗评。韩公见后苏公见，铜鼓名输石鼓名（二公皆有石鼓诗）。创作共谦才力薄，豪吟谁使鬼神惊。我观旧物来灵庙，聊赋新诗明管城。黄木湾头云雨散，扶胥海口水波澄。好奇欲识模型久，访古先修祀事诚。南海庙中陈宝重，东坡碑畔想峥嵘。玉箫玉砚先朝锡，金盒金燔历代荣。玩器尽亡前世认，奇珍无复昔时呈。尚余空腹遗千载，俨若长腰列两楹。大小架悬同马革，东西庙有杂鸾笙。未询蛮峒谁供献，久作神弦互送迎。制度形声当细考，纪来溯用试详明。刻桐博物思前哲，覆瓿成文岂老伧。始制误将周礼读，相缘错掌鏄师抨。四金岂得同相谬，六鼓翻疑不辨盲。錞镯显然分止和，钟铃安可拟鎯铮（《广州府志》按铜鼓缘起曰：周礼司徒有鼓人，掌六鼓四鼓金之事，故范铜为鼓乃周礼遗轨。汉时，周制尚存，故伏波铸之，留西南甚众。然四金为錞镯铙铎之制，如钟如铃，今铜鼓绝不相肖。且錞以和鼓，镯以节鼓，铙铎以止鼓、通鼓，皆以鼓为主，而实非鼓也。难指为铜鼓缘起）。漫将遗轨穷周汉，别有工师铸紫赪。铁匠教传曾北拜，铜山记取昔西倾。范型不冒皮能击，积水还须胆浸成。龙女捧炉应闪闪，雷公击橐故轰轰。鼓人倏见心长骇，冶氏精工目尚瞪。度数至今能指测，重轻自昔合权衡。径围五尺深三尺，约束千兵与万兵。小应大蕤原有制，圆规方矩悉依程。静观异状形难尽，细指奇型视直瞠。釱本垂悬夸巧法，足当无底不须盛。中空音易分矇瞍，腰束形贻笑弟兄。络索连钱通体篆，回环结纽编身萦。隆脐几讶名疑麕（《古今乐录》："脐鼓如漆桶大，一头设脐于鼓面如麕脐，故名脐鼓"），有耳真如恍见鎗。牝牡取同全剑铸，雌雄别造等钟铿。蛙形四面周盘绕，狗盗三更善伺侦。窃去昔如书宝玉，看来金若失瑶瑛。辰砂点起班成鹬，水瀫纹回浪跋鲸。野蛤鸣时形胀怒，金蟆伏处目盯睛。不胜虫介奇文聚，复有险阳卦书盈。艮震八方看隐约，乾坤六子任纵横（《通志》：斜纹纤丽，隐若八卦）。黝然古色钦彝鼎，朗若清辉讶水晶。铜质尽除殊臭味，金精独在爱光莹。绿如铺翠还疑黛，碧看成朱反似骍。尽相穷形难指画，闻声听响复心怦。引来子母铛（其小者曰铛，大仅五六寸。凡击铜鼓，必先击铛。以铛始，亦以铛终。铛者，铜鼓之子，以子音引其母音也）先击，应叶宫商韵可赓。共拟和鏄聊可简，即如伐木亦丁丁。谁知古庙明禋洁，或遇崇祠祝祭祊。近地固当惊拊搏，远方益觉骇铿鎗。一声閦鞈绕援杖，廿里迢遥讶挞钲（《通志》：岁二月十三祝融生日，粤人击之以乐。其声閦鞈铿鎗，若行雷隐隐，闻于扶胥江岸二十余里。近则声小，远则声大，神器也）。神物不同槌羯鼓，海邦犹误认鼍更。相传大匠初陶铸，曾聚群工细炼烹。妙药淬余方彻亮，冷锤攻处协噌吰。取音较韵相和切，置酒延师任醉醒（《通志》：每铜鼓成，必置酒延铜鼓师。师至，微以药物淬脐及鼓四旁，稍挥冷，锤攻之）。殷树顿殊兹坎坎，周悬那及比硁硁。复闻桴杖无劳击，俨若琴钟可自鸣（《通志》：相传其鸣应潮，自遭盗劫，灵鼍遂缺，遂不复自鸣）。雌应候飞沉巨海，雄鸣遥接在雕甍。真同仙观敲金镞，一似鹅湖响大潢。惜自灵蛙归盗贼，遂如哑乐止韶䪫。听余音响风寥沉，溯厥源来岁永贞。林霭得由蕃塚殉，郑絪献肃古祠祭。蛮乡旧俗争槌鼓，瓯骆遗风好击牲。俗富纳钗如斗草，年丰炊玉共尝秔。饰将金股欢儿女，叩以银簪聚舅甥。挽索悬庭同击缶，吹螺置酒醉飞觥。汉书故事称蛮户，遗物何疑得古莹。或谓滩中流泱泱，忽闻水底响琤琤。夜来光怪如藏蜃，潮上和鸣似听莺。乐奏海神三叠曲，宴开河伯五侯鲭。浔洲涸现蛙鸣出，一本谋移索断击。岭表又传书录异，田中时见蛤跳鼟。韬光几等丰城剑，得宝真同楚国珩。装饰至今隆笋簴，埋藏自昔穴狸鼪。文连蝌蚪形弥古，精是青蛙怒莫撄。《桂海虞衡》非志怪，《涌幢小品》爱声宏。宝传不论余枯剥，惊远争夸震磕砰。两耳任教讥蠡啮，千蹄曾见易牛牼（《涌幢小品》：蛮中铜鼓，有剥蚀而声响者为上，上易牛千头；次响者七八百头）。存疑不必分刘汉，信好聊将比老彭。博古图虽遗外海，鼎钟铭可识东京。伏波名字镌犹在，微侧蛮酋反待征（《通志》：庙中所藏，内有镌云"汉伏波将军制"）。鼖鼓忽闻兴虎咒，铙歌未遽伏狰狞。海南俚獠朱髦髮，交广胡儿碧眼睛。日子潜窥兴盗寇，夜郎自大敢兵争。撑犁不识夸神弩，倔强如前动战軯。击鼓其镗方肆虐，据鞍矍铄遂亲行。丘皤狡兔胜山谷，浪泊飞鸢堕水浤。瘴雨蛮烟蒸潺泾，夔皮兽面缓匋匐。非关妇女消军气，恍讶蓥䥕有死声。聚米为山虽胜算，开炉铸范复经营。草黄水绿搜罗富，石点风磨锻炼精。蜀道产来原激烈，雷门响彻岂呷嘤。鞾人冒得皮常缓，冶匠功成力倍勍。尚未镌铭严立柱，先教作气鼓行旌。誓清巢穴如雷电，大震溪蛮任雨晴。赤脚黎丁群慑伏，椎头岚户可兼并。不须跕跕愁蒸潦，从此渊渊遂请缨。船载朱鸢同巨制，门开金马表深情。明珠薏谤伤归橐，瓜子金疑莫馈罂。折柱望深交趾灭，埋驼屡败汉家盟。将军已去人留马，此鼓同传事挞荆。偶尔援枹思将帅，不胜搅辔慨澄清。无声金狄移仙观，含泪铜仁别露茎。幸有波罗留古迹，剩他骆越说遗氓。为君原制从头数，忆到文渊百感生。

【作者简介】

叶官桃（一名经鸾）（生卒年不详），字蓿士，南海县人，同治八年（1869）选学海堂专课肄业生。陈澧《菊坡精舍集》选录其诗23首。《清代稿钞本续编》第62册收其《蓿士赋稿》《蓿士诗稿》《蓿士骈文》《蓿士文稿》。

【注释】

①据《蓿士诗稿》辑录此诗以及下面6首诗。这7首铜鼓诗皆写南海神庙铜鼓，属于习作，可备观览。②钟铃安可拟鏦铮：原作"钟铃安同可拟鏦铮"，衍字。③即如伐木亦丁丁，原作"简即如伐木亦丁丁"，衍字。④泱泱，原作"决决"。

铜鼓（七言长律，同用八庚，三十韵。加骈体）

叶官桃

在昔征蛮振旅，方叔兴伐鼓之歌朝。楚铸钟铸，芉頵有赐金之悔。盖蛮方吹蠡、击鼓，性习战争。贝叶金书，俗工铸冶。吾粤地原百越，蛮近五溪，款关请朝则禄，东赞作金鹅而奉献，扰边入寇，则欢斯民。乘木兽以相攻，夷性难驯，机心益巧。粤之铜鼓，本出蛮酋。溯厥原来，尚堪证也。爰稽《晋书》之载："蛮人声铜鼓以战攻"，复考《宋史》之编："都老因铜鼓而推服"。以彼夜郎自大，候星月以生心，曰予潜窥，鼓雷霆而作气，犹恐细腰音缓、纤腹声沉，遂易鼙人，俾作冶民。虽非夔皮之异，实纵狼心之威。鞞鞑之音，远闻百里；铿鏦之响，倏聚万人。此盖蛮花狨鸟之遗风，足征火橄风车之用武矣。

　　南海庙前旧有其二，径围五尺，钣自四垂。形似麈而起脐，状类铛而有耳。虾蟆金制，四围镂错采之光；翡翠斑成千年艳，纯绿之色。形如腰鼓，磐拟中空。音若洪钟，橐同无底。考《志林》虞喜，献自建武之年。藏古庙于扶胥，铭镌伏波之号。铸物者，既有明文；考古者，敢无深辨？夫欧阳颀之献，既云"累代所无"；陆务观之书，"置酒悬庭"，复注广州之记：俚獠沿用蛮俗久成，怒则作援枹之攻，喜则致纳钗之乐。交趾女子恃其战具，遂萌叛心。当徵侧反寇之时，正文渊进讨之日。惩其宝赂，歼厥渠魁。作嬴氏之销锋，免南人之复反。铜柱标分茅之岭，永震声威；金马献宣德之门，用传体式。事具蔚宗之史。麋留骆越之铜，亦欲争其全销、夷情悉服也。岂肯煽彼蛮风尚，复效其兹异制乎？说者谓：师之耳目在旗鼓，南交地形卑下，湿气熏蒸，瘴雨蛮烟，飞鸢犹坠。上雾下潦，鸣鼍莫闻。恐兵气之不扬，诧鼓声之遂死，制为此鼓，范之以铜。横海登坛，声盛致志。铭钟勒鼎。纪绩书勋。不知聚米为山，虏入吾目；立铜为界，算成在胸。虽盛请缨，何劳制鼓？即或毒以攻毒，本其道以还治，未必时而阅时，留其物而尤效兹之遗器。或文渊以岭海介在蛮夷，轸接溪岗，恐再有橐弛赤白，变起苍黄，赵佗窃号以自娱，滇王与汉而争大，故示以师征，留兹虏获，警其尥蜴。封拟鲸鲵，知徵贰之叛终擒，浪泊之险难恃。尽琛长献，兵甲无劳，未可知也。用赋长律，聊辨其略云。

　　自从惊起渔阳鼓，铜狄铜驼几变更。横海无人关铁牡，辞宫有泪别金茎。沧桑不复留余物，汉晋无从问旧氓。莫向雀台寻瓦砚，忍经象郡看雕甍。岂知地老天荒外，尚有鼍鸣蛤吠声。黄木湾前闲泛棹，扶胥海口倏闻经。钲铜琵铁板音徹，玉笛银笙韵互赓。庙谒波罗空眼界，庭悬骆越骇心旌。献来五尺传林霭，击妙三挝陋正平。得自田夫看蛤跳，盗移国贼失蛙鸣。波沉响记雌雄应，铻引音从子母生。俨若飞钟悬穗石，恍如埋剑掘丰城。浔州涸露滩曾响，泗水浮来磐共惊。怪怪奇奇疑附会，原原本本试详明。是皆创自南蛮俗，屡见殉来北郭茔。钗叩金银同乐燕，戈挥甲胄共刑牲。椎头岗户脐常击，赤脚黎丁手日擎。人道文渊留异制，尽传下濑藉专征。铜船并载朱鸢浦，铁杖惊敲白虎营。俚獠久成陶冶俗，将军疑伪伏波名。我来访古看斑驳，物任真讹漫品评。名隶鼓人司节奏，铸从凫氏炼精英。龙门产作雷门响，中国工逾外国精。马革南征防雨湿，洛钟东应讶山倾。献俘衅罢谁嫌臭，纪绩镌馀信不轻。石点年深疑绿染，辰砂日久想丹成。形神兽足归镕冶，华革冒鼍皮炼烹。自昔南交同贡赆，问谁蛮越敢称兵？庙中赫赫援枹志，庭畔渊渊采芑情。知否含毫闲咏物，有人揽辔慨澄清。

【校勘】

① "溪岗"，原作"豀岗"。② "钲铜琵铁板音徹"，原作"钲铜琵铁板音遥徹"，衍字。③ "华革冒鼍皮炼烹"，原作"华革冒鼍皮乏炼烹"，衍字。

铜鼓（七言长律，同用八庚，三十韵）

叶官桃

将军横海登坛后，铜物空余说汉京。听得鼓鼙思将帅，况当烽火援蛮荆。援枹何日平夷虏，铸错谁人偃甲兵。不见伸威交趾国，至今怀古伏波营。黎丁昔持银簪叩，新息曾披铁甲征。此器流传应历历，其声抨击信铮铮。丘墦往日思铭柱，浪泊当时奋请缨。毒雾腥风迷海岛，蛮烟瘴雨晓林箐。不闻作气千山响，安得宣威百粤平。马革裹尸空有志，鼍皮冒鼓恐无声。天心胜可操人事，彼竭当须震我盈。聚米为山工策画，制铜作鼓计精明。范金冶内疑钟磬，炼铁营中讶鼎铛。镕就腹脐夸匠巧，视同耳目进军行。不须雨潦愁声死，恍若风雷作势惊。响震五溪同慴伏，威传百崮骇匎匐。平蛮依旧军传鏊，列成□□□鹿鸣。休论神物难埋没，且羡奇勋独表旌。一击顿令猺獠服，三挝能息岛夷争。文渊上将应重见，徵贰何人敢抗衡？振旅渊渊思偃武，修文金马共登瀛。□□翻疑阵挞钲，铁垒都教惊北走，铜山定见讶西倾。悬楼应笑绸缪拙，记里休夸制作精。功立分茅欣奏凯，俘擒徵侧尽输诚。是皆新制惊蛮俗，留得遗规说汉氓。数字镌铭看历落，万年故物尚晶莹。摩挲今古犹堪鉴，刻画蠹鱼已各呈。蛤吷有人传陇畔，蛙鸣谁实盗阶楹？或疑陵谷思垂绩，共永山川不朽名。

【校勘】

①"登瀛"之后原文献空白两行多，今以空缺号代替。"列成"句中亦有三字缺。②"不朽名"之后原有"田畔千秋终蛤出，滩"其后原缺。③"持银簪叩"，原作"恃银簪叩"。

铜鼓（七言长律，同用八庚，三十韵。有序）

叶官桃

吾粤南海庙有铜鼓焉，小大各一，岁月历千。或谓林蔼所得，出自蕃塚，有云浔洲所产、涸现鼓滩。聚讼纷然，考证莫辨。读欧阳頠之传，珍奉岭表。稽汉建武之年，献由南郡，然史书之可据，孰若铭勒之有征？今扶胥古庙所藏，内镌"伏波将军之制"，铸词非伪，余说可删。慨自百粤师兴，五溪蛮起，交趾平徵侧之反，汉家命新息之征，聚米谋猷，据鞍矍铄，请缨而击南越，执鼓而问贼臣。然上雾下潦，鸢堕趾趾之飞；瘴雨蛮烟,鼛缓逢逢之响。妇女无匿,兵器不扬。将帅应思鼓声欲死,因五岭之易雨,遂百炼以取铜,鼓而进之,悉平蛮洞。用是铜船沉朱鸢之浦,铜柱立分茅之山。获彼骆越之铜,归为金马。留我伏波之鼓,俾作鲸鲵,用以声慑群蛮,器警来世。夫立功居不朽之次,大志必盈余之求。以将军马革裹烈士之尸,麟阁图功臣之像,殉名念重,遗物心深。今兹铜鼓之留,何异鼎钟之勒?故年湮岁远,谷变陵迁,或得自山阿,或来自水底,后人浅识,妄语奇闻。农父耕余,惊传蛤跳;榜人棹起,滩中怪讶龙吟。安知当日非预沉山下,深置陵中?显晦有时,勋名不没。马文渊之铜鼓,不俨如杜元凯之石碑哉?因为序辨,并纪以诗。

不堪岭外寻遗迹,沧海桑田尽变更。粤秀山头铜柱失,六榕塔顶相轮倾。钟悬仙观犹崩缺,石弃西湖等碎砰。兵燹共教同刼叹,灵光谁与独全争。幸哉故物留铜鼓,久与神弦和玉笙。访古偶来南海庙,纪勋犹记伏波营。滩中何处悬龙簴,穴畔翻疑有蛤精。得自唐时穿废塚,铸传汉世认东京。自从征侧生离叛,曾与文渊共远征。蛮洞追风凭作气,山溪易雨恐无声。鞞人节奏仍司掌,冶氏精工几炼烹。最好中空能外彻,不须实大亦声宏。採来蜀道凭良匠,响并雷门励汉兵。从此执枹穷浪泊,俨如伐鼓挞蛮荆。渠魁酋帅归元献,赤脚椎头掩耳惊。置酒依然都老服,纳钗由是崀黎平。旌旗已返惟余此,山水长留岂好名。海底恍如沦夏鼎,庭中俨若列殷楹。相传风雨雌雄应,或是英青牝牡成。铸马已经亡骆越,如鼋今尚在羊城。高惟五尺脐微凸,韵胜三挝体不轻。蝌蚪篆成难我读,虾蟆伏处定公鸣。耳余石点关心认,腰有辰砂照晶莹。马革定输形古雅,鼍皮那及响匋匐。鹧鸪斑起今犹艳,鹦鹉螺吹昔屡擎。狉鸟蛮花时叛服,晨罄夜鼙尚纵横。几州铸错空贻悔,横海登坛孰鼓行。谁是闻声思将帅,只留和乐悦神明。铜驼已见埋荆棘,金掌空余泣露茎。赋罢神钲三太息,援枹何日庆澄清?

【校勘】

① "挞蛮荆"原作"挞蛮蛮荆"，衍字。

铜鼓（七言长律，同用八庚，三十韵）

叶官桃

一声岭海开聋瞆，蠢尔南蛮敢动兵。不见文渊曾灭跡，至今铜鼓尚留名。逢逢犹记专征事，坎坷如含挞伐声。警众高悬南海庙，成功曾助伏波营。或云蕃塚坟中殉，亦说浔洲水底鸣。蛤跳穴旁人共讶，龙吟滩侧客常惊。埋光不久韬神物，隐曜终难蕴宝莹。俨若飞钟沉粤海，恍如长剑出丰城。建安南郡曾传献，梁代欧阳又奉迎。聚讼莫能分始末，参稽宜辨决详明。孰知诸说皆拘执，总为群蛮事远征。冶氏陶镕原历历，将军名号勒英英。五溪昔日惊黎户，二女当年动汉旌。聚米为山方拟策，铸铜立柱未甘盟。丘幡直欲风全扫，浪泊常忧雨莫晴。爰命鞞人更鼙戒，特催凫氏炼金精。鼍皮韵恐沉常缓，马革声嫌大不宏。用本进军疑铸铎，势原作气似鸣钲。雷门恍讶援枹击，蜀道谁知鼓橐成。简简励兵群俚伏，渊渊振旅百蛮平。千年留与黎丁警，五尺闲将古迹评。耳畔虾蟆含怒跃，腰间蝌蚪篆纵横。飞沉海内雌雄应，窃恐祠中盗贼擎。闻道银簪蛮俗叩，竟同钟鼎粤邦荣。都应新息宣威武，能使山溪尽肃清。玩器不同遗甗磬，兵戎岂等重罍觥，即今将帅常思得。忍使謦欬久废倾，错铸六州空悔恨。声闻百里正纷更，神弦莫作和平听，将略宜歌踊跃行。会见平蛮交趾灭，纳釴遗俗尽输诚。

南越铜鼓歌（七古，有序）

叶官桃

金铜仙人已辞汉，铜雀铜驼鸟兽散。魏晋以来几沧桑，金马式传骨亦烂。独有闻声思将帅，铜鼓尚留波罗岸。忆昔伏波征南蛮，涉险削平徵侧乱。银簪叩鼓尽欢迎，铜船沉海不离叛。战功常念浪泊艰，伟绩不与云台冠。铭比燕然阅岁华，柱立分茅亘天半。日久尚虞交趾灭，废铜折付阴阳炭。特俘恋岗铸此鼓，埋于山顶沉江畔。任他陵谷互变迁，俾我勋名长炳焕。观其老尚据鞍马，那肯埋没骑款段。元凯之念默不言，有心对此为握腕。昔贤重名思立功，援桴不畏蛮首悍。岂同怖者床下伏，坐视胡儿国中窜。何曾鼓鼙声欲死，卒至马革尸同惋。豹死留皮人留名，古人爱名功自干。抚兹铜鼓感慨生，苔花斑驳色黯淡。菁林瘴雨泾闻声，溪岗蛮云火堪锻。千载无复南人反，三挝散作渔阳玩。桴鼓未停事挞伐，铭词欲读非漫漶。好靖朱鸢继文渊，俾来白雉朝公旦。敢诮前人悉好名，对尔铜鼓为三叹。

【注释】

①此诗原有序，与《铜鼓（七言长律，同用八庚，三十韵。有序）》相同，此略，仅录其诗。盖与评语"序有佳处，诗未见出色"有关。

南越铜鼓歌（七古）

叶官桃

脐隆腰束苔花缠，通体络索形连钱。五蟆六蛙相盘旋，隐隐卦纹画坤乾。四釲玲珑各垂悬，径围五尺深而圆。从铐起击声轰天，革音不数鼍皮坚。是曰铜鼓南越传，原始已载建武年。瓯骆旧俗器相沿，恃鼓叛伐同黔滇。何物女子兴蛮烟，徂征烦我马文渊。雾潦跕跕愁堕鸢，或传腐鼓士不前。铸式□□□熬煎，神工鬼斧惊填然。衅血命岂五溪延，岂知矍铄据鞍鞯。为山聚米悉兵权，无事范铜奏凯还。一鼓珍寇归式遄，此物俘获余弃捐。嵯峨铜柱插山巅，何事鼙靰铭勒镌。金马况铸骊与骎，斑驳画入红炉鲜。那有铜点遗涓涓，及游黄湾涉巨川。波罗庙里祀事虔，忽叩铜鼓和神弦。自唐以来列东偏，千载神力为保全。我思鸢浦沉铜船，何以贼物犹不蠲。将军深意难言诠，想当徵侧就拘挛。预知蛮性常变迁，反覆靡定兴戎旃。败盟入寇惊鸣甄，时无班超孰控弦。闾阎尽张穷庐毡，索币索地相垂涎。故留此鼓惩厥愆，蛮花犵鸟相示宣。昔时擎鼓张空拳，藁街悬首血溅溅。殊方异物俘可怜，中国有人戎阃专。方叔伐鼓车三千，与马伏波相比肩。我辈何可再犯边，夜郎自大恶亦悛。吹蠡叩鼓持花钿，赤白囊靖人安眠。和神祐福禄禄绵，东西两庙声何填。长与藤鼓警狂颠，铭勋纪绩又后贤。

【注释】

①"铸式"句中有三字空缺。

时园中诸葛铜鼓歌

余 昭

儒将风流诸葛公，隐士名士真风流。镇压百蛮铸铜鼓，物肖其人夺天公。观公之制思公才，奇物几不随劫灰。孙曹汉鼎俱尘埃，铜雀铜驼安在哉？惟有公之精神固，鱼浦石阵祠前树。此鼓亦有风云护，神奇出土跳蛙怒（青蛙入土，随掘得鼓）。生前擒纵助边猷，死后犹能拜群酋（川志：九丝蛮阿二、方三谓：上鼓可易牛千头，一鼓足雄长一方。闻鼓，诸酋攘攘来拜）。价岂只易牛千头？论功鼓亦当封侯。我兄嗜鼓勤搜罗，物投所好来山阿。购入时园时摩挲，勖我试作铜鼓歌。愧我手无昌黎笔，硬语不能徒诘屈。铜鼓铜鼓其神物，土花斑驳莓苔黜。沉埋人世几千年，功成壮士久归田。一朝出土还人间，英雄陈迹已如烟。于今不复为用武，园中且作催花鼓。花国从无战征苦，渊渊犹带古时语。近日东风太狼籍，花幡高树为催敌。先声定夺封姨魄，好倩花王为勒石。主人相得欢鱼水，雅歌投壶从此始。昔如隐士今名士，英雄出处如是耳。

【作者简介】

余昭（1827—1890），字子懋，号德斋，一号大山，生于叙永水潦（今四川省叙永县水潦彝族乡，古属黔西北）。著有《大山诗集》。

【注释】

①《叙永永宁厅县合志·艺文志》（光绪三十四年刊本）。

胡梅林少保铜鼓歌

汪士铎

君不见文渊亲征征侧功，铸铜为柱高插空；又不见武侯五月渡泸水，蛮洞箐深鼓声死。古人海上论奇勋，冶铜为器前所闻。梅林少保方秉钺，屏障东南镇瓯越。胸中全贮渤澥形，岛屿纵横如一发，间谍奇策穷鬼神，倭岛鲸鲵皆失窟，先谋后战部署定，若解锦条飞俊鹘。海螺吹彻霜月高，蝴蝶长蛇漫冲突。龛山舟山指挥静，徐海王直迳巡殁。获兹铜鼓助军威，精气熊熊动参伐。四蛙蟠结填波臣，怪蛟妖鼋扫以芟，百年父老犹讴思。清夜扁舟拾海月，骑箕一去遗器存。景钟铿铿音未歇，土花蚀翠胭旨红。条侯之戈魏公笏，前年江浙走卢循。小草山中徒咄咄，雷门布鼓且不鸣。呜乎，铜鼓兮终芜没。

【作者简介】

汪士铎（1802—1889），字梅村，江苏江宁（今南京市）人，道光二十年（1840）举人。入胡林翼幕府，深得倚重。生平主要以游历、授徒、治学为主，系著名理学家。主要著作有《汪梅村先生集》《悔翁笔记》《南北史补志》《水经注图》等。

【注释】

①录自《悔翁诗钞》(《续修四库全书》本) 卷6。②胡梅林少保:见《胡少保祠铜鼓歌》注释。

启宇上舍以所获铜鼓见示索诗书此以应
苏时学

法物征铜鼓,摩挲倍惘然。只闻蛮俚铸,谁识汉唐年。蝼蝈形疑活,云霞色更鲜。渊渊曾奏凯,为我荡烽烟。

【作者简介】

苏时学(1814—1874),字敩元,号琴舫,又号爻山,广西藤县人。道光二十六年(1846)举人。官至内阁中书、奉直大夫。诗人,为"粤西十四家"之一,主要著作有《宝墨楼诗册》《宝墨楼楹联》《墨子刊误》《爻山笔话》等。

【注释】

①录自《宝墨楼诗册校注》(巴蜀书社,2014年版)第246页。②作于同治三年(1864)。③启宇:吴启宇,苏时学的侄女婿。

铜鼓赋(并序)
龙绍讷

黎有铜鼓卫,又有铜鼓所,皆以伏波铜鼓得名。初,马援征交州及五溪,所过每铸铜鼓镇其地,此铜鼓之所由始也。然蜀汉诸葛武侯亦尝制铜鼓以镇蛮夷。按:《明史》载贵州盘江之役,掘得铜鼓数十,皆武侯所制。

靖州通道县于乾隆十九年掘得铜鼓，内注"大汉诸葛武侯制"七字，抚宪奏闻、入贡。此又一铜鼓也。五代晋、汉间，楚王马殷子希萼、希范分据湖南潭、朗诸州，自称伏波将军后，铸铜柱，高一丈二尺，勒名溪州，并铸铜鼓。此又一铜鼓也。裴氏《广州记》及《隋书·地理志》："狸獠铸铜鼓。鼓高大，面阔丈余。初成，悬于庭。克晨置酒，招致同类，来者盈门。豪富子女以金银为大钗，执以叩鼓，叩竟，留遗主人。"此又一铜鼓也。今曹、滴古州诸洞往往掘地得之，高二尺许，叩鏓鏓然。争以为珍善，价始售。洪州一带，所在多有。开泰县署亦有其一，相传此鼓不可击。是皆为何人所铸，伏波耶？诸葛耶？萼、范耶？蛮人自铸耶？不可得而知也。后汉天福十二年，武平节度使王逵遣王虔朗说下蛮酋符彦通于溆州去王号、献铜鼓。逵以为伏波所铸，即日表彦通为黔中节度使。然皆意度之。或者为马氏所铸，未必真新息物也。范成大《桂海虞衡志》：铜鼓铸"如坐墩，而空其下。满鼓皆细花纹，四角有小蟾蜍。两人舁行，以手拊之，声全似鞞鼓。"此又一铜鼓也。此物在地日久通灵，曾有人闻蛙鸣而掘得者，其鼓缘边皆刻虾蟆形云。又据《后汉书》，马援于交趾得骆越铜鼓，则铜鼓似非马援所造。又，《隋书·地理志》：诸蛮铸大铜鼓，高三四尺，有上面而无下底，声不甚大，名曰"诸葛鼓"。猺人谓是孔明所造，然未可必其为孔明所造否也。陆次云《峒溪纤志》：铜鼓，大苗峒方有之。其大如钟、长筲三十六乳，重百余斤，中空无底。人传铜鼓有神，此峒之鼓盗于彼峒，夜见有虎欲出啮人。遣还之，乃静。《经济类编》：后周马希萼之帅群蛮也，府库累世之积皆为溆州蛮酋符彦通所掠，彦通富强称王于溪洞。王逵既得湖南，欲遣使抚之，其将王虔朗请行。既至，责之曰：昔马氏在湖南，足下祖父皆北面事之。今王公尽得马氏之地，足下不早往乞盟，异日得无悔乎！彦通惭，执虔朗手谢之，即日去王号。《岭表录异》：高州小儿牧羊，闻田中有蛙鸣，捕之。跳入一穴，掘之，即蛮塚也。得一铜鼓，其色翠绿，上多铸蛙蛤之状。因疑其蛤鸣即铜鼓精也。

爰本伏波一说，赋以明之。其辞曰：

蛮烟瘴雨，賨叟溪童。部落分则犷獴狪獠封，疆辟则辰潕酉雄。玉盆文马，犀角龟筒。自款寨以来，桥曾锁铁；溯羁縻之代，鼓实磨铜。伏波将军，气壮据鞍，心坚裹革，柱标作界，曾垂合浦之功；米聚为山，用建秦川之策；五溪不靖，鞭在镫而谁敲？九姓归诚书草，蛮而已吓，于是过其地则镇以铜鼓焉。吾想夫授图沉玉，望气埋金，碑铭泰岱，鼎峙汾阴，况此际鸢飞落水，蹄陷成洿，人经古箐，马度遥岑，勋堪垂乎竹帛，迹可任其销沉。尔乃穷邓通之山，凿庞俭之井，涸若耶之溪，采武康之岭。台何为而称以爵，瓦纵能存露，何为而承以仙盘，应可省其铸为铜鼓也。謦欬难胜，镗偏一跃。击有待于簧，桴响定区乎金铎。迹去雕镂，痕无斧凿。听音思帅，献馘当斩。□□□异，叩以桐。闻不烦鹭振，只有蛙纹。羯可催花，休诧疑于唐帝。鼍堪奏乐，宜志美于周文。似欧冶之铸成，声闻数里。岂正平之挝后，泣感三军。团中亦乐此乎？银簪射利。蛮人不复反矣，铁柱铭勋。迄今武陵旧壤，鬼国遗罗。吹笙宛转，卷发摩抄。锋谈故事，附会愈多。卫名有以，山号非讹。儒生好古志前代，鏗然一击斫蛟鼍。

【作者简介】

龙绍讷（1782—1873），字廷飏，号木斋，晚号竹溪，贵州锦屏县人。道光七年（1827）举人。三次赴闱不利，回梓课徒，致力于学。著有《亮川集》4卷和《迪光录》8卷。

【注释】

①录自光绪《黎平府志·艺文志·金石》。其中"后汉征蛮铜鼓"条记载："存开泰县大仙楼，相传马伏波征五溪蛮所遗，或曰武侯制，以镇蛮疆。"并录龙绍讷《铜鼓赋》、邓显鹤《铜鼓歌同春湖中丞作》、司炳燡《铜鼓歌》、黎兆勋《开泰县署铜鼓歌（并序）》、于克襄《铜鼓诗》。②文中"当斩"句后，三字空缺。

南海神庙铜鼓歌

洪景琦

二月既望朝祝融，庙巫扣鼓声冬冬。鼓形匪革亦匪石，制以骆越青花铜。广径五尺高及半，共中突起脐隆隆。乳垂四悬锁纽壮，连钱络索环玲珑。潆纹漾藻点湿翠，藓血蚀土腥瘢红。摩挲背面觅款识，欲考年月茫无从。或云汉伏波所制，拣选百炼精陶镕。军门酾酒夜传令，一震百里三日聋。雨淋日炙不磨灭，呵护赖有神鬼工。天生瑰奇必出世，山泽未敢埋其踪。又闻獠俗好铸鼓，银钗一击酒百钟。伏波获此改马式，诏置宣德昭神骢。今兹鼓制不可究，为汉为越将毋同。相传鼓有大小二，阳律阴吕音和冲。金精倏忽作光怪，一夜飞入冯夷宫。千年风雨黑潭底，尚有神物雌求雄。我来再拜不敢击，深恐其下蟠骊龙。岁时伏腊大赛会，云车风马来朝宗。蒲牢发警巨鲸答，金石合奏相铮鏦。鼓兮鼓兮勿复击，恐尔破壁飞去随长虹。

【作者简介】

洪景琦（生卒年不详），同治光绪间广州粤秀山麓之菊坡精舍的肄业生，余事未详。

【注释】

①录自《菊坡精舍集》（光绪二十三年刊本）卷16。

（八）光绪年间

题宗氏铜鼓斋并记

杨沂孙

吾邑宗香谷得铜鼓以名其斋，其子幼谷索予篆为额。昔查悔叔有铜鼓堂，即以名其诗集；程也园有铜鼓楼，以藏书画古玩。程氏有五具，余在新安见之，盖越俗之铜鼓，犹三代之彝器，皆精铸之，以为镇宝。后世文字书籍之教兴，而制器尚象之风逊矣。苗蛮风俗虽异中土，然亦古圣贤之遗裔，禀五行之灵气，其智虑技术岂尽否僿无文乎？即此制器之精，亦足见其概矣。并作五古一首，书其后。丁丑九月。

在昔马伏波，得骆越铜鼓。改制铜马式，国门列孔武。诸葛征南中，亦曾此器聚。乃是苗蛮风，传器自皇古。后儒少所见，谓自武侯铸。宦游偶得之，归以炫愚鲁。曾见查与程，取斯名其所。诗人有歌咏，文士作记序。亦既知其详，无烦鄙人语。宗子今获之，何妨继其绪。用名屋旁斋，索我籀书署。题诗如积薪，后来吾复吐。

【作者简介】

杨沂孙（1813—1881），字子舆，一作子与，号泳春，晚号濠叟，江苏常熟人。道光二十三年（1843）举人，官至凤阳知府。以书法著名，工钟鼎、石鼓、篆。著述有《文字说解问伪》《完白山人传》《石鼓赞》《管子今编》《庄子正读》《观濠居士遗著》等。

【注释】

①录自《观濠居士遗著》（《清代诗文集汇编》第653册第461页）。②原题为上所记文字，此拟新题。③诗作于光绪三年丁丑（1877）九月。④宗嘉树（1841—?），字君玉，号幼谷，字君玉，江苏常熟虞山人，工书法，善花鸟。⑤查恂叔：查礼，见张之洞《铜鼓歌》注释。⑥程振甲（?—1826），字篆名、也园，号木庵，安徽歙县人。曾任官而不显，由内阁中书官至吏部员外郎。以书法、制墨、收藏著名，有铜鼓斋。著有《木庵藏器目》。

诸葛武侯铜鼓引
（日本）中内惇

布八阵，击八鼓，南征北伐奋厥武。孟获力屈七就擒，仲达畏蜀如畏虎。一朝星坠五丈原，老荒柏森森锁庙门。谁道羽扇纶巾木牛马，百世之下无一存。君不见，江间已留石阵迹，铜鼓又传海东国。此于八鼓居其一，铜质精致坚如石。背文未蚀诸葛字，满面苍苍古烟碧。想见当年援枹作气时，天地震动风云起，龙虎跃，乌蛇驰。

【作者简介】
中内惇（1822—1882），字五惇，号朴堂，日本伊势（今日本三重县）人。有《朴堂诗钞》。

【注释】
①录自哈佛燕京图书馆藏日本汉文古籍《朴堂诗钞》卷6（日本明治庚午年刊本）。②此系罕见的日本铜鼓诗，诗中言诸葛铜鼓传入日本（海东国）。

铜鼓钗歌（并序）
王诒寿

何竟山藏有古钗，云"蛮人以叩铜鼓者"。银为之，长逾尺，大倍常钗，圆直而上稍锐。云"千余年物也"。按：《隋书·地理志》载：南海、交趾铸铜为大鼓，初成，置酒招同类。豪富子女以金银为大钗，执以叩鼓，竟乃留遗主人，名为"铜鼓钗"。此其是与？

银虈一尺绀龙角，翠漫镂金截细葶。海南女儿颜如霞，不向东风曳珠索。玉螺花鼓青盘雷，碧璎鹅锦连臂来。钗光摇摇彭声起，手撒春星颤鸾尾。洞堂一曲蛮花香，犀床不动双鸳鸯。毡裘都老红酪浆，堕霞簇簇珊瑚囊。何年飞来逐龙子，古井沉沙土斑紫。芙蓉怯玉兰云垂，金虫欲缀愁蝉丝。且铺舞锦呼吴儿，娇鼍促叠催柘枝。

【作者简介】

王诒寿（1830—1881），字眉叔，一字眉子，号笙月，浙江山阴人。诗、词皆有成就。著有《笙月词》《缦雅堂骈体文》传世。

【注释】

①录自《晚晴簃诗汇》卷167。②何竟山，名澄，以字行。浙江山阴人。有《何竟山日记》传世。光绪元年（1875）随福建巡抚王凯泰至台湾，后两人在台湾的诗歌以《台湾杂咏合刻》传世。

诸葛铜鼓歌

郝植恭

铜雀台成露盘折，汉鼎潜移归魏阙。楼桑葆羽扶赤精，炎井一窥火复烈。蜀中奄有官山铜，铜山铸鼓声隆隆。诸葛行军散蛮土，仿佛伏波标汉柱。茅庐抱膝探阴符，八阵方圆石列图。风云蛇鸟任驱使，制器神巧逾公输。爨釜不炊能自熟，木牛流马机藏腹。警枕夜送天鸡声，神弩一发箭十镞。更冶精铜范军鼓，埋山作镇南人服。还辕返斾趋褒斜，神器终当属汉家。吴郡石借蜀桐扣，曹瞒魄褫渔阳挝。扫荡中原麆义旅，其镗踊跃壮如许。三军洗耳听铙歌，旧京终未旋钟虡。鼓面圆净新剖铏，旁围渐杀腰缩形。花纹环绕缺蛙黾，周遭碎乳盘明星。周代錞于近世绝，肃慎楛矢空留铭。摩挲仅存丞相鼓，土花绣涩苔斑青。四环有无奚足辨，鲁齐姑莫论真赝。拊搏不减吼灵鼍，势挟奔雷驰激电。手摘严鼓声军威，桓桓武士如熊罴。荡平一鼓风尘扫，南琛西赆来夷宝。君不见骆越铸马登金门，象州职贡充庭陈。花蛮腰鼓效歌舞，水陆震詟天威伸。猺獞犷性能扰驯，闻声我思将帅臣。

【作者简介】

郝植恭（1832—1885），字梦尧，直隶三河县（今河北蓟县）人。咸丰二年（1852）举人，官至莱州知府。著有《漱六山房文集》《诗集》。

【注释】

①录自《漱六山房诗集》（光绪四年刊本）卷5。

铜鼓（在东粤之地，武侯征南蛮所铸焉）

冯锡龄

铜柱插云霄，铜鼓怒不销。南蛮惊胆裂，西蜀战骑嚣。雷大鸿炉铸，鼍鸣虿市摇。七擒余妙策，威震海邦遥。

【作者简介】

冯锡龄（1826—1893），字梦九，号莲溪。甘肃秦安县人。光绪八年（1882）拔贡，任陕西沔县、西乡县典史。工书法，尤善楷书。有《莲溪诗集》与小说《游仙梦记》。

【注释】

①自《秦安文史资料·莲溪诗集（第一卷）》（油印本）。有所校订。

踹鼓行（并序）

易顺鼎

苗俗于春日除广场，以竹三竿悬铜鼓一，扣之，男女踏歌，各为队，绕鼓外行，如旋磨然。其歌辞祈福禳疠之意居多，应鼓为节，不儳亦不咺也。暇辰往观，赋句纪之。

一人帕首歆芦笙，参差凤翣春相鸣。竹王祠边正吹晓，东风飘雨灵旗青。一人缚竿逾丈许，系以朱绳贯铜鼓。一人持桴逗鼓声，鼓声将停桴声补。三处两处獞场开，十队五队嬛歌来。夫丁女壬聚杂沓，儿童拍手双江街。以鼓疾徐为进止，踏成惨绿斜阳里。歌声一道碧摇天，如梦春云飞不起。苗姬十五夸轻盈，粗服乱头姿趣生。百折裙香泥睡蝶，万重花气围春莺。紫凤天吴衣上有，赪光彗地妖虹走。斜行初似蚁缘藤，细意旋成鱼贯柳。娇歌窄步来登场，绣罗抹额银珠珰。夜郎山高郎何处，余响荡入牂天长。迎神送神辞隐约，此时士女无相谑。弹冠但指白鹅翎，行酒休辞翠牦角。楚歌聊足代传芭，郑俗原非存赠芍。冠裳且复汉制善，钲鼓那见黔氛恶。君不见，清江苗，年年战垒秋天高。刀耕火种俗犷悍，一变可至康衢谣。帝廷方今有干羽，后舞前歌答圣主。

【作者简介】

易顺鼎（1858—1920），字实甫（实父）龙阳（今湖南汉寿）人，易佩绅之子。光绪元年（1875）举人。曾被张之洞聘主两湖书院经史讲席。清时在广西、云南、广东等地任道台。有《易顺鼎诗文集》《琴志楼诗集》传世。

【注释】

①录自《琴志楼诗集·丁戊之间行卷》（上海古籍出版社，2004年版）。②诗作于光绪四年（1878）。③易佩绅《函楼诗钞》卷7《由八乐陆

还经永从下江各苗洞八首》："铜鼓芦笙总乐歌，更兼舞蹈畅天和。汉家视作倡优业，翻让苗家古意多（旧闻苗俗歌跳，类皆淫荡，尝议禁之。今始亲见，亦古人歌舞之遗）。"④温肇江《普洱茶》诗："筠笼椰子路，铜鼓竹王祠。"

端午日以铜鼓新荷馈子缜学使并缀二绝
廷　桂

伏波南下五溪深，破浪楼船达桂林。烽火连营铸铜鼓，雨中滴出汉时音。

潇濂菡萏艳端阳，净植亭亭压众芳。别有柳州九孔藕，城阴才胜半陂塘。

【作者简介】

廷桂（生卒年不详），字芳宇，满洲旗人，道光十九年（1839）举人，同治五年（1866）至七年任永州知府。著有《仿玉局黄楼诗稿》。

【注释】

①录自《晚晴簃诗汇》卷143。②子缜：陶方琦（1845—1884），字子缜，号湘湄，会稽（今浙江绍兴）陶家堰人。光绪二年（1876）进士，授翰林院编修，光绪五年八月提督湖南学政。有《汉孳室文钞》《汉孳室遗著七种》等传世。廷桂赠铜鼓并作此诗，当在光绪六年端午。

诸葛铜鼓赋（以"诸葛铜鼓名沿伏波"为韵）
张镜堂

噫嘻乎！三分局罢，一炬焚余。何来铜鼓？近出荒墟。宅访南阳，卧龙不见。名留西土，蜀虎终虚。古色斓斑，事恐惟贻。故物奇形，光怪模糊。尚认《蛮书》，此诸葛丞相所铸之铜鼓也。绩著牂牁，曾共金铙，击罢名传。僰道思同，玉匣藏诸。当夫南房烟飞，滇夷扈跋，鹿逐难降，狼贪莫遏。桴鼓则虎旅频惊，旗鼓则鸦军欲夺。吹角祁山之寨，月明而草碧。疆场麈军，泸水之流。风急而沙，黄甌脱看。此日策名，西蜀功迈萧曹。想当年隐迹南中，风高怀葛；迨清平而返旆，乃筹划以鸠工。非高碑之记烈，讵大碣之铭功。北房何足算哉！炉锤在手，南人不复反矣。铸炼由衷，驱九虎以成军；叱咤而阵，皆浴铁合八鸿而作冶，指挥而山亦输铜。则见角屈盘龙，皮坚蒙虎。鹿鹿光深，熊熊色古。将欲拈毫铭，彼质又非金。还思援桴击之，声曾异士。重只十斤，阔惟尺五。两耳高支，一心低抚。光芒万丈，几同汉武铜盘。委积十年，何异宣王石鼓。百炼金精，不平则鸣。其形古奥，其色晶莹。其光火焕，其质冰清。携来筹笔驿前，愁云变幻；扣到读书台畔，怪石纵横。力摧司马之兵，边境咸钦号令。威慑参狼之部，蛮荒同仰勋名。回思草庐卧后，梁父吟先隆中冈上。水镜庄前，酬三顾之深恩。情投鱼水，裕七擒之妙略。威耀胡天，羌笛频吹。司马徽之旧游，不见瑶琴罢弄，徐元直之重会何年。殊萧相国之剖符，惜未奇功克建。仿马伏波之铸式，何妨故事相沿。迄今缅贤相于龙冈，仰高才于鱼腹。抚曩物而流连；溯往闻而深服。木叶前朝之戍，古迹重寻苔花。旧日之铭，奇文可读。昔日练戎，行于寳叟。曾瞻部曲旌旗，此时忙报赛于村翁，尚记岁时腊伏。嗟嗟！故宫禾黍，废垒烟萝。玉鱼冷久，金雁浮多。种菜之空营已圮，栽桑之旧宅如何？独兹则纵横瓦砾，埋没山阿。仗鬼神之呵护，兴学士之搜罗。殊甘兴霸之铜铃，威扬鸠虎；等张桓侯之铜斗，铭勒垂蜵。倘令太乙潜窥，定有雄雷鼓橐；试使冯夷扣击，应教巨壑扬波。

【作者简介】

张镜堂（生卒年不详）：《蜀秀集》记载其为"岁覆叙州。属经古。南溪附生。"余事未详。

【注释】

①录自《蜀秀集》卷7（光绪五年成都试院刊本）。②《蜀秀集》是成都尊经书院第一本课艺集，是该院师生优秀论文或试卷的选编。

诸葛铜鼓赋（以"诸葛铜鼓名沿伏波"为韵）
陈　芬

浩浩乎蚕丛旷野，鸟道荒墟。有一物焉，声宏制古，外坚内虚。闻诸蜀父老曰：此铜鼓也，马伏波造于东汉之始，武乡侯铸于西蜀之初。想当时激厉三军争听，援枹击罢。问此日流传六诏，谁为韫椟藏诸。方诸葛公之征南也，踏雪山高，渡泸水阔，旌旆飞扬，干戈挺拔，鼓角从天而降，虎旅威扬，鼓铙震地而来，乌蛮气夺。铜钲以踊跃，既夺纛而搴旗；提铜剑以以穷追，亦攀藤而扪葛。于是以铜为鼓也，金镕色碧，火炼光红，制无用革，叩不须桐。渊渊然有金石声，扬百万貔貅之勇；坎坎然应宫商，饰振三千鹅鹳之雄。笑淮阴侯之渡夏阳，瞿徒用木迮。马文渊之征交趾，柱亦标铜。徒观其如铜钵之音清，如铜盘之形古，如铜鼎之回文，如铜筈之耀武。色晃朗而如铜镜，争共搜罗；声宏远而似铜钟，时惊点雨。形依马式，争教一样吹桐；响振鼍鸣，试听三军伐鼓。于是吹殊铁笛，扣杂银笙，音繁月遏，响逐云行。击之则星驰电闪，挝之则谷应山鸣。麾木牛流马之军，都知按节慑虎子。弩头之部，咸震先声。既砰訇而震鹭，亦闒輵以铿鲸。业看奏凯旋师，早听金錞之震。行见酬庸裂土，定镌铁券之名。振振阗阗，蛮烟瘴烟。铜丸摘后，铜趹敲前。非铜式标名，门临金马；非铜船匿彩，浦接朱鸢。助金铙而响夏，和铁甲而光连。不劳赤堇采铜制还，早就比似岐阳勒鼓。迹岂相沿，然而玉玺难留。金瓯将覆，徒劳上将。扬鹰慕定，中原逐鹿。南人不反，歌传蜀道之铙；西土长流，击叹魏宫之筑。铜笛涩而人罢吹，铜盘取而仙为哭。荒烟黯黯，花留昔日之苔；苦雨昏昏，叶落前朝之木。畴昔军容整肃，曾教氛靖朱提。迩来霸气销沉，已叹符更赤伏。迄今凭盱泸水，眺望牂牁。银筝响达，铁板声多。望荒凉之关塞，指缥缈之山河。野马扬鬃，徒深凭吊；牧牛砺角，空费摩娑。听铜驼临门之叹，吟铜仙辞汉之歌。鼎峙三分，半剩汤汤之逝水；图留八阵，空嗟瀲瀲之流波。

【作者简介】

陈芬（生卒年不详）：《蜀秀集》记载其为"南溪附生"，余事待考。

【注释】

①录自《蜀秀集》卷7（光绪五年成都试院刊本）。

铜 鼓 歌

彭传祖

高凉雄风表南天，狖鸟蛮花争逐妍。石龙不鸣惟酣眠，朅来铜鼓声殷闻。髯苏意气何拳拳（谓州监生苏廷瑞），牛车辇至衙斋前，为言此鼓出自石湾村外野人田，挥锄掘土土花鲜。使君德政合铭镌，神物瑞应非偶然。主人闻言呼否否，七十老翁何所有？物之隐见会有时，彼失此得亦其偶。野人爱鼓不如钱，十千易得置座右。面同博局脐中凸，蟾蜍怒目四隅列。斤权六十围七尺，光沉寒生逼咄咄。腹空腰束下无底，双纽旁跗坚不蠹。蒲泉浇灌重刮磨，青花绿锈泥沙洗。回环纹结雕镂工，云烟细袅篆竟体。偶然一击丽庞鸿，清机发籁鸣天风。阳律阴吕相为宫，鞭斥妖魅走蛟龙。鼓声不竭铜光红，客来着手争摩挲。秦耶汉耶费吟哦，或云伏波交趾征南之所铸，铜柱功成同呵护。或云诸葛七擒孟获之所遗，泸水滔滔暗转移。问之铜鼓不能语，张华不作无人知。我闻南越当年多蛮众，例须铜鼓镇山洞。花钗乱击妖女来，蛮夷大长罗珍贡。陵谷变异几千年，形虽缺兮神则全。况复功能殄疫疠，波罗庙里双鐏悬。得此鼎足争流传，鼙以革带架文梓，禹鼎汤盘仿佛是，轻装石压比郁林，洪流击汰数归里。归舟顺过石钟山，金石相应江风起。硁訇鏜鞳大声扬，螺子峰高鹭水长。会须补入集古录，球琳增耀六一乡。呜呼，铜鼓歌成心徘徊，横海功名何人哉！安得渔阳三挝霹雳手，一洗腥风毒雾万丈红尘埃，浮云喝散青天开。

【作者简介】

彭传祖（1852—?），字绶节，号蓬池，江西庐陵人。光绪十五年（1889）举人。其父彭贻荪，时任化州知州，光绪十四年《化州志》的总纂官，并为之作序。

【注释】

①录自光绪十四年《化州志》卷11《艺文志》。②监生苏廷瑞，为该志的"收掌校理"人员。③光绪《化州志·金石略》记此铜鼓："光绪丙戌春，石湾人于圩塘得铜鼓一，大径二尺许，高一尺有五。中空无底，腰束而脐隆起。面列虾蟆四，并有圆晕五重。以手按圆晕叩之，为工尺上士合音。通体作络索连钱及水漱纹，色若鹧鸪斑。石湾人以为异物也，献之守彭贻荪，得赏钱十余千文。荪子传祖有《铜鼓歌》。"按：光绪丙戌，为光绪十二年（1886）。

铜 鼓 诗

朱毓崧

牂牁自古属荆楚，汉代征伐收版宇。三苗聚族逃鬼方，夜郎自大崇妖蛊。武侯南征久抗师，险踞山洞难攻取。夷姓犬羊降复叛，不忍屠尽仍安抚。纵擒咸畏武侯威，南人不复反其主。梗顽未及道诗书，炼冶铜鼓代莽卤。卖刀买牛力耕田，春秋表祭祀先祖。芦笙跳月宰太牢，牛角饮醪醉歌舞。短裙高髻垂耳环，唱和歌谣撞铜鼓。使忘战斗乐尧天，男耕女织勤农圃。武侯造鼓有深心，攻心为上无敢侮。非钲非磬非钟镛，形如圆月中规矩。上铸蝌蚪鸟迹文，花鸟禽鱼杂龙虎。头有角兮耳有环，声田田兮非缶羽。其中妙术有机谋，问谁能知此神武？汉末至今千余年，苗闻武侯伏如鼠。铜鼓历劫有神呵，周之石鼓夏峋嵝。历过五朝鼓尚存，我朝圣德恩尤溥。苗民逆命起干戈，大张挞伐靖强虏。偏将霖雨洗烽烟，四野安恬俱乐土。轺轩采拾武侯功，史记班班师考古。扬辉竹简表勤劳，伟业昭昭在铜鼓。我今试作铜鼓歌，酒酣拔剑频起舞。

【作者简介】

朱毓崧（生卒年不详），字岳云，贵州都匀人，同治十三年（1874）进士，官至云南南关同知。

【注释】

①《八寨县志稿·古迹》卷8（民国二十年刊本）载铜鼓云："系县属苗族娱乐之乐具。其形如规，底空面平，边有四耳，重约三十斤或四五十斤不等。面有花纹如动植物者，间有似鸟篆蝌蚪者，多不辨认。每于婚丧追祭时击之。击时以绳系耳悬之，一人执木梃力击，一人以木桶合之，一击一合，故声洪而应远。苗人宝贵之，多留为传家重器。"并录本诗，其末记："相传为汉丞相诸葛亮征南时所遗。《遵义志》亦云然。"②八寨县，今属贵州黔东南苗族侗族自治州丹寨县。

诸葛铜鼓

练珍廷

提师奉命入蛮疆，连营几座在遐荒。相传铜鼓本精良，号令严明懔风霜。六师整顿肃戎行，七擒七纵德难忘。南人不反庆平康，露布书勋旗炽张。倒戈投诚给酒浆，简简有声纪其堂。伏波立柱迥异常，有此可与相颉颃。

【作者简介】

练珍廷（生卒年不详），字聘卿，古州厅人，以增生参与光绪《古州厅志》（光绪十四年刊本）的修纂，任校对。

【注释】

①录自光绪《古州厅志·艺文志》。②古州厅，治所在今黔东南苗族侗族自治州榕江县。

伏波铜鼓歌
刘敦元

瞳瞳日出搏桑东，师子海涌波光红。戚旗冈上一骇听，铿锵鞳鞳来天风。云是铜鼓发奇响，雌者远应鸣者雄。我来南交历寒暑，蛮方古器无由穷。昨涉波罗谒神庙，始知两鼓造作通神工。夏王铸鼎象百物，斯鼓体制毋乃同。大径二尺高尺九，彭亨其腹空其中。灵蛙雷文脐凹下，蠕扁鬖缺如磨砻。小径二尺高尺二，雷文亦复蟠虬龙。鹧斑卦画俱剥落，两耳四索相周通。上有字识不可辨，考订钩勒苔花封。三代彝卣皆阴识，阳识应是汉代铜。迩时蛮酋置牲酒，獠童峒女花氍毹。金银大钗互撞击，主人纳鼓纷云从。祝融生日大合乐，悬考庭庑声铮鏦。或者都老逞豪狯，斗仇集众鸣相攻。此物留传千百载，犹记郑絪林霭前后贮献追奇踪。忆昔汉帝道通西南戎，鸢趺毒雾生边烽。将军横戈下天上，牵羊向化销群锋。范铜铸鼓镇蛮域，七字土蚀风霜蒙。威名燀燀震荒服，铜柱矗起分茅峰。方今神圣抚骆越，鼙鼓偃息和笙镛。野老斫地惊跳蛉，摩挲聊复揩双瞳。高堂取置光熊熊，想像当年新息平蛮功。

【作者简介】

刘敦元（约1836—1893后），字子仁，号笠生，桐城（今属安徽）人。生员。屡试不第，后为幕僚。工诗词曲，有《悦云山房集》。

【注释】

①录自《悦云山房集》（《清代诗文集汇编》本）卷2。②戙旗冈：在黄木湾之东，西有章丘冈，是南海神庙的左旗右印。

诸葛铜鼓（五首）

谢　兰

云山万叠忽嵯峨，铜鼓声中唱凯歌。安排石上风能击，处置溪边水欲磨。巴客闻来秋雨暗，蛮奴听去夕阳过。遗规不独传诸葛，东汉曾称马伏波。

大将长驱入蜀中，纶巾羽扇羡高风。鸣山逸响原须石，制鼓良规只用铜，金质半侵芳草绿，籀文斜影夕阳红。渡泸留得疑兵计，不愧当年奏武功。

山中忽奏鼓咚咚，善作疑兵计最工。响振遥传巴蜀地，凯旋端让武侯功，纶巾羽扇形如见，大纛牙旗路偶通。赢得鲸铿邀谷应，不须铁板唱江东。

此鼓传来属武侯，安排涧底傍泉流。渊渊杂奏音无节，坎坎常鸣夜不收，藓剥苔生非一日，风磨雨洗足千秋。渡泸遗制今犹在，赛社巴童击未休。

蜀相才猷纪靖边，制为铜鼓亦奇然。圆形已向炉中造，巧样还从石上悬，羯奏传来流水地，鲸铿敲乱夕阳天。疑兵善计谁能觉，只得长驱唱凯旋。

【作者简介】

谢兰（生卒年不详），字雨谐，太平府城近郊（今崇左市黄泥塘）人，同治九年（1870）恩贡生，以教书为业。著有《笔花吟馆诗》。

【注释】

①录自民国《崇善县志》第五编《文化·诗词》。②作于光绪四年（1878）。

伏波将军铜鼓诗题赠连穆轩、撷芗昆季

沈宝森

摩天金刀寒，铜柱界蛮烟。袅蹄何蹀躞，铜马金门立。汉家火德鼓铸成，伏波一出空南溟。莽莽武溪流毒淫，峨江日落寒涛声。揭来奇响发水上，驱策雷电争彭铿。想见援枹鹹鲵鲸，将军鼕鼓催南征。龙涎猩血蚀不得，古绿斑剥凝铜精。连君古英杰，好古罗璆瑛。鼓兮贺汝得所主，汉盘周鼎那敢争。何当借此为谏鼓，勿以后族埋勋名。不然叠作渔阳操，一为薏苡鸣不平。苍梧曾为质园宝（商宝意先生守梧，得一铜鼓），多士题识交越城。璧合珠联上湖渚，霜皋老鹤相对鸣（君家有铜鹤，高七八尺）。

【作者简介】

沈宝森（1826—1891），字晓湖，浙江上虞县（今浙江省绍兴市上虞区）人。咸丰二年（1852）举人。官龙泉教谕。有《因树书屋诗稿》12卷传世。

【注释】

①录自《因树书屋诗稿》（《清代诗文集汇编》本）卷11。②作于光绪十五年（1889）。③《上虞县志校续》第2102页《器物志》记载："伏

波铜鼓重五百两,古制斑驳,藏连氏枕湖楼。"后录沈宝森诗。④连穆轩:连仲愚(1805—1874),字乐川,号穆轩,藏书家,建"连氏义庄",以善行著称。俞樾撰《连穆轩七十寿序》《连氏义庄记》。⑤宝意、质园:即商盘,号宝意,室名质园(简介见前)。其获任命为梧州知府,但没有履任。蒋士铨《宝意先生传》:"甲戌,擢梧州太守,公年五十有四矣。既入粤,而知梧州者已易官,乃权郁林牧。"甲戌:乾隆十九年(1754)。

铜 鼓 诗（并记）

程秉钊

铜鼓山,在定安城东六十里,山势雄峻。下有龙神庙,相传诸獠瘗铜鼓于此。乡人发得之,因以名山。一说鼓为伏波征交趾所得。余谓铜鼓本蛮中所有,故流传极多。大率无年月款识,安得据为伏波故物耶?通人必不受其蔽矣。万州亦有铜鼓岭。

跕跕飞鸢堕水多,遗将鼓制待搜罗。伐铜聚饮原蛮俗,好事偏矜马伏波。

【作者简介】

程秉钊(1850—1891),又名秉铦,字公勖,号蒲荪,安徽绩溪人,为晚清"绩溪三奇士"之一。光绪五年(1879)举人,其后命运坎坷,以充幕僚谋生。光绪十六年(1890)始中二甲第八名进士,本得钦点为翰林院庶吉士,而不幸病亡于赴任途中。著述宏富,有《绩溪志乘》《淮南子补注》《龚定庵年谱》《龚学斋古今体诗》《知一斋尺牍》《丹荃馆诗余》《少思长室文存》《琼州杂事诗》等。光绪十三年(1887)随广东学使汪鸣銮视学广东,同年夏天到海南,期间作《琼州杂事诗》。

【注释】

①录自《琼州杂事诗》（《丛书集成新编》本）。本无题目，此题新拟。

铜鼓摩挲金石偕（并记）
金武祥

余在粤西，徐固卿观察、陈砺庄太守、文亮卿刺史、顾寿卿大令，均赠铜鼓。大小不一，而以小者尤难得。后复购置数面，今罗列斋中。按：《广西通志·金石门》有《铜鼓考》，云：铜鼓为蛮獠所铸，汉初已有之，马伏波得之以铸马式，后人乃谓伏波所制，并附会及于诸葛，甚误。溪蛮宾宴、祭享及召集人众，皆用之。有鼓者号为都老，置酒招同类，豪富女子以金银为大钗，叩之，去则以钗遗主人。上者可易牛千头云。吕云：世人多以铜鼓为伏波、诸葛故实。随园幼时赋铜鼓，亦然。予每至陶庐，见一一罗列，辄摩挲俯仰，想见征南、征蛮风烈。今乃知其不然也。

铜鼓摩挲金石偕，同声相应忆朋侪。敢论豪富夸都老，多少蛮姬叩大钗。

【作者简介】

金武祥（1841—1924），原名则仁，字溎生，号粟香，又号菽香，江苏常州府江阴县（今江阴市）人。著有《粟香一笔》《二笔》《三笔》《四笔》等。金武祥宦游广西期间，得铜鼓若干。如汪兆镛《扫花游》："好珍惜，共铜鼓摩挲，清伴瑶席"（载《雨屋深灯词》），词后原注："粟香室藏铜鼓最多。"词序："光绪十一年，桂林山崩，出古铜器甚夥。江阴金粟香丈得古戈一枚，出以见示，并属赋之。"其所藏铜鼓一面，今存江阴博物馆，名为"金溎生藏铜鼓"。

【注释】

录自《陶庐续忆补咏》(《清代诗文集汇编》本)。②原为《江阴竹枝词》之一，今录以其首句为题。③徐固卿观察：徐绍祯（1861—1936），字固卿，出生于广东番禺。1880年赴广西怀远县任职，期间与金武祥交游。《粟香三笔》卷8载："文君亮卿、徐君固卿均赠铜鼓，大小相似而花纹各异，两旁有人骑马形，或牧童牵牛形，均甚古拙。盖唐宋以前物也。"④陈砺庄：陈如金（1835—?），字砺庄，浙江会稽（今绍兴）人，附贡生出身，历任恩隆县知县、百色直隶厅同知等职，修纂《百色厅志》传世。《粟香三笔》卷8载："陈砺庄太守赠铜鼓一，质厚约分许，权之得四百两；絜之以工部营造尺，高九寸、面径一尺六寸、周五尺，腰束减六寸，底如其面而空；自边至中央，凡十二晕，疏密相间，内皆细纹不一，其状有两乳围，内围六十一乳，外围一百四十五乳。中央隆起十一脊如葵花形，每脊高不及二分。鼓身自上而下凡十六晕，晕间花纹与面同。两傍近上各两耳，左右对出如环，用以舁。通体完好，不缺不瀡。按《广西通志·铜鼓考》：铜鼓为蛮獠所铸，汉初已有之，马伏波得之以铸马式。后人乃谓伏波所制，并附会及于诸葛，甚误。鼓大小不一，有蟾蜍突起，分据四围者；有绘刻十二生肖者。溪蛮宾宴、祭享及召集人众，皆用之。有鼓者号为都老。初成时置酒招同类，豪富女子以金银为大钗叩之，去则以钗遗主人。上者可易牛千头云。"⑤《粟香三笔》《四笔》另载金武祥在广西得铜鼓事。《三笔》卷8："余道经合浦之六硍墟及博白之六凤墟，庙中皆有铜鼓，高广倍于余所得，虾蟆分踞四围。忆昔年于役西宁，亦见大铜鼓一。盖两广多猺獞之境，时时出于土中。然近年搜采，已罕有而价昂矣。"《四笔》卷1："容县南门外水月宫有大铜鼓一。以营造尺度之，面径三尺六寸、高二尺二寸。鼓面四隅踞虾蟆，四旁系对出四环。殊小，仅可贯索。面有花纹，尚细致。两旁则无制，甚朴也。有木架刻字，云'嘉庆二十一年丙子置庙祝'。以为出于杨梅江土中。"皆可与本诗相参证。

南海庙铜鼓歌

王之春

持布鼓，过雷门，矮人观场徒纷纷。考石鼓，译遗文，叩之无声何足云。马侯新息葛忠武，椎山碎铜铸铜鼓。其声渊渊乐入古，灵鼍千载吼风雨。神物不肯终埋藏，岁时奢粟久蛮荒。金蟆跃出土花紫，光怪陆离彪文章。鹧鸪斑翠略有晕，越径三尺下无珰。蛮女拔钗荐椰酒，都老赛社敲桄榔。芦笙花管獠人乐，艸摩牛血膏蛇浆。飓风净扫黄茅瘴，素馨花摇踢歌忙。畴昔论价千牛值，深哇铁质殊韶阳。仲春承乏祀南海，海神灵异慑炎方。其中最古铜鼓二，何人辇置东西廊。迎神送神一再击，天风浪浪水苍苍。仿佛丰钟应霜节，不疾不徐相低昂。字迹漫灭那可识，几人博物能精详。覃溪学士善引证，铭仿铜盘文瓦当。况乎兹物神所格，质虽剥蚀生光芒。商彝夏鼎今已少，兹偏宝气越天阊。金门马驮晋驼鼓，骆越遗制何绵长。浴日亭边偶规访，波罗树阴独惆怅。人生百年有尽时，此鼓漠然寄清旷。历代祀期天使来，如雷发声二月望。行神如空气如虹，海神有知应陟降。金铦石泐鼓不磨，边线犹致连钱样。都昙答腊声已销，噌吰发响孰相抗。愿得天簌时一鸣，海甸销兵靖鲸浪。

【作者简介】

王之春（1842—1906），字爵棠，号椒生，湖南清泉县人。行伍出身，先后追随曾国藩、李鸿章和彭玉麟，官至广西巡抚。

【注释】

①录自《椒生续草》（《清代诗文集汇编》本）卷5。②作于光绪十六年（1890）。时作者署理广东布政使。

诸葛铜鼓

高 椅

铜雀台圮颓无遗，洛阳铜驼苍苔滋。铜鼓鼛鼛锦江湄，制作奇古无人知。相传铸就建安时，南人顽梗折鞭笞。五月渡泸王者师，镕成此鼓军中持。甲丁守炉雷电窥，祝融助冶鬼神嬉。阴阳炽炭遣风姨，其大如匏圆如规。五采璀璨光陆离，其耳有四纵横支。侧生旁挺珊瑚枝，其腹膨亨平不欹。花纹凸凹相葳蕤，虬螭纠结盘蛟螭。深爪出目怒之而，可怜湮没远无期。

【作者简介】

高椅（生卒年不详），号剑门，书斋名塔阴书屋，泸州人。光绪五年（1879）举人，考进士不第，回泸州从教，先后在龙门书院、东岩鹤山书院任教。

【注释】

①录自《泸州高氏兄弟诗钞》（铅印本）之《塔阴书屋诗钞》卷1。

铜 鼓 歌

严以盛

我读韩苏《石鼓歌》，渊音茂节推巨手。沧桑递嬗千余年，更见铜鼓出其偶。呜呼铜鼓铸何时，东汉流传世已久。四耳连钱状豸虫，双环六蛤灵鼍纽。旁杂花草绿薛斑，中空腰束镌蝌蚪。范相摩挲号坐墩，其音鞳鞺撼陵阜。犹羌购此千百年，都老僭称殊赳赳。岭头埋锢等铜驼，阴霾时作神龙吼。我朝大化格蛮荒，犬性咸驯指与喉。蠢尔槃瓠遗孽种，廖獋剽掠西江口。削桐搥鼓聚诸獠，鉠徒蜂起妖氛垢。捏作鬼语煽精夫，山例纷纷到鸡狗。鼓声撼地雾漫天，军卒韬戈如掣肘。贤侯愤怒檄中丞，旌旗直指南山右。兵略不数孙吴书，入探虎穴擒鸺鹠。风滚鼍吟卷雾来，桂林烽火殷星斗。精兵迭出夹山坳，渠魁枭獍么麼走。岩谷穷搜呼且追，三军奋臂歼群丑。忽闻巨响震深潭，铜鼓霎然出渊薮。钩靷挽起仗猛安，土人奔视扶黄耇。顷刻蛮童俱丧胆，衔环嗅地随蹯踩。卉衣献作扛鼓谣，鸟击荡崖声三九。从此震詟蛮俗置南疆，上与伏波铜柱屹峋嵝。太仆张棠咏其事，巨制煌煌洵不朽。生晚不得亲见之，抚兹怀昔徒搔首。感此欲作铜鼓歌，嗟余秃笔非椽㭬。今闻英法及诸彝，清酒一钟盟圣后。都昙答腊贡皇家，持棒把麻安所守。臣愿拜手稽首颂一词，鼓声长兮圣人寿。

【作者简介】

严以盛（1859—1908），字同生、琴墅，号觐侍，浙江乌程（今湖州）人。光绪十一年（1885）举人，曾任河北省大名县知事、赵州州牧、遵化知州等职。著有《梦影盦遗稿》《汉学师承表》等。

【注释】

①录自《梦影盦遗稿·诗》（《清代诗文集汇编》本）卷1。②张棠（1662—1734），字南映，号吟樵，江苏华亭（今上海松江）人。康熙三十五年（1696）举人，康熙四十九年桂林府知府。告归后，于雍正九年（1731）以助疏浚吴松江之功，加太仆寺少卿衔。著有《赋清草堂诗钞》。③英法及诸夷：英法联军入侵中国，慈禧太后与之签订不平等条约。而此诗赞之。

雷祖祠铜鼓歌

李晋熙

英灵之庙吾雷祖，虹旌霓帱森堂庑。天生神物为神用，何处飞来三铜鼓。铜鼓斑驳形模奇，坐愁般尔穷㺯倕。文章彪炳，光怪陆离。径围五尺，高亦如之。二鼓微昂一微俯，有如大室小室相追随。左右尊严次第列，比方周鼎侔殷彝。老蟆跳掷四面起，奇兽驯伏两耳垂。连钱缀属疑可掬，以手画肚真不赀。润如嫩玉聚碧色，涩如老柏留苍皮。磊如明星散钉彩，蠁如横波迴风漪。左者晶莹右剥落，又如兔魄互盈亏。一生一蚀常循环，无乃狡狯神所为。呜呼人生速电露，如尔之寿能者谁。百年圆缺几回见，问之故老徒嗟咨。鼓乎鼓乎！意其神灵可以宣天关之幽郁、发地户之砰訇。逢逢白云西东生，霆奔电迈雨冥冥。直须上应霹雳精，倾耳细听疑有声。吾闻武昌石鼓曾标异，风雷呼吸如可致。又闻伏波铸铜镇交趾，今之所见将无是。百灵驱策向此间，千载摩挲聊复尔。虽无文字记蝌蚪，且免箝读观者喜。鸡毛笔，乌丝纸，携来再拜神祠前。嗟我好奇为书似，君不见歧阳十石搜山阿，古来名士矜吟哦。前有昌黎韩退之，后有峨眉苏东坡。雷水潺潺，雷山峨峨。今无韩与苏，铜鼓谁当歌？成虫呻忽自笑，才弱将奈铜鼓何！呜呼！才弱将奈铜鼓何！

【作者简介】

李晋熙（1849—1910），字春卿，号芸友。广东海康人。光绪十一年（1885）中举。十六年中恩科进士，选庶吉士。历任工部主事、则例馆纂修、虞衡司主事、农工部主事、滁州知州。著有《漉云斋诗集》。

【注释】

①录自《清代稿钞本》第41册《漉云斋诗存》卷2。

铜鼓赋（以"诸葛大名垂宇宙"为韵）
黄焕中

溯古物于汉末，瞻遗器于蜀初。声闻暨于南服，利用出于草庐。铜不销灭，应与铜柱堪媲美。鼓原振作，拟石鼓而可以相如。宫声易以商声，畏马无怪若虎。金物制为皮物，击之焉用刻鱼。阅十二代而色已斑斓，留传今古。经千百年而音犹雄壮，久历居诸。夫铜鼓何为而作也？忆自孟获披倡，南方侵夺，刁斗惊闻，兵戈震怛，惟先声始能夺人，而制敌原非击钵。山林险阻，吹篪未允遥通。风雨晦明，击柝亦难远达。胡以令一时偶听，胆落南蛮。何能使十里相闻，计在诸葛。于是仿旧制于伏波，鸣新声于地籁。未拜以为六出之征，先援桴而靖一方之害。援依鼓式，极其精详。乃采铜山，不胜沙汰，熔化炉中，裁成炭外。岂北铁铸砚，而无益国事。方知韬略神奇，操于金铸剑，而可慑强人，始见机谋广大。其腰微束，其面宽平，纹理缜密，色泽光明。架上悬来，非若轩辕纪里。阵前击去，可当孙子雄兵。七纵七擒，一鼓气振。八战八克，三鼓功成。故鼓励直前，泸水油泉之地。而鼓行不后，纶巾羽扇之名。其音自则夜达旦，从高及卑。渊渊者有金石，逢逢者非鼍皮。嗤他铁板铜琶，徒夸得句。笑彼金樽铜钵，只可催诗。讵若斯，闻声而奋。不顾令，而勇交驰。况当金镯铙歌，军乐兴，而沙场杂响。且此后木牛流马，器用巧而竹帛同垂。此盖造自名贤，存于故府。选就青铜，顿如工鼓。听依将帅，百世下咸仰武侯。伐咏征人，一时间尽惊丑虏。南人不复反矣，发深省于暮鼓晨钟。余韵其犹存乎，竭孤忠于先王后主，即此一器而已。见其才猷，安论三分，不能复乎寰宇。我国朝四海遍王灵，八荒均我后。木铎循于通路，向化争先。大柝击于殿庭，咸思恐后。弦歌而克靖蛮夷，兵器销而永无边寇。岂有取铜作宝，藏置库仓。何必击鼓其镗，伤夷世宙？

【作者简介】

黄焕中（1832—1912），字尧文，号其章，宁明州（今广西宁明县）人，黄体元次子。中年时居于宁明州，曾创立思齐书院，教授本州子弟。1883年，他年近五十，应抗法名将刘永福之邀，参加其黑旗军，投入在越南北部的抗法前线，长达二十余年，后回乡教书。有《天涯听吟草》（已佚）。

【注释】

①原载民国三十七年《思乐县志·艺文志》，此转录自蒋廷瑜《广西铜鼓文献汇编及铜鼓闻见记》（广西师范大学出版社，2014年版）。有所校订。

南海神庙铜鼓歌（用昌黎石鼓歌韵）

余肇湘

韩苏文章照两代，万口流传石鼓歌。铜鼓不登二公集，沉埋千载嗟如何。
黄木湾头海神庙，森立翠葆排雕戈。巨碣丰碑历代有，雨淋日炙潜消磨。
中奉铜鼓实神物，万人填咽向波罗。坛庭肃拜瞻桮䒷，脐隆腰束势郁峨。
岁时报赛事考击，厥声隆隆震山阿。制奇器物鬼神护，守以蛙黾常鸣呵。
借问范金出谁手？年代绵邈传闻讹。既殊禹鼎铸魑魅，亦少周文蟠斗蝌。
孰追怪物出宇宙，嚛呸震海如灵鼍。金刚自是不坏体，尘劫难详几烂柯。
抚摩陈迹说兴废，瞥眼千秋一掷梭。我从岭峤究遗事，伏波伟绩齐嵳峨。
南征功成广罗致，骆越物色烦巫娥。改铸马式穷形相，巨艘浮送归江沱。
汉家本自有制度，安用置此鸣相和。太常若收骠国乐，此物宜编鞂鞉科。
将军大名重百越，附骥倍觉光宠多。从此官私竞罗掘，行赍居送走橐驼。
此鼓昔年堕滩水，龙吟夜夜闻雷过。水消滩涸宝光见，藓花斑驳还嵯磋。
留为法物镇神庙，自是海水不扬波。百灵秘怪尽奔赴，暑寒阳雨无偏颇。
我来睹此三太息，别有感慨忧其他。中朝大官酷嗜古，寝馈金石非婀娜。
何不更补金瓯缺，慎保此宝供摩挲。迩来夷狄思变夏，笑我但抱陈编哦。
饕心只识金银气，况挟铁舰如鹳鹅。万一收置波斯藏，黯淡何以壮支那。
顾今聚铁莫铸错，尊王用夏师尼轲。薇省漏壶纪中历，仙楼钟簴巩山河。
与尔铜鼓寿万世，永奠南服无蹉跎！

【作者简介】

余肇湘（生卒年不详），字楚帆，广东南海人，宣统时优贡生。书画家。著有《苴庵诗稿》《蔼园赋稿》。

【注释】

①录自陈声聪《兼于阁诗话》（上海古籍出版社，1985 年版）第 310 页。②诗中言及"波斯""铁舰""支那"等语，皆与时事有关。

和祝平《四铜鼓斋咏伏波铜鼓追和张温和公以铜鼓送焦山》诗韵

杨葆光

铜柱羑羑倏已朽，雄关谁复论战守。尚余老物和凯歌，古色斑斓发深黝。清河尚书昔好古，搜罗四鼓置座右。犹恐精神太惝恍，霹雳一鸣夔兽走。因持一鼓饷焦仙，周鼎随肩辨蝌蚪。我昔登山逢大雪，僧寮清话历时久。亲见此鼓列金石，满腹螭纹大张口。岂知三鼓随劫尽，旧第董存兵火后。法华（公自号法华山人）弟子小仇池，重过空斋钵潜扣。是时正举消寒会，玉楼冻合雪穿牖。诗成感旧独苍茫，千里传观作鲸吼。嗟今重译习汽机，古制无闻铸刁斗。

【作者简介】

杨葆光（1830—1912），字古酝，号苏盦，别号红豆词人。江苏娄县（今上海松江）人。生员，官浙江景宁县知县。有《苏盦诗录》《订顽日程》等传世。

【注释】

①录自《苏盦诗录》卷 6（《清代诗文集汇编》本）。②祝平系杨葆光好友，工画善诗。《苏盦诗录》卷 6 载《三月初五日相传夏禹生日耿伯齐明经（葆清）招同啸山祝平友松元咸石鹤张澹人参军陈杏生孝廉章次柯拔

萃（耒）置酒古香书屋约为一诗（己卯）》，系光绪四年集会的记录。卷7载《祝平画梅题诗赠行答谢又次常州赠史良士廉访韵》。③张温和、法华山人：张祥河，简介见前。

铜鼓亭（并序）
蒙泉镜

昔有献铜鼓者，而亭适成，兰卿因以名之，遂置鼓于亭以玩赏。及迁官去，始携鼓回闽。今亦得铜鼓一枚，惜无亭以置之。

古铜斑驳汉模型，几度摩挲篆籀青。奇物不妨前后至，可怜有鼓却无亭。

【作者简介】

蒙泉镜（1833—1897），字芙初，武缘（今南宁市武鸣区）人。中秀才后十多次乡试不中，一生多以教书为业，主讲阳明、西邕两书院（故址都在今武鸣府城）。有《亦嚣轩诗稿》传世。

【注释】

①录自蒙泉镜著、刘映华注释《亦嚣轩诗稿注释》（广西人民出版社，1989年版）第166页。②兰卿：李彦章，一字兰卿，有《铜鼓亭》诗，见前。据此诗，李彦章徙官后，把放在铜鼓亭的铜鼓也带走了。

南海神庙铜鼓赋
傅维森

客问主人曰："仆闻匠石冒鼓，启蛰施功。春分斯鸣，万物棣通。蒙面以革，厥声逢逢。橛夔兽而振响，树灵鼍而奏公。震蚩尤于百里，舞冯夷于幽官。啴啍嘈嚖，心惊耳聋。进聚是以，攻皮则同。今斑驳之垂纽，乃锻炼而范铜。本俚獠之土物，出骆越之蛮峒。竟作镇于炎徼，用报赛于祝融。匪重器之典贵，胡为配庙貌之穹窿。仆愧浅陋，未由究穷。愿主人申其说，而后昭然若发蒙也。"主人䩄然而哈曰：子薄铜鼓，亦尝考其缘始乎？昔者伏波视师交趾，革声不扬，范金斯起。诸葛渡泸，时复得此。南郡有献，志出虞喜。唐启蛮冢，鸣蛙遂止。嘉泰永乐，宋元叠纪。掘地所获，载在稗史。泄元气之磅礴，郁金精之奇诡。或什袭于州库，或扣击于筵几。当斯之时，铜鼓犹未表异也，而已与夏鼎商彝而并峙。且夫希世之物，世所不须；希世之音，世所不愉。稍脂韦以投俗，终朽腐而堪虞。睹神寒而骨重，肯任没于泥涂。惟明堂与清庙，宜观法其形模。禀炎精而炼质，洞离位之祥符。矧蛮疆之蜑口，酿妖氛于海隅。排䴇鹅而山立，走蛟蜃而电驱。忆畴昔之疵疠，费祷禳于祝巫。仗神威以薿灭，已报祀而欢呼。翻旍旗之赤羽，屹碑石之青趺。隆真王之显号，占瑞应于上都。而守土者且以为黄湾之巨浸，实泽国之粤区。赖神物以永奠，岂人力所能扶。故欲消瘴疠，障盘涺。驯祕怪，靖萑苻。载威灵而震播，惟兹鼓兮不逾。敬摩挲以拜献，夫岂婥婪而谄谀。客曰："然则铜鼓之制，可得闻乎？"主人曰："厥鼓有二，大小兼具，纂观多误，今为子赋焉。"

其大者有雄有雌，并著光怪。雄者悬殿，发声豪迈；雌者入海，应响澎湃。宽径三尺，脐起腰束。旁有四耳，络索联属。六蛙不存，雷文绮缛。其面蠡缺，其光惨绿。小者同制，高广几匹。传闻臆断，杀五之一。本无蛙蝌，是误载笔。纹斜耳小，微亦损质。卦画鷾斑，模糊渐失。金石有志，参订详悉。人曰旧铭，镂字凡七。启视光洁，其说莫必。将军法物，鸿文未佚。编次周秦，邑乘盈帙。贤哉太守，进献恂慄。如彼璠瑜，缜密以栗。艳翠陆离，宝光澄谧。饰以筼簜，厕诸琴瑟。禋祀荐馨，戛击从律。夫是以神听和而降福，海波静而不溢。至其为声，则舒而不疾，重而不轻。洪亮闻远，壮越以清。天矫噌吰，铿鍧閤䎙。塞六合之寥廓，宣大化之欲纳。飞鹏赴节以轩翥，众灵驱车而杂还。蒲牢震仙观之钟，铃铎撼琶洲之塔。俄而黑风狂吹，怒潮迅发。涛声鼓声，砰铮滂浡。舞蛟晦形，乖龙潜窟。横波汹涌而漩湾，怪石动摇而硉矹。当斯时也，怖悸心惊，倾悚毛发。怵森森之万象，听渊渊之一伐。皆此鼓之所致，吾子犹玩易而忽之耶？抑闻之：物以得用为贵，人以见之为期。负瑰伟之异质，岂闒寂而违时。既博硕而丰蔚，亦厚重而安绥。本虚中之能受，乃廓外而立规。彼高位之不辱，惟大器之是资。佐继明于两作，颁涣号于四夷。致水陆之耆栗，成春台之雍熙。奠河海而顺轨，格神祇而介厘。亦犹斯鼓轶凡响之纷噪，符士行之无亏。虽沦委于丛莽，终位置于仙墀。与鼎盘而并立，同钧石之永垂。厌惊扰于妖愿，慑呋怀于蛟螭。振南极之声教，夫何浔江藤鼓之足奇？

客既毕闻此言，腼容离坐而谢曰：鄙人梼昧，误于蠡测。而今而后，知铜鼓之可为神明式也。

【作者简介】

傅维森（1864—1902），字君宝，号志丹，番禺人。广雅书院肄业，光绪十七年（1891）解元，二十一年进士，后改翰林院庶吉士，假归省亲。二十二年，丁外艰、守丧。其后不再入仕途。为端溪书院山长，门下成才者甚众。有《缺斋遗稿》3卷传世。

【注释】

①录自《历代词赋总汇·清代卷》第 20 册第 20715 页。

铜鼓歌

司炳烽

罗甸山头吹腥风，吹出铜鼓声隆隆。初疑狮子斗虬龙，又疑阿香破鸿濛。急促难辨雌与雄，前山后山走羱毯。红夷黑种背负弓，愕眙跃叫影横纵。闻声趋上翠芙蓉，杂沓屯聚如蚁蜂。围绕膜拜首俯胸，云此铸自诸葛公。远而视之光熊熊，青翠斑斓绿间红。次者声韡上者碻，招携远胜骊山烽。或云可值一千犗，或云能易八百犝。弯弯叫澈燃青枫，椎牛染血如衃钟。献出醅醰醉呷筒。有时岁暮毕农工，伏腊一出群俯躬。有时逐疫与禳凶，持鼓赛神竹王宫。魋结筩裙纷躘蹱，木叶芦笙相琤瑽。三郎祠内此为供，阿大家中此难逢。那知玉螺贡蛮封，那知蛙龟跃穴中。把香结彩呼阿翁，打戛揤佼哄阿侬。仰之不啻太华峰，尊之传自祖若宗。摩挲骇叹肃虔恭，丞相天威此遗踪。吁嗟乎，丞相天威此遗踪！千年而后震疲癃，茫茫与古无终穷。

【作者简介】

司炳燵（1851—1931），字煜兹，晚号戆斋老人，贵州贵阳府人。光绪十一年（1885）举人。先后任桐梓县、仁怀县教谕。三十年（1904）为云南道员，1911年还家。著有《宁拙堂诗》《楹联汇集》。

【注释】

①录自光绪《黎平府志·艺文志·金石》，参见龙绍讷《铜鼓赋》注释。

诸葛铜鼓歌

刘名誉

俚獠耕山无患苦，湩酒芦笙祀铜鼓。银钗沓扣杂酣嬉，响遏赪霞撒白雨。伏波拥节赴蛮溪，炼铜冶汞铸鼓鼙。贰侧成擒标界柱，獞花俯首跕鸢低。俚獠所铸制绝精，纤者尺径钜丈盈。篆华千百旋毫发，黾蛤十数猜跳鸣。伏波所铸强三尺，负蛙环绕锦纹质。彝官魋结拊筼铿，苔蚀斓斒皴紫赤。唯有诸葛鼓最稀，土坏沙沉孰是非。桂中偶得诧浑朴，霸府初开材力微。体较新息围减半，铉耳纽空索可贯。四蟾隅距目有神，古质无花非亵玩。我闻大鼓谓鼖小鼓膺，鼗麻暨料各有称。革易以金异浣腥，鞾人尺寸吾不凭。移入荒斋谨庋阁，风雨宵泣真宰托。图书彝鼎竞光怪，神物与人甘濩落。想见宗臣筹笔时，频烦忧国鬓如丝。景升兵败阿瞒至，铸此征蛮历险巇。元戎铙吹独堂堂，裨将旌旗广福王。简书猿鸟惊扬越，嚘喑风云慑骄荒。无何先主西入蜀，唯侯巾氅勤帷幄。翠华想像建灵鼍，险关蚕丛守鱼腹。顺平射庣伏壕门，呿鲸齐吼当涂奔。桓侯踊跃阆中隘，动地风霾白昼昏。遂从丞相深渡泸，泸水瘴疠孤忠孤。南人不反天威重，南诏声闻归剖符。慷慨出师前后表，军声又振祁山道。流马木牛渭上营，谁搀渔阳挪单狡。我来怀古空嗟慕，一代兴衰有天数。若论当年成败机，坐失荆州真缺误。倘令侯不从征留重镇，转饷输军学萧邓，上将旗鼓控湖湘，荡胸那不吞瑜逊？不然伐魏六师且缓图，慎固基本和东吴，壮以鸣夔将虢虎，阿蒙虽巧敢觊觎？一俟成都既定汉中取，然后时雨之师援枹起，指挥一旅向宛洛，会见伐鼓其镗辖。此时先主出秦川，虎贲振凯挟殷阗。吊民伐罪讨国贼，汤武无敌其有焉。岂期事计全殊此，金镯不鸣鼎分矣。錞于鸣唔大星沉，剑江空绿沄沄水，英灵陟降定军山。月黑钲鼓闻其间，至今蜀土穰锄得，累乳鎏金重兽镮。嗟予宝此诚俭啬，具体而微意亦得。世乱方思将帅臣，胡为黯黮殁辉色？噫嘻哉，铜狄摩挲五百年，铜仙清泪剧可怜。不如铜鼓神明守，竟夜腾精奎斗躔。

【作者简介】

刘名誉（1861—？），字嘉树，号梦得，广西桂林人，云南广南府知府刘榘之子。光绪六年（1880）进士，入翰林院，散馆授编修，历官国史馆协修、功臣馆纂修；十四年为河南乡试副考官，次年贵州副考官，十七年十二月后历任琼州、江宁、淮安知府。民国后回乡，讲学授业。堂号为守经堂。在私塾任塾师，弟子出名者有朱荫龙；在广西政法专门学校任教，弟子有周鼐。民国时任桂山中学校长（1921年离任）。著述宏富，有《余乐园诗抄》《竹雨斋诗抄》《纪游闲草》《桂隐辛壬集》《钝翁吟草》《论语集注辨订》等。所辑《越事备考》13 卷（存 12 卷），光绪二十二年刻于桂林，有较大影响。

【注释】

①录自《竹雨斋诗钞》（《清代诗文集汇编》本）。诗钞仅 1 卷，宣统元年刊于淮安府署。

咏诸葛铜鼓联句限韵

陈夔龙

火德声闻远（筱石），群雄割据交。中原成峙鼎（蕃室），丞相听歌铙。跃冶传新制（宝蘅），浮湘避浅胶。洛钟规霸业（仲恂），蛮甲失坚巢。雅韵谐金石（晴初），龙潜协卦爻。指挥劳羽扇（筱石），擒纵责包茅。北伐空驰檄（蕃室），南征足解嘲。渊渊频振旅（宝蘅），坎坎戒行钞。应变终无敌（仲恂），纡筹欲并包。谏应尧帝纳（晴初），罚比鲁人郊。战共衔枚马（筱石），腾从射弩蛟。柴舆毋失律（蕃室），蓐食便行庖。勋绩符铭柱（宝蘅），兴亡感系苞。匠心齐点铁（仲恂），娱耳异鸣匏。铠拥军前铸（晴初），鞭摇塞上梢。援桴朝迭奏（筱石），熨斗夜常敲。八阵威犹震（蕃室），三挝手漫抛。悬钲回日驭（宝蘅），临表湿冰鲛。浩浩鼍皮击（仲恂），振振鹭羽捎。攻同差足拟（晴初），作颂献螭坳（筱石）。

【作者简介】

陈夔龙（1857—1948），字筱石，一字绍石，号庸庵，室名花近楼、松寿堂等。贵州贵阳人。光绪十二年（1886）进士。历官顺天府尹、河南布政使、河南巡抚、江苏巡抚、四川总督、直隶总督兼北洋大臣。

【注释】

①录自陈夔龙《松寿堂诗钞》(《续修四库全书》本）卷9。②作于1911年，系5人集体作品。③蕃室：魏允恭（1867—1914），字蕃室，号让吾，湖南邵阳人，光绪十七年（1891）举人，官内阁中书、湖北候补道、江南制造局总办，著有《江南制造局记》。④仲惁：陈毓华，字仲惁，桂阳人。有《石船诗存》传世。⑤晴初，姓严；宝蘅：姓赵。两人名讳与事迹待考。《松寿堂诗钞》卷9有《荷池赏雨与魏蕃室赵宝蘅陈仲惁严晴初联句限韵》。

铜 鼓

沈泽蘅

天南一柱静欃枪，铜鼓还传气象宏。自昔伏波留巨制，更思诸葛溯仪型。鸿光夜烛朱瘢古，宝气年深碧晕生。阴噚阳呿工橐钥，蛮风瘴雨助磨莹。通灵鼋蛤喧曾怪，入手雌雄辨易清。废塚擎来看土蚀，急滩浮出应潮鸣。椎牛曲奏峒娘寨，金马人思汉将营。坛庙前朝遗旧物，井塘随地署新名。连钱络索摩挲异，细篆回环制作精。蝌蚪斜沿形恰肖，云罍盘互状初呈。纫垂下削腰横束，脐起中空耳对撑。孰向洪炉窥赫赫，漫随细响例铮铮。雷硠霆击休皮相，斑驳星罗倍眼明。肯把淫哇羞士行，要将踊跃励戎行。金钢百炼原难坏，模范千秋得正声。尚忆黄湾崇祀典，共祠南海答升平。万条杨柳初梢燕，二月桐华乍转莺。叩到银钗矜翠谑，和来瑶珮惬红情。飙车电旆神初降，水瑟云璈乐共赓。振鹭朝飞澄碧澥，灵鼍夜吼震丹楹。芝台坎坎迎仙仗，菌阁逢逢杂晓钲。未许催花陪象板，略宜跳月侣壶笙。惜从戈甲纷屯后，似过雷门感慨并。聚铁几人嗟铸错，登坛今日正谈兵。但令貔虎遵三叠，肯遣虾蟆闹六更。玉帐宣威驰远近，铙歌破敌想铿鍧。铭功震荡垂炎徼，耀武骈阗继镐京。直使烟尘销北塞，未须卑湿怨南征。白狼槃木诗频译，紫凤天吴浪不惊。好把珊瑚敲作杖，千霄彩笔斗峥嵘。

【作者简介】

沈泽棻（1846—1931），字泽棠，号芷邻；后改名泽棠，号忏庵。广东番禺人。咸丰时生员。同治十二年（1873）举人。著有《小摩围阁诗钞》《忏庵词话》《忏庵随笔》等。

【注释】

①录自金锡龄《学海堂集四集》卷27。

铜鼓歌

徐 樾

猺祀猺神铜鼓鸣，猺神爱听铜鼓声。一鸣神来听，再鸣神降精。猺男猺女猺歌猺舞环神庭。两猺扛鼓穿鼓耳以绳，两猺夹鼓持木左右相撞抨。一抨猺安宁，再抨猺丰登。三抨四抨连，抨抨不已消灭水火盗贼猺太平。椎髻跣足，穿环插羽，髯髯髻髻，狰狰狞狞。趯趯而趙趙，刲羊屠豕鼓衅血，鼓死不鸣风雨腥。醉饱归来悬鼓上屋脊，或填坑堑瘗土藏冈陵。人亡岁久铜鼓不得出，但见烟荒蔓合草青青。斯时藏鼓如葬人，以鼓为重人为轻。挥锄上丘垄，不知谁坟茔。人骨弃榛莽，铜鼓珍瑶琼。土花斓斑铜质变，古锈入骨秋霜凝。面平腰折底空洞，中凹受杵边围钉。重规叠环如转毂，又如以石投水层晕生。回文斜波旋转纷交互，字作篆体刻画扪有棱。大径数尺小数寸，黝者其色圆其形。鼓面伏蛙怒相向，瞠目耿耿生光晶。一鼓之值逾百十，珍同彝鼎罗轩楹。或言铜鼓属诸葛，渡泸行灶征蛮钲。川滇黔粤地忧绝，齐东野语安足凭。骆越铜鼓出建武，伏波铸马献汉庭。扶胥神庙悬鼓二，唐物作镇留南溟。银钗敲击著汉史，蛮酋所制无姓名。二千年来古器物，唯鼓寿考莫与京。呜呼！金人摧折铜驼倾，石鼓湮灭鼍不灵。镇南铜柱无消息，边云漠漠天冥冥。祈年报赛尔鼓职，海上而今不用兵。

【作者简介】

徐樾（1853—1928前），广东番禺人，祖籍浙江钱塘（今杭州）。曾在广西入平乐县令全文炳、广西巡抚张联桂等幕中二十余年。光绪二十二年（1896）赴吏部引见，宣统二年（1910）官至四川巡警道。有《遗园诗集》传世。

【注释】

①录自《遗园诗集校注》（巴蜀书社，2009年版）第213页。②此诗作于广西。

题刘聚卿晋义熙铜鼓拓本鼓在焦山有义熙及虞庙刻文此本为僧六舟所拓以阮文达题语重也

范当世

颐性老人数行字，六舟毡拓始能传。怜君一样思虞舜，风景河山又几年。

闲忧浪哭文人事，谁似昌明祝酒卮。莫遽神伤义熙代，朝家兄弟尚元熙。

【作者简介】

范当世（1854—1905）），字无错，号肯堂、伯子。江苏通州（今南通市）人。著有《范伯子诗文集》。

【注释】

①录自《范伯子诗集》（《续修四库全书》本）卷18。②刘聚卿：刘世珩（1874—1926），小字奎元，字聚卿，安徽贵池人。著有《贵池二妙集》《贵池唐人集》《贵池先哲遗书待访目》《临春阁曲谱》《重编会真杂录》

《秋浦双忠录》《大小忽雷曲谱》《梦凤词》《曲品》等。③颐性老人、阮文达：阮元自号"颐性老人"，谥号"文达"。④僧六舟：释达受（1791—1858），俗姓姚，字六舟。浙江海宁人。清代高僧，先居苏州沧浪亭畔大云庵，后主持于杭州净慈寺。著有《宝素室金石书画编年录》《小绿天庵吟草》《山野纪事诗》等。⑤有"义熙"刻字的铜鼓，历来被认为系赝品。

诸葛铜鼓歌

林思进

汉家丞相造铜鼓，天威震叠西南部。金鈇曲盖诏出师，簨筜不惊苴夔俛。郁郚戍矗碉楼高，石鼓夜鸣征战苦。此物忽更二千载，土花漠漠苍苔古。文字依稀说建兴，霸业萧条感章武。何人好事移閟宫，报赛春祠赫廊庑。谛观骇令心语口，敬悚未敢指画肚。雕螭刻鹭辨一二，上杀四兽环四乳。传闻映水声更巨，扣以楉木如搏拊。纪功讵异定军鼎，遗制或类涔水釜。要是精灵共呵护，始铄精光动风雨。君不见，割据纷纷曹与吴，当年鬼鼠笑雄图，横江铁锁销沉尽，铜雀台荒片瓦无。

【作者简介】

林思进（1873—1953），初字山癯，改字山腴，别号清寂翁，一署青城室主，华阳（今成都市双流区）人。1910年授内阁中书，后任四川省图书馆馆长。1919年后历任四川省高等师范学校、成都大学、华西协合大学、四川大学教授。著有《清寂堂诗录》等。

【注释】

①录自《清寂堂集》（巴蜀书社，1989年版）第49页。②作于光绪二十一年（1895）。

四、近代

铜 鼓 歌

曾鸿燊

西南蛮俗铜造鼓，不识何时瘗林莽。旧县村农耕山麓，道光之季忽出土。虡悬槛楯囚庙宫，径围六尺高尺五。四耳旁缀槌心滑，三十九环旋可数。圝面列踞四蟾蜍，二者负螺目瞪怒。腰间束缩腹底空，兀若坐墩宛覆釜。雷纹回互疑籀篆，绿锈坚牢不窳苦。声蓄铿鞈惊鸣鼍，铿应洛钟震激楚。想其洪炉煽石炭，火焰青红烛穹宇。须臾金光闪璀灿，圆月一轮碧海吐。椎髻仡佬纷欢呼，招饮佳晨置庭庑。邻家富女夸豪富，拔钗击鼓赠其主。巫觋祈禳赛神会，跳跃苗歌并巴舞。峒云连嶂敲鼕鼕，徼外边风送岩户。一自百粤归版籍，暨被有虞以干羽。殊方任昧渐不闻，便同瘴疠洗烟雨。交趾伏波或偶得，已将铸马更立柱。只今往迹沦异域，岭峤斜阳几千古。我观省志乾隆时，与明天启岁戊午。遥遥先后各为双，或见田野或江浒。可知荒服故所尚，要非作气佐军伍。年深埋没沙泥中，物久精灵于讵终。斯鼓成形代云远，历尽劫灰此复睹。宫音改革变商音，丝竹难教共搏拊。遗制当从秦汉上，惜无稽考且摩抚。夷乐对之三叹息，谁欤献赋达天府。猎碣镌诗徒聚讼，较之腾响应足取。鼓兮鼓兮尔岂识？惟是枵然受人鼓。

【作者简介】

曾鸿燊（1862—1933），原名文鸿，字子仪，号瓶山，广西同正县（今扶绥县）人，广州广雅书院肄业，光绪十九年（1893）中举，次年上京应试。落第后，在家乡从教三十多年。著有《瓶山诗集》《瓶山文集》。民国二十二年《同正县志》载曾瓶山《铜鼓考》："永康北五里之旧县村，当道光二十五年,耕民于横山之阳获一铜鼓,完好无缺,土锈深碧而古气盎然,径围约六尺余,高尺五,槌心隆起,棱下稍丰,而腰渐束,底如其面而空,圜边踞蟾蜍四,其二各负小螺,不知其取何义也。周身环轮三十九道,疏密相间,杂以细纹或圆点、或斜路,不可名状。旁有两耳,形如绞索,是用以舁者。为之反覆审视,惜无年代之可稽,但观其宏壮之模,陆离之文,黳绿之色,殆非汉魏以下物也……"

【注释】

①录自马学良主编《中国近代文学大系·少数民族文学集》第10集第25卷第450页。有所校订。②未详其作于何时,姑且列入近代。

赛鼓词

曾昌霆

一炬销残百越铜,铸成金马立门中。此地久经为汉治,何来鼓声犹逢逢?只因隔绝中州远,水土恶劣山高崇。人民生来多嗜酒,陶情不识理丝桐。千秋难脱旧积习,击鼓祈年邀神功。铜山西倒代以皮,制成面面腹中通。明月三更元宵节,竞赛不约人来同。同祝大王降神雨,南蛇岭头禾黍丰。徐徐播来复疾疾,山鸣谷应耳都聋。我亦有所祝,不祝大王祝扶风。近来薏苡明珠似,当年尊重矍铄翁。但愿此物多成熟,疗除民疾起疲癃。鼕鼕,鼕鼕,鼓声有尽意无穷。

【作者简介】

曾昌霆(生卒年不详),民国初广西隆山林圩(今马山县林圩镇)人,喜吟咏,有《三白山房诗集》3卷(失传)。

【注释】

①录自民国二十七年（1938）吴克宽修，陆庆祥纂《隆山县志》第三编《社会》第二节《风俗》。②南蛇岭，原"蛇岭"前缺字。南蛇岭在马山县城外八里，是县内最大的林区。

南海神庙铜鼓歌（并序）

梁士贤

铜鼓在番禺县治之南海神庙，大小各一。大者径五尺，高半之。书纪唐时得之蛮酋大冢中，节度使郑絪以献之庙。或曰伏波遗物也。其制中空无底，钗垂四悬。腰束而脐隆起，旁有两耳，以铁索为钩悬之。通体刻络索连钱及水濑纹。色黝而光。叩之声，雄大清越。明嘉靖间海寇曾一本谋移去，铁索忽断，不可举，乃止。二十年前省中因疫，县役舁之羊城巡游，称为辟邪；凿其唇及足少许，铸妇女厌胜品，遂致损坏。鼓面原蹲青蛙六，今无存。其小者，花纹隐现，色彩较大者略逊，惟破坏不复能鸣矣。己未十一月十三日，余与张君雨樵等，游萝峰，后转往游南海神庙。是庙规模宏大，自隋至清，岁时修祀。丰碑林立，最著名者为韩昌黎之《南海神庙碑》，碑旧在东廊，张孝达始移之庙门外。自宋以后，代有文昭告，尤以洪武七年御碑为最宏伟。庙前有坊，曰"海不扬波"。有康熙御碑亭，碑高丈余，刻"万里波澄"四字。庙内悬清御扁，曰"镜海流慈"。门外塑泥身达奚司空像，右手高举，与今西人行举手礼同。大门绘门神，颇古。旧植波罗树，故亦称波罗庙。历代御赐珍品甚伙，今亡失。庙岁久待修。神祀祝融，后殿奉夫人岑氏，似近荒怪。俗以二月十三日为神诞，远近男女杂沓顶祝，极一时之盛。据该处绅耆云：庙中大铜鼓颇灵异，德宗升遐之岁，七月某夜，铜鼓忽自鸣二十余声；光复之岁，鼓自鸣七日，声尤大。真神物也。余盘桓两日，摩挲叩击，不禁感触，因作歌赋之。比物此志，同怀大君子，其亦不以覆瓿诮之乎。

越城东南八十里，庙号南海神綦灵。神祀祝融位最贵，礼循海岳匪不经。自隋创庙千余载，勅碑炫曜来天廷。神之英爽震千古，坐镇百粤穷南溟。我来游览一瞻拜，心香虔告惟德馨。猗欤神物见遗宝，铜鼓何代置汉庭。于稽唐时郑节度，蛮荒搜涤除膻腥。乃得此鼓悬座侧，千载秘穴曾幽扃。精光灼烁发华彩，宝气直射牛斗星。中空无底脐隐起，腰束微狭殊晶荧。连钱络索瀠纹绕，陆离斑驳垂黝青。边存蛙迹莹可鉴，珠翠错落如点萍。大含元气细无间，金景吐歙纷奇形。魑魅彷佛夏禹鼎，云雷上溯周罍瓶。明珰玉珮比温泽，银钩铁索交珑玲。小叩小鸣大叩应，铿鎗镗鞳轰雷霆。安得申甫降嵩岳，鼓鼙将帅思为听。异哉此鼓传妙迹，先几能悉通苍冥。清运将绝示征兆，晨钟暮鼓民难醒。光复之岁复自响，经七昼夜声不停。逄逄响远彻山谷，恍令岳峙兼渊渟。人兮无知物有识，洞彻奥旨谁惺惺。迩来人心叹不古，颠倒黑白膑典型。孰知至理莫能外，橘逾变枳草为萤。此鼓有神至珍重，奸蠹破坏宜加刑。况传伏波古制在，内藏镂刻证遗铭。是何奇宝在天壤，留镇南服雄藩屏。尚有小鼓色黯破，叩之寂寂孰与聆。惟此大鼓有神助，摩挲遗迹空涕零。桑田沧海任幻变，祝鼓与庙千万龄。

【作者简介】

梁士贤（生卒年不详），字子瑜，高要县（今肇庆市高要区）人，宣统三年辑刊达摩《全图易筋经》传世。著有《存庵文集》。余事待考。

【注释】

①录自《民国文献资料丛编·近代学报汇刊》第 59 册第 242 页影印《宗圣学报》第 23、24 合号。②己未：民国八年（1919）。③张雨樵：张浩（1881—1938），乳名荣泰，字雨樵，号兆椿，浙江东阳（现为磐安）人。为同盟会员，曾襄助孙中山革命，任民国国会众议会议员，官至北京航空署署长。④德宗升遐：光绪皇帝（庙号德宗）逝世，时在 1908 年 12 月 7 日。⑤光复之岁：广州宣告独立于清统治，时在 1911 年 11 月 9 日。

文昌宫铜鼓歌

吴钟善

昔岁太学抚石鼓，赋诗未成真蹉跎。吾家同年今欧赵，主社广征铜鼓歌。明窗伸纸笔还阁，才谢昌黎惭老坡。故乡法物存者少，少日况曾三摩挲。文昌之宫玉犀里，深檐盖覆阅世多。包裹来从古象郡，昔际升平今干戈。面环云花腹下断，承以雕檀如马驮。天灾代有岁常疫，伐之通逵修大傩。见珍先辈比彝鼎，独无文字供切磋。黄门不鸣翰林逝，刺桐花老世则那。征君图咏别一器，久化禹鼎沦洪河。垂镇闽荒古有作，诸葛遗制埋山阿。世有存者只一二，益部旧记常摭罗。平径尺七高尺八，旁四水兽相婆娑。咄哉此鼓岂其是，差可征信非传讹。或云西粤掘地得，毋乃远出马伏波。于人敬老物维旧，如睹绛县国之皤。古人制器独尚朴，不镌名氏告谁何。忆侍滇轺远巡试，铁桥连骑澜沧过。好事门生再拜上，岚光犹带青嵯峨。斑驳陆离炫眼海，层花圆转盘翠螺。缅怀古义重返璧，归装未忍烦橐驼。至今犹自萦梦寐，感时长想唐元和。更闻移弄关侯庙，幸脱健儿加砻磨。庙令老人不知宝，倒承檐溜没败莎。物之遭际岂有命，亦且与世为平颇。郡斋枣帖已灰灭，传家敧器飞如梭。巧取豪夺或不免，蜩螗廿载纷么么。鼓兮鼓兮慎自守，千秋长托神护呵。勿感震雷激回响，发声惊人如鸣鼍。

【作者简介】

吴钟善（1879—1935），字元甫，号守砚庵主、桐南居士，福建晋江人。光绪二十八年（1902）举人，翌年成经济特科进士，为翰林院检讨。光绪三十二年，随其父吴鲁考察日本。宣统三年（1911），随父告归返原籍。民国时在南安华美学校、晋江县中从教。著有《侍輶轩集》《石门草》《丰州集》《守砚庵诗稿》等。

【注释】

录自《台湾文献汇刊》第4辑第11册《守砚庵诗稿》第341页。②文昌宫：在晋江，原镇雅宫，见陈一策《铜鼓歌》注释。③吾家同年：可能指经济特科同榜进士——河南固始县人吴烈。④忆侍滇轺：吴钟善的父亲吴鲁为光绪十六年（1890）状元，光绪二十七年四月以翰林院修撰任云南乡试正考官，留任学政。⑤廿载：指离开云南后二十年，在20世纪20年代。⑥《陈允洛文集》（1971年编印）第168页《镇雅宫》："祀文昌帝君，昔时读书人皆当敬奉，故各处都有文昌宫，镇雅宫则较大。内有铜鼓一座，置在左廊地上，高约三尺，直径亦约三尺。有四脚，周围及鼓面边沿铸有花纹图案，面尚光泽，其他部分已剥蚀，甚苍古。此铜鼓平时不打，迎关帝出游时，郑重请出，推举一绅士随队伍缓缓而打，谓可辟邪。后闻移置涂门立成学校，今则不得而知。据云，此是诸葛武侯铜鼓，有乡绅在云贵为官得到运回者。民初我在缅甸，曾对许地山提起，许君云，广西云贵常发现铜鼓，系马伏波将军征交趾所用，因军行万山之中，皮鼓无声，铜鼓才响亮，回师则在途中埋藏，惟后人征蛮亦用之。如此，则为伏波将军铜鼓，反更早也。"

乙丑春课士于明伦学社以滇图书馆铜鼓歌命题鼓有地支十二字兼铸十二属他鼓所无向湖先生作长歌见示依韵答之

袁嘉谷

十二物配十二辰，盛传汉晋逮梁陈（殷人纪日仅以天干，周兼用干支，只以纪日，《诗》《书》《春秋》可证。西汉始用以纪年月，洛下闳何劭公辈皆推古历甲子，然未闻以纪时也。以动物十二配十二辰，愚所见者王充《论衡》为详，北周宇文护母之书有属鼠、属兔、属蛇之语，南朝沈炯有十二属诗，见《百三家集》，炯《陈书》有传）。古初象形只巳亥，解字许慎传尹珍（《说文》巳为蛇，象形；古文亥为豕，与豕同。十二支中仅此二字解同

《论衡》）。牂牁大郡珍故里，南中风化殊绝伦。铸鼓系字字系物，奚怪哭鬼兼通神。楚蜀滇黔粤交桂，虞夏藩服汉军屯。刁斗夜夜鸣弗息，铸鼓一直千百缗。伏波毁鼓载范史，岂后西汉与莽新。斯鼓考定先秦器，同文久矣多荐绅。或曰马流讨侧貳，或曰蜀相超玠璘。我疑许学且或误，矧乃臆说真灰尘。九龙池上灵光殿，文光万丈争嶙峋。伐鼓愿兴古文学，我思美人歌苓榛。美人美人隔秋水（山谷句），怅望作者伊何人？

【作者简介】

袁嘉谷（1872—1937），字树五，号澍圃，晚年自号屏山居士。云南石屏人，光绪二十九年（1903）二甲进士，次年赴日本考察学务、政务，1909年9月升任浙江提学使。辛亥革命后离浙归滇。1921年任云南省立图书馆馆长，1923年任东陆大学（今云南大学前身）国文教授。

【注释】

①录自《袁嘉谷文集》（云南人民出版社，2001年版）第268页。②作于1925年。③作者原注原置于诗后，今以括号插入相应诗句。④民国《新纂云南通志》卷85记："昆明铜鼓。民国初年，云南省立博物馆购置一铜鼓，圆径一尺五寸，高约一尺。鼓面浮雕十二生肖，环对十二支字。此鼓花纹与众异，且有文字，可宝也。"

《张温和焦山三拓图》用元韵题

金兆蕃

图为颜朗如（炳）作温和以伏波铜鼓藏焦山。先有阮文达藏定陶鼎、张芥航河帅藏诸葛铜鼓，故以名图。图今藏高君藩（垣）所。

明镜有时翳，菩提有时朽。孰移宛委在人境，蜿蜒双龙不能守。惟有画图诗句天壤间，丹青长新墨如黝。温和昔仕道光季，奉命承宣岭海右，不见伏波见此鼓，毡裹縢缄挟以走。蛮峒未遑习汉隶，往往云雷杂虫蚪。摩挲竟日发深慨，讵若藏山更垂久？铭鹤缠绵同此心，解带风流在人口。长物俄随松竹尽，遗篇晚出沧桑后。当时旧侣那可问，泗水既沉渡泸更谁扣？即今尘劫逭椽笔，犹觉虹光萦户牖。军烽近闻逼岭峤，安得鸣以集众发鲸吼！我歌郁轖不尽意，仰视屋椽插箕斗。

【作者简介】

金兆蕃（1869—1951），原名义襄，字篯孙，号药梦老人，浙江秀水（今嘉兴市）人，清末移居平湖县。光绪十五年（1889）举人，任内阁中书，曾著《各国订约始末记》，倾心于变法。后任财会类职官。著有《安乐乡人诗》《药梦词》等。

【注释】

①录自金兆蕃《安乐乡人诗续·安乐乡人七十后诗》（《近代中国史料丛刊续编》第 21 辑）。②颜炳，字朗如。山水画家，与张祥河同里，又系表亲，同至桂林游山水，作图多幅。③作于 1939 年底，诗句"军烽近闻逼岭峤"指 1939 年 11 月 15 日日寇入侵广西。④高垣，字君藩，生卒年不详，系民国"江南四大儒"之一的高燮次子。

黄钟乐·己卯铜鼓

黄咏雩

苔花青涩怒蛙喑。横海登坛谁在，珠薏恨难任。分付马流人惜取，金钗敲唱武溪深。　　铜柱而今都陆沉。愁绝鼓鼙声死，天地久萧森。呼起云雷寒碧动，夒龙醒也夜沉吟。

【作者简介】

黄咏雩（1902—1975），号芋园，广东南海人。一生爱国，曾捐粮助孙中山北伐，民国时曾任"广东救国筹款委员会"主席。年轻即有诗名，著有《芋园诗稿》《天蠁楼诗文集》。

【注释】

①录自《天蠁楼诗文集》。袁行霈主编《诗壮国魂·中国抗日战争诗钞》第545页亦载。②作于己卯年（1939）。③马流人：多作"马留人"。原指东汉时马援出兵平定交州内乱期间沿途流落的士兵及其后裔，此指有担当维护国家安定精神的人士。

伏波铜鼓

廖 藻

谁遗铜鼓隔江闻，往迹摩挲认旧勋。千载伏波名不灭，马将军后路将军。

【作者简介】

廖藻（1868—1949），字莘农，全州（今桂林市下辖县）两河乡鲁水村人。清光绪十七年（1891）举人，曾任广西省议会议员、西延州同、恭城知事等职。著有《东园集》《惺庐吟稿》。

【注释】

①录自《全州历史文化丛书〈六人集·惺庐吟稿〉》（广西人民出版社，2001年版）第126页。

附录：铜鼓诗句节录

说明：此录不以铜鼓为题，但言及铜鼓，有铜鼓研究价值者。大致以时间为序。

1. 宋·朱之才《南越行》："南越太后邯郸女，皓齿明眸照蛮土。珊瑚为帐象作床，锦繸高张击铜鼓。"（《宋元诗会》卷61）

2. 元·吕诚《竹枝歌六首寄胡安定》："铜柱山前铜鼓声，野花蛮果不知名。"（《来鹤亭集》卷4。按：胡安定时在广西上思县）

3. 元·杨维桢《龙门山次韵》："翡翠明珠通百粤，竹枝铜鼓出三巴。"（元·顾瑛《玉山名胜集》卷2）

4. 明·张昱《辇下曲》："驼装序入日精门，铜鼓牙旗作队喧。"（《可闲老人集》卷2）

5. 明·张以宁《送林崇高广西都事》："照海锦帆津吏报，轰山铜鼓峒人迎。"（《翠屏集》卷2）

6. 明·史谨《送邹庶子使安南》："桄榔树底蛮烟合，铜鼓声中越鸟啼。"（《独醉亭集》卷中）

7. 明·苏伯衡《送王希阳编修使交趾》："乐作聆铜鼓，衣更阅贝裘"。（《苏平仲文集》卷15）

8. 明·王守仁《元夕二首》："去年今日卧燕台，铜鼓中宵隐地雷。"（《王文成全书》卷 19）

9. 明·杨慎《沅江曲》："夜夜枫林惊客棹，村村铜鼓和蛮歌。"（《升庵集》卷 12）

10. 杨慎《贵竹杂咏》："铜鼓声中夜赛神，敲钗击钏斗金银。"（《升庵集》卷 36）

11. 明·黄淳耀《和苔庞参军（三送徐孟新）》："喧喧铜鼓中，琴歌独悠然。"（《陶庵全集》卷 10。按：时徐孟新赴任广西天河县令）

12. 明·盛万年《右江谣》："夜雨丛祠赛铜鼓。"（《明诗综》卷 59）

13. 明·朱茂时《黔中曲三首》："土风不改古牂牁，铜鼓迎神蹋足歌。"（《御选明诗》卷 13）

14. 明·谢泰宗《天怀天申弟为余写盘古峒幛子》："铜鼓自鸣诸葛功，薏苡岂愿马援惜。"（《天愚山人诗集》卷 4）

15. 清·钟渊映《滇中歌与黄明府杂谈滇事作》："铜鼓迎神歌一曲，居人多赛竹王祠。"（《檇李诗系》卷 27）

16. 清·洪升《北中吕·朝天子（送融谷宰来宾和竹垞）》："郁金香散雨如酥，村社敲铜鼓。"（《洪升集》卷 4）

17. 清·查慎行《谒南海神庙》："斑斓殿中击铜鼓，声落海外迎潮还。"（《敬业堂诗集》卷 48）

18. 查慎行《齐天乐·辛酉贵阳立春》:"蛮妆绾髻,待踏月场开,芦笙旋起。铜鼓声中,青红儿女且欢喜。"(《敬业堂诗集》卷50。按:辛酉,康熙二十年)

19. 清·徐树钧《和黄鹿泉农部韵兼寄澄园主人》:"百蛮铜鼓重摩挲(蛮鼓,无文字。土俗迎神击以歌舞。予得一鼓,苍翠斑驳,四蛙蹲其上。是汉后宋前物。)"(《宝鸭斋集》卷3)

20. 清·龚鼎孳《春星亭同秋岳夜集用少陵韵》:"风烟铜鼓路,岁月唾壶歌。"(《定山堂诗集》卷11)

21. 龚鼎孳《寄彭禹峰方伯酬燕京留别韵》:"闻道五溪吹角过,伏波铜鼓盛军容。"(《定山堂诗集》卷27)

22. 清·陶元藻《谒南海神庙百韵》:"马援铜鼓敲鼛鼛,舵师估客礼拜恭。"(《泊鸥山房集》卷22)

23. 清·林㟧《诸葛忠武刁斗歌》:"蛮江铜鼓散如烟,剥蚀阴沉土花碧。"(《自怡集》卷2)

24. 清·孙鼎臣《自玉屏至龙里杂诗》:"银花蛮女艳,铜鼓仲家藏。"(《苍莨集》卷5)

25. 清·陈子升《南海神祠古木棉花歌》:"请搥铜鼓劝花发,吾神饮酒吾人悦。"(《中洲草堂遗集》卷7)

26. 陈子升《谒南海神庙》:"廊搥铜鼓雌雄应,船指针盘子午亲。"(《中洲草堂遗集》卷14)

27. 清·潘宗艺《柳州》："何人扣铜鼓，遗烈吊前朝。"（《蔗根集》卷10）

28. 清·黄士珣《二月十四日又村招集静寄东轩出示虞山严氏所制琴分赋》："如淮之酒各分睹，催到庭前花萼红（是日击铜鼓，为传花令）。"（汪远孙《清尊集》卷10）

29. 清·陈璞《龙母庙》："祠前五月打铜鼓，丹荔焦黄杂歌舞。"（《尺冈草堂遗诗》卷3。按：庙在梧州）

30. 清·田榕《黔苗竹枝词》："行头要得欢情浃，铿鞈一声铜鼓鸣（苗人岁时召亲戚俱挝铜鼓。争讼不入官府，推其属之公正善言语者曰'行头'。）"（《碧山堂诗钞》附录）

31. 清·李声振《百戏竹枝词·波斯进宝》："铜鼓渊渊香象前，氍毹红裹宝为山。"（2007年北京出版社《中华竹枝词全编》第60页。按："波斯进宝"系百戏之一，原注："扮如波斯国人衣制，数人扮驯象。作《贡宝曲》，叩铜鼓以节之。"）

32. 清·杨国栋《峨边竹枝词》："多少獠人铜鼓曲，年来亲自太平听。"（《听雨楼随笔》卷3）

33. 清·陈龙章《莲城竹枝词》："鼕鼕铜鼓响曾修，祭赛六郎信有求。夜静人家声寂寂，恐惊车马待神游。"（1998年《文山州文史资料·第11辑》第20页）

34. 清·李苞《粤西诸蛮诗四十韵》："宴客敲铜鼓（蛮俗，铸铜鼓初成，悬于庭中，置酒以召同类。）"（《敏斋诗草》卷上）

35. 清·张栋《合州竹枝词》:"蛮歌竟夜喧铜鼓,溪上人家赛竹王。"(《庐州诗苑》卷8)

36. 清·余上泗《蛮峒竹枝词》:"掘地偶逢先代物,须知此事已朦胧。直传诸葛行营在,铜鼓千年出土中(间掘地得铜鼓,即以为孔明所遗,多索重价。)"(道光《大定府志》卷58)

37. 清·程晋芳《诸葛甗》:"落日黄苗齐赛庙,年年铜鼓振秋声。"(《勉行堂诗集》卷4)

38. 程晋芳《獞酒歌》:"花苗铜钗扣铜鼓,椰杯罗列兼饘腥。"(《勉行堂诗集》卷19)

39. 清·李遐龄《澳门杂咏》:"街前坎坎挝铜鼓,庙里呜呜戛铁箫。"(《勺园诗钞》卷1)

40. 清·孔昭虔《乌蛮竹枝词》:"渝舞蛮歌诸葛鼓,村村争赛竹三郎(苗俗宝重武乡侯铜鼓,不惜重货购以祀神。尤虔事竹王,有竹三郎祠,香火甚盛。云是竹王第三子也。)"(《镜虹吟室诗集》卷4)

41. 清·江仲瑜《羊城竹枝词》:"晚稻登场春酒热,醉敲铜鼓赛丛祠。"(2007年北京出版社《中华竹枝词全编》第122页)

42. 清·易棠《羊城竹枝词》:"馎饦尖堆赛社回,家家铜鼓斗金钗。"(《怡芬书屋诗草》卷5)

43. 清·姚念曾《宛陵城北闲步观村民赛神有作》:"忽惊喧呹塞墟巷,村村铜鼓鸣锵锵。"(《赐墨斋诗》卷2)

44. 清·严辰《七星关》："丞相祠荒衰草满，犹闻铜鼓出人间（毕节山中时掘得诸葛铜鼓。比在黔中见之，内有字两行，云'子午卯酉戊子丑寅卯绝。'）"（《墨花吟馆诗钞》卷3）

45. 清·卢士彬《粤西竹枝词》："声声火炮荒郊饮，又听前村铜鼓敲。"（2007年北京出版社《中华竹枝词全编》第404页）

46. 清·倪鸿《羊城竹枝词》："试向波罗神庙看，人敲铜鼓拔金钗。"（2011年昆仑出版社《万首清人绝句》第181页）

47. 清·潘庆琳《鹭江竹枝词》："未厌满城喧聒甚，终朝铜鼓赛迎神。"（2007年北京出版社《中华竹枝词全编》第259页）

48. 清·颜嗣徽《牂牁竹枝词》："四山逢逢挝铜鼓，号召宾亲磔生牲。"（1997年北京古籍出版社《中华竹枝词》第3578页）

49. 清·黄遵宪《山歌》："一家女儿做新娘，十家女儿看镜光。街头铜鼓声声打，打着中心只说郎。"（《人境庐诗钞》卷1）

50. 清·张芝田《梅州竹枝词》："迎春老幼尽簪花，铜鼓声声狮舞哗。"（1995年暨南大学出版社《历代宫词纪事》第676页）

51. 清·梁国治《南澳歌赠倪总戎》："横海楼船驾日高，伏波铜鼓连云震。"（《南澳志》卷11）

后 记

我国保存下来的古代铜鼓甚多，两广、云、贵、川各博物馆多有收藏，是重要的历史文化实物。历来研究铜鼓，即多从博物考古的角度入手。如1980年广西壮族自治区博物馆编《古代铜鼓历史资料》、1988年中国古代铜鼓研究会编《中国古代铜鼓》（文物出版社）等，开启了铜鼓研究的序幕。后蒋廷瑜先生《铜鼓艺术研究》（广西人民出版社，1988年）、《岭南铜鼓论集》（线装书局，2011年）、《广西铜鼓文献汇编及铜鼓闻见记》（广西师范大学出版社，2014年）等，从不同角度研究铜鼓，堪称国内研究铜鼓的拓荒之作。

我们在阅读古文献时发现，前人著作中没有收录的文献其实还有好多，尤其是文学文献，即历代文人关于铜鼓的吟咏唱和、围绕铜鼓为主题的诗词歌赋等。而这些铜鼓文学文献的数量不在少数，在历代铜鼓文献中占很大比例，对我们进一步研究边疆文人心态，更全面展现南方少数民族历史文化、体现中华"大文学"观念等，都是极难得而珍贵的史料。有感于此，我们有意从文学文献的角度，整理一个较为完备的本子，并尽力考证出每则铜鼓文献写于何时、所记铜鼓出自何方，以使这些文献的面目渐次清晰，为学者提供便利。

在实际操作过程中，有增删改动标题的情况，应予说明。如清代曾任广西巡抚的梁章钜，曾组织过一次由40余位文士参与，以铜鼓为主题的联吟唱和活动，留下大量诗篇。梁章钜把这些铜鼓诗汇集而成《铜鼓联吟集》。目前除卷首外，这些诗都没有题名，但从有些作者的别集看，这些诗又是有题名的，说明梁氏在结集时把题名给删除了。现在为了折衷统一就得增补题名，我们以联吟主人梁章钜的"铜鼓歌"为题，其他和作，除在别集中能查到具体诗题外，皆增题为"和梁中丞《铜鼓歌》"。还有的文献，原题并不凸显"铜鼓"主题，今则新拟题名以标识之。如李锴《三器歌》，今录其中关于铜鼓的作品，就新拟题为"粤鼓歌"。

同时，限于能力，也有的文献是已知其线索而未能收入本集，故存遗憾。主要有以下几种情况：一、有些诗人收藏铜鼓，但流传的诗文中居然没有一篇专门写铜鼓的。如查礼（1716—1783）在广西为官，至太平知府，期间获得铜鼓，并自命书斋为"铜鼓书堂"，有《铜鼓书堂遗稿》《铜鼓书堂词》传世，按正常逻辑推理，其应有铜鼓诗或铜鼓词，但遍查无果，叹为憾事。黄绍宪（1862—1897），广东南海人，工诗画，收藏铜鼓为最多，所居号曰"三十六铜鼓斋"，而其《在山草堂烬余诗》中却没有铜鼓诗，未知何故。二、知诗题名而不知出处者。铜鼓研究著述有引诗句"共此铜精灵岂异，朱鹭分序何时联"，出自刘煦春《铜鼓歌》，至今查不出此人此诗。三、与铜鼓有关的活动，按理应有铜鼓诗，而寻求未获者。如光绪《丹徒县志》卷33《文苑传》记载："尹文浩，字兰舟，博雅好古，河帅麟庆征焦山铜鼓诗，浩考辨最详，笔致古劲，为诸名士冠。"尹文浩的铜鼓诗何在？希望有识之士提供线索，补充完善。四、有知存铜鼓诗却因"文献不足征"而不能收集者。如朱钟《铜鼓歌》（《谦山诗钞》乾隆刊本）、汪澍《为马小眉题五千卷室铜鼓诗》（《古梅溪馆二集·诗》）、蒋蘅《骆越铜鼓歌》（《云寥山人诗钞》）等，均只见相关文字说明，而难窥真容。五、有因篇幅过长而不宜收录者。如：许翰《晋义熙铜鼓考》、郑师许《铜鼓考略》、方国瑜《铜鼓考》等，都是长篇专题，过录不便，只能弃而不录。在此特作说明。

本书从编集之初，铜鼓研究专家蒋廷瑜先生曾给予有力支持，提供宝贵材料；2015年，广西师范学院研究生杨莹整理《铜鼓联吟集》，她的学位论文对本书的构思成型有助益；在搜集文献过程中，山西大学文学院张景昆老师曾给予鼎力相助；在整理文献过程中，广西师范大学出版社孙晓芳编辑亦曾帮助支持；本书的出版，幸获太原师范学院区域文学研究基金的资助，在此一并表示衷心的感谢！

齐清仙　黄权才
2019年8月谨识